발전국가

이 도서의 국립중앙도서관 출판예정도서목록(CIP)은 서지정보유통지원시스템 홈페이지(http://seoji.nl.go.kr)와 국가자료공동목록시스템(http://www.nl.go.kr/kolisnet)에서 이용하실 수 있습니다.
CIP제어번호 (양장 CIP2017013363 반양장 CIP2017013365)

발전국가

과거, 현재, 미래

The Developmental State

Past, Present and Future

김윤태 엮음

김순양 · 김윤태 · 김영선 · 김인춘 · 김종태
우명숙 · 이연호 · 이주하 · 정승일 · 지주형 지음

차례

김순양은 영남대학교 행정학과 교수이다. 영국 런던정경대학LSE에서 사회정책학 박사학위를, 서울대학교에서 행정학 박사학위를 취득했다. 관심 분야는 사회정책, 정책이론, 복지행정, 발전국가론 등이다. *Health Politics in Korea*, *Health Systems in Transition: Republic of Korea*, 『한국 다문화사회의 이방인: 사회적 배제와 정책적 대응』, 『복지서비스의 민간위탁 시스템 분석』(대한민국학술원 우수학술도서) 등의 저서와 140여 편의 학술논문을 발표했다. 한국행정학보 편집위원장(2013~2014)을 역임했다.

김윤태는 고려대학교 공공정책대학과 대학원 사회복지학과 교수이다. 고려대학교와 영국 케임브리지대학교 대학원을 졸업하고 런던정경대학LSE에서 사회학 박사학위를 받았다. 고려대학교 공공정책연구소 사회정책연구센터 소장을 맡고 있다. 주요 연구분야는 정치사회학, 국가, 복지국가, 민주주의, 사회이론이다. 주요 저서로 『자유시장을 넘어서』, 『한국의 재벌과 발전국가』, 『빈곤: 어떻게 싸울 것인가』(대한민국학술원 우수학술도서), 『복지국가의 변화와 빈곤정책』(문화체육관광부 세종도서) 등을 출간했다.

김영선은 노동시간센터 연구위원이다. 고려대학교 사회학과에서 박사학위를 받았다. 『잃어버린 10일』(대한민국학술원 우수학술도서), 『과로 사회』, 『정상 인간』(한국출판문화산업진흥원 우수출판콘텐츠)을 썼고, 『우리는 왜 이런 시간을 견디고 있는가』(한국출판문화산업진흥원 우수출판콘텐츠)와 『여가와 문화』를 함께 쓰고 옮겼다. 주요 관심사는 시간의 정치/ 문화, 여가의 사회사로, 지금은 신자유주의 시대의 과로사-과로자살, 동물싸움을 연구 중이다.

김인춘은 연세대학교 동서문제연구원 연구교수이다. 미국 미시간대학교에서 사회학 박사학위를 취득했다. 관심 분야는 사회정책, 정치사회학, 역사사회학, 유럽지역연구 등이다. 주요 저서로는 『스웨덴 모델: 독점자본과 복지국가의 공존』, 『분단-통일에서 분리-통합으로』(공저), 『한국의 제3섹터: 국가와 시장 사이에서』(공저), *Nations, National Narratives and Communities in the Asia-Pacific*(공저) 등이 있다.

김종태는 고려대학교 아세아문제연구소 인문한국HK 연구교수이다. 미국 일리노이대학교(어바나 샴페인)에서 사회학 박사학위를 취득했으며, 주요 관심분야는 사회발전론, 비교역사사회학, 정치사회학 등이다. 주요 저서로 *Globalization and Development in East Asia*(공저) 등이 있다.

우명숙은 고려대학교 세종캠퍼스 공공정책대학 공공사회학부 공공사회학전공 교수이다. 미국 브라운대학교에서 사회학 박사학위를 취득하고 연세대학교 사회과학연구소, 중앙대학교 중앙사회학연구소, 서울대학교 사회발전연구소에서 근무했다. 주요 관심분야는 복지국가, 비교사회정책, 여성노동 등이며, 저서로는 *Politics of Social Welfare Policy in South Korea*, 『한국 복지국가 성격논쟁 II』(공저), 『일의 가격은 어떻게 결정되는가 II: 해외 사례 연구』(공저), 『세계화와 생애과정의 구조변동』(공저) 등이 있다.

이연호는 연세대학교 정치외교학과 교수이며 연세-Jean Monnet EU 센터의 소장이다. 연세대학교 정치외교학과를 졸업한 후 영국 케임브리지대학교에서 석사 및 박사학위를 취득했다. 연구 관심분야 및 강의분야는 정치경제발전론, 한국 정치경제론, 국제개발협력론이다. *The State, Society and Big Business in South Korea*, 『발전론』, 『불평등발전과 민주주의: 한국정치경제론』의 저자이며 *The Pacific Review*, *Asian Survey*, ≪한국정치학회보≫, ≪국제정치논총≫ 등에 다수의 논문을 발표했다.

이주하는 동국대학교 행정학과 부교수이다. 연세대학교 행정학과를 졸업한 후 영국 옥스퍼드대학교에서 사회정책학 박사학위를 취득했다. 주요 관심분야는 복지정치, 비교사회정책, 거버넌스, 정책집행 등이다. *Learning from the South Korean Development Success*(공저), *The Korean State and Social Policy*(공저), *Welfare Reform in East Asia*(공저) 등의 저서가 있으며 *Policy Sciences*, *Journal of Democracy*, *International Journal of Social Welfare* 등에 학술논문을 발표했다.

정승일은 새로운사회를여는연구원 이사이다. 베를린 훔볼트대학교에서 사회과학 석사학위를, 베를린 자유대학교에서 정치경제학 박사학위를 취득했다. 관심분야는 기업-산업-금융 정책, 복지국가론, 발전국가론 등이다. *Crisis and Restructuring in East Asia*, 『쾌도난마 한국경제』(공저), 『무엇을 선택할 것인가』(공저), 『굿바이 근혜노믹스: 정승일의 단도직입 경제민주화론』, 『누가 가짜 경제민주화를 말하는가』 등의 저서가 있다.

지주형은 경남대학교 사회학과 교수이다. 영국 랭카스터대학교에서 사회학 박사학위를 취득하고 연세대학교 국가관리연구원과 서강대학교 사회과학연구소에서 근무했다. 주요 연구분야는 국가론, 정치경제학, 사회이론 등이며, 주요 저서로는 『한국 신자유주의의 기원과 형성』, 『지구화 시대의 국가와 탈국가』(공저) 등이 있다.

:: 서문

이 책은 '발전국가'의 과거와 현재를 평가하고 미래의 전망을 다룬 글들을 모은 것이다. 여기에 소개하는 글들은 한국의 경제성장에서 발전국가가 어떤 역할을 수행했는지, 경제 자유화 이후 발전국가가 어떻게 변화했는지, 그리고 발전국가의 새로운 변화 가능성에 관한 다양한 이론적 논의를 다룬다. 또한 발전국가가 사회정책과 복지국가에 미친 영향과 발전주의 복지체제의 변화에 관한 논쟁도 다룬다. 이를 통해 이 책은 왜 발전국가가 등장하고 쇠퇴했는지, 어떻게 신자유주의가 경제와 사회를 바꾸고 있는지 분석하면서 새로운 대안적 국가 모델을 모색한다.

한국의 발전국가는 독재와 성장이라는 두 개의 얼굴을 가졌다. 그리하여 발전국가는 상반된 평가를 받는다. 발전국가는 찬양의 대상이 되기도 하고 저주받는 악마가 되기도 한다. 발전국가의 역사적 평가는 매우 복잡하여 흑백논리로는 설명하기 어렵다. 한국의 역사를 보면, 1960년대 이후 한국의 압축적 현대화 과정에서 발전국가는 결정적 역할을 수행했다. 발전국가는 경제발전이라는 국가 목표를 설정하고 광범한 자원을 동원하고 통제하면서 고도성장을 주도했다. 다른 한편, 발전국가는 사회를 지배하고 억압하면서 권위주의적 정치체제를 유지했다. 한국의 발전국가 역사를 되돌아보면 야누스의 얼굴이 드러난다. 급속한 경제성장, 높은 소비수준, 물질적 성공의 이면에는 권위주의, 정경유착, 노동조합 억압의 어두운 그늘이 드리워져 있다. 발전국가의 이중성은 한국 현대사의 모순과 갈등을 보여주는 동시에 발전국가를 선악의 이분법으로 볼 수 없다는 사실을 보여준다. 동시에 발전국가의 역사적 궤적은 오늘날 학자와 전문가에게도 국가에 관한 중요한 이론적, 실천적 질문을 던진다.

국가와 경제의 관계는 사회과학의 오랜 연구 주제였다. 많은 학자들이 설명하듯이 현대 국가의 형성은 산업 자본주의의 발전과 밀접한 관련을 가지고 있다. 17~18세기 동안 유럽에서 국민국가가 형성되면서 자본주의 경제의 발전이 이루어진 것은 우연이 아니다. 유럽 국가들은 경제와 입법 과정을 제도적으로 분리하는 동시에 국민국가 단위의 영토를 형성했다. 이러한 변화는 봉건주의에서 자본주의로, 개인적 지배에서 법에 의한 지배로, 절대왕정에서 의회민주주의로 전환하는 역사적 전환과 함께 이루어졌다. 이 과정에서 유럽 국가들은 권력의 토대를 강화하기 위해 신흥 자본가계급과 긴밀하게 협조했다. 19세기에 이르기까지 유럽과 미국은 자유시장의 영향력을 키우는 동시에 중상주의 정책을 통해 경제에 개입했다. 반면에 독일, 러시아 등 후발 산업국가에서는 정부가 자본주의 산업화를 주도했다. 특히 독일은 정부가 주도하는 관세동맹, 철도 건설, 주식회사와 은행 설립, 기업 카르텔을 통해 중화학공업 분야의 급속한 산업화를 성공적으로 이루었다.

20세기에 이르러 전 세계에 확산된 국민국가는 경제발전에 광범위한 영향력을 행사했다. 1929년에 발생한 세계 대공황 이후 '케인스주의 관리국가Keynesian managerial state'가 발전하면서 국가의 경제 개입은 더욱 강화되었다. 케인스John M. Keynes는 "자본주의는 잘 관리된다면 경제적 목적을 달성하기 위해 다른 어떤 대안적 시스템보다 더 효율적일 수 있다"라고 주장했다. 양차 세계대전을 거치는 동안 국가가 보유하는 군사력은 급속하게 강화되고 국가의 복지 기능도 지속적으로 확대되었다. 제2차 세계대전 이후 대부분의 국가들은 경제계획을 추진하면서 경제성장을 국가의 목표로 설정했다. 동시에 국가는 기업 및 노동조합과의 긴밀한 연결을 통해 재분배 장치를 확대하고 계급타협과 사회통합을 추구했다. 뒤늦게 산업화 과정에 뛰어든 구식민지 국가들도 국가가 지도하는 자본주의 경제체제를 선택하면서 경제성장을 국가의 중요한 목표로 간주했다.

제2차 세계대전 이후 국제통화기금과 세계은행이 설립되고 자유무역체제가 형성되면서 동아시아와 라틴아메리카의 일부 국가들은 수출주도 산업화를 통해 신흥공업국으로 변모했다. 특히 한국, 대만 등 동아시아 신흥공업국은 수출산업에 대한 조세 감면, 금융 지원, 환율 인하, 자본재의 무관세 수입 등 적극적인 수출주도 산업화 전략을 추진했다. 동아시아 신흥공업국들은 고도성장을 이루면서 '아시아의 네 마리 작은 용', 또는 '아시아의 호랑이 경제'라는 별명을 얻었다. 특히 한국은 1960년대 섬유산업과 같은 노동집약적 산업에서 벗어나 1970년대 이후 철강, 기계, 전자, 화학 등 첨단기술이 필요한 중화학공업에 놀라운 성과를 이룩했다. 한국의 발전국가는 경제발전을 국가의 최고 목표로 설정하고 경제계획을 주도하여 전 세계의 관심을 끌었다.

1980년대에 한국은 외채주도 경제, 대외 의존, 재벌 대기업 체제로 한계에 부딪혔다는 비판을 받았다. 그러나 한국 경제는 1990년대에 이르기까지 지속적으로 성장했다. 그 후 한국의 '경제 기적'은 많은 학문적 논쟁을 일으켰다. 주목할 점은 한국의 경제체제는 미국식 자유시장 경제체제가 아니라 정부가 주도하는 경제계획, 정부가 통제하는 은행과 주식시장, 정부가 특혜로 육성한 재벌 대기업 체제로 이루어졌다는 것이다. 자생적 공업화를 이룩했던 영국 등 선진 산업국가들이 금융거품, 정경유착, 독점의 폐해를 우려해 회피했던 경제정책이 한국에서는 버젓이 실행되었다. 한국의 국가는 '주식회사 한국'의 사실상 최고 경영자였다. 1993년 세계은행에서 「동아시아의 기적The East Asian Miracle」이 발간되면서 한국의 고도성장을 이끈 국가의 역할에 대한 평가는 지적 정당성을 획득했다.

그러나 발전국가론은 관심을 얻자마자 역사의 무대에서 퇴장할 운명에 처했다. 1997년 외환위기 이후 한국 경제가 급속한 신자유주의적 지구화에 직면하면서 발전국가에 대한 이론적 논의가 급속하게 약화되었다. 더 시간을 거슬러 올라가면 1980년대에 전두환이 '경제 대통령'이라고 불렀던 김재익 청와대 경제수석의 자유화 조치 이후 김영삼의 '세계화'에 이르기까지 발전국가는 서서히 죽음을 맞이하고 있었다. 외환위기가 관치경제와 정경유착에 의해 발생했다는 주장이 제기되면서 발전국가가 지구화 시대에 걸맞지 않은 낡은 유물이라는 생각이 널리 퍼졌다. 김대중 정부와 노무현 정부의 시대에 '자유시장경제'가 지배담론이 되면서 대중과 정치인의 눈에 발전국가는 과거의 악령으로 간주되었다. 발전국가는 박정희 모델로 간주되면서 개발독재의 산물이라는 혹평을 받았다. 결과적으로 '우리에게 대안은 없다'는 주장은 시장만능주의를 합리화했고 발전국가는 '죽은 개'가 되었다.

발전국가의 쇠퇴는 격렬한 이데올로기 투쟁을 일으켰다. 김대중 정부와 노무현 정부의 10년 동안 자유시장경제가 확산되면서 저성장과 빈부격차가 심화되었다는 논쟁이 제기되었다. 장하준 교수의 『한국경제 쾌도난마』와 장하준 교수와 신장섭 교수의 공저 『주식회사 한국의 구조조정』은 신자유주의 이데올로기가 만든 한국 경제에 대한 날카로운 비판을 제공했다. 이들은 김대중 정부와 노무현 정부의 정책 방향이 자유시장경제를 강조하고 신자유주의를 추종하면서 오히려 저성장과 양극화가 심화되었다고 비판했다. 이들은 김대중 정부와 노무현 정부가 지나치게 탈규제, 공기업의 사유화, 자본시장의 개방, 무역자유화, 노동 유연화를 추진하여 불평등이 커지고 저임금 비정규직 노동자의 생활이 악화되었다고 보았다. 반면에 소득세와 법인세는 낮아지고 대기업 임원의 연봉은 상승하면서 부유층의 소득과 재산은 더욱 증가했다. 이처럼 민주정부의 시기에 기업과 부유층의 부와 소득은 증가한 반면 빈곤과 불평등은 증가했다는 점은 많은 사람들에게 대안적 정치경제학에 대한 관심을 불러일으켰다.

김대중 정부와 노무현 정부는 자유시장의 효과를 지나치게 과대평가한 반면에 자유시장의 부정적 결과를 과소평가했다. 김대중 정부의 '민주주의와 시장경제'와 노무현 정부의 '비전 2030'은 공급 측면을 강조하고 자유시장 접근법에 치우쳤다. 김대중 정부는 은행의 매각과 공기업의 사유화를 추진하고 노무현 정부는 의료 영리화를 도입했다. 보수적인 이명박 정부와 박근혜 정부가 등장한 이후에도 야당은 감세와 긴축정책에 맞서지 못하고 건전 재정의 덫에 빠진 채로 공공투자와 사회투자의 대안을 효과적으로 제시하지 못했다. 김대중 정부와 노무현 정부는 경제정책을 주도하는 정부의 적극적 역할을 경시한 채 기업의 사회적 책임에 막연하게 기대를 걸었다. 결과적으로 정부의 경제정책은 대중의 신뢰를 상실했다. 노무현 대통령은 "권력은 시장에 넘어갔다"고 말했지만, 실제로 권력은 재벌 대기업의 손으로 넘어갔다. 시장에는 대기업, 중소기업, 노동자, 소비자 등 다양한 이해관계자들이 존재하지만, 시장의 위계적 구조의 정점에는 오직 재벌 대기업이 존재할 뿐이다. 신자유주의적 구조조정의 결과는 민주주의의 붕괴와 대기업의 지배이다.

1997년 외환위기 이후 한국 사회의 가장 중요한 변화는 신자유주의화이다. 미국에서 교육받은 경제학자들과 자유시장경제를 추종하는 경제 관료들은 미국식 자본주의가 '글로벌 스탠더드'라고 굳게 믿었다. 국가의 개입 대신 기업의 주주 가치shareholder value를 강조하는 주장이 정부뿐 아니라 학계와 시민사회에서 널리 인기를 얻었다. 효율성과 경쟁의 원리에 따라 탈규제, 감세, 경제의 금융화와 지구화를 적극적으로 추진했다. 민주주의와 사회정의의 이름으로 자유시장을 비판하면 기업은 투자를 중단하거나 해외로 이전하고 심지어 조세도피처로 달아났다. 국가는 기업에게 최대한 자유를 허용하기 위해서 스스로 규제할 수 있는 권력을 포기했다. 이와 같은 신자유주의화는 2007년 미국 월가에서 시작된 세계 금융위기를 통해 심각한 위험에 직면했다. 미국 경제는 1929년 대공황 이후 최대의 위기에 직면했고, 전 세계의 수많은 시민들이 실업자와 빈곤층으로 전락했다. '고삐 풀린 자본주의'는 세계를 미증유의 위기로 몰아넣었다.

현재 미국을 비롯한 세계 경제의 위기는 일시적 문제가 아니라 장기적인 구조적 문제에서 비롯되었다. 1980년대 레이건 정부 이후 미국 정부가 추진한 신자유주의적 경제정책이 바로 경제위기를 만들었다. 레이건 정부 이후 부시 정부에 이르기까지 부자 감세는 경제적 재앙을 야기했다. 부자 감세가 투자 확대로 이어질 것이라는 낙수 경제학은 참담하게 실패했다. 미국 경제학자 조지프

스티글리츠Joseph Stiglitz는 『불평등의 대가The Price of Inequality』에서 낙수 경제학은 "이미 오래전에 신빙성을 잃은 허무맹랑한 주장"이라고 주장했다. 낙수 경제학은 사기극으로 끝났지만 공화당과 민주당의 정치인들은 천문학적 선거 비용을 조달하기 위해서 기업과 부유층의 막대한 후원금에 의존했다. 정부에 영향력을 행사하는 기업의 로비 능력은 어느 때보다 막강하다. 기업과 부유층의 정치인에 대한 영향력이 커지면서 세금 감면, 재정 긴축, 복지 축소, 금융 규제완화와 같은 정책을 선택했고 결과적으로 소득 격차가 극심하게 벌어졌다. 자본주의와 민주주의의 균형은 휘청거리고 개인주의와 능력주의는 보편적 시민권을 근본적으로 약화시켰다.

한국 경제의 신자유주의화로 인해 경제의 금융화와 지구화가 가속화되었다. 한국의 경제성장률은 낮아졌고 불평등은 심화되었다. 특히 유연노동시장이 출현하면서 노동시장에서 저임금, 불완전 고용인 비정규직 근로자의 비율이 절반 수준으로 급증하고 사회적 불안이 급속하게 커졌다. 실직, 노후, 질병의 사회적 위험에 대비하는 공공영역의 사회 안전망이 취약하기 때문에 불행한 사람이 증가하고 삶의 질이 낮아진다. 교육과 의료의 시장화는 국내총생산을 높일 수는 있지만 높아지는 교육비와 의료비는 사람들의 행복감을 떨어뜨린다. 자유시장의 논리가 사회를 지배하면서 계층 격차와 사회적 배제가 계속 증가하고 있다. 빈곤 노인, 청년 실업자, 한부모 가정, 장애인, 농민 등 주변화된 사회집단은 사회에서 배제되고 있다. 이는 공공영역의 시장화와 사회문제의 개인화가 만든 한국 사회의 비극이다. 최장집 교수가 『민주화 이후의 민주주의』에서 주장한 것처럼 대기업의 지배와 공공영역의 쇠퇴는 곧 민주주의의 후퇴를 의미한다. 정치가 사회에서 사라지면 곧 시장이 사회를 지배한다. 이는 곧 한국 정치의 실패와 무능을 그대로 보여주고 있다.

1997년 외환위기와 2007년 세계 금융위기에도 불구하고 신자유주의는 쇠퇴하지 않고 여전히 건재한 것처럼 보인다. 지난 수십 년 동안 세계를 지배한 신자유주의라는 경제 이데올로기는 여전히 사람들에게 자유시장이 경제성장을 위한 최상의 수단이라고 설득하고 있다. 규제되지 않은 금융시장이 전 세계를 지배할수록 경제 불안이 커지고 위기가 심화되지만 모두 입을 다물고 있다. 오히려 재벌 대기업은 더욱 강력한 힘을 얻게 되었다. 정부가 경제에 관여하지 않는 것이 더 좋다고 주장하던 기업들은 위기에 부딪치면 곧바로 정부가 막대한 구제금융을 지원하라고 요구한다. 거대 기업과 거대 은행은 너무나 커서 실패하지 않는다는 신화를 가지고 있다. 신자유주의는 위기를 겪으면서 사망하기보다 정반대로 더 커다란 영향력을 갖게 되었다. 경제위기가 심화될수록 정부의 재정을 삭감해야 한다고 주장하고 빈곤층을 위한 복지 지출이 경제에 부담이 된다고 반대한다. 불평등을 줄이려는 사회정의와 민주주의의 논리는 대중영합주의와 포퓰리즘이라는 비난을 받는다.

우리는 지난 30년간 신자유주의화가 진행되는 동안 신자유주의가 자유시장에 그다지 충실하지 않다는 사실을 목격했다. 신자유주의 시대에 국가는 노골적으로 자유시장을 무시하고 대기업에 특혜를 제공했다. 국가는 기업이 사회를 지배할 수 있도록 모든 노력을 다하고 있다. 시장과 국가의 대결을 조정하는 정치의 역할은 사라지고 민주주의는 껍데기만 남았다. 영국 사회학자 콜린 크라우치Colin Crouch가 『포스트민주주의Post-Democracy』에서 묘사한 대로 형식적 민주주의는 제대로 작동하지 않고 글로벌 기업이 가장 강력한 정치적 행위자가 되었다. 대기업은 정치에서 강력한 압력을 행사할 뿐 아니라 중요한 내부 행위자가 되었다. 2016년 한국을 뒤흔든 박근혜-최순실 게이트의 배후에는 최순실이라는 개인뿐 아니라, 더 중요하게는 청와대-국민연금-재벌을 연결하는 거대한 부패의 커넥션이 존재한다. 신자유주의는 이러한 현실을 공개적으로 지지하거나 옹호하지 않지만, 그렇다고 책임이 없는 것은 아니다. 오히려 가장 큰 책임을 가지고 있다. 2016년 촛불집회에서 한국 시민의 항쟁이 일어나 대통령은 헌법 위반으로 국회에서 탄핵이 가결되었지만, 공범자인 재벌 대기업은 모든 책임을 부정했다.

많은 학자들과 언론인들은 정경유착을 비판하고 박정희 모델과 단절해야 한다고 주장했지만, 더 중요한 문제는 기업이 국가와 시장을 지배하는 신자유주의화의 결과이다. 한국 민주주의가 신자유주의의 제물이 된 것은 분명하다. 정치 논쟁을 정당의 파벌투쟁으로 보는 사람들에게는 어리둥절할지도 모른다. 발전국가 시대의 국가의 경제 개입은 끝나고 신자유주의 시대에 대기업이 국가와 시장을 좌우하는 결과가 나타났다. 소액주주운동은 찻잔 속의 태풍에 그쳤고 결국 재벌 대기업의 지배는 민주주의 자체를 위협하는 수준에 이르렀다. 그렇다고 우리는 모든 재벌 대기업을 없애자고 주장하거나 시장 자본주의를 철폐하자는 결론으로 뛰어들 수 없다. 국가가 평범한 사람의 통제에서 벗어나는 현실을 바꾸기 위해서 새로운 대안이 필요하다. 지금 학계와 시민사회에는 신자유주의 이데올로기를 넘어 이해관계자 자본주의, 참여자본주의, 복지국가, 산업민주주의, 사회투자, 역량강화 등 다양한 담론과 논쟁이 등장하고 있다. 대기업의 지나친 지배가 민주주의를 위협하는 현실에서 시민사회의 목소리에 귀를 기울여야 하며, 경제위기와 불평등을 심화시키는 이데올로기 대신 새로운 대안적 국가 모델을 모색해야 할 필요성이 있다. 이런 점에서 발전국가는 역사의 유물이 아니라 여전히 현재진행형이다. 막스 베버Max Weber가 "국가란 인간을 지배하는 인간의 관계이며, 합법적 폭력 수단에 의해 유지되는 관계"라고 말한 것처럼 사회가 존재하는 한 국가란 존재하기 때문이다.

이 책에 소개한 글들은 발전국가의 역사, 담론, 이론적 논쟁을 다루는 한편, 외환위기 이후 발전국가의 변화에 관한 다양한 경험적 분석을 제공한다. 발전국가가 경제뿐 아니라 다양한 사회생활에 영향을 주었듯이 이 책도 발전국가에 대한 학제적 연구 성과를 한자리에 모았다. 정치학, 경제학, 사회학, 행정학, 사회정책학, 문화연구 등 여러 분야의 학자들이 모여 발전국가의 과거, 현재, 미래를 조명하고자 시도했다. 이 책에 기고하기 위해서 이미 출간한 학술논문을 일반 독자들이 읽기 쉽게 다시 작성해준 필자 여러분들에게 감사드린다. 이 책의 필자들의 관점은 서로 다른 점도 있지만, 발전국가가 한국 사회에 미친 영향이 크다는 사실은 공통적으로 주목했다. 우리가 과거 발전국가의 시대로 돌아가서는 안 되겠지만, 발전국가를 무시하고는 한국의 현재 상태를 제대로 이해할 수 없을 것이다. 또한 국가의 역할을 외면하면서 한국의 새로운 미래를 설계할 수는 없을 것이다. 한국 경제와 사회에 미치는 국가의 역할을 재조명하려는 이 책이 2016년 촛불집회와 시민항쟁 이후 한국 사회의 전면적 개혁을 예고하는 시기에 새로운 대안을 모색하는 데 도움이 되기를 바란다.

2017년 6월

김윤태

제1부

역사, 이데올로기, 지배

제1장

발전국가의 유산과 새로운 전망*

김윤태

1960년대 이후 한국과 동아시아 국가의 빠른 경제성장은 세계적 주목을 받았다. 한국을 포함한 동아시아의 '네 마리 용'이 고도성장으로 널리 알려지면서 국가의 역할에 관한 학문적, 정치적 관심도 급증했다. 일본의 '자본주의 발전국가'의 성격과 유사한 한국과 대만의 국가는 경제에 적극적으로 개입하고 산업정책을 통해 수출주도 성장을 이끌었다(Johnson, 1982; Amsden, 1989; Wade, 1990). 동아시아 국가는 자본주의 경제를 추구한다는 점에서 소련과 같은 계획경제를 주도하는 경제체제와 근본적으로 달랐지만, 국제통화기금과 세계은행을 지배했던 자유시장을 강조하는 관점과도 상당한 차이를 보였다. 1980년대 동아시아의 '발전국가'의 역사적 경험은 세계 경제를 지배하는 신자유주의 이데올로기의 새로운 대안으로 부상했다.

그러나 1990년대에 동아시아 국가들은 신자유주의적 세계화라는 새로운 외부 환경의 변화에 대응해야만 했다. 선진 산업국가에서 케인스주의 경제정책이

* 이 글은 김윤태의 『한국의 재벌과 발전국가』(2012)와 『자유시장을 넘어서』(2007)의 내용을 토대로 작성한 것이다.

신자유주의의 이념적 공격을 받은 것처럼 발전국가도 지속적으로 지적, 정치적 공격을 피할 수 없었다. 동아시아의 발전국가들은 시장에 직접 개입하는 전통적 스타일과 달리 새로운 특징을 보이기 시작했다. 이러한 역사적 전환에서 발전국가의 변화된 성격을 설명하기 위해 '유연한 발전국가', '탈발전국가', '적응적 발전국가' 등 다양한 이론적 주장이 등장했다(Weiss, 1997; Kim, 1998b; Wong, 2004). 이러한 과정에서 1990년대 후반 동아시아 국가들이 외환위기와 장기적 경제침체를 겪게 되자 발전국가의 유산이 경제위기의 원인이라는 주장이 제기되었지만, 반대로 발전국가의 쇠퇴가 경제위기의 원인이라는 반박이 제시되었다(한국정치연구회, 1998; 장하준·신장섭, 2004).

2000년대 이후 한국에서 발전국가는 낡은 박정희 모델과 관치경제로 간주되면서 자유시장 경제가 새로운 대안으로 부상했다. 미국의 클린턴 행정부와 영국의 블레어 정부에서 한국의 김대중 정부와 노무현 정부에 이르기까지 탈규제와 시장지향적 접근법은 커다란 영향력을 발휘했다. 그러나 2007~2008년 미국발 세계 금융위기가 발생하자 금융규제 완화와 경제 자유화를 지지하는 신자유주의 이데올로기 자체가 결함이 있는 것이라는 인식이 커졌다. 미국, 독일, 일본 등 각국 정부는 케인스 경제학의 재정 정책을 다시 채택하고 산업정책의 역할에 대해 다시 평가하기 시작했다. 이제 많은 학자들은 동아시아뿐 아니라 전 세계적 차원에서 자본주의 경제의 국가 역할에 대한 근본적 재검토가 필요하다고 본다. 경제와 국가의 관계에 관한 이러한 논쟁은 발전국가에 대한 새로운 전망과 함께, 경제와 사회에서 국가가 수행하는 역할에 대한 중요한 이론적 질문을 제기한다.

1. 동아시아 경제성장의 원인: 발전국가 이론의 등장

발전국가developmental state에 관한 이론적 논쟁은 동아시아의 역사적 맥락과 긴밀하게 연결되어 있다. 1960년대 이후 동아시아의 급속한 경제성장은 많은 사회과학자들의 관심을 끌었다. 동아시아 국가의 급속한 경제성장에 관한 근본적인 해답을 추구하는 학자들은 문화, 시장 메커니즘, 세계체계, 정부의 역할 등을 경제성장의 주요 원인으로 주목했다. 동아시아의 경제 성공은 다양한 요인에 의해 영향을 받았다고 볼 수 있다. 미국 사회학자 해밀턴Gary G. Hamilton과 비가트Nicole Woolsey Biggart는 산업 구조와 산업 활동을 설명하기 위한 세 가지 분석틀을 제시했다(Hamilton and Biggart, 1988). 시장적 접근은 경제적 특성을 강조하고, 문화적 접근은 유형화된 가치의 산업 조직을 분석하고, 권위적 접근은 역사적으로 발전된 지배의 구조로서 조직을 설명한다. 그들은 급속하게 성장하는 경제의 조직적 구조를 설명하는 데 각 접근법이 일정한 효용성이 있음을 주장한다. 조직적 성장은 시장과 문화적 요소를 통해 설명될 수 있으며, 권력 유형과 지배 전략은 조직 구조를 설명할 수 있다. 그러나 한 가지 원인으로 환원하여 모든 것을 설명하기는 어렵다.

첫째, 문화적 분석가들은 '유교적 윤리', '신유교주의', 또는 '탈유교주의Post-Confucianism' 등의 개념을 강조하며 동아시아의 경제발전을 설명했다(Kahn, 1979; Calder and Hofheinz, 1982). 일찍이 막스 베버Max Weber의 중국 유교에 대한 분석에서 논의된 바와 같이 오랫동안 유교 문화는 경제발전의 주요 장애로 간주되었으나, 문화적 분석가들은 근면, 성실, 조화를 강조하는 유교 문화를 동아시아 경제 성공의 주요 원인으로 보았다(Pye, 1985; Berger and Hsiao, 1988). 한국에서도 유교가 경제발전에 긍정적인 역할을 수행했다고 주장하는 '유교 자본주의론'을 제기하는 학자들이 등장했다.[1] 그러나 이러한 문화적 설명은 이론적으로 볼 때 많은 한계를 가지고 있다. 문화적 설명은 동아시아 사회에서 유교적 원칙이

1) 유교가 한국 경제와 재벌의 기업지배구조에 커다란 영향을 주었다는 설명은 사실이지만, 유교와 유교 문화가 곧 경제성장의 주요 원인이었다는 주장은 설득력을 갖기 어렵다. 이러한 주장은 메이지 유신 이전의 일본과 장제스 국민당 정부 시기의 중국, 이승만 정부 시기의 한국에서 왜 실질적인 경제성장이 이루어지지 않았는가에 대해 설명해주지 못한다. 극단적인 유교 자본주의론에 관해서는 ≪전통과 현대≫, 1997년 겨울호 참조.

어떻게 효율적인 사회통제, 질서, 신뢰를 형성할 수 있도록 했는가에 관한 조사에 지나치게 의존하고 있다. 더욱이 문화적 설명은 어떻게 문화적 요소가 시장, 국가, 정치적 동학과 연관되는가에 대한 설명이 상대적으로 부족한 경향이 있다. 그리하여 1980년대 이후 많은 학자들은 문화적 설명과 함께 경제성장에서 시장과 국가의 역할에 대해 큰 관심을 갖게 되었다.

둘째, 신고전파 경제학 전통의 자유시장주의자들은 동아시아의 경제성장은 '국가 지도'와 함께 민간 기업에 의해서 주도되었다고 주장한다. 이러한 주장은 현대화 이론과 로스토W. W. Rostow의 경제성장 단계론과 유사하다.[2] 이러한 주류 경제학자들은 동아시아 경제 성공을 자유시장의 원리가 성공한 사례로 간주했다(Balassa, 1981; Lal, 1983). 발라사B. Balassa는 동아시아 경제가 1960년대 초기부터 수출 산업을 중심으로 '자유무역체제'를 발전시켰다고 주장한다(Balassa, 1981: 16~17). 발라사는 수출주도 발전전략을 적용하는 국가들이 수입대체산업화 전략을 택한 국가들보다 수출과 경제성장, 고용에서 우월한 성취를 이루었다고 주장했다. 신고전파 경제학자들은 정부의 개입과 높은 보호관세가 민간기업에 유리한 환경을 제공하기 위해서 제거되어야 한다고 주장한다. 이들은 동시에 초국적기업의 성장과 해외 직접투자가 국가의 경제 개입을 점차로 약화시켰다고 주장했다.

셋째, 미국 사회학자 월러스틴Immanuel Wallerstein이 이끄는 사회과학자들은 안드레 군더 프랑크Andre Gunder Frank의 자본주의와 메트로폴리스-위성 구조의 개념을 급진적으로 적용하여 자본주의 세계 경제의 구조적 요인과 분석 단위로서

2) 발전사회학의 현대화 이론은 일반적으로 사회변화의 과정에서 국가 개입은 불필요하며 국가는 단순히 역사의 도구에 지나지 않는다고 주장했다. 그 대신에 기업 엘리트의 합리적, 계산적, 혁신적 가치가 경제발전을 성취하는 데 결정적이라고 보았다(Harrison, 1990). 미국 경제학자 W. W. 로스토의 현대화 발전모델은 전통사회가 대량소비사회를 발전하기 위해서 '이륙take off' 단계를 거친다고 주장했는데, 이는 당시 한국에서도 커다란 인기를 끌었다(Rostow, 1960). 현대화 이론은 각국 정부들과 세계은행과 같은 국제개발기구들의 정책을 주도해왔으나 이론적 정당화는 발전사회학보다는 신고전파 경제학의 틀에서 이루어져 왔다.

자본주의적 '세계체계'의 역사적 과정에 관해 설명했다(Wallerstein, 1979; Fröbel, 1980).[3] 프랑스 조절학파도 신흥공업국과 세계 경제의 연계에서 나타나는 중요한 차이들을 분석했다(Lipietz, 1987). 이들은 '준주변부', '신국제노동분업', '주변부 포드주의' 등의 개념들을 통해 신흥공업국이 등장하는 구조적 조건을 설명했다. 실제로 개발도상국 가운데 소수의 신흥공업국에서만 실질적 경제발전이 이루어졌다(UNIDO, 1992). 세계체계 이론은 1950년대 이후 미국의 헤게모니 주도하에 재편된 자유무역 환경이 형성되면서 동아시아와 라틴아메리카의 신흥공업국이 국제 노동분업 내부의 위치를 변화시키기 위해 신중상주의적 정책을 추진하는 과정에 관심을 가졌다. 동시에 한국, 대만, 홍콩 등 동아시아 신흥공업국이 선택한 수출을 위한 조세 인센티브, 자본재의 무관세 수입, 임금 억압, 환율절하 등을 포함한 수출주도 산업화 전략에 주목했다(Deyo, 1987; Gereffi and Wyman, 1991). 세계체계 이론가들은 신흥공업국의 노동집약적 기술, 테일러주의 노동과정, 노동운동에 대한 정치적 탄압을 통해 노동운동과 민중부문을 철저하게 배제했다고 비판했다(Lipietz, 1987; Bello and Rosenfeld, 1992). 그러나 세계체계 이론과 네오마르크스주의 이론은 왜 소수의 아시아 국가들이 다른 선진 자본주의 국가와 개발도상국보다 더욱 급속하게 발전했는가에 관한 설명은 충분히 제공하지 못했다(Amsden, 1989).

넷째, 1980년대 후반에 동아시아 국가의 경제적 성공에서 국가의 개입이 필수적이었으며, 신고전파 경제학자와 네오마르크스주의 이론가의 분석에 오류가 있다는 주장이 광범하게 인정을 받았다. 자유시장의 원칙을 확고하게 지지

3) 1960년대에 등장한 종속이론은 제3세계에서의 '저발전의 발전development of underdevelopment'에 관한 비관적 견해를 갖고 있었다. 아시아의 신흥공업국의 등장은 '저발전의 발전' 이론이 부적합하다는 것을 보여주는 중요한 증거가 되었다. 전통적인 종속이론과 신제국주의 이론은 기록적인 경제성장을 이룩한 아시아, 라틴아메리카 신흥공업국들의 경제발전 사례에 의해서 1980년대에 이르러서 이론적 적용 가능성을 상실하게 되었다. 상당수의 라틴아메리카 신흥공업국들은 다국적기업과 해외직접투자에 의존하여 경제성장을 이룩했다. 동아시아 국가들의 급속한 경제발전에는 국제 무역과 수출주도 산업화가 결정적 역할을 했으며 이들의 경제성장 역시 상당 부분 외국 차관에 의존했다.

했던 세계은행은 1993년 「동아시아의 기적The East Asian Miracle」이라는 제목의 보고서를 통해 동아시아에서 국가가 경제성장에 주도적 역할을 수행했다고 인정했다(World Bank, 1993). 세계은행의 보고서에 앞서 1980년대 미국 정치학자 차머스 존슨Chalmers Johnson은 일본의 경제성장에서 나타나는 국가의 적극적 역할을 강조했다(Johnson, 1982). 존슨은 『통산성과 일본의 기적MITI and the Japanese Miracle』에서 일본의 정부 관료에 대한 제도적 분석을 통해 '자본주의 발전국가'라는 개념과 일본 정치경제학의 메커니즘을 자세하게 묘사했다. 존슨에 따르면, 발전국가의 최고 목표는 성장과 생산성, 경쟁력을 기준으로 한 경제발전이다. 발전국가는 사유재산과 경쟁을 주장하는 동시에 엘리트 경제관료를 통해서 계속적으로 시장을 '지도guide'한다. 또한 발전국가는 민간 기업을 위한 자문과 조절을 위한 다양한 제도를 운영하고, 이러한 정책 자문은 정책 형성과 실행 과정의 중요한 요소가 되었다. 존슨은 "일본의 국가 관료는 지배rule하고, 정치인은 통치reign한다"라고 주장했다.[4] 존슨은 일본뿐 아니라 한국과 대만에서도 국가가 시장경제에 개입하는 역할을 수행하는 발전국가의 특징을 유지한다고 주장했다.

발전국가 이론은 한국과 대만의 사례에서 중요한 의미를 가진다. 미국 경제학자 앨리스 암스덴Alice Amsden은 『아시아의 다음 거인Asia's Next Giant』에서 한국 경제를 네 가지 성격으로 정식화한다. 첫째, 시장에 개입하는 국가의 중요한 역할, 둘째, 민간 기업의 효율성을 보장하기 위한 정부의 규율discipline의 중요성, 셋째, 대규모, 다각적 기업집단business group의 산업 역량, 넷째, 후발 산업국가를 위한 기술 학습technological learning 등이다(Amsden, 1989).[5] 암스덴은 현대중공업

4) 존슨은 일본의 발전국가가 경제발전을 추구하고 자유민주당의 장기 집권을 유지하면서 지배와 통치의 분리가 발생한다고 분석하며, 이를 '연성 권위주의soft authoritarianism'라고 표현했다(Johnson, 1982).

5) 암스덴은 영국과 같은 선진국에서 발생한 '제1차 산업혁명'에서 나타나는 기술발전의 성격은 '발명invention'으로 보았고, 독일, 미국 등 후발 산업국가에서 일어난 '제2차 산업혁명'에서의 기술변화의 특징은 '혁신innovation'이라고 묘사했다. 이에 비해 일본, 한국, 대만 등 '후기-후기 발전국가'의 기술변화의 특징은 모방, 적응, 변용을 포함한 '행동에 의한 학습learning by doing'이라고 설명했다

등 한국의 대기업을 방문하여 현지조사를 수행했으며 경제성장에 관한 상세한 역사적 자료를 활용했다. 한국의 국가는 기업가, 은행가, 산업 구조의 설계사로서 중요한 역할을 수행했다. 한국의 경제 관료는 외국 자본과 국내 자본에 대한 금융 통제를 통해서 산업정책을 주도했다. 한국 경제에서 해외 직접투자 비율은 다른 신흥공업국에 비해 상대적으로 낮았고, 정부는 초국적기업과 해외 차관을 효과적으로 통제했다. 한국의 국가는 계획자 또는 '상위 파트너senior partner'의 역할을 수행했다.[6] 한국의 경제체제는 '국가주도 자본주의' 또는 '한국 주식회사Korea Inc.'로 불리기도 했다.

영국의 경제학자 로버트 웨이드Robert Wade는 『시장을 통제하기Governing the Market』에서 발전국가의 개념과 전통적인 발전경제학을 기반으로 하여, '통제시장 이론governed market theory'을 제시한다(Wade, 1990). 웨이드에 따르면, 동아시아의 경제적 성공은 다양한 요소의 결합에 의한 결과이다. 일본 정부는 첫째, 우선적 산업 부문에 대한 높은 투자배분, 둘째, 전략 산업에서 대한 후원, 규율, 지도 등을 통한 광범한 정부의 행동, 셋째, 해외시장에 진출하려는 국내 산업의 국제적 경쟁을 지원하는 정책을 적극적으로 추진했다. 이러한 정책은 자유시장 또는 '가상적 자유시장simulated free market' 정책과는 다르다. 정부는 생산과 투자의 결과를 향상시키기 위해 적극적으로 자원 배분의 과정을 지도하고 통제한다.

일반적으로 발전국가는 일종의 계획 또는 전략적 목표에 따른 제도적 배치를 통해서 경제발전을 위한 결정적 역할을 수행하며 국가 발전을 추진하는 국가를 말한다. 역사적으로 발전국가는 후기 자본주의 산업화 과정에서, 특히 제2차 세계대전 이후 탈식민지주의 시대의 경제발전 과정에서 형성된 국가의 특수한 모형을 가리킨다(White, 1988; Leftwich, 1995).[7] 발전국가는 시장 메커니즘

(Amsden, 1989).

6) 한국 국가의 경제계획에 관한 상세한 내용은 박태균(2013) 참조.

7) 영국 정치학자 고든 화이트Gordon White는 동아시아의 발전국가들이 국가사회주의(중국, 북한, 베트남)와 국가자본주의(일본, 한국, 대만)의 두 가지 형태를 갖는다고 주장했다(White, 1988).

에 대한 자유방임laissez-faire보다 국가 개입을 옹호한다. 따라서 무엇보다도 발전국가는 다음의 두 가지 주요 특징을 가지고 있다. 먼저, 발전국가는 한 나라가 공통적으로 갖고 있는 경제적 목표를 향해 주요 사회집단 사이의 협력을 지휘하는 역할을 수행한다. 둘째, 발전국가는 투자 확대, 산업 지원 등 수요 측면 경제에 관련된 지속적이고 장기적인 정책을 선택한다. 특히 동아시아 발전국가는 권위주의적 정치체계, 개입주의적인 국가에 의한 국가주도형 산업화, 높은 교육열에 의한 양질의 노동력, 수출주도형 산업화, 유교 문화 등 주요 특징과 밀접한 관련을 가진다. 대부분의 발전국가는 산업의 전면적인 국유화와 경직된 통제경제dirigiste의 국가 개입과는 구별되지만, 시장 기제에 대한 자유방임을 지지하기보다는 국가의 적절한 개입과 조절을 옹호한다.

물론 시장이 일정 정도 불안정성을 만들고 사회생활의 기반 자체를 근본적으로 위협한다는 주장은 카를 마르크스Karl Marx와 칼 폴라니Karl Polanyi의 고전적인 저작에서도 잘 나타난다. 특히 폴라니는 최초로 국가를 시장 활동을 변화시키는 기능을 수행하는 일종의 제도로서 분석하기 시작했다(Polanyi, 1975). 막스 베버 역시 관료제가 국가에게 시장을 형성하고 성장을 추진할 수 있는 역량을 준다는 중요한 명제를 제시한 바 있다(Weber, 1966). 폴라니와 베버의 전통을 따르는 많은 현대 사회과학자들은 국가가 후기 발전 사회에서도 경제발전을 수행하기 위해 필요한 가장 중요한 행위자라고 보았다. 초기의 발전 이론가 가운데 알렉산더 거센크론Alexander Gerschenkron은 '후기 발전late development'이 항상 높은 수준의 국가 개입과 깊은 관련을 가진다는 역사적 사실을 설득력 있게 설명했다(Gerschenkron, 1962). 거센크론은 19세기의 독일과 러시아와 같은 후발 산업국가들이 영국과 같은 선발 산업국가를 '따라잡기catch up' 위해서 강력한 국가 개입이 필요했다고 주장했다. 그는 국가의 경제 개입은 얼마나 경제가 후진적인가라는 문제와 관련을 가지며, 후진국일수록 더욱 국가의 개입이 컸다는 사실을 지적했다. 국가의 역할에 대한 이러한 분석은 현대 사회과학계의 중요한 주제인 국가의 '상대적 자율성'에 관한 논쟁과 밀접한 관련을 갖고 있다.

2. 국가 중심 접근법의 장점과 한계

발전국가 이론의 등장은 사회과학의 오랜 주제인 경제와 국가의 관계에 관한 연구와 깊은 연관을 가지고 있다. 역사사회학의 르네상스 시기라고 볼 수 있는 1970년대 이후 최근에 이르기까지 많은 사회과학자들은 자본주의 경제의 발전에서 차지하는 국가의 역할에 관심을 가졌다(Skocpol, 1979; Nordlinger, 1981). 그들은 고전적 엘리트 이론과 함께 네오마르크스주의 이론이 주장하는 자본주의 국가의 '상대적 자율성'의 개념으로부터 많은 영향을 받았다. 미국 사회학자 테다 스카치폴Theda Skocpol은 국가와 지배계급이 지배적 생산양식을 유지하기 위해서 공통의 이해관계를 갖고 있으나, 국가는 자본가 계급과 생산양식의 이해로부터 자율성을 가지고 있다고 주장했다. 고전적 독일 사회학자 막스 베버와 오토 힌체Otto Hintze(Hintze, 1975)에 이르는 독일의 학문적 전통에서 영향을 받아 스카치폴은 국가를 "행정 당국과 …… 자체적인 이해와 논리를 가진 자율적 구조에 의해서 조절되는 행정과 경찰, 군사 조직의 복합체"로 정의한다(Skocpol, 1979: 27, 29~30). 이러한 관점에서 국가는 사회로부터 분리되고 제한된 수의 독립적인 국가 엘리트가 통제한다고 본다.

유사한 맥락에서 1980년대 미국 사회학자 피터 에번스Peter Evans, 디트리히 로시마이어Dietrich Reuschemeyer 등은 국가를 자본주의 발전 연구의 중요한 주제로 보았다. 그들은 자본주의 체계가 국가를 일정하게 제약함에도 불구하고 국가 엘리트가 일정한 자율성을 가진다고 주장했다(Evans, Rueschmeyer and Skocpol, 1985). 그들은 더욱 적극적이고 상대적으로 자율적인 국가가 종속국가의 발전을 성취하기 위한 필수 요소라고 강조했다. 그들은 국가가 주도하는 국민경제의 발전에 초점을 맞추면서 성공적인 경제성장을 설명한다. 나는 이를 '국가 자율성 이론state autonomy theory'이라 부르겠다. 이러한 관점은 앞에서 논의한 암스덴(Amsden, 1989)과 웨이드(Wade, 1992)의 주장에서 볼 수 있듯이 후기 발전의 불리함을 극복하기 위해서 강도 높은 국가 개입이 경제발전의 주요 요소라고 주장했다.

위에서 볼 수 있듯이 한국의 사례 연구에서 국가 자율성 이론은 1960년대 박정희 정권이 집권하던 시기에 거대한 재벌 대기업의 형성 과정에서 국가가 결정적 역할을 수행했음을 강조했다(Amsden, 1989; Haggard, 1990). 이러한 국가주의 이론가들은 신고전파 경제학자의 주장과 달리 한국이 결코 자본주의 산업화를 통한 자유시장의 이데올로기를 지지하는 증거는 아니라고 반박했다. 그들은 경제발전이라는 국가의 목표를 수행하기 위해서 민간 기업과 긴밀하게 협력하는 중앙집권적 국가의 역할을 강조하는 발전국가 이론과 비슷한 관점을 제시한다. 한국의 재벌 대기업의 성장을 자유시장이 확장하는 가운데 발생한 산물로 해석하는 것은 오류이며, 한국의 국가 관료가 민간 기업을 후원하고 전략적 산업에 투자하도록 유도하여 기업 역량을 증가시켰다는 것이다. 한국의 재벌 대기업은 국가에 의해서 창조되고 관리되고 조절되며, 제한적 자율성을 가진 존재로 간주된다. 국가주의적 분석은 개발도상국이 경제적 이익을 확대하기 위해서 세계 시장에서 독점이윤을 추구하는 초국적 자본에 대응하여 적극적인 협상을 추진해야 한다고 주장한다.[8] 이러한 국가 자율성 이론은 국가의 경제 개입을 강화하는 경제적 민족주의를 위한 정치적 논리와 밀접하게 연결된다(Weiss and Hobson, 1995).

그러나 시간이 지나면서 국가 자율성 이론은 심각한 비판에 직면했다. 무엇보다도 국가 자율성 이론은 막스 베버의 관점에서 국가를 내부적으로 통합적이고 단일한 행위자로 평가하기 때문에 국가 내부의 제도적 다양성을 소홀히 하는 경향이 보였다. 신고전파 경제학이 개인을 원자화된 행위자로 간주하는 접근법과 마찬가지로 국가중심적 이론은 국가를 불가분의 분석 단위로 취급했다. 그러나 강한 국가는 권위주의적 정치 체제에서조차 관료제를 상호 갈등하는 사회계급과 완전하게 분리시킬 수 없다. 국가 관료는 항상 자율적인 행위자라기

8) 이러한 관점에서 암스덴은 한국의 국가주도 경제성장이 후기자본주의 산업화의 고전적 사례이며 개도국뿐만 아니라 선진자본주의 국가들에도 적용될 수 있는 공통적인 요소를 갖고 있다고 주장했다(Amsden, 1989: 4~23).

보다는 전형적으로 지배계급의 이해에 또는 때때로 저항적인 하층계급의 요구에 다양한 형태로 반응한다. 국가와 사회는 대부분의 국가에서 권력을 상호 분점하고 "상호 변환"시킨다(Migdal et al., 1994: 293). 그러나 세계적으로 일반화시킬 수 있는 국가와 사회의 관계는 존재하지 않으며, 국가와 사회의 관계는 시간과 공간에 따라 다양하게 변화한다고 보는 주장이 더욱 설득력을 가진다(Weiss and Hobson, 1995).

국민국가가 사회집단을 초월하여 자율적 권력을 갖고 있다고 보는 국가 자율성 이론의 극단적 주장을 극복하기 위한 다양한 이론적 시도가 등장했다. 첫째, 내부 조직 이론은 국가와 대기업 사이의 행정과정 중 거래transaction를 관리하는 위계적인 내부 조직의 형성을 주목했다(Williamson, 1985). 실제로 한국과 동아시아 발전국가의 정부 관료와 기업 엘리트들은 '중간 조직'을 통해서 그들의 견해와 이해관계를 조절했다(Lee, 1992). 둘째, 사회 네트워크social network 이론은 국가와 사회 사이에 있는 공식적, 비공식적, 유기적(가족, 친족, 지연) 네트워크 등 구체적인 사회적 연계를 강조했다. 그리하여 국가는 언제나 사회와 다양하게 연결되고, 국가적 목표와 정책을 수행하기 위한 지속적인 협상과 재협상을 추진하는 제도적 통로를 제공하는 구체적인 사회적 연계 속에서 배태되었다(Evans, 1995). 이러한 모형에서 국가와 기업의 관계는 공적, 사적 네트워크를 통해 형성된 수평적 연계에 의해서 보완되고 있다.

영국 사회학자 마이클 만Michael Mann은 국가주의적 분석을 새롭게 해석하여, 국가가 사회에 침투하여 주요 결정을 수행하는 '하부구조적 권력infrastructural power'이 '국가 역량state capability'의 핵심이라고 주장했다(Mann, 1986). 이 글에서 나는 국가와 민간 경제를 통합하여 설명하는 관점을 '국가 역량 이론'이라 부르고자 한다. 미국 정치학자 존 홀John A. Hall은 자본주의 사회를 운영하기 위한 국민국가의 능력이 국내 자본가와 협조하는 능력과 교육적 훈련의 사회적 하부구조를 제공하는 역량, 변화하는 국제경제 관계에 직면하여 유연성을 제고하는 계급 타협의 조건과 밀접하게 관련되어 있다고 주장했다(Hall, 1986). 홀은 동아시아 국가는 상대적으로 그리고 점증적으로, "전제적으로는 약하지만 하부구조적으로 매우 강력하다despotically weak but infrastructurally strong"라고 주장한다(Hall, 1986: 154~176). 이러한 국가 역량 이론은 국가 자율성 이론과 분석적으로는 구분되지만 많은 경우 비슷한 사례에서 적용된다. 두 이론적 관점은 모두 발전국가가 베버의 관료제의 이념형에 가깝다고 본다. 발전국가의 관료제는 "임무와 통합적 일관성을 만들기 위해서 매우 선택적인 능력주의 선발과 장기간 경력 보상" 체계를 갖는다(Evans, 1995: 30). 그러나 국가 역량 이론은, 막스 베버가 관료제가 항상 독립적이어야 한다고 주장했던 것보다는 '덜 독립적인 국가'를 제시하며 국가와 사회가 집단행동을 해결할 수 있도록 사회적 연계를 통해 밀접하게 연관되어 있다는 점을 인정한다.

이러한 관점에서 일본과 동아시아 발전의 성격을 규정하는 국가와 사회의 특수한 결합에 관한 논쟁이 지난 수십 년간 광범위하게 전개되었다. 이제 일본의 국가가 대규모 기업의 활동을 직접적으로 지원했다는 사실은 잘 알려졌다. 그러나 어떤 방법으로 국가 지도와 지원이 이루어지는지에 관한 세밀한 조사는 1980년대 후반 이후에야 제대로 이루어지기 시작했다(Samuels, 1987; Friedman, 1988; Okimoto, 1989). 많은 연구들은 일본의 국가가 민간 기업을 지도할 수 있는 절대적인 권력을 가졌던 것은 아니라는 사실을 보여주었다. 특히 미국 정치학자 새뮤얼스R. J. Samuels는 일본의 국가가 제한적인 통제력을 가지는 데 비해, 일본의 기업들이 상당한 자율성을 갖고 있다고 주장했다(Samuels, 1987). 일본의 국가는 제조업 분야의 수출 기업에게 계속적으로 국제 시장의 변화에 관한 정보를 제공하고 그에 따른 적응을 위한 방법을 지도했다. 국가는 항상 일방적으로 지도하기보다는 '계속적인 자문'을 통해서 지도하며 기업 이익을 위한 중요한 정보를 제공한다. 이러한 '상호 동의'의 정치는 국가가 사회의 주요 이익집단의 자율성을 인정하고, 협조적인 이익집단과 공통의 국가적 목표를 위해 활동하기로 정치적 동의를 형성할 때 발전국가의 역량이 커진다는 사례를 보여준다.

피터 에번스는 사회적 연계의 존재를 주장하면서 행위자와 제도에 초점을 맞추는 미국 사회학자 마크 그래노베터Mark Granovetter의 '배태성embeddedness'의 개념을 국가 이론에서 적용했다(Granovetter, 1985). 그는 연관성과 자율성의 결합－배태적 자율성embedded autonomy－만이 국가를 '발전국가'로 만든다고 주장한다(Evans, 1995: 12). 그는 국가 개입의 여러 모형을 이해하기 위해 중요한 이론적 공헌을 했다. 그는 '강한 국가' 라는 개념을 정교하게 정의하기 위해 개발도상국에서 "얼마만큼" 국가 개입이 이루어졌는가보다는 "어떤 종류의" 국가인가가 중요하며, 국가의 성격에 따른 경제발전의 효과를 분석해야 한다고 주장했다. 에번스는 국가를 세 가지 이념형으로 분류했다. '약탈국가predatory state'는 산업적 전환을 추진하기 위해서 아무것도 제공하지 않는 가운데 투자할 수 있는 잉여만 추출한다. 대표적인 사례가 아프리카의 자이레와 같은 국가이다. 반면에 '발전국가'는 민간 기업이 산업적 투자에 참여하도록 인센티브를 확대하고 장기적, 기업가적 계획을 제공한다. 대표적인 국가가 일본, 한국, 대만 등이다. '중간 국가intermediate state'는 브라질, 인도 등의 사례에서 발견할 수 있다.

그러나 에번스는 자신이 추구하는 폴라니의 역사사회학적 설명과는 달리 자본주의 발전의 복잡한 거시구조적 토대에 관한 이론을 제시하지 않았다. 그의 분석에서는 어떻게 사회적 연계가 생성되고, 정착되고, 유지되는지에 대한 설명을 발견할 수 없다. 그는 국가 엘리트와 사회집단 사이의 배태적 자율성을 형성하는 복잡한 정치적 역동성에 대한 분석도 제공하지 않는다. 왜 어떤 시기에 국가의 자율성이 강력했지만, 다른 시기에는 약화되는지 체계적으로 설명하지 못한다. 일반적으로 국가 자율성 이론은 왜 1980년대 이후 경제 자유화와 사유화 과정이 세계적으로 확산되었으며, 이로 인해 어떻게 전통적인 의미의 발전국가가 쇠퇴하고 있는지에 대한 충분한 설명을 제공하지 못하고 있다(Mann, 1990; Dunn, 1995; Strange, 1996).

3. 지구화 시대의 발전국가의 전환

1990년대 이후 세계 경제의 통합과 지구화에 관한 주제가 관심을 끌면서 지구화와 국민국가의 관계에 관한 논쟁이 일어났다. 많은 학자들은 지구화가 국민국가의 역할을 심각하게 약화시키고 있으며 장기적으로 경제에 개입하고 복지를 제공하는 국가의 역할이 축소될 것이라고 예측했다. 이러한 논쟁은 '국가의 위기' 이론으로 제시되었다.

1970년대 중반에 발생한 유가 파동과 경제위기 이후 전후 케인스주의 관리국가와 복지국가를 지지하던 정치적 합의의 균열이 발생했다. 기업과 노동조합 등 다양한 사회집단의 사회적 협의를 통해 형성된 코포라티즘corporatism이 약화되고, 이익집단의 대표 체계는 축소되거나 분권화되었다. 특히 노동운동은 급격하게 위축되고 전통적인 사회운동은 지역적 이익집단과 신사회운동에 의해 대체되었다. 더욱 중요한 점은 국가 개입과 사회 복지가 감소되면서 시장 역량의 규모와 범위는 급속하게 팽창한다는 사실이다. 많은 국영 기업이 민간 기업의 소유로 환원되었고, 국민 경제가 국제 시장의 논리에 종속되고 있다. 국가의 전반적 위기와 그에 따른 국가 개입의 약화는 자본주의 국가의 형태와 기능에 급격한 변화를 일으키면서 이론적 논쟁을 일으켰다.

먼저, 국가주의 이론은 일반적으로 이중적인 관점에서 변화하는 국가의 역할을 이론적으로 제시한다. 그들은 세계가 경제적 차원에서 지구화되는 반면에 국민국가는 계속적으로 주권sovereignty을 가지고 있으며, 국가의 정책 형성 과정에서 중요한 역할을 수행한다고 주장한다(Krasner, 1978; Calleo, 1982). 정치학과 국제관계 이론에서 현실주의 이론가들은 국민국가들의 영토적 주권과 국민적 시민권에 대한 중요성 때문에 국민국가는 국제적인 의제와 공공정책을 위한 기본적 조건이 된다고 보았다(Waltz, 1979; Keohane and Nye, 1977).[9] 비슷한 맥락에서 마이클 만은 국민국가가 현시대의 가장 강력한 사회적 행위자 가운데 하

9) 국제관계 이론 가운데 현실주의 이론이 국가를 국민적 영역에서 주권을 행사하는 통합적 행위자로 본다는 점에서 국가 자율성 이론에 상응한다. 1970년대 이후 현실주의 이론은 국민과 국가 간의 상호의존성interdependence을 강조하는 '상호의존성 이론'의 비판을 받는다. 다시 신현실주의neo-realism 이론은 초국적transnational, 상호 의존적 접근보다 국가 간 관계에서 국가 권력에 관한 도구적, 중상주의적, 경쟁적 접근을 통해 경제의 역할을 설명한다(Waltz, 1979; Keohane, 1984).

나라고 주장한다(Mann, 1986; 1993). 그러나 이러한 견해와 같이 경제 영역에서는 국민국가가 쇠퇴한다고 주장하는 반면 국제관계에서는 주권의 궁극적인 근원으로서 국민국가를 제시하는 것은 다소 모순적인 주장으로 보인다.

케인스주의 경제학과 마르크스주의 정치경제학 전통의 경제학자들도 경제적 지구화 과정에 대응하는 국민국가들의 경제적 역할을 강조했다(Boyer and Drache, 1996). 영국 정치학자 폴 허스트Paul Hirst와 그레이엄 톰슨Graham Thompson은 진정한 '지구적 경제'는 실제로는 존재하지 않으며, 지구화라는 개념 자체가 신화에 불과하다고 주장했다(Hirst and Thompson, 1996). 그들은 국제화가 상당히 전개되었음에도 불구하고 세계 경제의 통합이라는 사고는 실제 범위를 과장했다고 비판했다. 그리하여 지구화에 대한 과대평가로 인해 국민국가의 독립적인 경제정책의 가능성이 과소평가되고 있다고 주장했다. 그들도 일정 정도 정책 결정 기구로서 국민국가의 권력이 최근 심각하게 쇠퇴하고 있다는 점은 인정한다. 그러나 전통적인 의미의 주권적인 경제 관리자는 아닐지라도, 국민국가가 지닌 기본적 합법성의 토대와 국제기구와 지방정부들 사이에 존재하는 권력의 대표로서 국민국가가 갖고 있는 중요성은 계속 강조되어야 한다고 본다(Hirst and Thompson, 1996: 143~149).

반면에 지구주의 이론은 국민국가가 지구화에 영향을 받으며, 국민국가의 활동도 이제 지구적 차원에서 전개된다고 주장했다(Sklair, 1995; Spybey, 1995).[10] 1960년대 후반 미국 경제학자 찰스 킨들버거Charles Kindleberger는 국민국가가 단지 하나의 경제 단위로 간주될 것이라고 예언한 바 있다(Kindleberger, 1969). 영국 지리학자 피터 디켄Peter Dicken 역시 국가권력의 쇠퇴는 지구적 경제의 등장

10) 이 글에서는 국제화internationalization와 지구화globalization라는 두 개념을 구별하여 사용한다. 영국의 지리학자 디켄에 따르면 국제화는 국민국가 사이의 무역 등을 통해서 "국민적 경계를 넘어선 경제 활동의 지리적 확대"를 단순히 묘사하는 반면, 지구화는 "국제화보다 복잡하고 발전된 형태"로서, 20세기 후반 이후 해외 직접투자와 전략적 제휴 등을 통해서 "국제적으로 확산된 경제활동 사이의 기능적 통합"을 표현한다(Dicken, 1992).

과 연관이 있다고 보았다(Dicken, 1992). 특히 1960년대 후반 이후 전개된 세계 경제의 생산과 분배, 금융의 지구화 과정은 세계 경제에서 국민국가의 역할을 심각하게 변화시켰다. 운송과 통신의 기술 발전으로 인한 초국적기업의 경제활동은 국민적 경제정책의 필요조건인 국민적 시장 사이의 영토적 경계를 초월했다(Strange, 1996; Carnoy, 1993). 결과적으로 경제정책을 지도하고 조절하는 국민국가의 활동과 가능성은 심각하게 약화된 반면, 초국적기업의 생산, 관리시설의 위치가 종종 개별 국가의 고용과 투자의 상당 부분을 지배하게 되었다(Held, 1995; Strange, 1996). 국민국가의 금융, 재정정책은 점차 국제경제기구와 국제금융시장의 변화에 크게 영향을 받고 있다.

지구주의적 관점은 자본주의 경제가 국가의 장벽을 넘어 지구적 성격을 가진다고 본다. 영국 사회학자 레슬리 스클레어Lesli Sklair는 지구적 자본주의가 주도하는 생산과 교환을 통해 새로운 초국적 조직이 등장한다고 주장했다(Sklair, 1995). '지구적 자본주의 체계global capitalist system'는 자본주의적 역동성이 국민적 차원과 대립하여 초국적 차원에서 전개되고, 생산의 사회적 관계는 더 이상 국민적 영토의 경계에 세한되지 않는 경제체계를 가리킨다. 지구화 과정에서 지구화에 가장 적극적인 산업자본가, 금융자본가, 기업 엘리트가 초국적기업을 통해서 국민국가 단위를 넘어선 광범위한 '지구적 네트워크'를 형성하고 공통의 정치적 행동을 조직하는 지구적 사회계급을 형성하고 있다는 것이다(Sklair, 1995).

셋째, 전환주의적 관점은 지구화에도 불구하고 단순히 국민국가의 역할이 유지되거나 쇠퇴하는 것이 아니라 국민국가가 외부 환경의 변화에 적응하며 새로운 역할을 추구하고 있다고 주장했다. 영국 정치학자 데이비드 헬드David Held는 다양한 국민사회 사이의 연결을 통해서 국제정치적 차원에서 국민국가를 약화시키는 일련의 단계가 있다고 주장한다(Held, 1995). 자유시장을 강조하는 신자유주의 이데올로기의 등장은 경제를 통제하는 국민적 케인스주의를 근본적으로 약화시켰다. 그러나 동시에 국민국가체계의 균열은 인권, 환경, 핵에너지, 발전과 불평등, 법과 질서, 테러리즘, 이민 등 전 지구적 문제를 해결하기 위한 정치적 지구화의 가능성을 열어놓았다. 그리하여 최근에는 국제사회에서 '지구적 거버넌스global governance'라는 개념이 광범위하게 쓰이면서 지구적 공공재 global public goods를 보호하고 증진하기 위한 국제적 또는 초국적 실천들이 이루어지고 있다. 이에 따라 많은 학자들은 경제, 정치, 문화 차원에서 국민국가의 역할이 감소하는 반면 지구화 현상이 점점 확대되고 있음을 광범위하게 인정하고 있다(McGrew and Lewis, 1990).

지구화가 국민국가에 미치는 영향과 효과를 이해하는 문제는 매우 복잡하다. 새롭게 형성되는 지구적 경제에서 전통적인 국민국가의 역할은 과거의 스타일과 다르게 급속하게 변화하고 있다. 1980년대 이후 많은 선진 산업국가의 전통적인 케인스주의 거시경제 정책이 개입하는 범위와 가능성은 상당 부분 축소되었다. 지구적 분업과 금융시장의 지구화는 이제 국민국가가 경제를 지배하는 기본적 조건을 약화시키고 있다. 최근의 일본도 국가의 '행정지도'를 축소하고 발전국가에서 '탈발전국가'로 전환하는 과정을 보여주고 있다(Weiss and Hobson, 1995). 다른 동아시아 나라들도 점차적으로 관료적 지배 대신 협조적, 조절적인 정부와 기업 간 관계를 발전시키고 있다(MacIntyere, 1994). 발전국가 내부의 실패, 또는 국제경제기구의 외부 압력으로 인한 경제 자유화와 지구화 과정은 국민국가들의 역할과 역량에 심각한 변화를 초래했다. 이에 오마에 겐이치Ohmae Kenichi와 같은 극단적인 지구화 이론가는 궁극적으로 기업 경제, 지역 경제가 국민국가를 대체할 것이라고 주장한다(Ohmae, 1995).

그러나 더 주의 깊게 관찰해보면 지구화 과정 자체가 상당 부분 민간 기업을 지도, 자극, 지원하는 국민국가의 결과이기도 하다(Weiss, 1997). 미국 정치학자 에릭 헬라이너Eric Helleiner는 1980년대에 급속하게 진행된 금융 국제화 과정이 각국의 국민국가가 세계 경제의 주도권을 장악하기 위해서 추진되었다고 주장한다(Helleiner, 1994). 특히 1970년대 중반 미국 금융시장의 빅뱅big bang 이후 영국과 유럽, 일본의 국민국가가 어떻게 대응하는가를 국민국가들의 경쟁 과정으로 설명한다. 세계적 차원에서 일어난 금융산업의 국제화 과정은 우연히 발생한 것이거나 단순한 시장의 진화 과정이 아니었다.

영국 역사학자 폴 케네디Paul Kennedy는 21세기에도 국민국가의 장기적 계획, 정치적 지도력, 교육과 기술정책들이 국제경쟁의 영역에서 중요한 요소가 될 것이라고 주장했다(Kennedy, 1993). 실제로 독일과 프랑스의 기업들은 아직도 국민국가와 밀접하게 협조하고 있다. 영국과 미국에서도 국제자본의 이동과 금리에 대한 국민국가의 통제가 감소되고 있음에도 불구하고, 국민경제의 경쟁성을 제고하기 위해 국민국가가 할 수 있는 역할은 아직도 상당 부분 존재한다. 클린턴 행정부가 추진한 금융산업의 탈규제, 오바마 행정부에서 이루어진 자동차 산업에 대한 구제금융 등에서 볼 수 있듯이 국가의 정책은 경제에 막대한 영향을 미친다. 특히 일본과 동아시아 국가는 이전 시대에서 볼 수 있던 국가 계획은 아니지만 아직도 국가의 지원 등을 통해 국민경제의 발전을 위한 정책을 실행하고 있다(Berger and Dore, 1996).[11)]

지구화 과정에 관해 진정으로 중요한 질문은 국민국가가 시장을 위해서 작동하는가 아니면 반대로 작동하는가의 문제가 아니라, 어떻게 국민국가가 지구화 과정에서 해외자본과 국내자본을 지원하는가라는 문제로 귀결되고 있다. 예를 들어, 한국과 대만 등 동아시아 국가들은 지구화 과정에 직면하여 국민국가의 '적응성adaptability'을 강화하기 위해 노력한다(Weiss, 1997). 동아시아 국가들은 지구화 과정과 대립하기보다는 적응을 시도하며, 지구화 자체를 국민경제의 발전 전략으로 선택하기도 한다. 1995년 한국의 김영삼 정부는 세계화추진위원회를 설치하고 경제적, 정치적, 문화적 세계화에 대비한 계획을 추진했다. 1997년 후반 외환위기 이후 김대중 정부는 국내 기업이 국제 금융기관을 통해 직접 융자를 받거나 외국 기업이 한국 금융시장에 직접 투자하는 것을 적극 장

11) 이러한 관점에서 미국 정치학자 존 홀과 G. 존 아이켄베리G. J. Ikenburry는 국민국가의 역량이 산업정책을 형성하거나 개입하는 데만 관련된 것이 아니라, 국가 개입을 약화하거나 포기하는 것에도 관련이 있다고 보았다. 그들은 이를 '국가 역량의 아이러니'라고 부른다. 그들은 선진 자본주의 나라들과 발전도상국들의 사유화와 공공부문 개혁도 국가 역량을 재구성하는 과정으로 본다(Hall and Ikenberry, 1989: 96~97).

려하기 시작했다. 대만 정부도 미국의 첨단기술 산업을 인수하거나 합병하는 대만의 기업에 대해 다양한 방법으로 금융 지원을 하고 있다(Chu, 1995). 일본 정부 또한 생산 네트워크의 지역적 재조정과 국가 역량의 국제화를 추진하면서 일본 기업이 해외 시장에 적응할 수 있도록 지원하고 있다(Wade, 1990). 이러한 적응성은 국민국가가 지구화하는 민간 기업과 협력할 수 있는 새로운 방식과 가능성을 제시하고 있다.

경제적 지구화 과정이 진행되면서 국내 자본은 국민경제의 주도권을 갖고 있는 국민국가의 영향력에서 상당한 수준으로 벗어났다. 일단 지구적 기업으로 발전하면 국내 기업은 더 이상 국민국가의 지도를 받는 하위 파트너로 보기는 어렵다. 오히려 경제활동이 지구화될수록 국민국가는 교육과 사회간접시설의 제공을 통해 민간 기업을 지원하는 관계로 변화한다. 이러한 경제 지구화의 효과는 신자유주의 경제관료의 등장과 함께 국가의 역할을 바꾸는 중요한 조건을 형성한다(Kim, 1998b). 새로운 유형의 국가와 자본 사이의 상호의존성은 경제발전을 주도했던 전통적인 국가의 역할을 불가능하게 만든다(Evans, 1995: 205~206). 아직도 국가가 경제정책에 커다란 영향을 주고 있지만 국가 권력과 역량은 지구화 과정을 통해 전통적인 발전국가 스타일과는 상당히 다른 형태로 변화되고 있다(박은홍, 2013). 이제 국민국가는 과거처럼 산업정책과 무역정책을 직접 관리하거나 국제 경쟁에서 국내 기업을 완전히 보호하기도 어렵게 되었다. 그리하여 대다수 국민국가는 지구화 과정과 직접적으로 갈등하기보다는 현실적인 조건에 적응해야만 하는 상황 속에 있다. 결국 지구화 과정은 단순한 경제 통합을 넘어서 국가와 자본이 상호 의존적이고 긴밀하게 협조하는 동맹적 관계를 형성하는 복잡한 정치적 과정이 되고 있다.

4. 20세기 발전국가를 넘어서

20세기 후반 한국의 고도성장과 권위주의 발전국가에 대한 연구는 후기 자본주의 발전의 보편적 특징을 보여준다. 국민 경제에서 국가의 주도적 역할, 급속한 압축적 산업화, 순응적인 약한 자본가와 노동계급, 권위주의적 발전국가의 특징이 나타난다. 우리는 국내총생산, 무역, 투자 등 경제성장이라는 양적 변화의 관찰에만 매몰되어서는 안 된다. 20세기 후기 자본주의 발전의 특성을 체계적으로 이해하기 위해서 국가 관료가 주도하는 장기적 경제개발계획, 권위주의적 정치체제, 사회동원과 노동운동의 억압 등 중요한 사회정치적 차원의 질적 요소를 분석해야 한다(이병천 외, 2003; 유종일, 2012). 이를 통해 후기 자본주의 발전이 어떻게 보통 사람의 삶에 영향을 주었는지 비판적 해석을 시도해야 한다.

1980년대 이후 동아시아 발전국가는 신자유주의 세계화가 이끄는 외부 환경의 변화에 따른 근본적인 변화를 겪었다. 경제 자유화와 지구화가 진행되는 과정에서 신자유주의 이데올로기를 추종하는 경제 관료, 학자 연합에 의한 발전국가의 약화는 매우 주목할 만한 역사적 변화이다(김윤태, 2012). 동시에 신자유주의적 구조조정의 과정에서 민중부문이 배제되고 사회경제적 불평등이 심각해지는 결과를 만들었다는 점에서 반민주적 특성을 가진다는 비판도 제기되었다(지주형, 2011). 동아시아 국가는 지구화 과정을 반대하기보다 수용하면서 전통적 발전국가 스타일에서 벗어나고 있다. 이런 맥락에서 최근 경제적 지구화 과정에서 변화하는 국민국가의 역할은 중요한 이론적 문제를 제기한다.

발전국가에 관한 연구에서 논란이 되는 주제는 정경유착이다. 아시아 자본주의 국가의 급속한 경제성장의 주요 원인으로 정부와 기업의 긴밀한 네트워크 등이 광범하게 지적되었다. 그러나 1997년 동아시아의 외환위기 이후 국가와 대기업의 사회적 관계에서 정경유착, 관치금융, 부정부패, 불투명성 등이 지적되고, 동아시아 경제는 '연고 자본주의crony capitalism', '아시아 가치'의 실패 등으로 부정적으로 묘사되었다. 국가와 기업의 긴밀한 관계는 찬양의 대상에서 비판의 대상으로 급변했다. 물론 동아시아의 국가와 기업 간 불법적 유착관계는 시장경제의 효율성을 저하시켰다. 그러나 일반적인 국가와 기업 간 정책 네트워크 자체를 반드시 부정적으로만 볼 수는 없다. 국가 엘리트와 기업 엘리트 사이의 관계가 지대추구 활동에 의해 지배되지 않으면서, 베버가 묘사한 의미의 관료적 효율성을 기반으로 하여 새로운 정부와 기업 사이의 관계를 만들어야 한다. 이제 정부와 기업 사이의 관계는 투명성과 효율성의 원칙을 기반으로 민주적인 제도적 관계로 변화되어야 한다.

다른 한편, 발전국가가 국가와 재벌의 지배연합을 만들어 민중부문의 배제와 사회 불평등을 확대했다는 비판이 지속적으로 제기되었다. 이러한 비판은 정당하다. 지속적 경제성장의 성과가 모든 계층에게 골고루 분배될 때에만 사회의 역동성을 유지할 수 있다. 사회의 부와 재산이 소수의 특권층에 집중되는 사회는 새로운 도전 정신을 격려할 수 없다. 경제적 효율성과 사회적 형평성을 동시에 추구하는 복지국가의 강화는 지속적 경제성장의 필수조건이 될 것이다. 1998년 집권한 김대중 정부가 사회보험제도, 국민기초생활보장제도 등 주요 복지제도를 도입하면서 복지국가가 태동했다. 노무현 정부가 등장한 이후 2005년 복지 재정이 정부 재정에서 가장 높은 비율을 차지했다. 이명박 정부는 부자감세와 '비즈니스 프렌들리' 정책을 주장했으나, 다른 한편 '능동적 복지'를 내세웠다. 박근혜 정부도 '경제 민주화'와 '복지국가'를 내세우며 지속적인 복지 확대를 공약했다. 2008년 세계 금융위기가 발생한 이후 정부의 복지재정은 지속적으로 증가했다. 그러나 정권이 내세우는 정치적 수사에 비하면 복지재정의 수준은 매우 낮다.

국가의 발전은 국내총생산의 규모에 의해서 결정되는 것이 아니다. 국가의 성원 모두에 제공하는 교육, 의료, 복지 등에 의해 삶의 질의 수준이 결정되는 것이다. 경제성장률, 국가경쟁력 순위, 세계적 기업의 숫자가 국력을 결정하는 것이 아니다. 모든 시민에게 가장 중요한 것은 돈이 없어 아플 때 병원에 가지 못하거나 배우기 위해 학교에 가지 못하는 상황이 일어나지 않는 것이다. 직장에 다니는 엄마가 몸이 아픈 자녀를 위해 눈치 보지 않고 직장에 휴가를 신청하고, 대학을 마친 사람이 능력을 발휘할 수 있는 직장이 많은 사회가 평범한 시민을 위해 필요하다. 진정한 발전을 이룩하기 위한 조건은 모든 시민이 인간답게 살 수 있는 기본적 생활을 보장받고 기회의 평등을 누릴 수 있는 사회이다.

미래의 새로운 발전모델은 양적 성장과 물질적 성장뿐만 아니라 인간 중심적 발전, 사회적 형평성과 정의, 생태학적 지속가능성을 수용해야 한다. 1972년 '지속가능한 발전sustainable development'이라는 개념이 처음 국제사회에 등장한 이후 많은 지지와 관심을 얻었다. 1991년부터 출발한 유엔 개발 프로그램UNDP은 『인간개발보고서Human Development Report』에서 '경제성장 위주의 개발'에 대한 문제점을 지적하면서 고용 창출이 없는 성장, 빈곤층을 외면한 성장, 참여가 없는 성장, 근본과 미래가 없는 성장은 지양되어야 한다고 지적했으며, 균등한 경제 성장과 장기적인 인간 개발의 중요성을 강조했다(UNDP, 1996: 1~10). 1992년 리우에서 개최된 유엔환경발전회의UNCED에서는 지구 환경과 발전 체제의 통합성을 보호하기 위한 국제 협정을 체결하기 위해 '환경과 발전에 관한 리우 선언'을 채택했다. 이 선언에서는 '인간 중심의 발전', '빈곤 퇴치', '현재와 미래 세대의 요구를 공평하게 충족하는 지속가능한 개발' 등의 원칙을 담고 있다. 경제, 사회, 환경을 아우르는 총체적 발전은 2012년 리우 정상회담 20주년 회의에서 '지속가능한 발전 목표SDGs'라는 개념으로 다시 확인되었다(Sachs, 2015). 이제 현대화 과정은 보다 인간 중심적인 발전과 환경보호를 지향하는 새로운 모색을 시도하고 있다.

5. 새로운 발전국가 모델을 찾아서

2007년 미국 월스트리트에서 시작된 세계 금융위기는 금융자본의 탈규제가 만든 극단적 위험을 극적으로 보여주었다. 금융 규제 완화가 스스로 조절하는 시장을 만들 것이라는 기대는 환상으로 끝났다. 정부 실패가 아니라 시장 실패의 재앙이 세계 경제를 위기로 몰아갔다. 세계 금융위기의 뒤를 이어 유럽의 재정위기, 각국의 심각한 빈부격차는 지난 30년 동안 신자유주의 개혁이 만든 결과이다. 현재 자본주의의 위기는 긴축정책으로 해결할 수 없다. 자본주의 경제체제를 근본적으로 개혁하고 새로운 발전모델을 만들지 못한다면 더 큰 위기의 수렁에 빠질 수 있다.

최근 많은 학자들은 워싱턴 합의가 주도하는 자본주의 지구화 과정 속에서 변화하는 국민국가의 역할과 새로운 가능성에 대한 이론적 대안의 필요성을 강조했다. 그러나 급격하게 달라지는 국제경제 질서 속에서 전후 케인스 경제학과 신고전파 경제학 이후의 새로운 경제 대안을 제시하는 이론적 성과는 아직 없는 것으로 보인다. 1990년대 이후 네오케인스주의 거시경제학이 다시 관심을 끌었지만 대안적 경제학에 대한 합의가 이루어지지는 않았다(Krugman, 1994).

세계 금융위기 이후 미국과 유럽 정부는 파산에 직면한 금융기관을 구제하기 위해 엄청난 재정을 투입했지만, 금융기관은 상여금을 배분하며 혈세를 낭비했다. 이러한 금융기관의 탐욕과 도덕적 해이에 성난 대중이 '월가를 점령하라' 시위에 나섰다. 레이건 정부와 대처 정부가 추진한 부자 감세가 투자를 확대할 것이라는 주장은 사실상 허구로 판명되었다. 대기업과 부유층이 돈을 벌면 중소기업과 중산층, 서민도 잘살게 된다는 낙수 효과trickle-down effect는 이론적으로 파산했다.

시장 경쟁에서 패배한 사람들과 사회적 약자를 포용하지 못한다면 사회는 지속할 수 없다. 시장경제가 부자의 탐욕을 추구하는 수단으로 전락한다면 경제는 더 이상 작동할 수 없다. 시장은 성장을 만드는 수단일 뿐이지 그 자체가 목적이 아니다. 성장을 만드는 시장을 이용하면서 시장이 만드는 부수적 피해에서 시민을 보호하기 위해 국가를 이용하여, 소수의 특권층 또는 특수 이익이 아닌 전체 공동체를 위해 노력해야 한다. 정부의 역할을 새롭게 조정하는 발전 모형을 향한 개혁이 필요한 시점이다.

21세기의 새로운 발전 모형은 민주주의, 참여, 지속가능한 발전을 지향해야 한다. 먼저, 발전 과정에서 정부의 역할은 더욱 민주적인 성격을 가져야 한다. 정부는 단지 시장경제를 선택하는 것이 아니라 민주적 시장경제를 추구해야 한다. 거시경제에 개입하는 국가가 효율성을 보장할 수 없는 경우 국가를 시장 실패에 대한 만병통치약으로 보아서는 안 된다. 시장근본주의적 처방이 언제나 정부 실패에 대한 해결책이 될 수는 없다. 1997년 한국의 외환위기는 기업의 과잉 중복 투자와 부실 경영도 책임이 있지만, 정부의 준비 없는 자본시장 개방도 커다란 영향을 미쳤다. 정부의 통제를 없애고 자유시장경제로 간다고 모든 문제가 해결되는 것은 아니다. 만약 정부가 시장의 힘을 계속 강조한다면 경제 집중으로 인해 소수의 재벌만 더욱 거대해질 수 있다. 소수의 대기업에 의한 시장 집중은 공정한 경쟁을 저해하고 경제체계의 효율성을 악화시킬 수 있다.

1980년대 이후 추진된 경제 자유화 정책은 거대 재벌에 의한 경제 집중을 강화한 반면, 정부의 산업정책을 지속적으로 약화시켰다. 1990년대 김영삼 정부에 의해 본격적인 시장주의적 경제 개혁이 추진되었으며, 결국 공식적으로 정부의 거시경제 관리 전략이 폐기되었다. 이에 비해 1997년 등장한 김대중 정부는 표면상으로는 산업정책을 제시하지 않았으나, 재벌 개혁과 '빅딜'이라는 이름으로 기업 구조조정에 관여했다. 하지만 장기적 관점의 산업정책이 부재했기 때문에 일관성 있는 정책 방향을 제시하지 못했을뿐더러 경제 개혁의 방향도 쉽게 표류했다. 노무현 정부는 초기부터 재벌 개혁을 사실상 포기했고 산업정책에 대한 관심도 거의 없었다. 이명박 정부는 재벌 개혁이 아니라 오히려 재벌을 적극적으로 도와주는 정책을 추진했다. 출자총액제한제도의 폐지와 금산 분리 완화를 통해 재벌의 이익을 불려주었다. 다른 한편으로 정보통신부와 과학기술부가 해체되면서 산업정책은 사라졌다. 현재 영국과 미국 등 산업정책을 거의 표방하지 않는 나라에서도 첨단기술 산업의 발전을 위한 정부의 노력이 계속되고 있다. 특히 유럽과 일본에서 정부의 산업정책은 경제의 구조조정과 경쟁력 강화를 위해 중요한 역할을 수행하고 있다.

자유화되고 지구화되는 시장에 개입하는 정부의 역할은 새롭게 변화되어야 한다. 경제에 개입하는 국가의 역할도 나라의 경제발전 단계에 따라 다를 수 있다. 한국의 재벌을 그냥 시장의 논리에 맡겨두고 시간이 지나면 모든 문제가 해결될 것이라는 발상은 매우 무책임하다. 정부의 비호 또는 방치 아래 계속된 거대 재벌의 족벌 경영과 선단식 운영은 시장 운영의 합리성과 투명성을 저해했고, 결국 기업 경영의 비효율성과 무책임성을 가중시켰다. 재벌이 내세우는 윤리경영과 사회공헌활동도 사실상 재벌의 이익을 홍보하는 수단으로 전락했다(김윤태, 2012). 이제 정부의 특혜를 받아 급속하게 성장하던 거대 재벌의 시대는 끝내야 한다. 무모한 과잉 중복 투자와 총수 1인의 황제 경영을 유지하는 재벌 체제는 새로운 대기업 체제로 전환해야 한다. 규모의 경제가 필요한 중화학공업을 기반으로 하고 효율적인 전문경영인들이 주도하는 새로운 대기업이 필요하다. 그리고 대기업 체제는 첨단기술 산업을 중심으로 발전하면서 중소기업들과 상호 협력적 경제구조를 유지해야 한다.

이제 정부의 역할은 탈규제냐 규제냐의 이분법적 발상에서 벗어나야 한다. 이제는 지난 발전국가 시대와 같은 일방적인 규제가 가능하지도 않지만, 그렇다고 탈규제가 반드시 능사인 것도 아니다. 많은 경우, 규제의 새로운 개혁은 정부의 적극적인 역할을 요구하는 경우가 많다. 경제 주체가 국가의 통제를 벗어나는 것이 바람직할 때가 있고 바람직하지 않을 때도 있다. 효율성과 규제는 상호 대립적인 것이 아니다. 효율성과 규제의 탄력적 결합이 필요하다. 동시에 그동안 한국의 경제성장도 상당한 정도 자유시장을 발전시켰기 때문에 이제는 정부의 경제 개입은 지나친 통제 대신 민간 부문의 창조적 참여를 유도해야 한다. 특히 첨단기술과 정보산업 부문에 대한 정부의 적극적인 정책 제시가 시급하다. 그러나 이러한 산업정책들은 일시적 편의주의에 따른 방침이 아니라 정부와 기업의 제도적 협조를 통해 더욱 장기적이고 일관된 방향으로 제시되어야 한다.

이렇게 정부와 기업 사이에 배치되는 제도적 장치는 개인적 네트워크와 불법적 유착 대신에 더욱 공개적이고 절차적인 투명성이 보장된 원칙을 따라 마련되어야 한다. 이러한 점에서 정부는 시장에 반대하기보다 시장에 더욱 가깝게 접근해야 한다. 국가와 시장은 어느 극단의 양자택일이 아니라 상호간에 긴밀한 협조와 조절이 필요하다. 실질적으로 어디에서나 국가와 시장은 밀접하게 연결되어 있고 서로 중요한 영향을 줄 수 있다. 한국 경제에서 정경유착은 피해야 하지만 정경 협조는 필요하다. 이러한 견지에서 정부가 추진하는 경제개혁, 재벌개혁, 금융개혁, 노동개혁은 공적 책임성과 시장의 역동성의 원칙이 동시에 존중되는 차원에서 추진되어야 한다. 그리하여 국가는 시장과 대립하기보다는 협조적인 관계를 지향해야 하고, 나아가 시민사회와도 적극적인 협력관계를 형성해야만 한다. 이제 국가주도의 동원형 발전 모형은 정부, 기업, 민간 부문의 협조를 통한 참여형 모형으로 바뀌어야 한다. 효과적인 국가-시민사회의 관계를 만들기 위해서 국가는 다양한 조직의 발전을 촉진해야 한다(Evans, 2008: 14). 이러한 국가-사회의 관계 변화는 필연적으로 더 많은 민주주의를 토대로 한 발전 모형을 요구한다.

둘째, 새로운 발전 모형은 더욱 시민사회의 참여의 역할을 중시해야 한다. 과거의 고도성장 시대에 경제발전은 권위주의적 정부가 주도했다. 그러나 권위주의적 정부는 산업화 초기 단계의 신속한 의사결정 추진 과정에서 보이는 시간 효과를 제외하고는 지속적으로 비효율성이 커졌다. 민주주의적 제도와 절차적 정당성은 궁극적으로 실패의 가능성을 줄여 오히려 시간 효과를 증대할 수 있다. 발전 계획의 수립은 소수의 관료 집단이 아니라 다양한 시민사회의 민주적 토론과 논쟁 과정을 거쳐야만 한다. 또한 발전 과정 역시 항상 투명하고 공정한 운영의 원칙에 따라 이루어져야 한다. 기업지배구조에 적극적으로 참여하는 시민사회의 능동적 역할도 필요하다. 정부와 기업의 과두제가 독점하는 권력을 분권화하고 노동조합, 시민사회조직 등 광범위한 차원의 이해관계자stake holders가 참여할 수 있는 제도적 장치를 마련해야 한다. 구체적으로 종업원지주제와 노동조합의 경영 참여를 통한 산업 민주주의 제도를 발전시켜야 한다. 또한 다양한 사회적 의제에 시민사회가 능동적으로 참여할 수 있는 방안들이 모색되어야 한다.

미래의 발전 과정은 국가주도 발전 모형에서 시민사회의 참여가 확대되는 발전 모형을 지향해야 한다. 권위주의 발전국가는 국가주의 전략 또는 신중상주의적 전략을 추진했다. 신자유주의는 시장의 자율성을 강조하고 국가 개입을 반대하며 시민사회의 참여를 제한했다. 시장의 힘은 시민사회를 강화시켰지만, 시민사회에서 가장 강력한 집단인 대기업에 부와 권력이 집중되는 것을 효과적으로 막을 수 없었다. 권위주의 발전국가는 강한 국가를 추진하고 신자유주의는 기업가적 국가를 추진했다. 이에 비해 민주적 발전국가는 시민사회조직의 참여가 확대되어야 한다고 강조한다. 시민사회조직은 단순히 국가가 주도하는 발전계획의 소극적 추종자나 감시자로 그쳐서는 안 된다. 시민사회조직은 더욱 적극적으로 발전 계획의 의사결정 과정에 참여해야 하고 적극적으로 사회의 공적 이익을 추구해야 한다. 기업은 노동조합, 소비자, 시민사회조직과 갈등적 관계가 아니라 적극적인 협력관계를 모색해야 한다. 그리하여 국가, 시장, 시민사회는 서로 일정한 균형을 유지하면서도 협력을 추진하는 동반자 관계를 발전시켜야 한다.

이러한 전환적 국가와 사회의 관계는 사회의 공적 목표인 민주주의와 삶의 질의 향상을 목표로 해야 한다. 국가의 역할은 사회의 자율적인 결사를 자유방임적으로 허용하는 것만으로 충분하지 않다. 사회집단은 때때로 분파적이고 자기 이익에 몰두하는 목표를 추구하며 사회의 공적 신뢰와 제도적 신뢰를 약화시킬 수 있다. 우리는 한국의 연줄 사회와 이탈리아의 마피아가 가져오는 사회적 역효과를 잘 보아야 한다. 물론 사적 신뢰의 유지와 증가가 모든 경우에 반드시 공적 신뢰와 제도적 신뢰를 저해한다고 볼 수는 없다. 그러나 한국 사회에 나타나는 '폐쇄적' 사적 신뢰는 사회 유지에 필수적인 공적 신뢰의 제도적 절차성과 투명성, 공정한 운영을 위협할 수준에 도달했다. 하지만 사회의 자발적 결사가 곧 신뢰를 증진시킬 것이라는 단순한 논리는 사회의 복잡성에 대한 충분한 이해라고 볼 수 없다. 친족, 혈연, 학연을 기반으로 하는 폐쇄적인 조직보다 사회의 다양한 성원의 자유로운 참여가 보장되는 개방적 조직이 더욱 발전해야 한다. 이와 같이 시민사회의 다양한 자발적 결사와 비영리조직, 시민사회조직이 증가하고 발전할 수 있도록 국가와 시민사회의 적극적인 협력이 필요하다.

셋째, 경제성장 일변도의 정책으로 인해 파괴된 자연을 바라보는 새로운 관점을 제시해야 한다. 경제성장으로 인해 얻은 물질적 혜택은 매우 크다. 100년 전 인류의 생활에 비하면 이제 많은 사람들이 물질적으로 매우 풍족하게 살고 있으며, 후대의 세대도 이러한 물질적 성장을 누릴 수 있기를 바랄 것이다. 그러나 우리는 숙명적으로 이러한 발전이 가져온 가장 커다란 재앙인 환경 파괴에 직면하고 있다. 산업화를 향한 돌진은 자연 자원에 대한 적절한 사려도 없이 파괴를 거듭해왔다. 이제 산업화 이전의 시대로 돌아가지 않는 한 우리는 파괴된 환경을 복구할 수 없다. 현대 사회의 단선적 발전 논리는 많은 경우 자연을 단순하게 외부적 환경으로 인식하도록 만들었다. 인간은 자연을 개조하고 이용하는 행위자이고 자연은 인간을 위한 대상이 되고 말았다.

이러한 인간중심적 사고는 서구문명에서 출발한 현대적 관념의 소산이다. 사실 서구 산업문명의 등장 이전이나 다른 문명권에서는 자연에 대한 인간의 일방적 우위를 주장하는 일은 찾아보기 어려웠다. 이런 의미에서 자연을 인간 활동의 외적 조건인 환경으로 인식하는 것은 매우 현대적이다. 이러한 논리의 추상적, 체계적 표현이 바로 현대화 이론이다. 현대화 이론이야말로 한국의 발전주의가 토대를 둔 '1단계 현대화'의 원칙이었다. 이제 생태적 현대화를 추진하는 '2단계 현대화' 노선이 필요한 시점이다.

이제 우리는 경제발전과 생태적 보호를 동시에 이루고자 하는 지속가능한 발전을 추구해야만 한다. 이를 위해서는 기본적으로 세 가지 원칙이 필요하다. 먼저, 환경에 관한 정보가 자유롭게 제공되고 이동할 수 있어야 한다. 개방적인 정보 체계야말로 생산자와 소비자에게는 책임성을 부여하고 기술적 전문가에게는 혁신의 기회를 제공한다. 둘째, 시민적 참여와 행동을 적극적으로 보장해야 한다. 환경 문제가 발생하는 장소와 관련된 많은 개인, 집단, 공동체의 자발적인 감시활동 체계야말로 환경보호 체계의 확대와 민주화를 위해서 매우 중요하다. 셋째, 환경보호를 위한 정부의 효율적인 규제가 필요하다. 이러한 규제는 친환경적인 성과를 기준으로 한 명령과 통제의 규칙으로 이루어지기보다, 공해 방지를 추구하는 기업에 더욱 동기를 부여하여 자발적 참여를 유도하고, 시장 기제를 활용하여 새로운 환경 기술의 혁신을 촉진하는 방식으로 이루어져야 한다.

경제성장과 생태적 현대화는 지구적 차원의 문제가 되고 있다. 이제 한 나라의 발전은 많은 경우 다른 나라의 발전과 긴밀하게 연결되어 있다. 초국적기업과 국민국가의 지구적 실천은 지구적 차원에서 공동 운영의 원칙이 등장하게 만들었다. 또한 지구적 환경의 문제는 하나의 지구에서 살고 있는 모든 인류의 삶에 의해 커다란 영향을 받는다. 지구적 차원의 생태적 위기를 해결하기 위해서는 새로운 형태의 지구적 거버넌스가 필요하다. 경제발전은 전 세계의 모든 국가의 목표가 되었다. 그러나 이러한 경제발전의 논리가 지구적 차원으로 확대되면서 환경 파괴와 기후 변화라는 새로운 문제를 발생했다. 이제 우리는 이전의 정부와 기업 차원에서 생각하지 못했던 새로운 사고를 가져야만 한다. 지구적 범위의 발전이 확대될수록 개별적 정부와 기업 차원에서 발전이 자연에 미치는 효과를 관찰하기 어렵다. 남미와 동남아의 밀림과 같은 공통의 자원 고갈, 또는 기후변화와 같은 지구적 자연의 일반적 조건으로 인한 피해는 경제발전과 인류 문명에 대한 새로운 관점을 요구한다. 이것은 단순히 유해 가스가 배출되는 지역뿐 아니라 기후변화가 발생하는 세계 전체에 대한 총체적인 관심을 필요로 한다. 인간 활동에 관한 제도의 범위가 지구적 차원으로 확대될수록, 그것이 작동하는 내부의 힘의 영역에 대한 정의 또한 지구적으로 확대되어야만 한다.

결론적으로 미래지향적 발전 모형은 더욱 인간적이고, 참여적이고, 생태지향적인 발전 모형이어야 한다. 한국이 과거 고도성장 단계에 채택한 발전 모형은 성장지향적, 권위주의적, 중앙집권적 원칙에 의거한 현대화 과정이었다. 이러한 현대화 과정은 경제의 논리가 사회 및 정치의 논리를 압도하며, 물질적 성장을 위해 사회적 평등과 민주주의를 희생하는 것을 당연시했다. 과거 시대를 지배했던 국가주도 산업화 과정은 초기 현대화 단계에서 외형적 경제성장을 이룩하는 데 일정한 유용성을 가지고 있었지만, 이제 그 낡은 발전 모형을 더 이상 유지할 수 없는 상황에 도달했다. 새로운 기술의 변화와 세계 경제의 통합으로 지난 수십 년 동안 추진되어온 낡은 현대화 원칙에 의한 산업화 과정은 한계에 부딪혔다. 이제 새로운 발전 모형을 향해 국가, 기업, 시민사회의 역할을 모두 새롭게 조정해야 한다. 현재는 민주주의와 삶의 질을 우선시하는 새로운 현대화 노선을 추구해야 하는 역사적 전환의 시점이다.

참고문헌

김윤태. 2012. 『한국의 발전국가와 재벌: 고도성장, 독재, 지배계급의 형성』. 한울.

박은홍. 2013. 『동아시아의 전환: 발전국가를 넘어』. 아르케.

박태균. 2013. 『원형과 변용: 한국 경제개발계획의 기원』. 서울대학교출판부.

유종일 엮음. 2012. 『박정희 시대의 맨 얼굴』. 시사IN북.

이병천 외. 2003. 『개발독재와 박정희 시대』. 창작과비평사.

장하준·신장섭. 2004. 『주식회사 한국의 구조조정』. 창작과비평사.

지주형. 2011. 『한국 신자유주의의 기원과 형성』. 책세상.

한국정치연구회. 1998. 『동아시아 발전모델은 실패했는가』. 삼인.

Amsden, Alice. 1989. *Asia's Next Giant: South Korea and Late Industrialization*. London: Oxford University, 182, pp. 5~31.

Balassa, B. 1981. *The Newly Industrializing Countries in the World Economy*. New York: Pergamon Press.

Bello, Walden and Rosenfeld, Stephanie. 1992. *Dragon in Distress: Asia's Miracle Economies in Crisis*. London: Penguin.

Berger, P. L. and Hsiao, H. H. M.(eds.). 1988. *In Search of an East Asian Development Model*. New Brunswick and Oxford: Transaction Books.

Berger, S. and Dore, R.(eds.). 1996. *National Diversity and Global Capitalism*. Ithaca: Cornell University.

Boyer, Robert and Drache, Daniel(eds.). 1996. *States Against Market: the Limits of Globalization*. London: Routledge.

Calder, Kent E. and Hofheinz, Roy Jr. 1982. *The East Asia Edge*. New York, Basic Books.

Calleo, D. 1982. *Imperious Economy*. Cambridge, MA: Harvard University Press.

Carnoy, Martin(ed.). 1993. *The New Global Economy in the Information Age*. University Park, PA: Pennsylvania State University Press.

Chu, Yun-Han. 1995. "The East Asian NICs: A State-Led Path to the Developed World." in Stallings, B. *Global Change, Regional Response*. Cambridge: Cambridge University Press.

Deyo, Frederick. 1987. "State and Labour: Modes of Political Exclusion in East Asian Development." in F. Deyo(ed.). *The Political Economy of the New Asian Industrialism*. Ithaca, NY: Cornell University Press.

Dicken, Peter. 1992. *Global Shift: the internationalization of economic activity*. London: Paul Chapman, 2nd ed.

Dunn, John(ed.). 1995. *The Crisis of the Nation State?* Cambridge: Cambridge University Press.

Evans, Peter. 1995. *Embedded Autonomy*. Princeton, NJ: Princeton University Press.

_____. 2008. "In Search of The 21st Century Developmental State." The Centre for Global Political Economy. Working Paper No. 4. University of Sussex.

Evans, Peter, Reuschemeyer, Dietrich, and Skocpol, Theda(eds.). 1985. *Bringing the State Back In*. London: Cambridge University Press.

Friedman, D. 1988. *The Misunderstood Miracle*. Ithaca, NY: Cornell University.

Fröbel, F., Heinrichs, J. and Kreye, O.(eds.). 1980. *The New International Division of Labour*. Cambridge: Cambridge University Press.

Gereffi, Gary and Wyman, Donald(eds.). 1991. *Manufacturing Miracles: Paths of Industrialization in Latin America and East Asia*. Princeton: Princeton University Press.

Gerschenkron, Alexander. 1962. *Economic Backwardness in Historical Perspective*. Cambridge, MA: Harvard University Press.

Granovetter, Mark. 1985. "Economic Action and Social Structure: The Problem of Embeddedness", *American Journal of Sociology* 91(3), pp. 481~510.

Haggard, Stephan. 1990. *Pathways from the Periphery: The Politics of Growth in the Newly Industrializing Countries*. Ithaca: Cornell University Press.

Hall, John A. 1986. *Powers and Liberties*. Harmondsworth: Penguin, 1986.

Hall, John A. and Ikenburry. G. J. 1989. *The State*. Minneapolis: University of Minnesota Press.

Hamilton, Gary G. and Biggart, Nicole Woolsey. 1988. "Market, Culture, and Authority: A Comparative Analysis of Management and Organization in the Far East." *American Journal of Sociology*, 94 Supplement S52~S94.

Harrison, David. 1990. *The Sociology of Modernization and Development*. London: Routledge, 2nd ed.

Held, David. 1995. *Democracy and the Global Order: From the Modern State to Cosmopolitan Governance*. Cambridge: Polity.

Helleiner, Eric. 1994. *States and the Reemergence of Global Finance: from Bretton Woods to the 1990s*. Ithaca: Cornell University Press.

Hintze, Otto. 1975. *The Historical Essays of Otto Hintze*. Oxford: Oxford University Press.

Hirst, Paul. and Thompson, Graham. 1996. *Globalization in Question*. Cambridge: Polity.

Johnson, Chalmers. 1982. *MITI and the Japanese Miracle: The Growth of Industrial Policy; 1925~1975*. Stanford, CA: Stanford University Press.

Kahn, H. 1979. *World Economic Development: 1979 and Beyond*. London: Croom Helm.

Kennedy, Paul. 1993. *Preparing for the Twenty-First Century*. London: Harper Collins.

Keohane, Robert and Nye, J. 1977. *Power and Interdependence*, Boston: Little Brown.

Kim, Yun Tae. 1990a. "The Origins of the Developmental State in South Korea." *Asian Profile* (December) Vol. 26, No. 6, pp. 464~475.

_____. 1998b. "Neo-liberalism and the Decline of the Developmental State." *Journal of Contemporary Asia*.

Kindleberger, C. 1969. *American Business Abroad: Six Lectures on Direct Investment*. New Haven, Yale University Press.

Krasner, Stephen. 1978. *Defending the National Interest: Raw Materials Investments and US Foreign Policy*. New York: Praeger.

Krugman, Paul. 1994. *Peddling Prosperity*. W. W. Norton and Company.

Lal, D. 1983. *The Poverty of Development Economics*. London: IEA, Hobart Paperback 16.

Lee, Chung H. 1992. "The government, financial system and large private enterprises in the economic development of South Korea." *World Development* 20.

Leftwich, Adrian. 1995. "Bringing politics back in: towards a model of the developmental state." *Journal of Developmental Studies*, Vol. 31, No. 3, pp. 400~427.

Lipietz, Alain. 1987. *Mirages and Miracles: The Crisis of Global Fordism*. London: Verso.

Mann, Michael. 1986, 1993. *The Sources of Social Power Vol. 1, 2*. Cambridge: Cambridge University Press.

_____(ed.). 1990. *The Rise and Decline of the Nation State*. Oxford: Blackwell.

McGrew, Anthony and Lewis, Paul et al. 1990. *Global Politics*. Cambridge: Polity.

Migdal, Joel S. et al.(eds.). 1994. *State Power and Social Forces: Domination and Transformation in the Third World*. Cambridge: Cambridge University Press.

MacIntyre, A.(ed.). 1994. *Business and Government in Industrializing Asia*. London: Allen and Unwin.

Nordlinger, E. 1981. *The Autonomy of the Democratic State*. Cambridge, MA: Harvard University Press.

Ohmae, Kenichi. 1995. *The End of the Nation State: The Rise of Regional Economies*. London: HarperCollins.

Okimoto, Daniel. 1989. *Between MITI and the Market: Japanese industrial policy for high technology*. Stanford, CA: Stanford University Press.

Polanyi, Karl. 1975(1944). *The Great Transformation: The Political and Economic Origins of Our Time*. New York: Octagon.

Pye, Lucian. 1985. *Asian Power and Politics: The Cultural Dimension of Authority*. Cambridge, MA: Belknap Press.

Rostow, W. W. 1960. *Stages of Economic Growth: A Non-Communist Manifesto*. Cambridge, Cambridge University Press.

Sachs, Jeffrey. 2015. *The Age of Sustainable Development*. Columbia University Press.

Samuels, R. J. 1987. *The Business of the Japanese State*. Ithaca. NY: Cornell University Press.

Skocpol, Theda. 1979. *States and Social Revolutions: A Comparative Analysis of France, Russia, and China*. Cambridge: Cambridge University Press.

Sklair, Lesli. 1995. *Sociology of the Global System*. Hemel Hempstead: Harvester Wheatsheaf, 2nd ed.

Spybey, T. 1992. *Social Change, Development and Dependency*. Cambridge: Polity.

Strange, Susan. 1996. *The Retreat of the State: The Diffusion of Power in the World Economy*. Cambridge: Cambridge University Press.

United Nations Industrial Development Organization(UNIDO). 1992. *Industry and Development: Global Report 1992/1993*. Vienna: UNIDO.

United Nations Development Program. 1996. *Human Development Report*. New York: Oxford University Press.

Wade, Robert. 1990. *Governing the Market: Economic Theory and the Role of Government in East Asian Industrialization*. Princeton: Princeton University Press.

Wallerstein, Immanuel. 1974, 1980, 1988. *Modern World System Vols 1~3*. New York: Academic Press.

Waltz, K. 1979. *Theory of International Politics*. New York: Addison-Wesley.

Weber, Max. 1966. *The General Economic History*. New York: Collier.

Weir, M. and Skocpol, T. 1985. "State Structures and the Possibilities for 'Keynesian' Responses to the Great Depression in Sweden, Britain and the United States." in P. Evans et al. *Bringing the State Back In*, pp. 107~163.

Weiss, Linda. 1997. "Globalization and the Myth of the Powerless State." *New Left Review* 225 (September-October), pp. 3~23.

Weiss, Linda and Hobson, John M. 1995. *States and Economic Development: A Comparative Historical Analysis*. Cambridge: Polity.

White, Gordon. 1988. *Developmental States in East Asia*. London: Macmillan.

Williamson, Oliver E. 1985. *The Economic Institutions of Capitalism: Firms, markets and relational contracting*. New York: The Free Press.

Wong, Joseph. 2004. "The adaptive developmental state in East Asia." *Journal of East Asian Studies*, 4, pp. 345~362.

World Bank. 1993. *The East Asian Miracle: Economic Growth and Public Policy*. New York: Oxford University Press.

제2장

한국의 발전국가와 발전주의*

김종태

1. 서론

20세기 중반 이후 미국의 지구적 패권 아래 발전 담론이 부상하면서 '발전'은 국가, 사회를 대상으로 널리 쓰이게 되고, 그 의미는 주로 '경제성장economic growth'으로 환원된다(Nisbet, 1969; Esteva, 1992). 미국이 주도한 경제성장 위주의 발전주의는 식민지 상태에서 독립한 나라들에 의해 적극적으로 수용된다. 아시아, 라틴아메리카, 아프리카 등 비서구 지역의 지배 엘리트들은 '발전주의'를 '국가 건설nation-building'의 주요 전략으로 채택함으로써 발전 담론의 지구적 패권에 '동의'하면서 그것의 한 축을 형성하게 된다(Nederveen Pieterse, 2001). 응들로부-갓셰니Sabelo J. Ndlovu-Gatsheni가 지적하듯이 "아프리카의 국가적 사업의 중심에는 발전에의 집착"이 있었다(Ndlovu-Gatsheni, 2012: 12). 남미의 발전주

* 이 글은 김종태, 「박정희 정부 시기 선진국 담론의 부상과 발전주의적 국가 정체성의 형성」, ≪한국사회학≫, 47집 1호(2013년), 「한국 발전주의의 담론 구조: 근대화, 세계화, 선진화 담론의 비교」, ≪경제와 사회≫, 103호(2014년)의 주요 내용을 수정·보완한 것이다.

의자들도 "산업, 자립, 기술적 진보, 근대성 등 자국이 열망하는 많은 요소들을 발전된 나라에서 봄"으로써 서구의 발전주의적 패권을 인정하게 된다(Sikkink, 1991: 13). 이런 맥락에서 20세기 중반 이후 '발전주의'는 주로 '제3세계' 국가들이 추진한, 산업화를 위주로 한 국가발전 이념 및 전략을 의미했다. 발전주의는 '20세기 중반 이후 지구적 패권 담론으로 부상한 것으로서, 산업화(또는 후기산업화)와 경제성장 등을 통한 사회의 경제적 발전을 다른 가치보다 우선시하는 태도'로 정의할 수 있다.[1] 동아시아의 경제발전 경험과 관련한 이른바 '발전국가developmental state' 논의도 발전주의의 지구적 패권에 대한 동아시아 국가들의 대응 차원에서 이해할 수 있을 것이다.

지금까지 발전국가에 대한 학계의 논의는 주로 발전국가의 성격과 특징, 그리고 그것과 시민사회의 관계에 초점을 맞춰 이뤄져 왔다. 국가는 시장과 시민사회로부터 '자율성state autonomy'을 유지한 채 경제성장에 필요한 모든 국가적 자원과 역량을 효과적으로 동원했다는 것이 국가주의자들의 논의라면, 일부 논자들은 국가가 기업 또는 사회와 내부적 조직, 공·사적 연결망 등을 통해 연결되어 있다거나 '배태된 자율성embedded autonomy'이라는 한정적 자율성을 가지고 있다는 점 등을 주장하며 국가주의 시각의 한계를 극복하고자 노력했다(Kim, 1999, 2007). 한국의 발전경험과 관련한 논의를 보면, 1960~70년대 급격한 '발전' 또는 경제성장을 주도한 한국의 발전국가는 1980년대 신자유주의의 부상과 민주화 등을 거치면서 쇠퇴하다가 1990년대에 이르러서는 '포스트발전국가post-developmental state' 또는 '시장지향적 국가market-oriented state' 등으로 그 성격이 변화했다는 데 연구자들의 견해가 집중된다(이병천, 2000; Kim, 2007; 윤상우, 2009; 박상영, 2012; 김인영, 2013).

국가와 시장(또는 재벌) 간의 역학관계 면에서 볼 때, 발전국가의 쇠퇴는 시장의 힘의 상대적 강화를 의미한다. 이와 관련해 김윤태(Kim, 1999)는 1990년

1) 이와 비슷한 맥락에서 조희연(2002: 327)은 발전주의를 "산업화, GNP 혹은 GDP, 수출 및 무역 확대 등으로 표현되는 성장지향성 혹은 성장추구적인 정향"으로 정의하고 있다.

대 국가-재벌의 관계 변화를 크게 네 가지 측면에서 접근하고 있다. 첫째, 국가가 재벌의 투자에 대한 규제를 철폐함으로써 재벌의 자율적 투자 기회가 증가했다. 둘째, 국내외 금융시장에서 재벌의 직접 자금조달 기회가 넓어지면서 국가의 금융통제 효과가 약화했다. 셋째, 국가가 주요 공기업을 민영화하면서 시장 자체의 역량이 증가했다. 넷째, 지구화 경향에 따라 재벌의 자본, 상품 이동이 지구적 차원으로 확대하면서 국가의 통제를 스스로 벗어났다. 이런 경향은 1997년 말 한국의 외환위기 이후 국제금융기구IMF의 구제금융에 따른 신자유주의적 구조조정을 거치면서 더욱 강화했으며, 이에 따라 시장의 역량도 상대적으로 더욱 크게 증가했다.

푸코M. Foucault가 지적하듯이 지식이 권력관계의 반영이라면, 발전국가의 등장과 포스트발전국가로의 전환은 이를 정당화하는 지식 또는 담론의 등장과 전환을 반영한다(Foucault, 1972). 이런 점에서 발전주의자의 패권을 정당화한 발전주의 또는 발전 담론에 대한 연구는 발전경험과 관련한 한국 사회의 역학관계 변화를 이해하는 데 필요하다 할 것이다. 그렇다면 한국의 발전경험에서 발전주의의 형성과 변화를 어떻게 이해할 수 있을까? 한국 사회에서 발전주의가 발전국가와 함께 부상했다면, 발전국가 이후의 시대로 이해되는 현시점에서 발전주의는 어떤 상태에 있는가?

발전국가의 전환과 관련해 일부 논자들은 발전주의의 변화를 신자유주의와의 관계에서 논하고 있다. 윤상우(2009)는 1997년 외환위기 이후 한국의 발전경험을 '발전주의적 신자유주의화developmental neoliberalization'로 정의하고, 한국에서 신자유주의가 기본적으로 대외개방, 자유화, 규제완화 등을 추구하면서도 필요할 경우 발전주의적 개입정책을 띠기도 한다는 점을 강조했다. 이런 논의는 언뜻 서로 배치되어 보이는 발전주의와 신자유주의가 상호배타적인 개념이 아니라, 현실적으로 발전주의는 얼마든지 신자유주의와 결합할 수 있다는 사실을 전제한다는 점에서 주목할 만하다. 발전국가를 정당화하는 이데올로기로 등장한 발전주의가 발전국가 이후에도 여전히 그 기능을 유지할 수 있다는 가능성을 인식한 것이다. 그러나 그의 논의는 발전국가의 지배 이념인 발전주의가 포스트발전국가에서 신자유주의로 변화했다는 식으로, 발전주의와 신자유주의를 동등한 수준의 대비적 개념으로 전제함으로써 약점을 드러내고 있다. 그의 언급대로 한국적 맥락에서 "신자유주의 정책 그 자체가 국가경쟁력과 발전주의적 목표(높은 성장률, 수출증대, 캐치업 등)를 달성하는 동원전략으로 활용"되었다면(윤상우, 2009: 55), 신자유주의 시대에도 발전주의는 여전히 유효한 국가 이념 및 목표로 작용하고 있다고 볼 수 있을 것이다. 이와 관련해 조희연(2002)은 발전주의가 현실적으로 다양한 양태로 나타날 수 있음을 지적하고, 국가 개입주의적인 유형을 '보호주의적 발전주의'로, 시장자율주의적인 유형을 '개방주의적 발전주의'로 구분하기도 했다. 윤상우(2009)와 조희연(2002) 둘 다 발전주의와 신자유주의를 개념적으로 융합함으로써 현재 한국 사회가 지닌 발전경험의 복합적 성격을 반영하려 하고 있다는 점에서 평가할 만한데, 전자는 신자유주의의 다양성을, 후자는 발전주의의 다양성을 강조한다는 점에서 차이가 있다.

이 글에서는 포스트발전국가 시기 신자유주의적 정책이 궁극적으로 발전주의적 목표를 추구하고 있다는 점에서, 발전주의를 궁극적 목표를 제시하는 상위 수준의 담론, 신자유주의는 이를 위한 전략적 하위 담론으로 차별화하고자 한다. 발전국가 논의와 관련해 보면, 한국의 발전국가가 포스트발전국가로 전환하면서 발전국가의 시대는 끝났다 하더라도 발전주의 시대는 여전히 진행 중이라 할 수 있다. 이런 점에서 한국 사회에서 발전주의는 반드시 발전국가와 결합하는 것만은 아니며, 오히려 발전국가 없는 발전주의도 가능하다.

이 장에서는 한국의 발전주의 또는 발전 담론을 발전국가, 신자유주의 등 여러 하위 담론과 요소들에 의해 지지되는 하나의 큰 담론 체계로 보고 이에 대한 역사적, 구조적 접근을 통해 그 성격과 특징을 규명하고자 한다.[2] 우선 1960~70년대 박정희 정부가 주도한 발전국가 시대에 나타난 발전주의의 성격 및 특징을 알아보고, 이어 1990년대 이후 진행된 탈발전국가 경향 속에서 나타난 발전

2) 이 글에서는 담론을 '인식 대상을 해석하고 구성하는 일관된 체계로서의 해석적 틀 또는 그런 해석적 틀이 상징체계에 의해 표명된 것'으로 이해하고자 한다.

주의 담론이 이전 시대에 대해서 지닌 차별성과 연속성에 대해 고찰하고자 한다. 특히 '근대화', '세계화', '선진화' 등 시대별로 제시된 대표적인 발전주의적 구호를 둘러싼 담론에 대한 분석을 통해 한국 사회에서 발전주의의 역사적 형성과 변화, 그리고 그 구조와 특징 등을 발전국가의 성장과 쇠퇴라는 맥락에서 논의하고자 한다.

내용은 크게 세 개 절로 구성했다. 제2절에서는 1960~70년대 발전국가에 담론적 정당성을 제공한 발전주의의 부상과 한국의 전통, 역사에 대한 인식의 변화를 살펴본다. 제3절에서는 한국의 대표적 발전주의 담론이라 할 수 있는 선진국 담론의 부상과 이 담론 틀 속에서의 국가 정체성의 변화에 대해 고찰하며, 제4절에서는 한국 발전주의의 담론 구조를 목표와 문제인식, 동원 기제, 전략 담론 등을 중심으로 소개한다.

2. 발전주의의 부상과 인식의 변화

1) 발전국가와 발전주의의 부상

한국에서 경제개발계획이 시작된 것은 1950년대 중반 이후부터로 알려져 있다. 박태균(2007a)은 한국의 경제개발계획이 미국의 대외원조, 근대화 이론 등의 영향 아래 1956년부터 본격적으로 입안되었으며, 박정희 정권 시기인 1964년부터 본격적으로 실시되었다고 밝히고 있다. 최근 연구들은 이승만 정부 시기에 다양한 경제계획이 추진되었음을 밝히면서 한국의 경제개발계획을 박정희 정권의 전유물로 볼 수 없다는 점을 강조하고 있다(박태균, 2007b; 정진아, 2008, 2009). 이와 관련해 정진아(2009: 353)는 "이승만 정권의 국가주도 산업화정책과 경제개발 계획의 기획과 구상은 박정희 정권이 추진한 경제개발 5개년 계획으로 현실화되었다"라고 평가했다. 박태균(2007b: 241)은 "1950년대 이승만 정부의 경제정책은 발전국가developmental state의 모습을 갖추고 있었다"며 "특혜환율

외에 수출을 위한 특별 지원책, 비료와 섬유 부문에 대한 집중적인 투자, 금융 기관에 대한 통제 등이 모두 이승만 정부 시기에 나타나는 특징이었다"라고 말하고 있다.

이와 함께 박태균(2007a)의 연구는 한국의 경제개발계획의 입안·시행 과정에서 미국의 역할을 강조하고 있다. 예컨대 박정희 군사정부가 애초에는 균형성장론을 기반으로 한 수입대체산업화 전략을 채택했으나 미국의 개입과 압력에 따라 이를 수출주도의 불균형 경제성장 전략으로 바꾸었다는 것이다. 이는 1960~70년대 한국의 급속한 경제성장 과정에서 박정희의 역할을 과대평가하는 관점을 반박하는 한편, 미국의 국제질서 구상에 따른 대한정책과 그 역할을 상대적으로 중시하는 논거가 된다.[3] 박태균(2007a: 380)은 그 시기에 박정희가 아닌 다른 사람이 집권했더라도 "한국의 경제개발계획의 내용은 군사정부나 박정희 정부의 그것과 크게 다르지 않았을 것"이라고 주장하고 있다.

위의 주장을 감안하더라도 한국에서 경제발전이라는 국가적 목표를 위한 정치경제 엘리트의 연합이 본격적으로 형성된 것은 박정희 정부에 이르러서라는 점은 부인할 수 없을 듯하다. 1961년 군사 쿠데타로 집권한 박정희 정부는 태생적으로 결여한 정치적 정당성을 공격적인 경제발전 사업에서 찾았다. 미국의 원조정책이 무상원조에서 유상차관으로 변화한 것은 국가주도의 경제성장과 자립경제 달성의 필요성을 더욱 높였다(윤상우, 2006: 75). 이를 위해 1962년 강력한 경제기구인 경제기획원을 설립하고 경제발전을 위한 첫 가시적 사업인 '경제개발 5개년계획'을 시작했다. 1964년부터는 '수출입국'이라는 목표 아래 수출기업에 대한 갖가지 특혜를 제공하는 등 강력한 수출지향적 산업화를 추진했다.[4] 박정희 정권은 경제발전을 통한 '조국근대화'라는 분명한 목표 아래

3) 백낙청(2005: 290, 293)은 '한국식 고도성장 모델'의 창안자로서 "박정희의 '지적 재산권'을 인정하는 데 인색할 필요가 없다"며 그를 '지속불가능한 발전의 유공자'로 규정했다.

4) 제1차 경제개발 5개년계획 원안은 내포적 산업화 전략에 초점을 맞췄으나 여건의 미흡, 미국의 압력 등에 의해 1964년 수출지향형으로 수정되었다(류상영, 1996). 이와 관련해 이병천(1999)은 수출

정부 조직과 사회 각 부문을 다양한 방법으로 '위로부터 동원'했다(김윤태, 1999: 164).

박정희 정부 시기는 자본의 축적이 원조나 불하가 아닌 생산 활동에 의해 이뤄지고 재벌과 같은 산업자본가 계급이 본격적으로 부상하는 때이기도 하다(서재진, 1991). 국가와 대기업은 '제도적 네트워크'로 연결되어 경제발전이라는 공동목표를 수행하는 동반자가 되었으며(김윤태, 1999: 160), 경제발전 전략에 따른 정부의 보호와 지원 아래 재벌의 성장은 두드러졌다. 이 시기 국가가 주도하는 국가-재벌 간 연합은 한국의 '발전국가' 형성에 주요한 토대를 이루었다.[5] 한국의 발전국가는 '미국 헤게모니와 냉전체제의 특수이익', '일본과의 국제분업 구도 형성', '세계 경제의 유례없는 팽창과 호황' 등의 유리한 세계체제적 조건 속에서 급속한 경제성장을 이뤄냈다(윤상우, 2006: 70).

발전국가는 이를 정당화하는 발전 담론을 동반한다. 박정희 정부 시기는 지구적 패권 담론으로 부상한 발전 담론의 영향 아래 한국에서 발전 담론이 역사적으로 처음 형성·부상한 시기이다. 박정희 정부는 국가적 목표 형성과 정권의 정당성 확보를 위해 지구적 발전 담론을 적극적으로 수용하고 이용한 한국의 첫 집권세력이라 할 수 있다. 이와 관련해 조희연(2003: 57)은 "1960년대 이후 개발독재하에서는 지배담론이 근대화, 산업화, 절대 빈곤으로부터의 탈피 등을 포함하는 개발주의 혹은 발전주의developmentalism 혹은 성장주의 담론으로 전환된다"라고 말한다.

발전주의, 개발주의를 중심으로 한 박정희 시기 경제 담론은 정치적으로 개

지향 정책에 의해 수입대체 정책이 폐기된 것이 아니라 두 정책이 일정 부분 함께 운용되었다는 점을 들어 1960년대 산업화 정책을 '복선형 산업화 정책'으로 규정하고 있다.

5) 지구적 차원의 역사맥락에서 한국의 발전국가 형성은 "시기적으로 미국 패권이 최고조일 때, 공간적으로 냉전 세력들이 교차하는 지점에서" 이뤄졌다(김철규, 2003: 73). 냉전 상황에서 경제발전은 공산주의를 막기 위한 중요한 전략적 도구로서의 성격을 띠었으며, 이런 점에서 발전주의와 공산주의를 담론적으로 결합한 박정희 정권의 등장은 미국에 의해 대체로 환영받고 지지받았다(류상영, 1996; 마상윤, 2002; 정일준, 2009).

발독재와 한국적 민주주의 등에 대한 정당성을 제공해 저항적 정치세력이 주장하는 민주주의 담론을 효과적으로 차단하는 구실을 했다(조희연, 2003). 나아가 발전주의는 이승만 정부 시기로부터 계승한 반공주의와 결합해 '발전은 공산주의를 이기고 결국 통일을 이루는 길'이라는 논리를 만들어 반공적 발전국가의 담론적 토대를 제공했다. 특히 1960년대 후반 이후 베트남 파병, 1968년 청와대 기습사건, 미 푸에블로호 나포사건 등을 계기로 발전주의는 반공주의와 더욱 적극적으로 결합해 '일면 국방, 일면 건설' 식의 국방, 경제 병존 정책을 떠받드는 새로운 지배담론의 양상을 보였다(김정훈·조희연, 2003).

박정희 정부 시기 국가 정체성과 목표에 관한 담론의 초점은 '발전'으로 급격히 옮겨가게 된다. '증산', '건설', '수출', '생산', '발전' 등 이전 이승만 대통령 연설문에서 흔히 쓰이지 않던 경제발전 관련 용어들이 박정희 대통령 연설문에서는 핵심 용어로 등장한다.[6] 급속한 경제성장, 소득증대와 같은 경제 문제들이 가장 중요한 국가적 목표, 나아가 민족의 역사적 사명으로 인식되었다. 이를 위해 생산과 건설로 힘차게 전진할 것과 검약과 증산에 힘쓸 것 등이 강조되었다. 이에 따라 국가의 청사진도 '문명국'보다는 잘사는 나라, 번영한 나라 등으로 제시되었고, 국민들은 조국 재건의 성업을 위한 일꾼, 전사 등으로 비유되었다. 발전주의와 민족주의가 결합해 경제적 동원을 위한 '산업화 민족주의' 담론으로 적극 활용된 것이다(김호기, 1998: 105).

우선 박 대통령의 연설문에서 문명 담론의 인식 틀이 좀처럼 보이지 않는 것이 주목할 만하다. 박정희는 '가난'을 철저하게 '문제화problematization'하고, 산업화와 경제발전을 기준으로 세계관과 국가 정체성을 형성했다. 이승만 정부 시기 서구와 비서구의 관계적 맥락 속에서 국가 정체성과 세계관에 관한 지배적인 해석 틀이 문명 담론이었고(김종태, 2012), 박정희 집권 초기에도 대중적으로는 문명 담론이 여전히 지배적인 지위에 있었음을 감안하면, 박 대통령의 이런

6) 김종태(2012, 2015)는 한국의 국가 정체성과 세계관을 규정하는 지배담론이 1950년대 '문명 담론'에서 1960년대 이후 박정희 정부의 등장과 함께 '발전 담론'으로 전환했다고 주장하고 있다.

발전주의적 인식은 가히 획기적이다.

발전주의의 틀 안에서 박 대통령은 빈곤과 나약함을 벗어나 부강한 나라로 거듭나는 과정을 '근대화'라는 개념에 응축해 표현했다. 근대화 사업의 일차적 목표는 빈곤과의 대결이었으며 이를 이루기 위한 경제발전과 공업화, 산업화를 강조했다. 특히 국력은 곧 공업력이라는 인식 아래 공업화를 근대화의 중요한 원동력으로 여겼다(부산연합철금공장 준공식 치사, 1967.9.29). 이를 위해 국민들에게는 '일하는 나라', '일하는 국민'이 되어줄 것을 주문했으며, 조국근대화 사업에 적극적으로 참여하는 사람들을 진정한 애국자로 정의했다.

박정희의 생산, 건설을 통한 근대화에의 집념은 모든 문제의 판단기준을 '생산력 증가'에 놓을 정도로 강했다. 나아가 나라의 모든 영역과 기능이 생산력 증가에 기여할 수 있어야 한다고 강조했다. '생산적인 정치', '생산적인 언론' 등의 개념을 사용하며 정치, 언론을 비롯한 사회 각 분야가 생산성 증가에 기여해야 한다고 강조했다(세수확보에 대한 서신, 1965.6.11; 제22회 광복절 경축사, 1967.8.15). 그야말로 근대화의 기치 아래 생산력 증가를 위한 국가적 총력체제를 요구한 것이다. 이렇게 볼 때 박정희 정부는 뚜렷한 발전주의 담론의 틀 속에서 자신이 설정한 발전주의적 국가 목표를 향해 온 나라를 '위로부터 동원'함으로써 한국의 발전주의와 발전 레짐의 부상을 주도했다.

2) 한국 전통·역사에 대한 인식의 변화

사회변화는 기존 상황에 대한 '문제화'로부터 그 필요성이 제기된다. 세상을 보는 해석적 틀로서 담론은 문제화 과정에 큰 영향을 끼치는데, 지배적인 담론의 해석 틀에 따라 문제화 대상과 사회변화의 목표, 방향은 달라진다. 예컨대 문명 담론은 '야만'의 상태를 문제화하는 데서 문명화의 필요성을 주창하는 반면, 발전주의 담론은 '가난'의 문제화를 바탕으로 경제발전을 정당화한다. 한국의 1950년대를 발전주의의 틀 속에서 빈곤의 시기로 규정할 수 있지만, 당시에는 문명 담론이 지배적인 상황에서 한국의 정체성에 관해 문명성을 강조하는 경향이 강했다. 불안정한 정치사회적 상황과 풍요롭지 못한 경제적 상황에서도 한국을 정신, 도덕적인 측면의 '문명국'으로 규정하면서, 그 전통과 역사를 문명성의 원천으로 여기는 태도가 나타났다(김종태, 2012).

그러나 한국의 현실을 문명의 틀에서 해석하려는 경향은 박정희 정부 시기에 이르러 급격히 약화한다. 1960년대 박 대통령이 한국을 인식하는 태도는 '가난', '후진', '빈곤' 등의 개념에 집약되어 있다. 그에게 한국의 지난날과 현재는 가난과 빈곤에 찌들고 나태와 안일의 타성에 젖어 있는 무기력한 상황으로 인식되었다. 최연식(2007: 47)의 지적대로, 박 대통령에게 민족의 역사는 '퇴영'의 역사였으며, "자랑스러운 민족문화는 민족사의 극히 예외적인 부분에 불과했다". 따라서 그는 "민족의 과거에 대한 철저한 반성만이 민족사회를 재건하는 유일한 길"이라고 믿었다(최연식, 2007: 47).

무엇보다 한국은 유사 이래 항상 가난했다는 인식이 두드러진다. 이런 역사인식은 '혁명적' 사회변화 노력을 정당화하는데, 현실 문제의 심각성에 비례해 급격한 변화의 필요성은 높아진다. 박정희의 민족주의는 민족중흥의 목표 아래 가난과 후진의 상태에서 벗어나는 것을 민족의 사명으로 인식하는데, 경제발전과 근대화를 그 유일한 길로 상정한다.[7] 경제성장 정책의 성과를 강조하며 그는 "이제 우리 생활 주변에서는 5천 년 묵은 가난의 때가 서서히 그 자취를 감추어가고 있습니다"라고 말한다(전국 새마을 지도자 대회 유시, 1976.12.10). 이렇게 보면, "박정희의 근대화를 향한 열망과 집착도 우리 역사에 대한 뿌리 깊은 혐오감에서 비롯되었다"고 할 수 있다(최연식, 2007: 47). 특히 '가난'에 대한 문제화는 그의 발전주의적 근대화 사업을 정당화한 가장 중요한 요소라 할 수 있을 것이다.[8]

7) 박정희의 통치이념 중 하나였던 민족주의는 시대에 따라 강조점이 변화한다. 5·16 집권기에 민족적 상황을 위기로 정의하고 쿠데타 정당성 확보를 위해 민족주의를 이용했다면, 제3공화국 시기에는 경제발전을 강조하는 맥락에서, 제4공화국 시기에는 주로 권력의 유지·강화를 위한 민족 주체성의 확립을 강조하는 차원에서 민족주의가 통치이념으로 작용했다(이우영, 1991).

이승만 대통령이 '문명국'으로서의 국가 정체성을 강조한 데 비해, 박 대통령은 이를 현실을 직시하지 못하고 자기도취에 빠져 있는 세계관으로 비판한다. 그에게 한국의 역사적 현실은 문명국이라기보다 빈곤과 후진의 굴레에 빠져 있는 나라이다. 빈곤과 안일에 젖어 있던 과거의 한국은 나약한 나라였고, 이는 외세의 침략과 식민지배라는 불행한 역사의 원인으로 인식되었다. 이런 상황에서 벗어나는 길은 힘을 기르는 것이고, 근대화, 공업화, 경제발전은 곧 힘을 기르는 과정이었다.

실제 박정희의 역사 인식에서는 힘에 대한 갈망이 두드러진다. 그는 우선 '힘의 질서'를 비판하기보다 이를 인정하는 자세를 보이고 있다. 서구에 의해 주도되는 약육강식, 우승열패 등의 사회진화론적 국제질서에 대해 비판적 시각을 자주 표현했던 이전 시기 이승만과 달리, 박정희는 이를 현실로 받아들이는 경향을 보인다. 이런 국제질서에서 살아남지 못한 민족의 지난날을 원망하는 어조가 나타나며, 힘에 의한 국제질서에서 도태된 것에 대한 자책감과 수치심이 엿보인다.

박정희는 한민족 전통의 가치를 도덕, 윤리 등의 '문명성'보다는 '힘'에서 찾으려 했다. 또 조국근대화와 경제발전이라는 국가적, 민족적 목표에 유용한 정신문화 또는 민족문화를 전략적으로 개발하려 했다(임학순, 2012). 그가 '민족중흥'의 기치 아래 추진한 '새로운 문화창조' 사업을 통해 이순신, 강감찬, 김유신, 삼별초, 을지문덕 등 역사 속의 '영웅'을 발굴·창조하고 '국난 극복의 역사'를 강조한 것도 이런 맥락에서 이해할 수 있을 것이다(박노자, 2005; 최연식, 2007). 최연식(2007: 65)은 "박정희는 이순신과 세종 등 국가안보와 근대화에 유용한 민

8) 이와 관련해 이덕재(2009: 105~106)는 5·16 쿠데타 당시인 1961년 74개 개발도상국 가운데 한국의 1인당 국민소득이 60위였지만 문자해독률, 문화와 인종의 동질성 등을 포함한 '사회·문화복합지표'는 16위였다는 한 외국 연구를 인용해 "'우리의 반만년 역사는 한마디로 말해서 퇴영과 조잡과 침체의 연쇄사였다'는 박정희의 한국민족주의에 대한 혐오와 달리 전혀 다른 제도수립의 가능성이 남아 있었음을 암시한다"라고 언급한다.

족전통에 대해서는 전폭적인 지원을 아끼지 않았지만, 반면에 일상적인 문화유산들은 불편하고 비효율적이라는 이유로 간소화시켰다"라고 말한다. 이렇게 볼 때, 약육강식의 현실을 인정하는 세계관은 자기부정적인 전통관과 함께 근대화의 사명을 정당화한 주요 배경지식이었다 할 수 있다.

박정희는 자신의 재임기간을 무기력했던 민족사의 방향이 획기적으로 전환되는 '혁명의 시기'로 인식하고 있었다.[9] 민족의 역사에 만연한 비생산적, 전근대적, 의타적인 상태에서 생산적, 근대적, 자립적인 상태로의 전환이 민족사에서 처음 일어나는 시기로 해석했다. 지금이 곧 강한 민족으로 거듭나는 시기이며, 그러려면 경제적 측면에서의 산업화, 공업화가 필수적이라고 여긴 것이다.

당시 근대화 이론이 저발전의 원인을 사회 내부의 전통적, 전근대적 생활양식에서 찾았듯이(Rostow, 1960), 성공적인 경제성장을 위해서는 문화적 차원에서 근대성을 높이는 방향으로의 전환이 필수적인 것으로 인식되었다. 이런 측면에서 박정희는 한국의 경제발전을 위해 지난날의 것을 '말끔히 씻어버리는' 식의 급격한 사상적 변화의 필요성을 제기하고, 일체의 '전근대적', '비과학적' 요소들을 하루빨리 버릴 것을 강조했다. 나아가 박정희는 국민 모두에게 '인간개조'적 수준의 변화를 요구했다. 그는 우리의 행동과 사고 속에 있는 뿌리 깊은 인습이 내적 저해요인이 되고 있다며 "우리 자신의 새로운 '인간개조' 없이는 지금 우리 민족이 지닌 조국근대화와 민족중흥이라는 새로운 역사 창조를 성공적으로 이룩하기는 어렵다"라고 주장했다(제2경제운동 실천 국민궐기대회 치사, 1968.9.28.).[10]

9) 이와 관련해 그는 "5·16은 한마디로 이 나라의 근대화를 위한 국민적인 몸부림"이었다고 주장한다(5·16 혁명 제4주년 기념 치사, 1965.5.16). 조국근대화와 관련해 박정희는 크게 3단계의 추진계획을 제시했다(허은, 2007). 1차 경제개발 5개년계획이 끝나는 1966년까지 공업국가의 기초를 마련하고, 2차 5개년계획이 종료되는 1971년까지 공업화를 이루며, 3차 5개년계획이 완료되는 1970년대 후반에 '조국근대화'를 이루어 '대량소비' 시대를 연다는 것이다.

10) 1968년 연두기자회견에서 박정희는 증산, 소득증대 등 본연의 의미의 경제를 제1경제로, 경제개발을 저해하는 경제 외적 요인을 제거하는 일을 '제2경제'로 규정하고 정신개조 사업을 그 하나로 인

결국 박정희의 민족주의는 민족의 과거를 부정하는 데서 출발하는 역설적이고 이중적인 면을 안고 있다. 근대화와 경제성장이 곧 민족의 초라한 과거로부터 벗어나는 길이라는 '산업화 민족주의' 또는 발전주의적 민족주의 논리는 광범위한 국민들의 동의를 얻어 적어도 1960년대에는 패권을 창출하는 데 성공한 것으로 평가된다(김호기, 1998).

3. 선진국 담론과 국가 정체성의 변화

선진국 담론은 '선진국'과 '후진국', 두 주요 개념의 위계관계를 바탕으로 형성된 한국 사회의 대표적인 서구중심적 발전 담론이다. 이는 서구 사회를 '선진국'으로 이상화한다는 점에서 서구중심적이며, '선진국'을 국가 목표와 청사진으로 정하고 이를 위한 경제성장 위주의 사회발전을 정당화한다는 점에서 발전주의적이다. 산업화가 덜 진행되고 국민소득이 낮은 등의 '저발전' 단계를 '후진국'으로, 그 반대의 '발전' 단계를 '선진국' 상태로 규정하고, 긍정적인 국가 가치를 후자에, 부정적인 가치를 전자에 투사한다. 이에 따라 후진국에서 선진국으로의 이행을 바람직한 사회발전의 과정으로 상정하며, 이는 경제발전과 사회 전반의 근대화를 통해 가능하다고 가정한다.

박정희 정부 시기는 지구적 차원에서 부상한 발전주의의 영향 아래 한국에서 발전 담론이 부상하는 시기이다. 선진국 담론은 급격한 사회변화를 민족의 역사적 사명인 '선진국 진입'을 위한 과정으로 해석함으로써 박정희 정부가 주도한 발전주의와 근대화 사업을 정당화했다. '주변화'한 후진국과 '이상화'한 선진국의 위계관계 속에서 경제발전의 당위성을 전자로부터 후자로의 이행에서

식했으며, 이를 통해 모든 국민이 '근대적 인간형'으로 거듭나기를 촉구했다(허은, 2007: 221, 271). '인간 개조' 수준의 변화의 필요성은 1970년대 새마을운동에도 잘 반영되어 있는데, 이는 농민을 자발적으로 동원하기 위한 정치적 이데올로기의 성격을 띤다(김대영, 2004).

찾았다. 이 시기 선진국 담론의 부상은 주요 개념들의 사용이 증가한 데서 잘 나타난다. 실제 '선진국', '후진국' 등의 개념이 거의 나타나지 않는 이승만 대통령의 연설문에 비해 박정희 대통령 연설문에는 이런 개념들이 흔히 나타난다. 반면 '문명', '야만'과 같은 개념의 사용은 크게 줄었다. '선진국'은 문명 담론 속의 '문명국' 개념을 대체해 바람직한 나라를 지칭하는 대명사로 자주 사용되었으며, 현실적으로 한국이 근대화를 통해 따라잡아야 할 나라로 자리매김했다.

집권 이후 학생과 재야 정치세력의 끊임없는 도전에 직면한 박정희 정부는 발전 담론을 통해 적어도 1972년 10월 유신 이전까지는 '개발독재'에 대해 일정한 정도의 '동의'를 이끌어냄은 물론 민주주의 담론을 중심으로 한 재야세력의 저항 담론을 효과적으로 무마한다(조희연, 2003). 선진국 담론은 '선진국'이라는 발전의 구체적 지향점을 제시하는 현실감 있는 대중적 발전 담론으로서, '조국 근대화'의 기치 아래 이뤄지는 박정희 정부의 경제성장 정책을 지지하는 구실을 수행했다. 하루빨리 후진국을 탈피해 선진국에 진입하는 것을 민족적 사명으로 제시한 선진국 담론은 재야 반대세력의 '민주주의' 담론보다 더 큰 호소력으로 대중에게 다가가 지배세력의 정치적 이익에 봉사하는 패권 담론으로서의 기능을 효과적으로 수행했다.

문명 담론에서 대체로 정신·도덕문명의 '문명국'으로 여겨졌던 한국의 정체성은 선진국 담론에서는 빈곤과 나약함에 허덕이는 '후진국'으로 격하한다. 이승만 정부의 문명 담론에서 한국이 정신문명의 문명국으로서 물질문명의 서구와 동등한 지위를 누렸다면, 발전 담론의 지구적 패권 아래 형성된 선진국 담론에서 한국은 '후진국'으로서 서구 '선진국'보다 열등한 지위를 다시 갖게 된 것이다. 이를 시간적 차원에서 보면, 문명 담론의 틀에서 서구와 동시대에 있던 한국은 선진국 담론에서 서구에 비해 과거에 존재하는 것으로 자리매김했다. 결국 선진국 담론에서 한국과 서구라는 두 주체 사이에 전자의 열등성과 후자의 우월성을 바탕으로 한 위계관계가 성립했다.

실제 박정희 대통령의 연설문을 보면, 한국을 문명국으로 인식하는 태도는 거의 눈에 띄지 않는다. 한국에 대해 '문명국'이라는 표현을 거의 사용하지 않고 있을 뿐 아니라, 스스로의 정체성을 높이려는 시도에 대해 현실을 모르는 자기 도취적 발상이라고 폄하하고 있다(대전유세 연설, 1967.4.17). 60년대 초 박정희는 한국을 '후진국'으로 규정하는 데 주저하지 않았으며, 국가 정체성과 관련해 '가난'과 '후진성'을 부각한다. 예컨대 한 연설에서 "우리는 확실히 못하는 국민이다. 뒤떨어져 있는 국민이다. 후진국 사람이다"라고 망설임 없이 말한다(진해 제4비료공장 기공식 치사, 1965.5.2). 이에 따라 후진국 지위에서 하루빨리 탈피하는 것이 국가 또는 민족의 시급한 당면 목표로 설정되었으며, 이런 면에서 한국은 근대화를 통해 선진국을 지향하는 나라로 규정되기도 했다.

박정희는 1차 경제개발 5개년계획이 마무리될 무렵인 1960년대 중반부터 근대화 사업의 가시적인 성과가 보이는 것으로 평가했다. 이 무렵부터는 전국 방방곡곡에 '건설의 붐'이 일어나고 있다는 등 경제발전 성과에 대한 자신감을 내보이며, 공업화 단계에 들어서 새 조국이 건설되는 시기라는 점을 강조했다. 이 시기의 한 연설문은 "조국의 근대화에 서광이 비치고 우리의 헌정에 새 기풍이 싹트려는 오늘날"이라고 표현하고 있다(제헌절 제17주년 경축사, 1965.7.17). 근대화의 성과가 인식되면서 국가 정체성에도 변화가 나타난다. 1960년대 중후반에는 경제성장에 대한 자신감을 반영해 후진국보다는 개발도상국 또는 중진국이라는 정체성이 더 자주 사용된다. 나아가 개발도상국 중에서도 가장 성공한 나라라는 인식이 나타났다.

박정희는 자신이 의욕적으로 추진한 경제개발 5개년계획을 선진국 담론의 틀에서 선진국으로의 이행과정으로 인식했다. 그는 한국이 2차 경제개발 5개년계획을 통해 중진국으로 도약했고, 3차 5개년계획을 통해 상위 중진국으로 도약한다는 청사진을 제시했다. 이런 박정희의 인식은 당시 국민적으로 폭넓은 지지를 받은 것으로 보인다. 정당성을 결여한 정권 획득 이후 한일회담 등을 거치면서 불안정한 출발을 보였던 박정희 정권은 1960년대 중반 이후 경제성장의 성과에 힘입어 현저히 안정화되었으며, 이는 1967년 대선과 총선에서의 승리에 반영되었다(홍석률, 2005). 또한 경제성장의 일정한 효과에 힘입어 국가적 동원을 위한 물적 토대가 확장됨에 따라 정권과 정권의 사업에 대한 국민의 능동적 동의가 비교적 크게 나타났다(조희연, 2004).

그러나 박정희 정권은 1970년을 전후해 그 위기가 시작된다. 급속한 경제성장 정책에 따른 모순이 표출되면서 국민적 동의를 지탱하는 물적 토대가 축소된다(조희연, 2004). 높은 경제성장률에도 불구하고 정부의 투자계획 확대와 수출증대 정책은 1969년 외환위기를 초래했으며, 수출증가율이 감소하고 수입은 급증하는 가운데 부실기업이 속출한다(박태균, 2009). 이런 상황에서 박정희 정부는 중화학공업화로의 전략 변화를 꾀한다.[11] 이에 따라 중화학공업 육성이 강조되면서, 중화학공업화의 수준이 선진국의 조건으로 인식되기도 했다(포항종합제철공장 준공식 치사, 1973.7.3). 사회적으로도 1969년 3선 개헌 반대운동, 1970년 전태일 분신, 1971년 대학생 시위 및 광주대단지 사건 등 정권에 대한 저항이 심화한다. 이에 대해 정권은 1971년 위수령 및 국가비상사태를 선언한 데 이어 급기야 1972년 10월에는 유신체제를 선포하는 등 강압성을 전면화하는 지배 전략을 채택함으로써 권위주의적 성격을 강화하고 그 붕괴의 씨앗을 뿌리게 된다(조희연, 2004; 박태균, 2009; 이덕재, 2009). 담론적 차원에서 이 시기는 '잘 살아보세'로 상징되는 근대화 담론의 패권에 맞서 경제적인 분배와 정치적인 자유를 중심으로 저항담론이 부상하기 시작하는 때이다(김도종, 2001; 조희연, 2003).

하지만 이런 사회경제적 변화의 조짐은 이 시기 선진국 담론에 잘 반영되어 있지 않다. 오히려 1970년대 박 대통령의 연설문에 나타난 국가 정체성은 이전 시기보다 한층 더 희망적이라는 점이 흥미롭다. 이 시기에는 경제성장에 대한 자신감이 한층 강화되어, 나라가 후진국 지위에서 탈피한 것은 물론 중진국 또

11) 이병천(1998)은 1973년 1월 박정희 정권의 중화학공업화 선언이 경제적 합리성보다는 안보와 권력의 정당성 확보를 위한 정치적 동기에 의해 추진되었다고 주장한다. 반면 이덕재(2009)는 이를 자본재 수입의존적 경공업 중심 공업화의 한계를 극복하기 위한 수입자본재의 수입대체 전략의 하나로 해석하고 있다. 한편 윤상우(2006)는 '닉슨 독트린', 미국의 경제 쇠퇴 등에 따른 미국 헤게모니와의 정치적·경제적 긴장관계가 방위산업 육성을 위한 중화학공업화를 출범시키는 계기가 되었다고 보고 있다.

는 개발도상국 중에서도 모범적인 경제성장을 한 것으로 국가 정체성에 변화가 나타났다. 1960년대 초반의 국가 정체성이 후진성이라는 부정적 측면에 바탕을 두고 있었다면, 60년대 중반 이후 특히 70년대에는 경제발전의 성과와 미래 선진국 진입의 청사진이 강조되면서 상당히 희망찬 국가 정체성이 형성되었다고 할 수 있다.

정치적인 면에서 볼 때, 1960년대 선진국 담론이 제시하는 '후진국 탈피'라는 '민족적 사명'에 대해 광범위한 대중적 동의가 형성되었다는 점에서 선진국 담론은 이 시기 패권 담론으로서 구실을 했다고 볼 수 있다. 하지만 1970년대 정권에 대한 비판이 심화하는 시점에서 박정희 대통령의 연설문에 나타나는 선진국 담론은 저항 세력의 담론을 무마하기 위한 지배적 정치담론의 성격이 상대적으로 더욱 강하게 드러났다고 할 수 있다.

박정희는 1970년대에 들어 선진국 대열 진입이라는 목표를 더욱 적극적으로 얘기하면서 70년대 말이나 80년대에는 선진국 대열에 진입할 수 있다는 자신감을 보였다. 그는 3차 5개년계획이 끝난 뒤 "완전히 자립할 수 있는 나라", "전 세계 중진국가 중에서도 가장 상위에 올라선 나라"가 될 것이라고 말했다. 이와 관련해 70년대 초의 한 연설은 70년대 말 경제상황에 대해 국민소득 1000불, 수출 100억 불대로 전망하면서 이를 선진국 수준으로 인식했다(4·27 대통령 선거 대전 유세 연설, 1971.4.10). 실제 1970년대 중반에 들어서면서 한국이 상위에 있는 개발도상국 또는 중진국으로서 선진국과 어깨를 겨룰 만한 위치로 성장했다고 하는 평가가 나오기 시작한다. 이는 박정희가 70년대 초반 계획했던 상위 중진국의 정체성에 가깝다는 인식을 반영한다.

1970년대 말이 되면서 한국의 정체성에 대해 '상위 중진국'이라는 해석이 지배적이게 된다. 한국이 곧 선진국 대열에 진입할 나라, 또 고도 산업국가의 면모를 갖추고 자립 달성을 눈앞에 두고 있는 나라라는 인식이 강했다. 이와 관련해 70년대 말 박정희 대통령의 한 연설문은 "우리는 멀지 안아[원문 그대로임] 80년대 초에는 고도 산업사회를 이룩하여 선진국 대열에 올라서게 될 것"이라고 강조하고 있다(하와이 이민 75주년 기념 메시지, 1978.1.13). 이에 따라 선진국 진입은 당시의 세대가 이뤄야 할 중요한 역사적 사명으로 설정되었다(민주공화당 창당 제16주년 치사, 1979.2.26).

결국 박정희 정부 시기 한국의 정체성의 변화를 선진국 담론의 틀 속에서 보면, 1960년대 초 후진국에서 출발해 60년대 중반부터 70년대 중반까지 중진국으로, 그리고 70년대 후반에는 상위 중진국으로서 선진국 진입을 앞두고 있는 나라로 빠르게 바뀌었다고 할 수 있다.

4. 한국 발전주의의 담론 구조

1) 발전주의의 목표와 문제인식

한국에서 발전주의는 시대별로 다양한 구호로 제시되어왔다. 1960~70년대 박정희 정권의 '발전국가'에서 추진한 것이 '근대화'라면, 1990년대 세계무역기구WTO 출범 등 국제환경의 변화에 대해 김영삼 정부가 내세운 구호는 '세계화'였으며, 2000년대 신자유주의적 정책기조가 강화하는 가운데 이명박 정부에서는 '선진화'를 대표적인 구호로 내걸었다. 이 절에서는 '근대화', '세계화', '선진화' 등 시대별로 제시된 대표적인 발전주의적 구호를 둘러싼 담론에 대한 분석을 통해 발전주의의 담론 구조를 밝히고자 한다. 이를 위해 국가기록원 온라인 콘텐츠의 박정희, 김영삼, 이명박 대통령 연설문 1164건(박정희 521건, 김영삼 292건, 이명박 351건)에 대한 분석 결과를 소개한다.

(1) 목표: 선진국

담론을 인식 대상에 대한 해석적 틀로 볼 때 한 사회에서 지배 담론의 변화는 그 사회의 세계관의 변화를 야기하며, 변화한 담론 틀 속에서 그 사회의 목표와 정체성이 규정된다. 한국에서는 국가 정체성과 세계관을 규정하는 대표적 담론이 이승만 시기 문명 담론에서 박정희 시기 발전 담론으로 변화함에 따라, 이후

'발전된 상태'를 국가의 목표이자 청사진으로 추구해왔다(김종태, 2012, 2013). 한국의 발전 담론은 '발전된 상태'를 '선진국'이라 명명하고, 국가의 발전주의적 열망을 이 개념에 투사해 국가 변화를 주도해왔다. 이상화한 '선진국'과 주변화한 '후진국'의 대비 속에서, 서구의 나라들이 '선진국'으로 지칭되면서 이상적인 표상으로 관념화했으며 이는 한국 사회에서 서구를 맹목적으로 이상화하는 서구중심주의의 배경이 되었다(Kim, 2014).

박정희, 김영삼, 이명박 대통령의 연설문 분석 결과, 국가발전의 목표를 '선진국'으로 설정하는 경향이 공통적으로 나타났다. '선진국'이라는 목표가 세 대통령의 연설문에서 나타나는 것은 이것이 달성되지 않은 채 지속적으로 추진되고 있음을 반증한다. 선진국의 표상은 발전과 관련한 국내외 환경에 대한 인식의 변화에 따라 시기별로 다르게 나타난다. 박정희 시기 선진국이 산업화가 진전된 '잘사는 나라', '부강한 나라'라면, 김영삼과 이명박 시기의 그것은 경제를 비롯한 모든 분야의 경쟁력이 '세계 수준'에 이른 '일류국가'로 가정된다. 이에 따라 박 대통령은 선진국을 '선진공업국가'로, 다른 두 대통령은 '세계일류국가' 또는 '선신일류국가' 등으로 서로 다르게 표현하는 경향이 나타난다.

시대별로 선진국의 함의가 달랐지만, '선진국'을 판단하는 중요한 기준으로 국가의 경제 수준과 규모, 그중에서도 국민소득이 제시되었다. 박정희 시대에는 국민소득 1천 달러 달성을 자축하고 김영삼 시대에는 1만 달러 달성을 자랑하지만 아직 '선진국' 수준에는 미치지 못하는 것으로 인식한다. 이명박 시대에는 2만 달러 달성에 긍지를 느끼면서도, 소득 3만 달러를 다음 목표로 제시하기도 했다.

한국에서 '선진국'의 목표는 기본적으로 1960년대 박정희 정부 시기 발전주의의 부상과 함께 세워졌다(김종태, 2013). 그러나 60년대 초기 경제기반이 부족한 상태에서 국가 정체성은 '후진국'으로 규정되고 '후진국 탈피'에 발전의 초점이 맞춰진 점을 고려할 때, '선진국 진입'의 목표가 보다 명시적으로 추구된 것은 국가가 '선진국 진입'을 '눈앞'에 두고 있다고 인식될 즈음인 1970년대 후반부터라 할 수 있다. 실제 박정희는 1980년대를 선진국 진입의 시기로 설정한다.

선진국 담론의 틀에서 1970년대 후반 '선진국 문턱'에 오른 한국의 정체성이 현재까지 40년 가까이 '문턱' 위에 그대로 머무르고 있다는 사실이 흥미롭다. 박정희가 '선진국 대열에 올라서는 80년대'를 기약했지만, 이후 김영삼, 이명박 시대에 이르기까지 한국은 아직 '명실상부한 선진국'에는 미치지 못하는 존재로 남아 있다. 이에 따라 '선진국 진입'의 목표는 여전히 유효한 상태로 한국의 발전주의를 구성하는 중요한 담론 요소로 기능하고 있다.

(2) 문제: '후진국'에서 '미완의 성공'으로

'발전'과 '저발전'의 이분법을 바탕으로 한 발전주의 담론 틀에서 이상적 상태를 일컫는 전자와의 관계에서 후자의 상태가 '문제화'하면서 발전의 필요성이 제기된다. 에스코바Arturo Escobar는 이를 '가난에 대한 문제화problematization of poverty'로 표현했다(Escobar, 1995). 발전주의는 한편으로 가난과 저발전을 등치하고, 다른 한편으로 부와 발전을 등치하면서 이 두 영역의 구분 위에서 전자로부터 후자로의 이행을 추구한다.

한국 발전주의에서 '저발전'과 '발전'은 선진국 담론을 이루는 주요 개념인 '후진국'과 '선진국'의 이분법으로 주로 표현되었으며, '발전'은 후진국에서 선진국으로 이르는 단선적, 보편적 경로를 거치는 것으로 인식되었다. 국가발전 과정에서 긍정적, 부정적 가치관이 이들 개념에 투영되었다. 경제적으로 부유한 '선진국'은 다양한 분야에서 합리적이고 성숙한 체제들을 가지고 있는 이상적인 국가로 표상화하는 반면, '후진국'은 이상화한 선진국의 '주변화한marginalized' '타자'로서 다양한 분야에서 비합리적이고 미성숙한 모습으로 표상화한다(Kim, 2014).

한국의 발전주의에서 '저발전의 문제'는 목표인 '선진국'과의 관계에서 상대적으로 인식된다. 한국의 국가적 발전 수준은 목표인 '선진국' 수준에 미치지 못하는 '저발전' 상태로 여겨진다. 이상화한 '선진국'과 대비해 한국이 불완전한 존재로 표상화하면서, 서구 오리엔탈리즘의 시각을 스스로 내재화하는 '내재된 오리엔탈리즘internalized Orientalism'을 야기한다(Mora, 2009).

'저발전의 문제화'는 한국의 자아 정체성과 깊이 연관되어 있으며, 이는 시대별로 변화한다. 박정희 시기 한국의 '문제'는 '후진국' 수준의 '저발전' 상태였다. 연설문에서 '후진국'이라 불리는 저발전 상태는 빈곤, 퇴영, 침체, 나약 등 부정성을 나타내는 단어들과 함께 쓰였다. 박정희에게 한국이 '후진국'으로 규정될 수밖에 없는 가장 큰 이유는 '가난'이다. 한국의 저발전 상태를 '가난' 또는 '후진국'으로 표현하는 시기는 박정희 집권 초기가 유일하다. 이후 경제발전의 성과가 인식되면서 선진국 수준에 미치지 못하는 '상대적 저발전' 상태가 문제화한다. 김영삼, 이명박 시대에 '문제'가 되는 '저발전' 상태는 주로 '선진국 문턱'으로 표현되는 '미완의 성공' 상태이다.

'선진국 문턱'을 넘는 과정에 대한 인식은 시기별로 다소 차이가 있다. 박정희에게 이는 '시기의 문제'로 인식되는 경향이 강했다. 그동안의 경제발전 추이가 계속된다면 80년대에는 애초 목표한 선진국 진입이 실제 이뤄지는 것으로 상정되었을 가능성이 크다. 하지만 김영삼, 이명박에게 '선진국 문턱'을 넘는 과정은 국가의 '질적 향상'으로 인식되는 경향이 나타난다. '선진국 문턱'을 넘는 것을 그동안의 발전 경로의 연속선상에서가 아니라 한 차원 다른 질적 도약으로 상정함으로써 박정희 대통령의 시기에 비해 그 달성의 여부에 대한 판단근거가 더욱 모호해진 것으로 이해할 수 있다.

김영삼, 이명박 대통령은 나라 전반에 아직까지 미흡한 요소들이 남아 있는 것을 '문제화'하는데, 이를 한국이 온전한 선진국 대열에 끼지 못하고 '문턱'에 머무르게 하는 요인으로 지목한다. 김영삼 대통령은 취임 초기 한국의 현실을 '한국병'이라 부를 정도로 시급한 조치가 필요한 상태로 인식한다.

뚜렷한 발전 목표(선진국)와 이에 미치지 못하는 현재의 저발전 상태(후진국 또는 선진국 문턱)의 대비 구조는 필연적으로 '변화'의 필요성을 제기한다. 특히 전자로의 이행을 가로막는 요인으로 '문제화'한 것들에 대한 제거 조치와 정책들이 정당성을 얻게 된다. '선진국'이라는 목표는 국가적, 민족적 사명으로 강조되는 만큼 그 변화의 노력은 국가적, 민족적 차원에서 대대적인 수준으로 제기된다.

현재의 국가현실에 대한 부정적 인식은 변화를 위한 노력에 정당성을 제공해준다. 부정적 인식이 클수록 더욱 큰 변화가 요구된다. 대통령들은 정부 차원의 개혁 정책과 함께 국민에게 '인간 개조(박정희)', '의식 혁명(김영삼)', '의식의 선진화(이명박)' 등의 강도 높고 광범위한 수준의 의식 변화를 요구하고 있다.

이렇게 보면, 한국 사회는 근대화 사업 시작 이후 줄곧 '급격한 변화'의 바람 속에 놓여 있었다고 할 수 있다. 특히 정부가 바뀔 때마다 한국 사회는 매우 큰 변화의 바람에 휩싸였는데, 발전 담론과 선진국 담론은 이를 정당화하는 구실을 수행했다. 선진국이 되기 위해서는 큰 변화가 불가피하며 이에 따른 고통은 미래의 행복을 위해 감내해야 한다는 논리가 널리 퍼졌다.

2) 발전주의의 동원 기제

(1) 위기의 조성: 적자생존, 중간자, 마지막 기회

한국의 발전주의는 '위기'를 조성한다. 이를 통해 목표를 향한 긴장감을 높임으로써 발전주의적 국민 동원을 용이하게 한다. 연설문들에는 위기의식의 제고가 크게 두 가지 방식으로 나타난다. 첫째는 국제환경의 치열함에 대한 인식이며, 둘째는 국제무대에서 한국의 중간자적 위치('갈림길', '샌드위치', 또는 '넛크래커 호두')에 대한 인식이다. 이는 동일한 경로 위에서 '적자생존適者生存'을 위해 '쫓고 쫓기는' 국가들을 상정하는 단선적 진화론의 사고를 반영하고 있다.

지구적 차원에서 식민주의를 바탕으로 한 서구의 패권 부상 이후 국제환경은 치열한 생존경쟁의 장場이었다. 식민주의 시기에 군사력을 앞세운 정치적 생존경쟁이 주가 되었다면, 포스트 식민주의 시기의 그것은 경제력을 중심으로 한 자본의 패권 경쟁이 상대적으로 두드러졌다. 한국 발전주의에는 냉엄한 국제환경이 잘 반영되어 있다. 치열한 생존경쟁 속에서 각국은 오직 자국의 실리를 위해 노력하는 것으로 이해된다. 외부의 위협에 대한 인식은 내부의 정체성을 강화하는 정치적 효과를 지닌다(Tsoukala, 2008).

부단한 변화와 노력이 없을 경우 나라의 생존이 위험해질 수 있다는 논리 위에서, 각 분야는 승리를 위한 국가경쟁력 제고를 위해 동원된다. '선진국 진입'은 나라가 생존하는 방향이다. 엄중한 국제현실에 대한 인식 위에서, 국민적 단합과 단결이 강조되며 국민들의 현재의 삶은 미래의 국가적 영광을 위해 희생할 것이 요구된다.

국제환경 변화에 대한 한국인의 민감함은 역사적으로 20세기 초 식민지 경험을 겪은 데서 비롯된다. 이는 한국의 발전주의 담론에서 국제환경의 냉혹함을 뼈저리게 느끼게 하는 역사적 '트라우마' 구실을 하고 있다. 지난날 식민지 경험은 안주와 무사안일, 그리고 세계의 흐름을 좇아가지 못한 데서 비롯된 것으로 인식되며, 국가의 생존과 발전을 위해서는 부단한 변화와 개혁의 노력을 통해 세계적 흐름을 따라잡아야 한다는 논리로 이어진다. 지구적 환경에 민감하게 대응하지 않으면 나라가 다시 쇠락의 길로 갈 수 있다는 것이다.

다음으로 한국의 발전주의는 나라가 선진국 진입의 '기로'에 있다고 강조하는 방식으로 위기의식을 조성하고 있다. 국가적 상황이 선진국 진입이냐, 후진국 전락이냐의 '갈림길'에 있으며, 이는 향후 몇 년 동안 우리가 어떻게 하느냐에 달려 있다는 식으로 동원효과를 극대화하려 한다. '선진국을 향해 앞으로 나아갈 것인가, 후진국으로 전락할 것인가'라는 인식은 단선적 발전론의 사상을 잘 보여준다.

김영삼, 이명박 대통령 연설문에서는 한국이 '선진국 문턱'에 있는 상황에서 줄곧 선진국과의 격차는 좁혀지지 않고, 후발 개발도상국은 한국을 바짝 뒤쫓고 있다는 인식이 공통적으로 나타난다. 선진국도 아니고 후진국도 아닌, 선진국 문턱에 있는 국가로서의 정체성은 마치 '비정규직 노동자'의 처지처럼 불안정하며 심리적 불안감을 야기한다. 한국이 선진국과 후발 개도국 사이에서 '샌드위치' 신세에 있다든지, '넛크래커의 호두' 신세라든지 하는 것은 이런 불안한 중간자적 심리의 반영이다(김종태, 2014). 예컨대, 한국은 선진국과의 거리를 좁히지 못하고 후발 개도국의 추격을 받는 것으로 인식된다.

이런 상황인식 속에서 대통령들은 기회는 마지막이며 향후 몇 년이 선진국 진입 여부를 결정한다는 인식으로 위기의식의 효과를 극대화하고 있다. 이렇게 보면, 한국인들은 1960년대 발전주의의 등장과 이에 따른 국가의 급속한 경제 발전 추진 이후 줄곧 '선진국 진입'을 위한 '마지막 기회'에서 살아온 셈이다. 특히 70년대 후반부터는 '선진국 문턱'이라는 불완전한 국가 정체성 위에서 '선진국 진입'이라는 '민족적 사명'을 이루기 위한 '마지막 기회'를 놓치지 않기 위해 노력해줄 것을 강요당해왔다.

(2) 민족 저력의 상기

지금까지 거론한 발전주의의 목표, 문제, 위기 조성 등의 담론 요소는 국민들의 어깨를 무겁게 짓누른다. 자칫 목표 달성을 회피하고 싶은 패배주의까지 일으킬 수 있다. 한국의 발전주의는 이런 문제를 해결하고 국가적 동원을 극대화하기 위해 '저력의 상기'라는 요소를 도입하고 있다. 위에서 언급한 담론요소들이 목표 달성의 막중함을 암시한다면, '저력'은 목표 성취의 가능성을 표현한다. 치열한 경쟁의 국제환경 속에서, 쫓기는 위치에서 선진국을 이뤄야 할 한국의 상황은 엄중하다. 그러나 역사적으로 나타난 국가적, 민족적 저력을 고려할 때 목표 달성은 충분히 가능하다는 논리이다.

발전주의 담론에서 한국의 자아 인식은 긍정과 부정이 섞여 나타난다. 이는 개발도상국도 아니고 선진국도 아닌 '선진국 문턱'이라는 과도기적 정체성에 잘 내포되어 있다. 현재의 상황을 시급한 변화가 필요한 것으로 부정적으로 인식하면서도, 변화를 통해 더 나은 미래를 만들 수 있다는 가능성을 민족의 유구한 역사, 급격한 발전적 성취 등에서 찾고 있다. 이렇게 볼 때, 선진국 진입이라는 목표는 변화와 희망의 두 축을 중심으로 설정된다. '미완의 성공'이라는 현재 인식은 변화와 노력의 필요성을 역설하는 한편, 과거에 대한 자부심은 목표를 얼마든지 실현가능한 것으로 인식하게 한다.

3) 발전주의의 전략 담론: 근대화, 세계화, 선진화

박정희는 집권 초기 국가의 낮은 산업화 정도에 따라 국가 정체성을 '후진국'

으로 규정하고, '후진국 탈피'를 위한 전략적 담론으로 '근대화'를 내세웠다. 산업화, 공업화를 통해 가난을 몰아내고 '후진국'의 지위에서 탈피해 궁극적으로 선진국에 이르는 과정을 그는 '근대화'로 표현했다. 박정희 대통령은 국력의 척도를 공업화의 정도로 보고 경제적 근대화의 중요한 요소로 공업화와 산업화를 강조했다. 그는 20세기 초 우리나라가 일본의 식민지가 된 근본 원인을 근대화, 그중에서도 공업화가 늦은 것에서 찾았다. 근대화는 정신적 변화까지도 꾀하는 국민운동적 성격을 지닌다. 이를 위해 그는 국민에게 자립심을 키우는 '인간 개조'를 요구했다.

실행주체의 측면에서 '근대화'는 '발전국가'로 개념화하는 국가주도 발전주의 전략에 대한 담론적 구호로서의 성격이 강하다. 근대화 담론은 박정희 집권 초기부터 '경제개발 5개년계획'에 반영된 수출주도형 국가발전 전략에 대한 담론적 정당성을 상당 부분 제공했다. 지구적 담론 패권의 측면에서 보면, 박정희 시기 한국의 근대화 담론은 미국 학자들이 주도한 근대화 이론modernization theory의 패권을 반영하고 있다(Latham, 2000; 김철규, 2002; 박태균, 2004; 박상현, 2013).

김영삼 시대 '세계화' 전략의 추진은 박정희 시대와는 다른 시대상황 인식을 반영하고 있다. 우선 국가발전 수준은 지난날 국가주도의 발전 전략에 따라 상당한 수준의 산업화가 진행되었다고 평가됨에 따라 국가 정체성이 '선진국 문턱'에 있다고 인식된다. 1970년대 후반의 국가 정체성과 비슷하지만, 그때에 비해 국가발전 수준에 대한 자신감은 한층 강화되었다고 할 수 있다.

국가 정체성의 변화에 대한 이런 인식 속에서 김영삼 대통령 시기 '세계화' 전략의 출현에 영향을 끼친 요인은 국내외적으로 다양하다. 예컨대 국내적으로는 자본의 성장에 따른 국가의 '상대적 자율성relative autonomy'의 쇠퇴, 그리고 국외적으로는 자본의 지구화의 추세에 따른 '국가의 후퇴retreat of state' 등을 들 수 있을 것이다(김인영, 2013: 33). 연설문에 나타난 바로는, 국제경제 환경의 변화에 대한 인식이 세계화 전략 출현의 가장 중요한 요인으로 분석된다. 김영삼 정부 시기 '관세 및 무역에 관한 일반협정GATT' 우루과이 라운드에 이은 세계무역기구WTO의 출범(1995년)으로 국가 간 무역장벽이 낮아지면서 세계 경제가 하나로 통합되고 있다는 인식을 강화했다. 김영삼 대통령은 세계의 흐름에 발 빠르게 대응하지 않으면 뒤처질지 모른다는 판단 아래 세계의 흐름을 좇아 경쟁에서 이겨야 한다는 명분으로 세계화 전략을 제시하고 있다.

한국의 국가-자본의 역학관계에서 이 시기에는 자본의 상승이 두드러진다. 지구적 차원에서는 '워싱턴 컨센서스Washington Consensus'에 반영된 신자유주의가 지구적 영향력을 확대하는 시기이다. 이런 점에서 세계화 전략은 국내적으로 △ 국가주도 발전 역량의 약화, △ 자본의 성장, 그리고 국외적으로는 △ 세계경제의 통합, △ 신자유주의의 등장 등의 추세를 복합적으로 반영해 나타난 것으로 이해할 수 있을 것이다.

세계화 담론은 각 분야의 주체가 '세계와 경쟁'할 수 있을 수준의 경쟁력을 갖출 것을 요구하고 있다. 이를 위해 정부는 규제를 완화하고 개방과 개혁을 촉진할 것이라고 강조하고 있다. 1994년 연두 기자회견문(1994.1.6)에서 김영삼은 "세계화와 국제경쟁은 이제 더 이상 사치스런 말이 아니라 우리 앞에 다가온 현실이 되었습니다"라며 "우리는 우물 안의 좁은 시야를 온 세계를 향한 넓은 시야로 바꿔야 합니다"라고 역설하고 있다. 이 연설문에서 세계화는 국제경쟁력 강화를 위한 수단으로 강조되며, 그 주요 방향은 자율화, 개방화, 합리화로 설정되었다. 그는 전면적인 개혁을 통해 국민의 의식과 각 분야의 관행을 세계 수준에 맞출 것을 요구했다. 우리의 시야를 "세계로, 미래로" 넓힐 것을 강조했다. 이를 위해 한편으로 '권위주의 시대'와 '근대화'를 등치시키고, 이를 '정보화와 세계화 시대'의 '세계화'와 대비하기도 했다.

세계화 담론은 국민들의 사고와 행동의 기준을 국내가 아닌 '세계'에 둘 것을 자연스럽게 요구한다. '세계' 또는 '세계 수준'이라는 것은 그 기준이 모호하기 때문에 정치적 수단으로 활용될 여지가 크다. 특정계층의 이해관계를 '세계 수준'으로 포장함으로써 그 방향으로의 변화를 당연하게 여기도록 하는 것이다. 세계화는 '피땀 어린 노력과 눈물겨운 인내'를 요구할 정도로 힘든 것이지만 다른 선택의 여지가 없는 유일한 길로 가정함으로써 저항을 차단한다.

세계화는 이전의 '국제화'보다 더욱 체계적이고 광범위한 수준의 변화를 의미한다(1995년 연두 기자회견, 1995.1.6). 결국 김영삼 정부 시기 세계화 담론은 무한경쟁 시대에 모든 분야가 세계와 경쟁할 수 있는 국가경쟁력 강화 전략으로서 세계화가 필요하고, 이는 국제무대에서의 승리, 그리고 궁극적으로 '21세기 선진국'을 이루는 유일한 방법이라는 논리를 펴고 있다.[12)]

이명박 정부 시기의 국가발전 수준과 정체성, 국제환경 등에 대한 인식은 김영삼 정부 시기와 유사한 점이 많다. 급속한 경제발전의 성과로 한국은 세계 10위권의 경제대국이자 국민소득 2만 달러에 이르는 고소득 국가로서 '선진국 문턱'에 있다는 평가가 일반화하며, 국제환경은 여전히 국가 간 경쟁이 치열한 것으로 인식된다. 또 이명박 대통령의 '선진화' 담론은 그간의 성장의 성과에 대한 자신감을 바탕으로 각 분야가 자신의 분야에서 '세계 수준에 맞는' 국제경쟁력을 갖춰야 한다고 강조하고 있다. 지구적 차원의 담론과의 관계에서 '선진화' 담론은 시장의 자유를 강조하는 신자유주의적 사고를 짙게 반영하고 있으며, 이에 따라 국가보다는 민간이 책임지는 발전의 중요성을 어느 때보다 강하게 주장하고 있다. 경제주체를 비롯한 각 분야의 주체들이 '세계와 경쟁'할 수 있을 정도의 능력이 갖춰졌을 때 '선진국'이 이뤄진다고 보고 있다는 점에서, '세계화' 담론과 여러모로 유사하다.

이명박은 취임 초기부터 '선진화' 구호를 내세웠다. 산업화와 민주화라는 경제, 정치 분야에서의 '근대화'를 성공적으로 이뤘다는 평가를 바탕으로 이제는 '선진화'를 통해 '명실상부한 선진국'이 되어야 한다는 것이다. 정부는 규제완화와 개방 정책을 적극적으로 추진하겠다는 약속 아래, 관 주도보다는 민간 중심의 자율, 그리고 국내 시장의 보호보다는 개방 등을 통한 국가경쟁력 제고를 강조했다.

12) 김영삼은 임기 말 외환위기의 원인을 세계화 노력의 부족으로 돌리기도 했다. "오늘의 경제 난국을 맞아 돌이켜 볼 때 우리의 개혁 노력과 그 성과는 너무나 미흡했다는 것이 드러났습니다. 세계의 변화에 우리가 뒤따라가지 못했던 것입니다"(경제살리기를 위해 국민에게 드리는 말씀, 1997.12.11).

5. 결론

한국의 발전주의는 지구적 차원의 패권 변화에 따른 미국주도의 발전주의의 부상, 박정희 정부를 중심으로 한 강력한 발전 레짐의 등장이라는 역사적 환경에서 한국의 산업화, 근대화를 이끄는 지배 담론으로 부상했다. 이를 반영하여, 박정희 대통령 연설문에서는 경제발전과 근대화, 공업화 등을 가장 중요한 국가적 가치판단의 기준과 목표로 설정하는 경향이 뚜렷이 나타났다. 발전주의의 역사성과 관련해, 박 대통령 연설문에 나타난 발전주의적 세계관은 이전 시기 이승만 대통령의 연설문에서 주로 나타나는 문명 담론적 세계관으로부터의 단절과 변화를 보여준다. 박정희 대통령은 가난한 과거와 현실에 대한 철저한 문제화를 바탕으로 자신의 조국근대화 사업을 민족적 사명으로 인식했다.

선진국 담론은 국가가 추진해야 할 발전 또는 근대화의 이상적 목표를 '선진국'으로 개념화하는 과정에서 탄생한 대표적인 발전 담론의 하나이다. 세계의 여러 나라들을 후진국과 선진국으로 이분화하고 전자에 부정적 가치를, 후자에 긍정적 가치를 부여함으로써 전자로부터 후자로의 이행을 정당화하는 이 담론은 '조국근대화'라는 추상적 개념에 대해 구체적인 해석적 틀을 제공했다. 박정희 정부 시기 한국의 급격한 사회변화를 후진국 탈피와 선진국 진입을 위한 과정으로 해석하며 조국근대화 사업에 정당성을 부여하는 담론적 구실을 수행했다.

선진국 담론은 한국 사회의 국가 정체성과 세계관에 큰 변화를 불러왔다. 이승만 정부 시기 문명 담론의 틀에서 주로 정신·도덕문명의 문명국으로 설정되었던 한국은 선진국 담론에서 후진국으로 전락했다. 반면, 서구는 발전한 선진국으로 표상화하며 한국에 대해 발전과정에서의 시간적 선행성을 갖게 되어 둘 사이에 뚜렷한 위계관계가 나타났다. 1960년대 중반 이후 한국은 경제발전 사업의 성과에 대해 자신감을 보이고, 1970년대에 들어서면 중진국에 진입했다는 인식이 지배적이었다. 1970년대 중반 이후에는 선진국 진입을 눈앞에 둔 상위 중진국이라는 인식이 커지면서, 1980년대를 선진국 진입의 시기로 설정했다.

결과적으로 보면, 이후 한국 사회는 '선진국 진입'에 '실패'한 뒤 오늘날까지 40년 가까이 '선진국 문턱'에 머물러 있다는 점이 흥미롭다.

이 장에서는 또 한국의 발전주의 담론이 '목표', '문제 제기', '위기 조성', '저력 상기', '전략' 등 5개의 주요 요소로 구성되어 있음을 살펴봤다. 목표로서의 '선진국'은 모든 시기에서 궁극적으로 추구되었지만, 박정희 집권 초기에는 국가 정체성이 '후진국'으로 규정되면서 '후진국 탈피'가 더 시급한 목표로 여겨지는 경향이 강했다. 박정희 정부 시기 '선진국'은 공업화가 진행된 '선진공업국'으로서의 함의가 강했다면, 김영삼, 이명박 정부 시기의 그것은 국가의 모든 분야가 '세계 수준'에 이른 '일류국가'의 의미가 두드러졌다.

발전주의는 '저발전' 상태를 '문제화'하는데, 한국에서는 박정희 집권 초기 '후진국'의 상태를, 이후에는 '선진국에 미치지 못하는' 또는 '선진국 문턱'의 상태를 문제화했다. 한국의 발전주의는 선진국 담론이라는 하위 담론과 밀접하게 연관되어 있으며, 이에 의해 그 패권이 상당 부분 지지되고 있다. 발전주의에서 선진국이라는 '목표'와 아직 그에 미치지 못하는 '현실'과의 간극은 시급한 변화의 필요성을 제기하고 이를 위한 정책적 노력을 정당화한다. 국제 경쟁이 치열한 가운데 한국이 선진국 진입과 탈락의 갈림길에서 후발 개도국에게 쫓기는 위치에 있다는 인식은 위기의식을 조성한다. 향후 몇 년이 선진국 진입의 마지막 기회라는 식의 논리를 통해 변화의 중요성을 극대화한다.

이들 담론 요소가 목표 달성의 막중함과 관계되어 있다면, 민족적, 국가적 '저력의 상기'는 그 가능성을 표현한다. 우리 민족은 유구한 역사가 있고 세계에 유례없는 짧은 기간에 근대화와 민주화를 완성했다는 논리로서, 선진국이라는 목표 달성은 충분히 가능하다는 자신감을 심어준다. 앞서 논의한 '미완의 현실'이 국가 정체성의 부정적 측면을 강조한다면, '저력의 상기'는 긍정적 측면에 초점을 맞춘다. 전자는 변화의 필요성을, 후자는 목표 달성의 가능성과 희망을 얘기하고 있다.

한국의 발전주의는 전략적으로 근대화, 세계화, 선진화 등을 구호로 내세웠다. 박정희 정부 시기 근대화는 국가주도의 산업화 전략으로서의 성격이 강했

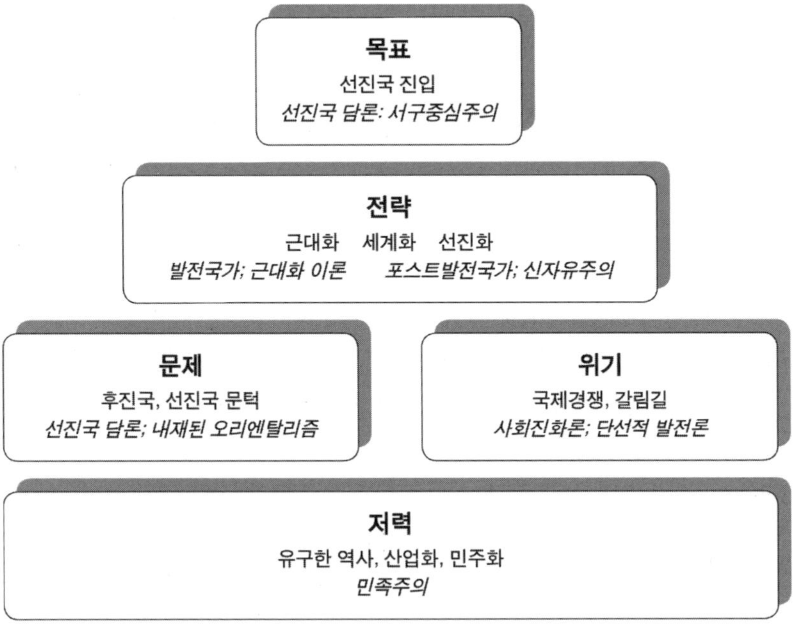

그림 2-1 한국 발전주의의 담론 구조

다. 김영삼 정부 시기에는 세계무역기구 출범으로 세계가 하나로 통합된다는 인식이 퍼지면서 각 분야가 세계와 경쟁해 이길 수 있는 전략으로서 세계화 담론이 부상한다. 신자유주의가 지구적 패권 담론으로 부상하는 가운데 한국의 세계화 담론은 규제완화와 개방을 정책적으로 추진한다. 이명박 정부 시기의 선진화 담론도 '선진국 문턱'이라는 정체성 위에서 신자유주의적 정책을 통해 '세계 수준'의 '일류국가'를 건설한다는 목표를 향한 전략적 담론이라는 점에서 세계화 담론과 유사한 점이 많다.

이상의 논의를 그림으로 요약하면 **그림 2-1**과 같다.

발전주의는 상술한 다양한 담론적 요소들을 통해 국가의 발전주의적 동원을 추구한다. 각 분야의 기능을 '선진국 진입'이라는 잣대로 평가함으로써 가치관을 획일화한다. 발전주의의 부상 이후 한국인들은 항상 '선진국 진입'이라는 목표를 향한 '중대한 시기'에 살고 있다. 국가의 역사적 소명을 위해 지구적 변화에 민감하게 대응해야 하고 이를 위해 항상 변화하고 개혁해야 한다고 요구받았다.

발전주의가 그동안 한국 사회의 급격한 물질적 향상에 기여했음을 부인할 수 없다. 그러나 사회 전반에 걸친 급격한 변화의 추구는 사회적 스트레스를 높인다. 현재의 정체성을 과도기인 것으로, 미래의 목표를 반드시 이뤄내야 할 역사적 사명으로 설정함으로써 끊임없는 변화가 요구되고, 이런 지속적인 변화의 물결 속에서 사회적 긴장감은 증가한다. '발전'을 이룬 현재 한국 사회의 낮은 행복지수는 담론 차원에서 볼 때 상당 부분 '선진국 진입'의 목표와 '미완의 성공'으로서의 현실 사이의 격차에서 비롯된다고 할 수 있다. 어쩌면 '진정한 선진국'은 발전주의의 획일화한 소명론적 세계관의 탈피에서 시작되는 것일지 모른다.

참고문헌

김대영. 2004.「박정희 국가동원 매커니즘에 관한 연구: 새마을운동을 중심으로」. ≪경제와 사회≫, 61: 172~207.

김도종. 2001.「박정희 패러다임의 등장과 지속에 관한 담론적 접근」. ≪한국정치외교사논총≫, 23(1): 127~150.

김윤태. 1999.「발전국가의 기원과 성장: 이승만과 박정희 체제에 관한 역사사회학적 연구」. ≪사회와 역사≫, 56: 145~177.

김인영. 2013.「발전국가에서 포스트발전국가로: 이명박 정부 '저탄소 녹색성장'을 중심으로」. ≪세계지역연구논총≫, 31(1): 29~53.

김정훈·조희연. 2003.「지배담론으로서의 반공주의와 그 변화」. 조희연 편.『한국의 정치사회적 지배담론과 민주주의 동학』. 서울: 함께읽는책, 123~199쪽.

김종태. 2012.「이승만 정부시기 문명 담론과 선진국 담론에 나타난 국가 정체성과 서구관: '대통령 연설문'과 '조선일보'를 중심으로」. ≪한국사회학≫, 46(2): 150~175.

_____. 2013.「박정희 정부 시기 선진국 담론의 부상과 발전주의적 국가 정체성의 형성: '대통령 연설문'과 '조선일보'를 중심으로」. ≪한국사회학≫, 47(1): 71~106.

_____. 2014.「한국 언론에 나타난 한국, 중국, 일본의 정체성과 표상: 선진국 담론을 중심으로」. ≪사회과학연구≫, 22(1): 110~145.

_____. 2015.「발전 시대 이전 발전 담론의 위상: 1950년대 대중매체의 발전, 문명 인식」. ≪한국사회학≫, 49(4): 101~129.
김철규. 2002.「20세기 발전주의의 형성과 한계」. ≪비교사회≫, 4: 213~231.
_____. 2003.『한국의 자본주의 발전과 사회 변동』. 고려대학교 출판부.
김호기. 1998.「박정희 시대와 근대성의 명암」. ≪창작과 비평≫, 99: 93~111.
류상영. 1996.「박정희 정권의 산업화전략 선택과 국제 정치경제적 맥락」. ≪한국정치학회보≫, 30(1): 151~179.
마상윤. 2002.「근대화 이데올로기와 미국의 대한정책: 케네디 행정부와 5·16 쿠데타」. ≪국제정치논총≫, 42(3): 225~247.
박노자. 2005.「독재자가 한민족 전통을 날조한다: 박정희의 '민족중흥'」. ≪인물과 사상≫, 86: 158~172.
박상영. 2012.「한국 '포스트발전국가론'의 발전과 전개: 90년대 이후 한국 발전국가 연구 경향과 향후 연구과제」. ≪현대정치연구≫, 5(1): 63~90.
박상현. 2013.「20세기 발전주의의 미국적 맥락: 미국적 현대성의 성쇠를 중심으로」. ≪사회와 역사≫, 100: 413~446.
박태균. 2004.「로스토우 제3세계 근대화론과 한국」. ≪역사비평≫, 66: 136~166.
_____. 2007a.『원형과 변용: 한국 경제개발계획의 기원』. 서울대학교 출판부.
_____. 2007b.「한국전쟁 이후 이승만 정부의 경제부흥 전략」. ≪세계정치 8≫, 28(2): 203~249.
_____. 2009.「박정희 정부 시기를 통해 본 발전국가 담론에 대한 비판적 시론」. ≪역사와 현실≫, 74: 15~43.
백낙청. 2005.「박정희 시대를 어떻게 생각할까」. ≪창작과 비평≫, 128: 287~297.
서재진. 1991.『한국의 자본과 계급』. 나남.
윤상우. 2006.「한국 발전국가의 형성·변동과 세계체제적 조건, 1960~1990」. ≪경제와 사회≫, 72: 69~94.
_____. 2009.「외환위기 이후 한국의 발전주의적 신자유주의화: 국가의 성격변화와 정책대응을 중심으로」. ≪경제와 사회≫, 83: 40~68.
이덕재. 2009.「박정희 정부의 경제정책: 양날의 칼의 정치경제학」. ≪역사와 현실≫, 74: 79~112.
이병천. 1998.「발전국가 자본주의와 발전 딜레마」. 이병천·김균 편.『위기, 그리고 대전환: 새로운 한국경제 패러다임을 찾아서』. 당대, 44~71쪽.
_____. 1999.「박정희 정권과 발전국가 모형의 형성: 1960년대 초중엽의 정책전환을 중심으로」. ≪경제발전연구≫, 5(2): 141~187.
_____. 2000.「발전국가 체제와 발전딜레마: 국가주의적 발전동원체제의 재조명」. ≪경제와 사회≫, 28: 105~138.
이우영. 1991.「박정희 통치이념의 지식사회학적 연구」.『한국사회학회 1991년도 전기사회학대회 발표논문요약집』, 62~69쪽.
임학순. 2012.「박정희 대통령의 문화정책 인식 연구: 박정희 대통령의 연설문 분석을 중심으로」. ≪예술경영연구≫, 21: 159~182.
정일준. 2009.「한미관계의 역사사회학: 국제관계, 국가정체성, 국가프로젝트」. ≪사회와 역사≫, 84: 217~261.
정진아. 2008.「이승만 정권의 경제부흥계획」. ≪동방학지≫, 142: 113~150.
_____. 2009.「이승만 정권기 경제개발 3개년계획의 내용과 성격」. ≪한국학연구≫, 31: 353~386.
조희연. 2002.「'발전국가'의 변화와 국가-시민사회, 사회운동의 변화: 한국에서의 발전주의의 성격 및 사회운동의 변화를 중심으로」. ≪사회와 철학≫, 4: 293~351.
_____. 2003.「정치사회적 담론의 구조 변화와 민주주의의 동학: 한국 현대사 속에서의 지배담론과 저항담론의 상호작용을 중심으로」. 조희연 편.『한국의 정치사회적 지배담론과 민주주의 동학: 한국 민주주의와 사회운동의 동학(3)』. 함께읽는책, 33~120쪽.
_____. 2004.「박정희 시대의 강압과 동의: 지배·전통·강압과 동의의 관계를 다시 생각한다」. ≪역사비평≫, 67: 135~190.
최연식. 2007.「박정희의 '민족' 창조와 동원된 국민통합」. ≪한국정치외교사논총≫, 28(2): 43~72.
허은. 2007.「1960년대 후반 '조국근대화' 이데올로기 주조와 담당 지식인의 인식」. ≪사학연구≫, 86: 213~248.
홍석률. 2005.「1960년대 한미관계와 박정희 군사정권」. ≪역사와 현실≫, 56: 269~302.

Escobar, Arturo. 1995. *Encountering Development: The Making and Unmaking of the Third World.* Princeton: Princeton University Press.
Esteva, Gustavo. 1992. "Development." in *The Development Dictionary: A Guide to Knowledge as Power.* edited by Wolfgang Sachs. London: Zed Books, pp. 6~25.
Foucault, Michel. 1972. *The Archaeology of Knowledge.* New York: Harper Colophon Books.
Kim, Jongtae. 2014. "South Korea's Developmentalist Worldview: Representations and Identities in the Discourse of Seonjinguk." *Asian Journal of Social Science* 42(3-4), pp. 383~408.
Kim, Yun Tae. 1999. "Neoliberalism and the Decline of the Developmental State." *Journal of Contemporary Asia*, 29(4), pp. 441~461.
_____. 2007. "The Transformation of the East Asian States: From the Developmental State to the Market-oriented State." *Korean Social Science Journal*, XXXIV(1), pp. 49~78.
Latham, Michael E. 2000. *Modernization as Ideology: American Social Science and 'Nation Building' in the Kennedy Era.* Chapel Hill: The University of North Carolina Press.
Mora, Necla. 2009. "Orientalist Discourse in Media Texts." *International Journal of Human*

Sciences, 6(2). http://www.insanbilimleri.com/en.

Ndlovu-Gatsheni, Sabelo J. 2012. "Coloniality of Power in Development Studies and the Impact of Global Imperial Designs on Africa." Inaugural Lecture Delivered at the University of South Africa.

Nederveen Pieterse, Jan. 2001. *Development Theory: Deconstructions/Reconstructions*. London: Sage.

Nisbet, Robert A. 1969. *Social Change and History: Aspects of the Western Theory of Development*. New York: Oxford University Press.

Rostow, Walt W. 1960. *The Stages of Economic Growth: A Non-Communist Manifesto*. Cambridge, UK: Cambridge University Press.

Sikkink, Kathryn. 1991. *Ideas and Institutions: Developmentalism in Brazil and Argentina*. Ithaca: Cornell University Press.

Tsoukala, Anastassia. 2008. "Boundary-creating Processes and the Social Construction of Threat." *Alternatives*, 33, pp. 137~152.

제3장

발전주의적 노동통제*

공장새마을운동과 시간의 정치

김영선

1. '국가 발전'에 동원된 시간들

1987년 노동자 대투쟁 이전의 노동 체제[1)]는 국가의 강력한 억압으로 특징지

* 이 장은 김영선, 『잃어버린 10일』(이학사, 2011)의 제3장 "통제적 휴가 정치"를 수정·편집한 것임을 밝힌다.

1) 노동 체제는 노동을 둘러싼 국가-자본-노동의 역학관계 속에서 형성된 틀로서, 역사세력들의 전략적 선택지를 규정하는 힘을 갖는다(강석재, 2002). 노중기(1997)는 '1987년 노동 체제'를 국가·자본의 노동에 대한 헤게모니적 배제 전략과 노동자들의 전투적 투쟁 및 연대 활동이 모순적으로 결합된 상태로 설명하면서 1987년 이전 시기를 '억압적 배제 시기'로 규정한다. 장홍근(1999)은 1987년 이전을 '배제적 국가 권위주의 체제'로 규정한다. 이는 노동 배제적이고 강압적인 국가·자본의 노동통제, 노동시장에 대한 국가의 강력한 개입, 그리고 취약한 노동운동을 특징으로 한다. 이 외에도 김형기(1988)는 병영적 성격이 강한 '관료적 통제 체제', 박준식(1996)은 '권위주의적 단순 통제 시기', 최장집(1997)은 '배제적 노동통제 체제'로 규정한다. 한편 조효래(1997)는 1987년 이후에도 권위주의적 노동 체제가 지속되고 있으며 현재 노동 체제는 발전국가 자본주의하의 권위주의적 노동 체제의 장기적이고 점진적인 해체 과정이 진행되는 것으로 파악한다. 이 장은 1987년 이전 저임금 장시간 노동에 기초한 억압적 노동 체제가 지속되었다고 전제한다. 1990년 이후 자본의 공세와 신경영전략과 같은 담론 유포 그리고 노사관계에 대한 국가 개입의 재개로 인해, 발전주의적 노동 통

을 수 있다. 국가는 물리력과 이데올로기를 바탕으로 무소불위의 권력을 행사하면서 정치·경제 체제에서부터 일상생활에 이르기까지 곳곳에 침투했다. 새로운 인간형을 주조하는 프로젝트에도 총력을 기울였다. 발전·성장을 모토로 했던 국가의 논리는 모든 영역에 여과 없이 관철되었던 것이다. 여기서 발전은 곧 '국가의 발전'을 최우선 목표로 하는 발전을 의미한다. 권위주의적 체제의 국가는 높은 정책적 선택성을 가지고 있었기에, 자원의 동원과 배분에서도 직접적인 개입을 통해 성장 위주의 발전모델을 강도 높게 조직화할 수 있었다. 경제성장을 핵심 목표로 내세우면서 선별적인 산업화를 도모했던 국가는 자본에의 집중적인 지원 정책과 노동에의 억압적인 통제 정책을 구사했다. 다시 말해 국가는 강력히 중앙집권화된 장치·기구를 통해 노동 배제 및 기업 중심의 성장 체제를 구축하고 기업가적 국가entrepreneurial state를 자임하면서 자본 축적에 적극적이었다(듀발·프리만, 1984; Jonson, 1987: 145; 암스덴, 1990; Haggard, 1990; Wade, 1990; 카스텔, 2003; 송재복, 1989: 877~881; 박형신, 1995: 112; 김선명, 2000: 66~77; 윤상우, 2002: 100; 김철규, 2003: 41~68; 이병천, 2003: 21~62; 김경필, 2016: 65~74; 지주형, 2016: 222~223).

국가는 공장새마을운동과 같은 물리적·이데올로기적 수단을 통해 저임금 체제를 구축하고 장시간 노동을 강제하는 데 적극적으로 개입했다. 다양한 억압적·이데올로기적 수단을 동원했다.[2] 노조의 정치 활동 금지(1963), 노동3권 제한(1971), 산별 체제 부정(1973) 등의 법제도는 발전국가 시기에 노동운동을 줄곧 미약한 수준에 머물게 했던 통제장치였다. 이와 관련해 발전국가 시기의 노동정책은 노동조합을 법적으로 승인하는 것이 아니었다(김삼수, 2003: 184). 노

제가 현재도 변주되고 있다고 본다.

2) 이병희(1997: 251)는 한국 제조업 대기업에서의 노동규율 메커니즘을 경험적으로 분석하면서, 통제 감독의 비중이 지속적으로 높았는데 이것이 노동 배제적 생산방식을 유지 강화하는 데 중요한 요소였다고 지적한다. 그 가운데 공장새마을운동은 노동규율을 주입하고 생산성을 향상시키기 위해 고안된 정부주도 캠페인으로서 노동과정 내 주요한 통제장치였다(김형기, 1988: 276; 최장집, 1997: 28).

동시장은 또한 자본과 노동 간의 자율적인 교섭보다는 국가·자본의 병영적 통제에 의해 지배되었다(임현진·김병국, 1991; 조효래, 1997: 55~56; 장홍근, 1999: 62).

국가의 개입은 산업 질서를 구축하는 면에서뿐만 아니라 노동 윤리를 주조하는 데에도 직접적이었다. 국가는 작업장 내의 노동조건에 대한 세세한 사항까지 관여했다(최장집, 1997: 28). 이는 기업 노무관리의 특징에도 고스란히 반영되었다. 이를테면 1987년 이전 노무관리의 가장 큰 특징은 바로 체계적인 시스템의 부재와 국가의 물리적 강제력에 대한 전적인 의존이라고 할 수 있는데, 이는 곧 국가에 의한 집단적 노사관계의 관리를 의미한다(박준식, 1996: 74).

이와 같이 1987년 이전의 국가-기업 관계는 기업이 국가의 통제·관리에 협조하는 하위 계약자와 같은 위계적인 형태였다. 국가는 국가발전이라는 목표에 따라 기업을 명령·지도하는 권위주의적 발전국가였다(Haggard, 1990; Wade, 1990; Moon, 1994: 12; 김선명, 2000: 70~74). 이러한 맥락에서 기업들의 자본축적 전략은 저임금-장시간 노동 체제에 상당 부분 의존했다. 자본은 국가의 하위 파트너로서 국가의 억압적인 노동통제 정책에 기반을 두면서 수출에 기초한 독점적 대자본 중심의 확대재생산 메커니즘을 구축해나갔던 것이다. 기업들은 국가의 강력한 통제에 의존하는 '간접적' 노무관리를 선호했으며 단지 권위적 '단순통제'를 통한 생산관리에만 전념하는 양상을 띠었다. 다시 말해 국가의 강력한 통제와 개입에 의존하고 있었기에, 기업의 관리 방식 역시 노동 배제적이고 억압적이었으며 저임금-장시간 노동 체제를 강화하는 형식이었다(김형기, 1988; 박준식, 1996; 최장집, 1997; 구해근: 2002: 76).

> 한국 산업 권위의 지배적인 특징은 기술적·관료적이기보다 전제적이고 개인적인 것이었다. 한국의 경영자들은 제대로 확립된 규칙이나 합리적 절차에 기초해 권위를 행사하기보다는 자주 언어폭력과 신체적 폭력을 행사하면서 자의적이고 개인적인 방식으로 권력을 사용하는 경향이 있었다(구해근, 2002: 106).

전경련, 경총, 상공회의소 등의 자본가 단체는 정권의 '공장새마을운동'을 적극적으로 받아쓰는 한편, '보람의 일터운동' 등으로 변형시키는 수준에서 노사협조주의 의식을 고취하는 이데올로기적 통제를 구사했다. 이렇게 기업들은 국가의 병영적 노동통제에 의존하면서, 저임금-장시간 노동을 통해 축적을 도모해 나갔다(박준식, 1996: 40).

2. 공장새마을운동과 작업 시간의 정치

1) 공장새마을운동의 전개 과정

공장새마을운동은 국가 동원·통제 체제의 전형이다. 조국근대화라는 경제적 목적을 위해 노동자들을 동원한 캠페인이자 유신체제의 안정을 위해 노동자계급을 탈정치화한 정치적 도구, 즉 '유신 이념의 실천 도장'이었다(전재호, 1997: 157~159; 박진도·한도현, 1999: 39). 공장새마을운동은 1973년 말 석유파동에 대한 자구책으로 기존의 새마을운동이라는 관료적 계획에 생산성 제고 전략을 결합시킨 정책 프로그램이었다(김형기, 1988: 276~287; 최장집, 1997: 183~197; 임송자, 2010: 184~186).

박정희 정권은 노동계급을 정치적으로 탈동원화하는 동시에 높은 수준의 노동생산성을 위해 유순한 노동자를 동원화하는 데 골몰했는데(최장집, 1997: 26, 341), 공장새마을운동은 하나의 구심점이었다. 농촌에서 시작된 새마을운동을 작업장에 도입한 당시 상공부는 1973년 「공장새마을운동 기본구상」을 시작으로 1974년 500개 시범 공장을 지정했다. 1976년에는 「공장새마을운동 추진요강」을 공고하면서 상공부 장관을 위원장으로 한 '공장새마을운동 추진협의회'를 만들었고, 각 시도에는 '시도 공장새마을운동 추진협의회'를 설치했다. 1977년에는 공장새마을운동을 민간주도의 운동으로 전환시키고 모든 기업체에 확산하기 위해, 대한상공회의소에 공장새마을운동 추진본부를 두고 각 지방상공회의소 및 주요 공업단지 내에 공장새마을운동 전담 부서를 설치하여 관내 공

표 3-1 공장새마을운동 참여 공장 현황, 1973~1983년 (단위: 개)

구분	1973~1976	1977	1978	1979	1980	1981	1982	1983
참여 공장	1,500 (시범업체)	10,000 (10인 이상)	12,000 (10인 이상)	15,000 (10인 이상)	16,000 (10인 이상)	16,000 (10인 이상)	15,000 (10인 이상)	15,000 (10인 이상)
지도 평가 대상 공장	-	2,200 (100인 이상)	2,467 (100인 이상, 5대 도시)	5,529 (50인 이상)	4,404 (50인 이상)	4,578 (50인 이상)	4,555 (50인 이상)	5,192 (50인 이상)

자료: 이동우 외(1983: 371).

장들의 새마을운동을 추진하도록 했다(이동우 외, 1983: 18~21).

공장새마을운동은 1980년대에도 그대로 지속되었다. 전두환 정권은 1980년 12월 새마을운동의 민간주도화를 위해 「새마을운동조직 육성법」을 제정하고 1981년 11월에는 '새마을운동중앙본부'를 발족시켰다. 이어서 대한상공회의소 안에 있던 공장새마을운동추진본부 사무국으로 하여금 중앙본부의 지휘 감독을 받게 하면서 공장새마을운동의 민간주도를 본격화했다. 이뿐만 아니라 노동자들에게 공장새마을운동의 기수로서의 역할을 부여하고, 노동자들을 국가·회사가 요구하는 인간형으로 통합하는 프로그램을 대대적으로 전개했다. 이를테면 공장새마을 성공수기 발표회, 분임조 활동사례 발표대회, 성공수기 현상공모, 모범근로자 표창, 공장새마을 연수, 저축사례 발표대회 등을 들 수 있다. 이러한 '규범화하는 담론'은 1980년대 동안 일관되게 추진되었다(이동우 외, 1983: 22~23; Shibata, 2012: 29).

공장새마을운동을 전방위적으로 전개한 결과 참여 공장은 1979년 이후 매년 1만 5000여 개에 달할 정도로 빠르게 늘어났다. 8~15명 정도로 구성된 소규모의 작업반인 분임조도 1976년 8600여 개에 불과하던 것이 1980년 초 7만여 개에 이르렀으며 1985년에는 그 수가 8만 5000여 개에 달했다. 이는 제조업 종업원 수 대비 36.6%에 달하는 인원이 참여한 것이다(이동우 외, 1983: 23~36; 김형기, 1988: 280; 최장집, 1997: 210; 김삼수, 2003: 204).

표 3-2 품질관리 분임조 조직 추이, 1975~1985년 (단위: 개, %)

구분	1975	1976	1977	1978	1979	1980	1981	1982	1983	1984	1985
분임조 수	1,257	8,615	23,217	37,300	48,728	56,081	64,716	70,379	74,848	79,869	85,308
제조업 종업원 수 대비 조직률	0.9	5.1	12.4	17.3	25.0	29.9	33.1	34.9	34.8	35.1	36.6

자료: 공업진흥청(1981: 426), 김형기(1988: 280)에서 재구성.

2) 경영합리화운동으로서의 공장새마을운동

국가는 공장새마을운동의 성격을 작업장의 산업합리화운동·품질관리분임조 활동과 같은 소집단 활동들과 결합하면서 '공장 내의 경영합리화운동'으로 구체화시켜 나갔다. 사실 공장새마을운동은 1968~1973년 사이에 전개된 산업합리화운동과 1970년대 초부터 전개되던 품질관리운동으로부터 연원한다. 기업들은 수입대체 전략에서 수출주도 전략으로의 경제정책 전환과 수출 상품의 표준화에 대한 국제시장의 요구에 대처하기 위해 일종의 과학적 관리 운동으로서 산업합리화운동을 전개했던 것이다. 대한상공회의소의 산업합리화운동본부는 800여 개 수출업체에 대한 기업진단을 실시하고 그 진단 결과에 기초해 경영 지도를 하기도 했다. 이와 같은 산업합리화운동 차원의 기업진단이나 경영 지도는 노동자의 경제적 동원화와 노동계급의 정치적 탈동원화를 위한 미시 장치였다.

한편 품질관리분임조는 품질관리 활동을 위해 편성된 현장의 단위 조직으로 일본식 방법을 채택한 것이다. 공장새마을운동의 논리, 지향, 정신, 캐치프레이즈 등을 설명하는 텍스트의 곳곳에 일본 사례가 하나의 모범으로 제시되고 있는데, 이를테면 다음과 같다. "일본의 마쓰시다 전기의 창업주는 세계 기업사에 불후의 공적을 남겼다. …… 그의 인간 존중이란 경영 이념의 실천적 사례의 하나로서 이 회사의 연수원을 찾으면 연수원 문 앞에 '상품생산 이전에 인간 완성'이란 캐치프레이즈를 쉽게 발견할 수 있다"(대한상공회의소·공장새마을운동추진본부, 1989b: 225). 이와 같은 설명에 덧붙여 공장새마을운동이 한 걸음 더 진보한 혁신적 운동 모델임을 강조하는 설명 방식을 취했다.

품질관리는 1967년 「공산품 품질관리법」이 제정되면서 활성화됐다. 1975년에는 '품질관리대회'가 개최되기도 했다. 품질관리가 본격적인 '하나의 사상적인 혁신 운동'으로 전개된 것은 공업진흥청에 품질관리추진본부가 설치되면서다. 이후 1978년 상공부, 공장새마을운동추진본부, 공업진흥청의 협의를 통해서 기존의 QCCQuality Control Circle 활동, ZDZero Defect 운동, 새마을분임반 등을 공장새마을(품질관리)분임조로 일원화하면서, 전략산업을 중심으로 집단적인 품질관리를 전개해나갔다. 국가는 다양한 경영혁신운동을 상공부의 지도하에 새마을운동이라고 불리는 관료적 계획과 결합시킴으로써 국가적인 생산성향상운동이자 경영혁신운동으로 조직했다(이동우 외, 1983: 284~285; 김형기, 1988: 276~280; 최장집, 1997: 209; 김삼수, 2003: 204; 신원철, 2003: 360).

기업들은 공장새마을운동을 경영혁신운동으로 활용하면서 다양한 소그룹 활동을 조직하고, 노동규율을 강화하는 다양한 캠페인을 공장새마을운동의 이름으로 진행했다.[3] 공장새마을운동의 구체적인 조직체는 새마을지도자와 8~15인의 소규모 작업반으로 구성된 새마을분임조인데, 그 이름은 작업장마다 달랐다. 이를테면 한마음분임조(청주방적), 동그라미분임조(대우조선공업), 빨대분임조(현대엔진공업), 잉꼬분임조(에스콰이어), 새롬회(코오롱), 오뚜기분임조(삼양사), 참피온분임조(동명전기), 촛불분임조(제일제당 인천공장), 두레박분임조(한국전자), 기동타격대(한국타이어 대전공장), 소나기분임조(한국합섬고무) 등을 들 수 있다. 이렇게 구성된 분임조 활동에는 인간관계 개선, 물자절약 및 원가절감뿐만 아니라 생산공정 개선, 품질관리 활동, 무결점 운동, 기술혁신 등과 같이 생산성을 증대시키기 위한 광의의 경영합리화 계획이 포함되었다(이동우 외, 1983: 273~284; 대한상공회의소·공장새마을운동추진본부, 1989c: 12; 최장집, 1997: 210). 국

3) 한편 당시 한국노총은 공장새마을운동에 대해 "격동하는 70년대를 맞이하여 조국의 안정, 번영, 통일을 위한 유신 과업 수행의 강력한 추진력이 될 것을 다짐"하고 공장새마을운동에 적극적으로 참가함으로써 사실상 국가권력에 예속된 모습을 보여준다(박준식, 1996: 98~99; 김삼수, 2003: 203).

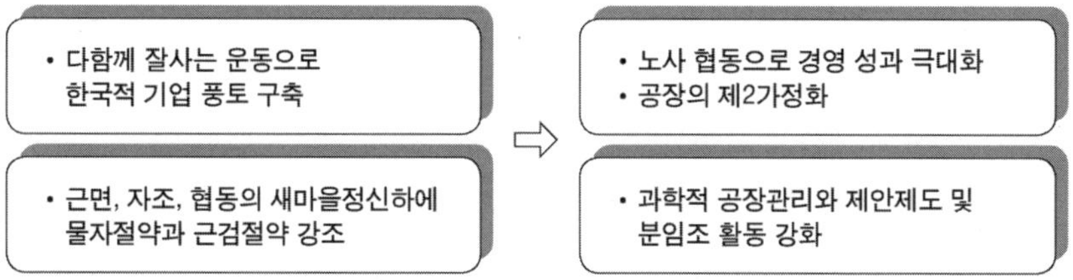

그림 3-1 공장새마을운동 추진 과정
자료: 대한상공회의소·공장새마을운동추진본부(1989a: 12).

가의 억압적 개입 속에서 기업들은 공장새마을운동을 직접적 생산과정에서의 경영전략으로 채택, 전개해나갔다. 이는 기업으로 하여금 고율의 잉여가치생산을 가능하게 한 경영 장치이자 노동규율을 재주조할 수 있게 한 제도 장치였다(김형기, 1988: 314).

공장새마을운동은 노동에 대한 제도적 통제뿐만 아니라 이데올로기적 통제를 위한 중요한 수단이었으며 노동조합에 대한 이념적 탄압과 산업 갈등에 대한 국가 개입을 정당화하는 장치였다. '공장을 가족처럼, 종업원을 가족처럼'이라는 표어로 표상되는 기업가족주의와 '산업전사'라는 기표에 함축된 국가주의를 결합시킨 일종의 노사협조-공동체 이데올로기로 노동자들의 헌신·희생을 강력하게 유도하는 '규범화하는 담론'이었던 것이다(김준, 2002: 77~78; 신원철, 2003: 356; 임송자, 2010: 186~189; Shibata, 2012: 29).

공장새마을운동이 형상화하는 직장의 이미지를 보자. "직장은 바로 내 또 다른 생활 터전이요, 생명의 젖줄과도 같다. 직장을 아끼고 사랑하고 발전시켜나가는 데 한몫을 거들어야 하겠다. …… 그리하여 직장이 발전해가는 과정에서 내 스스로 성장해나갈 수 있는 길을 열어가고 그 결과 국가 사회가 번영하고 풍요로워지는 것이다"(대한상공회의소·공장새마을운동추진본부, 1989b: 222). 이와 같이 '나의 발전'을 '직장의 발전', 나아가 '국가 사회의 번영'으로 적극 결합시키려는 논리를 감안해볼 때, 공장새마을운동은 경제적 의미뿐만 아니라 고도의 '정치적' 의미를 포함한다고 볼 수 있다.

기업가족주의와 국가주의를 결합시킨 노사협조 공동체 이데올로기는 직장의 제2가정화 캠페인에서 더욱 극대화된다. 공장새마을운동은 직장의 제2가정화를 위해 다양한 프로젝트를 벌였는데, 이를테면 가정 통신문 보내기, 가정 새마을운동, 합동 생일 축하회, 합동결혼식 주선, 회사 복지시설의 공동 활용, 가족의 날 행사, 건전 가요 오락회, 효자·효녀·효부 표창, 가훈 전시회 등을 다각도로 펼쳤다(대한상공회의소·공장새마을운동추진본부, 1989b: 224). 직장 내에서는 "매주 수요일이면 '새마을사업 시간'을 갖고 건전 가요에서부터 에어로빅댄스, 신체조, 환경 미화에 이르기까지 다양한 프로그램"을 진행했다. 공장새마을 분임조 활동의 일환으로 노동자들은 하루 일과를 시작하는 조회 때마다 "나도 잉꼬, 너도 잉꼬, 금실 좋고 신임받는, 회사가 필요로 하는 새가 되자"라고 외쳤다. '규범화하는 담론'은 이렇게 작업장 안팎을 가리지 않고 파고들었다(새마을운동중앙본부·공장새마을운동추진본부, 1983: 50; 1984: 122).

『공장새마을운동 우수성공사례』(1983, 1984)에 표현된 내용들을 요약해보면, 대부분의 사례는 '밀알', '성실', '산업역군', '산업전사', '모범 근로자', '화합의 일터', '협동', '우애', '애사', '근검절약', '저축을 신조로', '어머니', '가족', '가난의 굴레', '불굴의 의지', '잘살아보자', '하면 된다', '내일 향해 줄달음질' 등의 언표를 반복적으로 계열화하고 있다. 아래의 인용문을 통해 공장새마을운동의 추진 사업으로 전개된 '직장의 제2가정화' 전략과 관련된 내용을 구체적으로 확인할 수 있다.

> 직장의 제2가정화: 기업주는 가장과 같은 위치에서 종업원의 불편한 점과 어려운 일들을 따뜻이 보살펴주어야 하고, 종업원은 또 기업주를 어버이처럼 따르고 존경하고 회사 일을 자기 일처럼 알뜰하게 보살펴나가는 자세가 중요하다. …… 회사에 출근하게 되면 누가 시키지 않아도 스스로 빗자루를 들고 청소도 하고 화단도 가꾸며 주변 환경을 스스로 깨끗이 단장해나가는 습성이 몸에 배도록 하고, 아침에 조금 이르게 출근해서 작업 준비를 하고 또 일이 끝나면 시간이 다소 늦더라도 하루의 일과를 마무리 지음으로 해서 홀가분한 마음으로 퇴근하는 자세도 키워나가야 하고, 새마을운동이 바로 '내 기업 잘되기 운동'이며 이것이 결실을 가져다

주면 '스스로 잘사는 운동'이 된다는 확신을 가지고 회사 일에 열중해야 할 것이다 (이동우 외, 1983: 74~76; 대한상공회의소·공장새마을운동추진본부, 1989a: 223).

> 국제방직이 베풀어주는 은혜 때문에 일이 힘드는 줄 몰랐다. 나는 더 열심히 일해 은혜에 보답하리라는 생각을 잠시도 잊지 않았다. …… 회사에서는 종업원을 가족처럼 아끼는 가운데 심지어는 봉급까지도 매월 10~12일에 걸쳐 주던 것을 9~10일 내로 앞당겨 지급하고 있다(국제방직 노동자 김인선의 수기 중에서; 새마을운동중앙본부·공장새마을운동추진본부, 1983: 55).

> 공장새마을운동의 활성화: "사원들을 가족처럼, 공장 일을 내일처럼"(표어; 새마을운동중앙본부·공장새마을운동추진본부, 1984).

이상과 같이 공장새마을운동은 노사협조 이데올로기를 주입하고 생산성을 향상시키기 위해 고안된 캠페인으로, 국가와 자본은 인간형을 새롭게 주조하고 총체적인 효과를 끌어내는 데 공장새마을운동이라는 '규범화하는 담론'을 적극 활용했다(최장집, 1997: 205; 장홍근, 1999: 49).

3) 작업 시간의 정치: 시간 규범으로서의 '근면'의 생산

공장새마을운동은 조국근대화라는 목표를 향해 내달렸을 뿐만 아니라 근면함이라는 새로운 의식과 태도를 주조해나갔다. 그 일환으로 '근대=발전=문명' 대 '전근대=빈곤=야만'이라는 도덕주의적 이항 도식을 부각시켰다(김정훈, 1999: 94; 고원, 2006: 190). 게으름-나태-이기심-음주-도박-빈곤-무질서-국가 위기 등의 계열을 근면-자조-협동-산업전사-잘 살아보세-경제 발전 등의 적으로 설정하는 담론을 유포했다. 여기서 전자는 악으로 후자는 선으로 구분 지어졌다.

공장새마을운동의 일환으로 진시된 '모범근로자들'의 수기를 보면 곳곳에 시간과 돈의 낭비를 안타까워하거나 부끄러워하는 표현들이 반복적으로 연결되고 있다(김준, 2002: 63). 반대로 절약과 저축은 모범적인 것으로 부각된다. 낭비를 질타하는 전자의 사례를 보면, "큰오빠는 가난에 찌든 가족은 안중에도 없는 듯이 매일 화투와 술에 젖어 살았다". 한편 절약을 장려하는 후자의 언술을 보면, "나는 저축의 필요성을 말하며 1인 1통장 갖기를 적극 권장했다".[4] 이와 같이 공장새마을운동은 도덕주의라는 원심분리기를 통해 '전근대=게으름=빈곤'이라는 계열을 탈수해 깨끗이 제거하고 '근대=근면=성장'이라는 계열을 농축해 부단히 장려했다.

공장새마을운동이라는 확성기는 근면, 자조, 협동과 같은 특정한 규범을 마을 구석구석까지 전파하면서 '근면=잘삶'이라는 구체적 판타지와 금욕에 바탕을 둔 새로운 인간형을 생산해내는 등 강력한 이데올로기로 작동했다. 이는 노동자의 태도를 도덕적으로 재주조하는 규율화 과정이었다. 라이히W. Reich 등은 그 영향이 부정적이든 긍정적이든 노동자들의 신체에 아로새겨져 "인성 구조를 바꾸어놓은 생체권력bio-power"이 되며 그 결과 노동자의 신체에 대한 내적인 통제 형식으로 일반화된다고 설명한다(이진경, 1997: 121; 진중권, 2003: 342; 라이히, 2006: 417~423). 이렇게 근면·자조·협동이라는 '조국근대화의 행동 철학'을 핵심적인 가치로 주조한다는 점에서 공장새마을운동은 국가 프로젝트의 핵심이었다.

> 잘 살아보세 잘 살아보세
> 우리도 한번 잘 살아보세
> [중략]
> 태양 너머에 잘사는 나라 하루아침에 이루어졌나
> 티끌도 모아 태산이라면 우리의 피땀 아낄까 보냐
> 일을 해보세 일을 해보세

4) 전자의 사례는 대우중공업 김옥주의 수기에서, 후자의 사례는 청구목재공업 김해숙의 수기에서 인용했다(새마을운동중앙본부·공장새마을운동추진본부, 1983: 22).

우리도 한번 일을 해보세

_「잘 살아보세」 중에서, 〈국민건전가요 1집: 싸우면서 건설하자〉(1972)

여기서의 근면은 이전에는 발견할 수 없었던 새로운 성질의 품행으로 조국근대화라는 목표 아래 새롭게 만들어진 노동 윤리, 즉 공장 리듬에 부합하는 근면한 습관habit of industry을 의미한다. '발전주의적 근면'이라고 이름 지을 수 있다. 공장새마을운동을 통해 새롭게 주조된 산업적 근면이라는 가치는 '조국근대화에 이르는 정신적 기반'이며 쉼 없이 열성을 다해 발휘되어야 할 국민성national character으로 반복하여 형상화되었다. 이뿐만 아니라 불평·불만 없이 고난과 역경, 열악한 노동조건을 뛰어넘는 인내심을 전제한 '근면'으로 특정화되었다. 아래와 같이 공장새마을운동의 기본 이념인 근면을 기술하는 내용과 모범근로자의 수기를 살펴보면, 근면을 절약이나 단결 등과 유사하게 계열화하면서 노동자의 핵심적인 태도로 형상화하는 것을 확인할 수 있다. 근면, 국가 발전, 근대화가 서로 밀접하게 연관되어 상호 강화되는 데 반해, 일요일 휴식, 자유 시간, 여가 시간, 월차휴가 등은 배제해야 할 것으로 처리된다.

독일 국민은 80 노옹이라 할지라도 무엇인가 일할 것을 찾아 하루 종일 근로한다고 한다. 생활이 궁핍해서 할 수 없이 하는 것이 아니고 일하지 않는 인생은 죽는 것이며 일하지 않는 날은 죽는 날이라는 절실한 느낌에서 그리하는 것이다(이동우 외, 1983: 25).

일요일에도 일하기 위해 혼자 출근: 나는 기름 쇳덩어리를 만지면서도 돈이 아까워 장갑도 안 끼고 일했다. 그 때문에 내 손은 상처투성이였으나 쉬는 시간, 점심시간은 물론 일요일에도 일하러 혼자 출근했다. ……'의존에 앞서 자립하자. 불평에 앞서 감사하자. 이론에 앞서 실천하자. 분열에 앞서 단결하자'(해태제과공업 남성자의 수기 중에서; 새마을운동중앙본부·공장새마을운동추진본부, 1983: 71~72).

> 지겨운 가난, 끊이지 않는 재난 속에서도 용기를 잃지 않고 근검과 절약을 생활화하면서 잔업과 철야를 도맡아 하고 여자로서 하기 어려운 철판 용접 일을 수놓듯 섬세하게 해낸 드라마 같은 이야기: 10년이면 강산도 변한다는데 10년 동안 월차휴가, 결근, 지각 한 번 없이 성실함만을 보여주었고, 아이들한테는 절약하는 생활, 근면함만을 강조해왔다. 살아계신 시아버님한테 소홀함이 없이 성의를 다해 병간호를 해드리고 있으며 '안 쓰는 것이 남는 것이다'를 신조로 생활해오고 있다(대우조선공업 오명숙의 수기 중에서; 대한상공회의소·공장새마을운동추진본부, 1989b: 7~16).[5)]

이러한 발전주의적 근면은 미세한 장치들을 통해 생산된 새로운 품행이다. 구소련의 5개년계획 당시 작업장에서 '게으른' 노동자의 이름을 검은 게시판에 게재하고 '성실하고 쓸모 있는' 노동자의 이름을 붉은 게시판에 게재했던 것처럼! 출퇴근 시간 기록, 작업 시간 엄수, 벌금제, 시간 지키기 캠페인, 모범근로자상, 전시회, 정신교육 등이 근면을 주조하기 위한 장치에 해당한다. 공장새마을운동으로 결합된 다양한 규칙과 프로그램은 조국근대화라는 구호 아래 근면·자조·협동을 전면에 배치해나갔다. 구체적으로 살펴보면 공장새마을운동은 '근무시간 지키기', '명찰 달고 다니기', '근무지 이탈 안 하기', '호주머니 손 빼기', '빨리 걷기' 등과 같은 작업장 규칙들과 '쉬는 시간에 도박 금지', '야간작업 시 음주 금지' 등의 금지 사항들을 촘촘하게 전개시켜나갔다. 공장새마을운동이라는 맷돌은 '게으른 기질'을 갈아서 근면한 성질로 바꿔내려 했다.

성과급 배분 절차도 세밀화해 매일의 일일 점수를 계산하도록 했다. 이는 '새마을 급여제'라는 이름으로 실시되었다. 성과급은 노동시간과 연동되었는데, 정상 근로시간에는 2점, 연장근로(초야업, 15:00~23:00) 및 특별근로에는 시간당 3점을, 그리고 철야(심야업, 23:00~07:00)에는 시간당 4점을 부여했다. 장시간 노

5) 모범근로자 수기는 공장에서의 비인간적인 노동조건과 통제를 숙명론적으로 수용하는 모습을 반복 재현하는 경향이 강하다(김준, 2002: 61).

동을 유도하는 매개 장치로 활용되었음을 확인할 수 있다. 국가의 억압적 노동통제로 단체교섭과 단체행동권이 박탈되었던 노동자들에게 '작업 시간 엄수'에 관한 자본과의 협정은 하나의 억압적 규율일 수밖에 없었다. 이 외에도 작업 시간 엄수를 위한 교육, 시간 지키기 캠페인 등 다양한 작업장 규율을 부과해나갔다(신원철, 2003: 377).

기업 내 교육 또한 생산과 관련된 집체교육 형식으로 진행되었으며 군대식 규율을 강조했다. 군대식 원리는 곳곳에서 드러나는데, 이를테면 짧은 두발에 작업모를 쓰고, 회색 작업복을 입고, 명찰을 달고, 집체교육을 받고, '100억 불 수출고지 점령'을 외치고, 군가에 맞춰 출퇴근하는 장면을 예로 들 수 있다. 이처럼 작업장의 규율은 군대의 '군기'와 다름없었다. 발전국가 시기의 규율을 '병영적'이라고 말하는 이유가 여기에 있다(배규한, 1986: 108; 김원, 2002).

공장에 들어간 많은 노동자가 그러하듯이 미숙련노동자들은 갓 입대한 이등병처럼 입사 후 하나의 통과의례를 거쳤다. 일례로 동일방직의 미숙련노동자들은 빨리 걷기 연습이나 실 잇기 테스트로 제한 시간에 목표량을 채우는 '훈련'을 했다. 실 잇기 훈련은 대부분의 미숙련노동자들이 필수적으로 거치는 의례였다. 이는 흔히 '생산성 테스트'라고 불렸던 것으로 신입 노동자에게 신속함, 근면함, 민첩성은 물론 경쟁심을 주입하는 규율 장치였다(김원, 2002). 『공장의 불빛』(1984)에 나타난 석정남의 경험을 통해 당시의 상황을 구체적으로 엿볼 수 있다.

> 실 두 개를 잡고 준비 태세를 마치고 시계의 초침이 중간에 멎자 지도원은 '시이작!' 하고 외쳤다. 시끄러운 소리가 온통 멈춰버린 듯한 순간이었다. 잠시 후, '그만!' 하는 소리와 함께 기계 소리는 다시 나의 고막을 찢을 듯이 울려왔다. '몇 개?', '여섯 개요!' 지도원은 자기가 세었던 숫자와 같음을 확인하고 노트에 적힌 내 이름 옆에다 6개라고 적었다. …… 많은 기계를 빨리빨리 돌아다니며 이상이 없도록 살펴보는 일을 하기 때문에 우선은 동작이 빨라야 했다. 그래서 회사에서는 1분에 140보를 기준으로 정해놓고 있었다. 끊어진 실을 빠른 속도로 이어줄 것과 빨리

걸을 것, 이 두 가지가 가장 중요한 문제였으므로 양성공들은 꽤 오랫동안 이 연습을 되풀이하여야만 했다(석정남, 1984: 16~17).

공장새마을운동은 세밀한 규율 장치를 통해 노동자의 신체를 가공하면서 노동자를 보다 신속하고 규칙적인 노동 리듬에 부합하는 산업전사로 재주조해나갔다. 이는 산 인간을 시간으로 육화된 형태time's carcass로 전환하는 발전국가판 규율화 과정이라 할 수 있다.

한편 공장새마을운동은 근면과 충성을 강조하면서 '작업이 끝나는 시간을 의식하지 않고 열심히 작업'하는 것을 중요한 덕목으로 강조했다. 기업은 노동자들이 새마을분임조의 아침 모임에 참석하도록 의무화하고, 15~30분 심지어는 한 시간 정도 일찍 작업을 시작하도록 했다. 이뿐만 아니라 실제 보수보다 한두 시간 이상 더 작업하는 것을 공장새마을운동의 이름으로 정당화했다. 즉, 공장새마을운동은 서비스 잔업, 무급휴가와 상여금 삭감 등과 같은 저임금-장시간 노동 관행을 강화하는 데 상당한 역할을 했던 것이다. 심지어 상공부가 공장새마을운동의 전개 과정에서 수출 목표의 달성을 위해 노동시간을 연장하도록 명령했던 경우도 발견된다(최장집, 1997: 213~214; 김삼수, 2003: 205). 이 모든 것은 발전국가가 요구하는 인간형, 즉 '조국이 요구하는 유능하고 성실한 산업전사'가 되는 첫걸음이자 의무 사항이었다. 공장새마을운동은 노동자를 '성실한 산업전사'로 동원하기 위한 발전주의적 규율 장치였다.

3. 노동시간의 가차 없는 연장

억압적 노동통제 속에서 노동자의 시간권리에 대한 보장은 거의 찾을 수 없었다. 노동자 대다수가 근로기준법의 보호로부터 배제되었을 뿐만 아니라 정시 출·퇴근 및 휴가 등의 기본적인 권리조차 국가·자본의 자의적인 전횡에 의해 언제든 묵살될 수 있었다는 점에서 "가부장적-전제적 권위"가 지배적이었다(김

표 3-3 노동시간 추이, 1971~1984년

구분	1971	1972	1973	1974	1975	1976	1977
주당 평균 취업시간	49.5	50.7	51.6	52.6	53.0	54.6	54.0
제조업 주 노동시간	51.9	51.6	51.2	49.9	50.5	52.5	52.9
제조업 월 노동시간	-	-	-	-	-	-	230.9
구분	1978	1979	1980	1981	1982	1983	1984
주당 평균 취업시간	54.6	54.3	54.0	53.7	56.0	55.5	55.3
제조업 주 노동시간	52.9	52.0	53.1	53.7	53.7	54.4	54.3
제조업 월 노동시간	230.6	230.1	232.4	231.7	234.0	237.4	240.3

자료: 경제기획원, 『경제활동인구연보』; 노동부, 『노동통계연감』; 『매월노동통계조사보고서』; 김형기(1988: 315~316)에서 재구성.

원, 2006: 13).

노동시간과 연관하여 특징적인 현상 가운데 하나는 노동시간이 '비인간적'으로 길었다는 점이다. 저임금체계[6]에 기초한 '노동시간은 무제한적이고 가차 없이 연장'되었다. **표 3-3**에서 보듯이 주당 평균 50시간을 훌쩍 넘는 장시간 노동이 비일비재했다. 하루 노동시간이 식사 시간을 제외하고 14시간 내지 16시간에 달했고 20시간이나 30시간의 곱빼기 노동을 하는 예가 적지 않을 정도였다. 평일 잔업뿐만 아니라 밤샘이나 휴일 특근을 통한 장시간 노동이 잦았다.

국가·자본의 '저거노트 수레바퀴' 밑에서 시달리는 여성들, 심지어 나이 어린 노동자들의 장시간 노동도 횡행하는 그야말로 '어려운 시절'이었다(정현백, 1991: 401~404). 나이 어린 노동자의 비중은 여성 노동자 가운데서 특히 높았다. 1970년대에는 미성년 노동자의 비중이 여성 노동자의 절반에 달할 정도였다. 이렇게 노동력의 구조가 젊은 층으로 편중 분포되었던 것은 노동에 대한 자본의 수요가 값싼 미숙련·반숙련 노동력에 과도하게 집중되었기 때문이다(김준, 2002: 57~58).

6) 제조업의 시간당 임금을 비교해보면, 한국을 100으로 할 때 1965년의 경우 대만 160, 싱가포르 305, 인도 165, 필리핀 210이었으며, 1984년에는 대만 123, 싱가포르 150이었다(고준석, 1989; 서익진, 2003: 93).

빈번한 초야업, 부지기수인 밤샘 특근, 턱없는 휴식시간은 노동자의 삶을 여지없이 궁핍하게 만들었다. 1960년대 후반 한 노동자의 눈에 그려진 일상을 보면, "하루 종일 해를 보지 못해 얼굴이 누렇게 뜬 열두 살 소녀들은 배가 고파 눈이 쑥 들어간 채 기관지염, 빈혈, 위장병 따위를 앓으면서도 야간작업을 위해 잠 안 오는 약을 먹고 바늘로 제 몸을 찔러가며 20시간 가까이 곱빼기 노동을 했다"(조영래, 2001: 93~136). 1개월 휴일 2일에서 벗어나 일요일마다 휴일로 쉬는 것은 희망사항에 불과했다. 일요일은 현재와 같은 보편적인 휴일이 아니었다. 한 달 두 번의 일요일 휴무 패턴의 흔적은 식민지 시기까지 거슬러 올라간다. 공장노동자들은 연중 52일의 일요일 중 1/3가량만 휴무한 것으로 파악된다. 아래의 인용문에서 간접적으로 확인할 수 있듯이, 대부분의 공장노동자는 시간권리를 박탈당했다(조현범, 2003: 217).

> 1개월에 첫 주와 삼 주 2일을 쉽니다. 이런 휴식으로썬 아무리 강철 같은 육체라도 곧 쇠퇴해버립니다. 일반 공무원의 평균 근무시간 일 주 45시간에 비해 15세의 어린 시다공들은 일 주 98시간의 고된 작업에 시달립니다. …… 저희들의 요구는 1일 14시간의 작업 시간을 단축하십시오. 1일 10시간 내지 12시간으로! 1개월 휴일 2일을 일요일마다 휴일로 쉬기를 희망합니다. 절대로 무리한 요구가 아님을 맹세합니다. 인간으로서의 최소한의 요구입니다. 기업주 측에서도 충분히 지킬 수 있는 사항입니다(1970년대 전태일이 박정희 대통령에게 보낸 편지의 일부).

> 그날로부터 나는 기계와 운명을 같이했다. 첫날은 24시간 연근무날이었다. 낮에도 일하고 밤에도 일했다. 약한 나에게는 너무나 힘에 겨웠다. …… 그러나 오직 이 길만이 살길이라는 마음으로 하면 된다는 신념 속에서 야근 일주일을 버티어냈다(김혜숙, 1979; 김준, 2002: 71에서 재인용).

궁핍한 일상은 노동자의 일기·수기·편지·글모음집 등을 통해 어렵지 않게 확인할 수 있는 내용이다. 이뿐만 아니라 공장새마을운동의 일환으로 출간된 『공장새마을운동 우수성공사례』(1983, 1984, 1989)의 모범근로자 수기를 통해서도 노동자의 일상과 의식을 엿볼 수 있다. 이러한 자료들은 당시 국가와 자본에 의한 병영적 노동통제를 비판적으로 독해할 수 있는 자료이기도 하다.[7] '8시간 노동'을 목표로 노동시간 단축 투쟁을 구체적으로 보여주는 자료로서 해태제과 여성 노동자들의 투쟁 기록인 『8시간 노동을 위하여』(1984)를 참조할 수 있는데,[8] 당시 해태제과 노동자였던 순점순은 첫 장에서 아래와 같이 기록한다.[9] 마찬가지로 가리봉전자 공장의 한 노동자의 목소리를 통해서도 억압적인 작업장의 상황을 어느 정도 가늠할 수 있다.

> 내가 해태제과에 입사하게 된 것은 1976년 4월이었다. 신입생 시절 아이스크림부에서 2년 반을 근무했다. …… 나에게는 서서 일한다는 것이 가장 큰 어려움이었다. 12시간 근무 중에 쉬는 시간은 식사시간 1시간뿐이었다. 함께 들어간 친구들은 며칠 사이에 많이 나가버렸다. 하룻밤을 꼬박 새야 하는 야간작업 때면 너무도 괴로워 그냥 그곳에 주저앉아 울고 싶은 심정이었다. …… "하루 12시간만 일하도록 해주십시오. …… 일주일에 하루씩만 쉴 수 있도록 해주십시오. 우리는 일주일에 하루씩 쉴 수 있다는 노동법상의 혜택을 못 받고 일을 하고 있습니다. 이렇게 혹사를 시키면서도 종종 '곱빼기' 노동을 시키고 있어 할 수 없이 18시간을 계속 일

7) 모범근로자 수기는 당시 대다수를 차지했던 일반 노동자들의 의식과 생활세계를 더 잘 보여줄 수 있고, 지배 담론이 노동자들에게 부과한 '바람직한 역할 모델'이 무엇이었는지, 그것들이 노동자들에 의해 어떻게 수용되었고, 지배 담론이 노동자들의 동원과 통제에 어떻게 활용되었는가를 분석하는 데 유용하다(김준, 2002: 63).

8) 『8시간 노동을 위하여』는 전체 기록의 3분의 1 정도가 남성 노동자와 사측에 의한 폭력, 테러, 협박에 대한 내용으로 채워져 있다. 이러한 점을 감안해볼 때 이 책은 여공 개인의 문제의식이 발전되는 경로에 따라 작성된 것이라기보다는 투쟁의 전개 과정을 폭로한 선전물과 같은 성격의 글이라고 할 수 있다(김원, 2002: 117).

9) 이 책은 8시간 투쟁의 선봉장이었던 김금순이 출판한 책이다. 당시 저자 이름을 이미 퇴사한 순점순으로 한 것은 '현장에 있는 노동자를 한 명이라도 더 보호하자'는 취지였다고 한다(신철영, 2008: 114).

> 을 해야 하는 참기 어려운 정신적·육체적 고통을 당하고 있습니다. …… 휴식 시간, 생리휴가, 월차휴가 등 많은 법 규정을 지키지 않고 있습니다(순점순, 1984: 17, 20).

> 전자 공장이 대개 그렇듯이 가리봉전자도 일반 제조업체들에 비해 근로시간은 짧다. 작업은 3교대로 이루어지고 있는데, 1조가 오전 6시에서 오후 2시, 2조가 오후 2시에서 오후 10시, 3조가 오후 10시에서 다음날 오전 6시까지로, 근무시간 가운데 식사 시간(35분), 휴식 시간 2회(10분씩)를 제외하면 작업 시간은 7시간이다. …… 노동자들은 무리한 생산량 강요, 특근, 잔업 강요, 청소, 조회 시간 연장 같은 부당한 노동 강요에 불만이 많았다. 휴일 특근이 많지는 않았으나 거의 강제였으며 생산량에 쫓긴 나머지 식사 시간에도 현미경 앞에 붙어 앉아 일을 하는 노동자가 많았다. 노조가 생기기 전에는 생산량 미달, 특근을 안 나왔다는 이유로 퇴근 후 집에도 못 가고 심하게 추궁당하던 모습이 흔히 있었다(유경순, 2007: 54).

대부분의 노동자들에게 '자기' 시간은커녕 휴식 시간조차 주어지지 않았다. 1970년대 중반 봉제공장 시다의 일과표를 보면, 오전 8시 출근 이후 점심 식사까지 휴식은 전무했다. 점심 식사 후 오후의 일과 패턴도 마찬가지였다. 저녁 식사 이후 초야업은 보통 밤 10시까지였다. 초야업은 빈번했으며 밤샘 특근도 부지기수였다(김귀옥, 2004: 25). 이와 같은 노동시간표가 봉제공장 시다에게만 국한된 것은 아니었다. 1970년대 자동차 공장 노동자의 일과 여가에 대해 분석한 정승국(2005: 22)의 연구에 따르면, 기본 3시간 연장근로가 많았기에 귀가 시간은 보통 밤 10시 이후였으며, 토요일의 경우에도 정상 근무 후의 귀가 시간은 저녁 8시 내지 9시 정도였다고 보고한다.

4. 산업역군은 강요된 희생

작업량이 많은 경우에는 점심시간에 대한 권리도 자주 묵살되곤 했다. 원풍모방 해고노동자 복직투쟁위원회(1987: 23)의 기록에 따르면, "작업량이 많아져 점심시간도 없이 작업을 시켰으므로 조합원들이 이에 항의하며 식사 시간만이라도 쉬게 해달라고 요구하자 회사 측에서는 쉬고 싶으면 회사를 그만두라고 협박해 건의를 묵살시키기도 했다". 자동차 업체의 한 노동자는 다음과 같이 구술한다. "잔업을 못 할 때에는 대부분 작업 중에 반장을 찾아가 사정을 이야기하지만, 안 들어줄 때도 있었다"(정승국, 2004: 364). 이와 같이 해고 위협이나 물리적 제재를 통한 통제가 여러 층위에서 발휘되었다. 다시 말해, 작업자가 결근하거나 연장근로를 거부할 경우 직접적인 통제가 가해졌다는 점에서 연장근로의 거부는 노동자의 권리가 될 수 없었다.

이상과 같은 작업장 규율은 국가와 자본의 강력한 통제를 통해 구조화되었다. 당시의 노동통제 전략은 노동자들에 대한 국가·자본의 철저한 감독과 강압적인 위협에 기초한 관리 형태(직접적 통제) 또는 노동과정에 직접 개입해 노동자들의 작업에 대해 인격적인 제재를 가하는 형태(단순 통제), 통제력이 위로부터 일방적으로 행사되는 형태(강제적 통제)를 띠고 있었다(박상언, 1992: 67~83; 정승국, 2004: 361).[10)]

원풍모방 해고노동자 복직투쟁위원회가 기록한 회사의 탄압 방식들을 살펴

10) 직접적 통제, 단순 통제, 강제적 통제가 모든 작업장에서 일률적으로 나타났다고 보는 것은 아니다. 노동자의 간파, 저항, 투쟁은 일상적으로 또는 미시적으로 때로는 공식적으로 또는 폭발적으로 표출되기 때문이다. 향후의 연구에서는 노동시간을 둘러싼 투쟁에 대해 '일상'이라는 전망을 통해 노동자들의 삶 속에 침잠되어 있던 발전주의적 요소와 노동자들의 (일상적) 저항이 어떻게 상호 모순적으로 갈등·접합하면서 표출되었는지를 살펴야 할 것이다. '일상'이라는 전망은 저항적인 노동자도 비정치적인 노동자도 산업화 시기 국가주도적 통제의 '시대 경험'으로부터 결코 자유로울 수 없었다는 점을 보여준다(김원, 2006). 우리네 일상은 '가혹했던 장시간 노동' 체제에 저항하느냐 혹은 침묵하느냐 하는 이분화된 가정과는 거리가 멀다.

보면, 회사의 탄압이 초반기에는 노조 반대나 노조 탈퇴 강요 같은 간접적 통제 형태였다면, 이후에는 해고 위협뿐만 아니라 물리력을 이용한 폭력, 납치 등 노동자의 인권을 유린하는 직접적인 탄압의 양상으로 변해갔다(유경순, 2007: 126). 이와 관련해 아래의 인용문은 반장이나 중간관리자의 횡포나 사측의 해고 위협에 노동자들이 장시간 노동의 굴레에 예속될 수밖에 없었던 상황을 간접적으로 보여준다.

> 당시의 작업 시간은 12시간씩 2교대제였는데 22시간씩 근무하기도 했다. 양성 기간은 6개월이었으며 호봉은 A, B, C, D급으로 구분해 임금의 차이를 두고 인상하곤 했다. 또 담임과 반장 등이 호봉 급수를 결정하기 때문에 그 권한이 대단하여 화장실도 허가를 받아야 갈 수가 있을 정도였으며 일요일에도 의무적으로 근무해야만 했다. 그럼에도 불구하고 담임이나 반장의 횡포에 대하여 아무도 이의를 제기하지 못했고 혹 이의를 제기한 사람은 얼마 못 견디고 스스로 퇴사하기 일쑤였다. 회사를 떠나는 사람들은 대한모방이나 동광모방으로 옮겨갔다(원풍모방 해고노동자 복직투쟁위원회, 1987: 23).

노동자들의 요구, 이를테면 인간다운 대우와 노동조건 개선 등에 대한 책임 회피는 물론 사측의 노동자들에 대한 폭행이 일상적이고 다반사였다. 노동자들에게 회사의 사장은 복종하지 않는 자식에 대해 자의적인 폭력을 행사하는 비정한 가부장적 아버지였던 것이다. '공장을 가정처럼', '사장은 아버지처럼', '모범근로자' 등은 동원을 위한 수사에 불과했지 노동자를 위한 것은 아니었다. 착취를 합리화하는 문화 이데올로기인 것이다(김원, 2002; Shibata, 2012: 27~31).

> '탄원서에 서명한 년들 다 나오라'고 하면서 하나씩 끌어낸다. …… 5명의 기사들이 밀며 던지며 10명 정도가 한 사람씩 받아서 실랑이를 하다가 기름 묻은 면장갑으로 얼굴을 훑어댄다. …… 탈의실에 와보니 온몸이 멍투성이가 되었고 얼굴은 가렵고 따가웠다(순점순, 1984: 126).

8시간을 하고 퇴근을 하려 해도 문을 밖에서 잠그고 안에서는 남자 기사들이 퇴근하려는 사람들을 밀치고 협박했다. …… 끌려나오는 사이에 어떻게 되었는지 정신을 잃게 되었다(순점순, 1984: 154).

회사는 임금 인상이나 노동시간 단축 등 노동자들의 요구에 대해 받아들이는 척하다가 다시 원점으로 되돌리기 일쑤였다. 또한 "여러분이 원하는 8시간 노동제를 시켜주겠다. 그러나 지금은 안 되고 불황을 넘기고 하자." "잘살기 위해 10년만 꾹 참자"라는 위기론과 희생을 요구하는 마조히즘 방식의 회유론만 반복했다. "경제성장이 무엇보다 중요하기에 '그때'까지는 모든 것을 참고 노력해야 하고 불평불만은 사회 혼란을 조장하고 경제성장을 저해할 뿐이며 중단 없는 전진을 위해 개인적 이기심으로부터 벗어나야 한다"는 것이다(배규한, 1986: 107). 위기론, 희생 담론, 선성장 후분배론, 노사협조주의는 자본의 전형적인 논리였다. 국가의 발전·성장 논리와 크게 다르지 않았다.

창립 35주년이 다 가도록 근로기준법을 무시해가며 12시간 장시간 노동과 18시간 곱빼기 노동 그리고 일요일마저 없이 7부제 도급제에다가 휴식 시간마저 스스로 주지 않았던 한 가닥 양심도 없는 회사는 이제 생산부장(진중배)만을 내세워 언젠가는 해주겠다, 불황을 넘기고 보자는 둥 너무도 성의 없는 태도를 보였지만 우리 노동자들은 그런 수법에 여러 번 속은 터라 이제는 저들의 마음속까지 훤히 들여다보이는 것 같은 느낌마저 들었다. 회사는 언제든지 아무렇게나 우리들에게 약속을 했고 그 약속이야 지켜지든 안 지켜지든 아무런 문제도 되지 않고 근로자는 회사의 어떤 조그마한 사칙이라도 위반을 하게 되면 그것은 여지없이 반성문이다, 시말서다 하는 중벌로써 다스려진다(순점순, 1984: 80~81).

직접적 통제 이외에도 저임금-장시간 노동을 당연시하는 담론들이 대거 동원되었다. 공장새마을운동 및 새마음운동은 장시간 노동의 인내를 국가 발전이나 국가 안보, 충·효와 동일시하면서, 노동자의 계급적 이해를 '국가적인 것'으로 환치시켰다. 회사 및 고용주는 국민과 국가 사이의 관계를 '가족 관계'로 의인화한 담론을 그대로 작업장에 차용했다. 국민의 권리에 앞서 조국의 근대화가 우선해야만 한다는 국가주의 논리와 마찬가지로, 회사의 생산성·경쟁력 향상은 노동자, 노동조건, 노동자의 삶에 앞선다는 것이었다(김원, 2002: 392). 노동자들은 국가·자본의 성장과 발전을 위해 불평등한 현실을 '감내할' 줄 아는 존재가 되어야 했다. 이러한 감내 메커니즘, 희생 논리는 공장새마을운동의 일환으로 출간된 모범근로자의 수기 속에서 반복적으로 계열화되는 것들이다. 이뿐만 아니라 다음 인용문에서 보듯이, 국가의 언표, 공장새마을운동의 언표, 새마음운동의 언표가 상호 교차하면서 감내·희생이데올로기를 강화하고 있었음을 확인할 수 있다.

> 개인의 성장 발전에 대한 욕구 충족도 내 나라 발전이란 연장 위에서 그 참된 의의를 찾아나가야 할 것이다. 이것이야말로 국력 신장의 지름길이요 저변을 다져나가는 중요한 계기가 되는 것이다(이동우 외, 1983: 68).

> '회사'를 잘되게 하는 것은 결코 남을 위한 것이 아니다. 그것은 바로 '나'와 '우리'를 위하는 것이다. 나는 기회 있을 때마다 동료들에게 이런 점을 강조했다. …… 나는 군대 생활에서 이미 익힌 새마을운동으로 나의 역할을 응집시킬 수 있다고 판단하고, 회사의 적극적인 지원 아래 우선 새마을지도자 교육, 품질관리 교육 등을 받아 소양을 기르는 한편 현장 작업자들과의 관계를 더욱 두터이 하는 데 열성을 기울였다(삼양통상 조성근의 수기 중에서; 새마을운동중앙본부·공장새마을운동추진본부, 1983: 40~41).

> 국가가 잘되는 것은 결국 내가 잘되는 것이며 민족이 잘되는 것도 결국은 내가 잘되는 것이며, 국가를 위해서 희생을 하고 봉사를 하는 것은 크게 따지면 내 개인을 위해 봉사하는 것이고 우리 자손을 위해서 희생하는 것이다. 그렇기 때문에 우리가 국가를 위해서 충성을 하는 것은 미덕이다. 가장 보람 있는 일이다(대통령비

서실, 1971: 50).

충忠은 누구에게나 적용되는 진리 …… 국가가 있고 나서 나도 있을 수 있다. …… 종업원이 자신의 모든 할 일을 정성으로 한다면 자연 그 공장을 마치 자신의 집과 같이 생각하여 제품 하나하나에 모든 성의를 다할 것!(박근혜가 1979년 펴낸 『새마음의 길』이란 소책자 중 '충'에 대한 내용; 김원, 2002: 395에서 재인용)

공장새마을운동은 내게 주어진 사명: 나는 84년 끝내 쓰러지고 말았다. 연 3일간 코에서 피가 쏟아지더니 자리에 눕는 신세가 되었다. 그러나 몸은 병원에 있으면서도 마음은 언제나 회사에 있었다. 아내는 "맡은 일만 하면 되지, 젊은 사람도 하기 힘든 일을 왜 자청해서 고생이냐"며 눈물을 흘렸지만, 나는 "내 한 사람을 위한 일이 아니라 회사를 위하고 나라를 위하는 길"임을 이해시키려고 애썼다(대한조선공사 안대식의 수기 중에서; 새마을운동중앙본부·공장새마을운동추진본부, 1984: 9~12).

이와 같은 국가주의·가족주의 담론의 내용들은 노동자들을 산업혁명의 주인공인 양 치켜세우지만 실제로는 노동자들의 인내심, 진취성, 향학열 등으로 포장해 조국근대화 논리를 강화했다(김원, 2002: 192~193). 『공장새마을운동 우수성공사례』(1983, 1984, 1989)에 재현된 이상적 노동자상을 보면, 노동자들은 공장새마을 분임조 활동을 통해 '잉꼬처럼' '화합', '협동', '우애'를 바탕으로 열악한 환경 속에서도 '오뚜기처럼' '불굴의 의지'를 발휘해 '산업역군', '산업전사'로 다시 태어나도록 반복적으로 형상화된다. 구소련 시기 주조된 스타하노프주의가 기록적인 성과를 올린 노동자에게 스타하노프 운동원이라는 칭호를 부여한 것처럼! 이와 같이 우리는 산업화 시기에 노동자들이 가족과 생계를 위해 저임금과 열악한 노동조건을 '감내'하고 자신의 꿈이나 희망을 '희생'하는 것을 당연시함으로써 그들을 산업전사로 형상화하는 '규범화하는 담론'이 대대적으로 구사됐다는 사실을 어렵지 않게 확인할 수 있다. 한국 경제를 '주식회사체제'라고 천명하고 다녔던 당시 경제수석비서관인 오원철은 여성 노동자의 특징을 아래와 같이 기술하고 있다.

> 1. 당시의 여공들은 진취적이었다. 15~16세의 어린 나이에도 불구하고 미지의 세계에 뛰어드는 용기가 있었다. 2. 인내심이 강했다. 고된 일도 마다하지 않았고 매일 반복되는 지루한 일을 하루 10여 시간 일했다. 3. 향학심이 강했다. …… 눈이 좋아 장시간 미세한 작업을 해도 피로가 적었다. 4. 가족을 위해 희생할 줄 알았다. 5. 국가나 회사에서 설정한 목표량(수출량)을 달성하는 데 스스로 노력을 했다. 대부분의 여공들은 자기 직장에 만족했고, 보수에도 불평이 없었다(오원철, 1999).

국가·자본의 억압적인 노동통제는 작업장의 중간관리자를 통해 노골화됐다. '인간적인 대우'에 대한 요구는 중간관리자들에 의해 쉽게 무너지곤 했다. 노동자들이 작업장에서 느끼는 가장 큰 불만 가운데 하나는 관리자들의 비인간적 태도였다. 관리자들은 노동자들을 오직 '이용할 대상물'로만 다뤘다. 그렇기에 반장의 욕설, 화풀이, 언성 높이기, 구타 등의 폭력은 다반사였다. 노동자들의 인간적 환멸은 저임금이나 장시간 노동 같은 객관적인 요소에서뿐만 아니라 이러한 관계적 요소에서 비롯되는 측면이 강했다. 구로동맹파업 당시 한 노보에 실린 다음의 글을 통해 중간관리자의 억압적 통제에 대한 노동자들의 '비참한' 기분을 간접적으로 파악할 수 있다.

> 우리의 사회생활에서 대부분을 차지하는 것이 직장생활일 것이다. 따라서 직장, 더 좁혀서 말하면 작업하는 현장 분위기는 매우 중요하다. 현장 분위기가 우리 사회생활의 질을 좌우하는 것이다. 그런데 우리 회사는 3교대에다 공장도 3개나 되어 라인마다 현장 분위기가 다른 것 같다. 어떤 라인에서는 항상 관리자의 큰소리가 현장 안을 울리고 반장은 지나친 간섭을 하는가 하면 심한 경우에는 '싸가지 없는 가시내', '임마 이리와', '니가 뭔데' 같은 저속한 말도 오가서 정말 비참한 기분이 들어 일할 마음이 싹 가시기도 한다. 아랫사람이라고 해서 함부로 언성을 높

이고 반말을 쓴다거나 자기 화풀이나 한다면, 말하는 사람 스스로의 인격을 내보이는 것밖에 되지 않을 것이다. 그러나 또 반면에 어떤 라인에서는 위 상사가 웃는 얼굴로 듣는 사람 쪽에서 자발적 성의가 생기도록 분위기를 조성하고 있다. 굳이 '왜 꼭 토요일에 결혼식을 해야 하나', '이유가 타당치 않으니 휴가를 못 내주겠다'는 억측보다는 우리의 권리로 버젓이 나와 있는 휴가, 당연히 찾아 사용할 수 있지만 '생산관리상 차질이 있으니 조금만 양보해달라'고 하는 것이 이치에도 맞고 듣는 쪽에서도 수긍이 가지 않겠는가. 오가는 말씨뿐만 아니라 요사이 많이 사용되고 있는 경위서도 현장 분위기를 무겁고 딱딱하게 하고 있는 것 같다(유경순, 2007: 55).

5. 발전주의적 시간통치

지금까지의 논의에 비추어볼 때, 발전국가 시기 시간권리는 싹트기 어려웠다고 해도 과언이 아니다. 노동 이외의 자유 시간은 생계유지에 완전히 종속되었을 뿐만 아니라 국가와 자본의 물리적·이데올로기적 통제장치를 통해 쉽사리 억압했기 때문이다. 이를테면 회사는 노동자들에 대한 통제 담론을 동원해 노동자들의 외출 금지를 강제하기도 했다. 1970년대 '모범근로자'의 일상생활과 의식에 대한 김준(2002: 90~91)의 분석을 참고하면 '첫째, 공장 밖은 위험하다. 둘째, 휴일에 밖으로 나가는 것은 노동자들의 탈선을 부추긴다'고 여겼다.[11] 15~16시간을 상회하기 예사인 장시간 노동으로 인해 거의 여가 시간을 갖기 힘들었던 상황에서 유일한 탈출은 1주일 또는 2주일에 한 번 있는 휴일 외출에 불과했다.

휴가의 양은 극도로 낮은 수준에 머물렀으며 단지 노동을 위한 '피로 회복'

11) 박정희 정권은 기존 부녀 보호 정책을 유명무실화하는 동시에, 여성 노동자와 같은 공적 영역에 진출한 여성을 '잠재적 윤락 여성'인 '요보호 여성'으로 간주했다(김원, 2004: 114).

도구에 지나지 않았다. 대부분의 노동자는 노동력의 재생산에 필요한 최소한의 조건조차 보장받지 못했다. 한 예로 1975년 전국자동차노조의 '유급휴가제' 조사에 따르면, 연월차 유급휴가가 '있다'고 응답한 비율은 22.4%에 그쳤으며 연월차수당을 지급하는 경우는 0.6%에 불과했다. 생리휴가의 경우도 18.9%만이 '있다'고 응답했다(이태호, 1984: 68). 물론 성, 연령, 지위, 기업 규모, 산업 특성 등에 따라 다른 양상을 보일 수는 있겠지만, 대부분의 노동자는 이러한 궁핍한 시대 경험으로부터 자유로울 수는 없었다. 노동자들에게 하루 12시간 노동하는 것이 '희망사항'일 정도로 14시간·곱빼기 노동이 횡행했고 주말은 현재와 같은 보편적인 휴일이 아니었다. 유급휴가는 말할 것도 없거니와 유급휴일조차 부재한 상황임을 확인할 수 있다.

발전과 성장을 모토로 했던 국가의 논리는 모든 영역에 여과 없이 관철되었다. 여기서 발전은 국가를 주어로 한 발전이라는 의미를 갖는다. 성장 위주의 발전모델을 강도 높게 조직했던 국가는 저임금체계를 유지하고 장시간 노동을 강제하는 데 적극 개입했다. 이뿐만 아니라 발전국가형 노동 윤리를 재주조하는 데에도 필사적이었다.

공장새마을운동은 동원·통제의 전형이었다. 조국근대화라는 경제적 목적을 달성하기 위해 노동자들을 동원한 캠페인이자 유신체제 안정을 위해 노동자계급을 탈정치화한 정치적 도구였다. 전경련, 경총, 상공회의소 등을 비롯한 자본가 단체 및 기업들 또한 국가주도의 동원·통제 장치를 적극적으로 활용했다. 국가와 자본은 전방위적인 통제 담론을 구사함으로써 작업장 구석구석까지 침투해 정치적 탈동원화와 경제적 동원화를 꾀할 수 있었다.

공장새마을운동은 근면함이라는 새로운 품행을 주조해나갔다. 게으름-나태-이기심-음주 도박-빈곤-무질서-국가 위기 등의 계열을 근면-자조-협동-산업전사-잘 살아보세-경제 발전 등과 같은 계열의 적으로 설정하는 담론을 전개했다. 전자는 악, 후자는 선으로 형상화되었다. 근면함을 주조해내기 위해 공장새마을운동은 노동자의 노동세계는 물론 생활세계까지 '다시 태어날' 것을 강제했다. 물론 여기서의 근면은 조국근대화에 부합하는 근면한 습관을 의미했다. 노동자들을 수출역군으로 치켜세우는 동시에 장시간 노동을 '감내'하도록 유도한 발전·성장 체제의 이데올로기였다.

발전과 성장에 부합하는 근면·자조·협동 이외에 나머지 요소들은 가차 없이 '비기능적인' 것으로 통제·제거되어야 했다. 이를 위해서 국가·자본의 물리적, 이데올로기적 통제가 수반되었다. 한편으로는 조국근대화, 산업역군, 모범근로자, '잘 살아보세', '근면=잘삶' 등의 수사를 통해 동원을 극대화하고, 다른 한편으로는 단체교섭권·단체행동권 박탈, 해고 위협, 정화조치 등을 통해 발전국가의 이해에 부합하지 않는 것들을 철저히 배제했다. '잠자는 시간'을 제외한 나머지 자유 시간, 여가 시간, 가족 시간 등은 생산을 위한 시간으로 모조리 전환되도록 요구받았다. 초야업, 심야업은 '조국이 요구하는 성실한 산업역군'에게 당연시되는 임무로 여겨졌다. 공장새마을운동의 수많은 프로그램들은 발전국가가 요구하는 인간형, 즉 '산업역군'을 만들려는 미시장치들이었다. 발전주의적 시간통치의 유물은 현재에도 해체되지 않고 신자유주의적 성과 장치들과 결합해 우리의 일상에 파고들고 있다.

참고문헌

강석재. 2002. 「조선산업 대기업의 작업장 체제와 노사관계의 변화」. 연세대학교 대학원 박사학위논문.

고원. 2006. 「박정희 정권 시기 농촌새마을운동과 근대적 국민만들기」. ≪경제와 사회≫, 69: 178~201.

고준석. 1989. 박기철 옮김. 『한국경제사: 1876~1979』. 동녘.

공업진흥청. 1981. 『공업표준화 20년사』. 공업진흥청.

구해근. 2002. 『한국노동계급의 형성』. 창작과 비평사.

김경필. 2017. 「한국 재벌의 자본축적전략 분석에 관한 연구」. 고려대학교 대학원 박사학위논문.

김귀옥. 2004. 「1960~70년대 의류봉제업 노동자 형성 과정」. ≪경제와 사회≫, 61: 10~41.

김삼수. 2003. 「박정희시대의 노동정책과 노사관계」. 『개발독재와 박정희시대』. 창비.

김신명. 2000. 「한국 발전국가 시기 산업화의 정치경제」. ≪연세사회과학연구≫, 6: 53~81.

김원. 2002. 「여공담론의 남성주의 비판」. 서강대학교 대학원 박사학위논문.

_____. 2004.「70년대 '여공'의 문화: 민주노조 작업장의 기숙사와 소모임 문화를 중심으로」. ≪페미니즘 연구≫, 4(1): 101~148.
_____. 2006.「한국 산업화 시기 여성 노동자의 '일상': 가족, 국가 그리고 젠더를 중심으로」.『일상사로 보는 한국근현대사』. 책과 함께.
김정훈. 1999.「남북한 지배 담론의 민족주의 비교 연구」. 연세대학교 대학원 박사학위논문.
김준. 2002.「1970년대 여성 노동자의 일상생활과 의식: 이른바 '모범근로자'를 중심으로」. ≪역사연구≫, 10: 53~99.
김철규. 2003.『한국의 자본주의 발전과 사회변동』. 고려대학교출판부.
김형기. 1988.『한국의 독점자본과 임노동』. 까치.
김혜숙. 1979.「오늘이 있기까지」. ≪노동≫, 3월호.
노중기. 1997.「한국의 노동정치체제 변동 1987~1997」. ≪경제와 사회≫, 36: 128~156.
대통령비서실. 1971.『박정희대통령연설문집』.
대한상공회의소·공장새마을운동추진본부. 1989a.『90년대 공장새마을운동』.
_____. 1989b,『공장새마을운동 우수성공사례』.
_____. 1989c.『한국기업의 경영전략』.
듀발, 레이몬드(R. Duvall)·존 프리만(J. Freeman). 1984.「국가와 종속적 자본주의」. 정진상 편역.『주변부 사회구성체와 국가』. 한울.
라이히, 빌헬름(W. Reich). 2006.『파시즘의 대중심리』. 황선길 옮김. 그린비.
박상언. 1992.「한국 대기업에 있어서 인사·노무관리 전략의 역사적 변화에 관한 연구: 1970~1990」. 연세대학교 대학원 박사학위논문.
박준식. 1996.『생산의 정치와 작업장 민주주의』. 한울.
박진도·한도현. 1999.「새마을운동과 유신체제」. ≪역사비평≫, 47: 37~80.
박형신. 1995.『정치위기의 사회학』. 한울아카데미.
배규한. 1986.「한국의 경제성장과 경영이데올로기」. ≪한국사회학≫, 20(2): 99~112.
새마을운동중앙본부·공장새마을운동추진본부. 1983.『공장새마을운동 우수성공사례』.
_____. 1984.『공장새마을운동 우수성공사례』.
서익진. 2003.「한국 산업화의 발전양식」. 이병천 엮음.『개발독재와 박정희시대』. 창비.
석정남. 1984.『공장의 불빛』. 일월서각.
송재복. 1989.「한국 산업화과정에서의 국가역할에 관한 연구」. ≪한국행정학보≫, 23(2): 873~889.
순점순. 1984.『8시간 노동을 위하여: 해태제과 여성 노동자들의 투쟁 기록』. 풀빛.
신원철. 2003.「경영혁신으로서의 공장새마을운동」. ≪산업노동연구≫, 9(2): 353~381.
신철영. 2008.「영등포산업선교회와 나」. ≪내일을 여는 역사≫, 34.
암스덴, 앨리스(A. Amsden). 1990. 이근달 옮김.『아시아의 다음 거인』. 시사영어사.
오원철. 1999.「수출전략의 입안자가 쓴 20세기 한국의 위대한 세대」. ≪월간조선≫, 12월호.

원풍모방 해고노동자 복직투쟁위원회. 1987. 『민주노조 10년』. 풀빛.
유경순. 2007. 『아름다운 연대: 들불처럼 타오른 1985년 구로동맹파업』. 메이데이.
윤상우. 2002. 「동아시아 발전국가의 위기와 재편: 한국과 대만 비교연구」. 고려대학교 대학원 사회학과 박사학위논문.
이동우 외. 1983. 『공장새마을운동』. 새마을운동중앙본부·공장새마을운동추진본부.
이병천. 2003. 「개발독재의 정치경제학과 한국의 경험」. 『개발독재와 박정희시대』. 창비.
이병희. 1997. 「한국 제조 대기업에서 노동규율 메커니즘의 특징」. ≪경제와 사회≫, 33: 239~257.
이진경. 1997. 『근대적 시공간의 탄생』. 푸른숲.
이태호. 1984. 『불꽃이여 이 어둠을 밝혀라』. 돌베개.
임송자. 2010. 「1970년대 한국노총의 공장새마을운동 전개양상과 특징」. ≪한국근현대사연구≫, 52: 181~218.
임현진·김병국. 1991. 「노동의 좌절, 배반된 민주화: 국가-자본-노동관계의 한국적 현실」, ≪계간 사상≫, 11: 109~168.
장홍근. 1999. 「한국 노동 체제의 전환과정에 관한 연구」. 서울대학교 대학원 박사학위논문.
전재호. 1997. 「박정희 체제의 민족주의 연구: 담론과 정책을 중심으로」. 서강대학교 대학원 박사학위논문.
정승국. 2004. 「70년대 자동차 기업의 작업장 저항에 대한 연구」. ≪산업노동연구≫, 10(2): 351~377.
정승국. 2005. 「여가 없는 노동?」. ≪경제와 사회≫, 68: 12~43.
정현백. 1991. 「여성 노동자의 의식과 노동 세계: 1970년대의 노동수기 분석을 중심으로」. 『노동운동과 노동자문화』. 한길사.
조영래. 2001. 『전태일평전』. 돌베개.
조현범. 2003. 「일요일의 종교사」. ≪종교연구≫, 32: 211~239.
조효래. 1997. 「1987년 이후 노사관계의 변화」. ≪경제와 사회≫, 34: 50~80.
지주형. 2016. 「한국의 발전국가와 신자유주의 국가: 역사적 변동과 형태분석」. ≪인문논총≫, 41: 219~261.
진중권. 2003. 「죽은 독재자의 사회」. 이병천 엮음. 『개발독재와 박정희시대』. 창비.
최장집. 1997. 『한국의 노동운동과 국가』. 나남.
카스텔, 마뉴엘(M. Castells). 2003. 이종삼 옮김. 『밀레니엄의 종언』. 한울.

Haggard, Stephan. 1990. *Pathways from the Periphery: The Politics of State Growth in the Newly Industrializing Countries*. Ithaca: Cornell University Press.
Jonson, Chalmers. 1987. *The Political Economy of the New Asian Industrialism*. Ithaca: Cornell University Press.
Moon, Chung-in. 1994. "Changing Patterns of Business-Government Relations in South Korea."

in *Business and Government in Industrialising Asia*. A. MacIntyre(ed.). Ithaca: Cornell University Press, pp. 142~166.

Shibata, Yohio. 2012. "Governing employees: A Foucauldian analysis of deaths from overwork in Japan." *Global Asia Journal*, 12.

Wade, Robert. 1990. *Governing the Market*. Princeton: Princeton University Press.

제2부

거대한 전환

제4장

한국의 발전국가와 신자유주의 국가*

역사적 변동과 형태분석

지주형

1. 서론

2008년 금융위기 이후 한국 경제는 막대한 경상수지 흑자, 그리고 대기업과 금융권의 수익 확대 등 한동안 북미나 유럽에 비해 매우 양호한 상태를 유지해 왔다. 그러나 다른 한편 국민 대다수의 삶에 직접 영향을 미치는 가계와 내수 등의 상태는 개선되지 않았다. 이는 IMF 위기 이후로 심화된 대기업-중소기업, 정규직-비정규직 사이의 사회경제적 양극화, 그리고 가계부채 증가가 2008년 금융위기 이후 부동산 거품 붕괴와 맞물려 구매력 하락과 내수 침체를 일으켰기 때문이다. 이에 더해 최근에는 수출경기가 위축되고 가계부채가 한계에 도달하면서, 대기업과 금융권의 수익성도 악화되고 울산, 포항, 거제, 창원 등 수출지향형 산업도시는 급격한 경기후퇴를 겪고 있다. 이에 대해 박근혜 정부는 2011~2012년에 약속했던 경제민주화와 사회복지 확대 대신에 해고와 구조조

* 이 글은 경남대학교 인문과학연구소가 발간하는 ≪인문논총≫ 제41집(2016)에 발표했던 논문을 수정한 것이다.

정으로 대응하려는 모습을 보였다.

위기에 구조조정과 해고로 대응하려는 정부의 모습은 1997년 IMF 위기 당시의 정부의 모습을 연상케 한다. 산업의 질적 경쟁력 강화나 고용확대보다는 산업 생산능력을 처분하고 금전적 손실을 최소화하려는 모습 말이다. 산업논리에 대한 금융논리의 우위야말로 신자유주의의 전형적인 모습 중의 하나로 비록 아직 과거 발전국가의 잔재가 상당히 남아 있음에도 한국 국가의 신자유주의적 성격을 잘 드러내주고 있다. 한국의 신자유주의화를 주도한 것은 국내외적 환경의 변화 속에서 발전국가적 개입양식을 폐기하고 신자유주의적 경제제도를 적극적으로 도입한 국가였다. 다시 말해 한국의 국가는 신자유주의적 자본축적을 뒷받침하는 방향으로 그 제도적, 전략적 형태가 변화했다.

그럼에도 한국 신자유주의 국가의 성격 및 형태에 대한 본격적인 논의는 매우 부족하다. 그 이유는 다음과 같다.

첫째, 그간 한국의 국가에 대한 논의가 고도성장을 가능하게 했던 기제, 즉 발전국가 또는 개발국가developmental state를 중심으로 이루어져 왔기 때문이다. 발전국가적 분석틀은 그것이 본래 다원주의와 시장주의에 대한 비판으로 제시되었기 때문에 국가 자율성과 국가 개입을 기준으로 국가 성격을 파악하는 경향이 있다. 그 결과 발전국가론의 영향을 받은 논의들은 1997년 위기 이후 한국의 국가가 급속히 신자유주의화했음에도 지속되는 국가의 경제 및 산업부문 개입을 근거로 발전국가적 성격을 강조함으로써 근본적으로 변화된 국가 현실을 충분히 반영하지 못하는 경향이 있다. 이는 암묵적으로 정치와 경제, 그리고 국가와 시장을 분리시키고 제로섬의 관계로 대립시키는 이분법적 틀에 갇혀 있기 때문이다. 더구나 1997년 위기 이후 한국 국가의 신자유주의화를 인정하는 논자들도 대부분 발전국가론의 분석틀 속에서 논의를 전개하여 한국의 신자유주의 국가에 대한 분석을 진전시키는 데 한계를 보인다. 즉, 한국의 국가가 발전국가인지 아닌지, 또는 신자유주의인지 아닌지와 같은 성격 규정이 주된 문제가 됨으로써 신자유주의 국가의 특성에 대한 보다 상세하고 구체적인 논의를 진전시키지 못한 것이다.

둘째, 1997년 위기 이후 사회복지제도의 확대가 이뤄짐에 따라 한국 국가의 성격을 복지국가론의 관점에서 논하는 흐름이 있다(예를 들면 성경륭, 2002; 김연명, 2002). 그러나 이는 국가의 한 측면에 집중한 논쟁으로서 국가의 전반적 성격에 대해서 조망하는 데는 한계가 컸다. 복지지출 확대로 한국이 복지국가로 전환되었다는 주장은 복지국가를 복지지출 금액으로 축소시키는 매우 단순한 분석이다. 복지의 확대는 신자유주의 구조조정의 한 부분이며, 예를 들면 '사회적 안전망'은 IMF 구제금융조건의 일부였다. 더구나 사회복지 지출은 OECD에서 최하위권이고 복지는 기본권이라기보다는 선별적 시혜로 간주되고 있다. 또한 이러한 논의 틀 속에서는 신자유주의 국가에 대한 분석도 복지국가론을 비판하기 위한 맥락에서 소극적으로 주장됨으로써 본격적인 분석으로 나아가지 못한다. 예를 들면, 신자유주의 국가에 대한 언급은 사회복지의 확대가 IMF 위기관리 및 신자유주의적 개혁이라는 맥락 속에서 개혁을 촉진하고 사회적, 정치적 위기의 폭발을 막기 위한 최소한의 조치에 불과했다는 주장(신동면, 2001; 손호철, 2005)에서 발견될 뿐이다.

그 결과 IMF 위기 이후의 한국 국가에 대한 논의에서는 자본주의적 관계를 포함하는 폭넓은 사회적 세력관계, 국가장치, 대의제, 개입양식 등 국가 형태의 여러 측면에 대한 논의는 사실상 찾아보기 힘들다. 그러므로 이 글은 국가-시장의 이분법과 국가중심주의를 극복하고 1997년 위기 이후 신자유주의화된 한국 국가의 형태적 특성을 고찰하는 것을 목적으로 한다. 이러한 관점에서 이 글은 특히 다음과 같은 세 가지 문제에 답하려고 한다. 첫째, 발전국가론적 분석·문제틀에 기초한 한국 국가에 대한 논의의 한계는 무엇인가? 둘째, 한국의 발전국가에 비해 신자유주의 국가는 어떤 형태를 취하고 있는가? 셋째, 한국 신자유주의 국가와 발전국가는 무엇이 다른가? 이러한 질문들에 대한 답을 통해 이 글은 현재의 위기 및 위기관리를 둘러싼 담론과 실천이 고려해야만 하는 신자유주의 국가라는 강력한 물질적·현실적 조건을 드러낼 것이다.

2. '포스트발전국가' 논쟁과 신자유주의 국가 분석

1) 포스트발전국가 논쟁

현재까지 1997년 이후의 한국 국가 또는 '포스트발전국가'에 대한 분석은 대개 국가 자율성과 국가개입 여부에 초점을 맞추고 있다. 이는 동아시아 발전국가론이라는 기존 연구의 경향을 반영하는 것이다. 발전국가론에 따르면 한국과 동아시아의 다른 후발 국가들은 국가주도의 후발산업화를 통해 급속히 발전했다. 자율적이고 합리적이고 내적으로 응집된 국가장치, 유능한 엘리트 관료들, 정책을 최종 조정/조율하는 선도기관[예를 들면 일본의 통산성(Johnson, 1982; 1999)]과 사적 부문과의 관계 속에서의 '배태된 국가 자율성embedded autonomy' 또는 '통치된 상호의존관계governed interdependence'를 기반으로 금융억압, 금융할당, 투자조정, 산업발전 계획, 유치산업 보호를 통해서 산업을 발전시킨 것이다(Evans, 1995: 12~13; Weiss, 1998: 38; Weiss and Hobson, 1995: 244). 이러한 정치사회적 맥락에서 발전국가는 금융억압 및 금융자원 배분, 투자조정과 산업계획, 유치산업 보호 등을 통해 산업화를 주도했다(Wade, 1990; cf. Chang, 2002). 한국은 '아시아의 다음 거인'이 될 것으로 예상되는 이러한 유형을 대표하는 국가였다(Amsden, 1989).

하지만 1997년 위기 이후의 한국은 중앙은행이 독립하고 상품 및 자본시장이 완전 개방되었으며 국가는 더 이상 투자조정과 산업계획을 하지 않는다. 이렇게 신자유주의적 정책의 도입을 통해 한국의 국가가 일정 정도 변화했다는 것에는 대략 모두가 동의하고 있다. 그럼에도 국가 성격에 대한 입장은 크게 세 가지로 나뉜다. 첫째는 신자유주의적 변화에도 불구하고 여전히 발전국가적 성격이 지속되고 있다는 "발전국가 지속론"이고, 둘째는 일부 잔재가 남아 있지만 발전국가는 소멸되고 신자유주의 국가로 전환되었다는 "발전국가 소멸론" 또는 신자유주의 국가론이며, 셋째는 아직 성격을 쉽게 규정하기 어려울 정도로 발전주의와 신자유주의의 성격이 혼재되어 있다는 것이다(박상영, 2015; cf. 허성우,

2011). 그러나 어떤 입장을 취하든 정치와 경제, 그리고 국가와 시장을 분리시키고 대립시키는 이분법적인 발전국가적 분석틀은 이 논쟁에 깊게 침투해 있다. 발전국가론적 분석틀에서 가장 중요한 것은 국가 자율성이다. 사회적 이해관계와 압력으로부터의 국가의 자율성은 산업을 발전시킬 수 있는 국가역량의 전제조건이자 가장 중요한 조건이다. 물론 국가역량은 국가 자율성뿐만 아니라 국가와 사회와의 긴밀한 연계와 파트너십에서 나온다(Evans, 1995; Weiss, 1998; Jayasuriya, 2005). 그러나 여기서도 열쇠는 국가의 주도권에 있다. 이는 국가가 (국제관계를 포함한) 사회에 포획되지 않고 절연insulation되어야 한다는 것을 함축한다(Weiss and Hobson, 1995: 239~242; cf. Skocpol, 1985). 즉, 발전국가란 사회의 이해관계와 영향력으로부터 자유로운 국가인 것이며, 사회에 포획되면 발전국가적 특성을 잃게 된다. 이는 결국 국가와 시장 사이에 분리와 대립의 이분법을 함축할 수밖에 없다. 그 결과 국가의 유형과 형태에 대한 분석이 국가의 사회경제적 개입 여부를 기준으로 단순화되는 경향이 있다. 이제 각각의 입장이 어떻게 그러한 문제에 빠지는지 살펴보자.

첫째, 일부 발전국가론자들은 신자유주의 개혁에도 불구하고 국가의 발전적 개입을 근거로 한국의 국가가 본질적으로 여전히 발전국가라고 주장한다. 산업정책의 형태는 바뀌었지만 정책결정과 실행패턴이 과거의 발전국가의 구조를 유지하고 있고, IT, 생명공학, 금융, 외국인직접투자FDI 등에서 산업발전과 변형을 위해 적극적으로 개입하고 있다는 것이다(Thurborn and Weiss, 2006; 임혜란, 2008: 27~29; 임혜란·이하나, 2009; Chu, 2009; Hundt, 2015: 467; Kalinowski, 2015: 255~260). 심지어 와이스L. Weiss는 지구화에도 불구하고 국가는 신자유주의화되지 않았다고 주장한다(Weiss, 2012). 왜냐하면 국가는 재정적 개입, 제도적 재규제, 기술발전에서 여전히 적극적인 역할을 하고 있기 때문이다. 그러나 국가의 적극적 개입, 개발/발전 의지, 발전적 산업정책, 또는 규제강화만으로는 발전국가냐 아니냐를 판단할 수 없다. 경제, 산업, 시장에 개입하지 않고 개발/발전을 추구하지 않는 근대 국가는 없기 때문이다. 국가 개입이나 통치가 없는 시장은 존재하지 않는다. 예를 들면, 미국과 영국과 같은 전형적인 신자유주의 국가도 적극적으로 경제·산업에 개입한다. 경제협력개발기구OECD: Organization for Economic Cooperation and Development의 회원 국가들은 그 이름처럼 모두 '경제적 협력과 개발(발전)'을 추구한다. 또한 서브프라임 위기 이전의 미국을 사례로 신자유주의는 탈규제보다는 재규제를 동반했다는 연구도 있다(Panitch and Konings, 2009). 즉, 사회에 착근되지embedded 않은 순수한 시장경제란 불가능하기 때문에 국가개입은 필수적인 것이다(Polanyi, 1957). 이러한 의미에서 발전국가의 본질이 자율적이고 효과적인 국가의 발전 노력에 있다고 생각하거나 성공적인 국가주도 발전 사례를 모두 발전주의적인 것으로 간주하는 것은 분석적 유용성을 상실할 정도로 발전국가의 개념을 지나치게 확대한다(Fine, 2013). 개념의 분석적 유용성을 유지하려면 발전국가와 신자유주의 국가를 나누는 기준을 국가의 개입이나 발전의지/정책 여부가 아니라 경제성장을 위한 국가 개입의 방식에서 찾아야 한다. 국가-시장의 이분법이 아닌 자본축적 또는 경제성장 방식의 관점에서 보면 역사적으로 실존한 동아시아 발전국가의 핵심은 단순히 국가주도나 개입이 아니라, 산업발전 또는 후발산업화를 위해 금융을 억압하고 국가주도로 투자, 생산, 배분을 조정하는 데 있다. 반면 신자유주의 국가는 '자유'를 명분으로 사적 재산권을 확장하고 금융에 대한 고삐를 풀고, 투자, 생산, 배분뿐만 아니라 통치의 권한을 '협치'라는 이름으로 민간/자본에게 이양한다(Harvey, 2005). 물론 한국에서 국가는 공적자금 투입을 통해 일시적으로 금융을 지배했지만 이러한 것은 위기관리를 위한 '비상조치'로서 발전국가의 일상적인 역할과는 거리가 있다(문돈·정진영, 2014: 140).

둘째, 발전국가 소멸론자들은 발전국가의 잔재가 남아 있음에도 한국의 국가가 더 이상 발전국가가 아니라 신자유주의 국가라고 주장한다. 문제는 이들 대부분도 역시 이분법적인 발전국가적 문제 틀 안에서 논의를 진행하는 동시에 국가의 성격 규정에 급급한 나머지 신자유주의 국가에 대한 본격적인 분석으로 나아가고 못하고 있다는 점이다. 먼저 장하준·정승일·이종태(2012)는 한국의 국가가 산업계획, 투자조정, 국내산업 보호 등으로부터 후퇴하고 초국적 금융자본에 한국 경제를 넘겼다고 비판하면서, 초국적 금융자본으로부터 재벌 경영권을 보호하는 대가로 재벌로부터 복지확대라는 대가를 얻어낼 것을 주장한다. 하지만 이는 재벌과 초국적 금융자본의 이해관계 일치와 협력 가능성을 경시할 뿐만 아니라, 신자유주의란 곧 국가 개입의 축소라는 이데올로기를 그대로 받아들이는 것이다. 한국의 국가가 산업발전 계획, 투자조정, 유치산업 보호에서 후퇴하고 성장이 둔화된 것은 사실이나 여러 가지 다른, 신자유주의적 개입을 통해 여전히 산업발전과 자본축적을 지원하고 있다는 것을 간과할 수 없다. 다음으로 문돈·정진영(2014: 142)은 "무역/투자/금융시스템의 자유화와 대외개방, 국제적 변수에 대한 높은 의존도, 국가의 시장에 대한 직접적 개입 축소, (국외와 국내를 포함한) 자본의 독자성과 지배력 강화, 규제완화 등 친기업정책의 실행, 제한적이고 소극적인 사회복지 시스템 운용, 노동유연화와 노동배제적 노사정책 등 본질적인 측면에서 신자유주의 체제가 포스트발전국가의 성격으로 가장 타당하다"라고 주장한다. 그들은 신자유주의적 경로의존성 속에서 규제국가를 가장 현실적인 대안 발전모델로 제시한다. 그런데 여기서 신자유주의 국가와 규제국가를 구별 짓는 것이 무엇인지는 상세히 논의되고 있지 않다. 신자유주의 국가, 규제국가, 사민주의, 절충형(이해관계자 자본주의) 모델, 발전국가, 신발전국가 모델을 통상정책(외환정책), 산업정책, 거시경제정책(화폐·재정), 경쟁정책(재벌규제), 복지정책, 노동정책을 기준으로 분류하고 있지만 왜 그러한 분류기준을 사용하는지는 분명하지 않다. 예를 들면, 신자유주의 국가와 규제국가의 구별은 경쟁정책, 복지정책, 노동정책의 유무에 달려 있는데 이는 논란의 여지가 있다. 왜냐하면 신자유주의 모델도 (확대)워싱턴컨센서스 등에서 보이듯이 경쟁촉진과 사회적 안전망 도입 등을 추구하고, 앞서 언급했듯이 재규제를 하기 때문이다(Davies, 2014; Beeson and Islam, 2005: 202; Panitch and Konings, 2009). 마지막으로 피리I. Pirie는 통화정책, 금융규제, 기업지배구조, 규제개혁, 산업정책, 공공서비스 조직, 노동시장규제 등의 측면에서 한국 신자유주의 국가의 특징을 분석하고 있다(Pirie, 2005, 2008). 하지만 그는 금융화를 포함한 한국의 신자유주의화를 초국적 금융자본과 재벌의 영향력 강화와 같은 사회적 세력관계의 변화, 그리고 금융적 이해관계와 계산의 확대와 같은 계산양식의 변화보다는 중앙은행 독립과 자율적인 금융감독기구의 설립과 같은 국가의 제도적 자율성으로부터 설명하고 있다. 예를 들면, "통화정책은 협상의 대상이 아니다"(Pirie, 2008: 39). 하지만 이러한 제도주의적 접근은 한국이든 미국이든 통화정책이 실질적으로는 상당 부분 정치사회적 고려와 협상에 의해 이뤄진다는 것을 간과하고 있다. 예를 들어 크라우치C. Crouch에 따르면, 부동산, 금융자산, 예술품 같은 비소모성 자산 및 자산에 근거한 소득은 신자유주의 국가의 인플레이션 억제 정책의 대상이 아니다(Crouch, 2011: 115). 또한 버냉키B. S. Bernanke에 따르면, 신자유주의 국가 미국의 중앙은행인 연방준비은행Federal Reserve Bank의 역할은 인플레를 억제하는 것뿐만 아니라 위기 시 유동성 공급을 통해 금융시스템을 안정시키는 것이다(버냉키, 2013: 14~15). 즉, 피리의 분석은 신자유주의 국가의 제도적 특성에 집중하느라 그것이 속한 보다 넓은 사회관계의 특성을 간과하는 한계를 가지고 있다.

셋째, 한국의 국가를 발전국가적 특성과 신자유주의적 특성의 '융합적 혼재성'으로 설명하려는 입장이 있다(박상영, 2015: 27~28). 이병천(2011: 11~12, 58~60)은 1997년 이후 한국 경제가 발전주의로부터 벗어났지만 여전히 미국과 달리 제조업 중심의 재벌체제라는 점에서 미국식 금융자본주의와 다른 특성을 보이고 있다는 점을 지적한다. 이는 한국이 발전주의와 신자유주의라는 이질적 요소들의 혼합물이라는 것을 시사한다. 박상영(2012)은 한국 포스트발전국가의 가장 두드러진 특징을 "신자유주의와 발전주의적 요소들의 혼재"에서 찾는다. 그는 이들 요소들이 "우리가 생각하는 만큼 이질적이거나 모순되는 요소들이 아니라 오히려 상호보완적인 요소들로 작용하고 있을지도 모른다"면서 "좀 더 안정적인 방향으로 제도화될 가능성을 보이고 있다"라고 평가한다(박상영, 2012: 82~83). 또한 그는 금융 분야에서는 신자유주의가, 첨단 정보통신산업과 같은 전략산업 분야에서는 발전주의가, 그리고 사회정책 분야에서는 융합적 혼재성이 두드러진다고 진단한다(박상영, 2015: 34). 윤상우(2009)도 이와 유사한 입장을 보이고 있다. 그는 97년 이후 한국의 경험을 '발전주의적 신자유주의화'로 규정하는데, 이는 "신자유주의로의 전환이 시장기제의 자유로운 작동을 보장하는 데 머물지 않고 신자유주의 정책 자체가 경제성장, 수출증대, 캐치업과 같은 발전주의적 목표를 달성하는 '수단'으로 작동"하고 있기 때문이다(윤상우, 2009: 42). 물론 발전주의도 신자유주의도 아닌 제3의 모델 또는 발전주의와 신자유주의의 혼합은 한국의 국가에 대한 잘못된 묘사는 아니다. 그러나 이러한 분석들은 혼재된 여러 국가 성격과 정책들 사이의 위계, 그리고 그러한 위계를 낳는 세력관계와 헤게모니에 대한 분석으로까지는 나아가지 못한 것 같다. 문돈·정진영(2014: 141)의 주장처럼 "여러 요소의 혼재를 단순히 열거하는 것이 아니라 무엇이 질적으로 중요한 특징인지, 어떤 요소가 현재와 미래의 체제의 성격을 규정함에 있어 보다 본질적인 요소인지를 판별해내고 정의하는 것이 매우 중요하다". 예를 들면, 일견 케인스적 정책이나 발전국가적 산업정책으로 보이는 것들이 과연 국가의 일상적 역할인지, 또는 전체 경제모델을 규정할 만큼 영향력이 있는 것인지를 면밀히 판단하지 않고 혼재성만을 주장하는 것은 지나치게 소극적인 접근이 아닌가 싶다. 한국의 신자유주의화를 인정하는 동시에 발전국가적 경로의존성을 강조하는 입장들은 신자유주의 국가의 발전국가로부터의 경로단절을 경시할 위험을 가지고 있다.

요약하면 이제까지 한국 신자유주의 국가에 대한 논의는 다음과 같은 점에서 본격적인 국가 형태분석으로 나아가지 못했다. 첫째, 발전국가 지속론은 국가의 정책적 개입 여부에 논의를 집중하고 발전국가의 개념을 지나치게 확장하여 개념의 분석적 유용성을 훼손하는 경향이 있다. 정치경제적 관계를 단순히 국가-시장 관계로 환원함으로써 발전국가론은 국가 성격을 결정하는 것이 국가의 사회경제적 개입 그 자체가 아니라 자본축적과 노동에 대한 국가개입의 방식이라는 것을 놓친다. 즉, 자본 간 관계와 자본-노동 관계에서 국가 개입의 역할에 대한 고찰이 부족하다. 둘째, 발전국가 소멸론 또한 지배적인 발전국가론적 문제 틀 속에서 논쟁을 진행한 결과 아직 신자유주의 국가의 형태적 차별성이나 관계론적 특성을 충분히 규명하는 데까지 나아가지 못했다. 그 결과 자본축적과 관련한 신자유주의적 국가 장치와 개입의 고유한 특성(통치형태), 신자유주의 국가의 대의제 형태와 사회적 세력관계(정치형태) 등 보다 근본적인 이슈를 간과한다. 셋째, 한국에서의 발전주의와 신자유주의의 융합적 혼재를 주장하는 입장 또한 현실의 국가에 존재하는 여러 상이한 측면들 사이의 위계적 관계에 대해 분명히 논하지는 않는다는 점에서 한계가 있다.

2) 국가 분석 방법론과 신자유주의 국가

이 연구는 국가분석의 방법론으로 제솝B. Jessop의 전략관계론strategic-relational approach을 채택한다(Jessop, 1990). 이 접근법에 따르면 국가란 여러 이질적인 장치들의 모임으로써 고정된 실체나 성격을 가지고 있지 않고 사회적 행위 주체도 아니다. 또한 국가권력의 행사도 그 성패가 미리 결정되어 있는 것은 아니다(즉, 권력은 소유될 수 없다). 국가의 전반적인 성격, 그리고 국가권력의 행사는 국가장치들이 위치한 구체적인 사회적 관계 속에서만 규정될 수 있다. 여러 상이한 사회세력들은 자신들의 이익을 위해 국가장치를 특정한 방향으로 생성, 유도, 활성화하려는 전략을 추구한다. 이 전략들은, (a) 국가장치들 사이에 일관되거나 정합적인 관계를 만들고 이들의 사회 통치에 상대적인 통일성을 부여하려는 국가 프로젝트, (b) 국가 시스템 내에 사회세력들이 대표되는 방식을 규정하려는 정치 프로젝트, 그리고 (c) 이렇게 국가에 특정한 성격을 입히려는 국가 프로젝트와 정치 프로젝트의 실행에 대한 사회적 지지와 세력을 만들어내려는 헤게모니 프로젝트로 나눌 수 있다. 그리고 다양하고 때로는 매우 적대적인 국가·정치·헤게모니 프로젝트들 사이의 각축은 (국가장치 및 그것을 둘러싼 사회적 세력관계에) 특정한 전략과 세력에 유리한 사회적, 물질적 조건을 만들어내는데 이를 "전략적 선택성strategic selectivity"이라고 한다. 이 전략적 선택성은 무엇보다도 (d) 정치적 대표의 양식들과 그들 사이의 접합, (e) 국가장치의 내적인 접합, (f) 개입의 양식들과 그들 사이의 접합이라는 국가형태 속에 각인된다. 이 글은 이 중에서 국가형태, 즉 (d), (e), (f), 말하자면 대표, 접합, 개입의 양식에 대한 분석에 집중하려고 한다. 전략 대신 형태분석을 택하는 이유는 전략은 정권마다 계속 수정되고 변형되지만 제도적 형태는 변동이 상대적으로 제한적

이어서 분석의 편의를 높일 뿐 아니라 국가 형태분석이 국가의 전략적 선택성을 보다 잘 보여주기 때문이다. 이 글은 특히 그중에서도 제솝이 발전시킨 중범위 수준의 자본주의 국가 분석틀(Jessop, 2002)을 채택해 국가의 개입양식 분석에 초점을 맞춘다. 전략관계론의 관점에서 국가는 사회로부터 독립적인 권력행사의 주체가 될 수 없기 때문에, 시장으로부터 독립적인 국가가 시장에 개입하면 발전국가이고 시장에 개입하지 않으면 자유주의 국가라는, 정치-경제의 이분법은 끼어들 여지가 없다. 국가의 경제개입과 경제의 국가에 대한 압력은 기본 상수이기 때문에, 제솝의 전략관계론적 국가분석은 발전국가론과 달리 국가의 발전 지향성이나 국가 개입의 유무에 따라서가 아니라 자본축적과 경제성장에 대한 국가의 전략적 개입 양식에 따라서 국가의 형태를 구별한다. 제솝은 ① 자본축적 지원(경제정책), ② 노동력 재생산 및 사회적 응집(사회정책), ③ 공간적 분업의 조직(주요 공간스케일) 및 ④ 시장실패를 보완하는 통치방식(거버넌스)이라는 네 가지의 서로 구별되는 개입양식의 측면에서 현대 국가의 변화를 분석하여 서구에서 케인스적 복지 국민국가Keynesian welfare national state가 그것과 뚜렷이 구별되는 슘페터적 근로연계복지 탈국민 경쟁국가/체제Schumpeterian workfare post-national competition state/regime로 변화하고 있다고 주장한다. 또한 그는 추가적으로 동아시아 국가에 대한 다른 학자들의 경험적 연구(Sum, 1995; Cho, 2001)를 토대로 동아시아 발전국가의 특징을 리카도적 근로연계복지 국가Ricardian workfare state/regime와 리스트적 근로연계복지 국민국가 또는 안보국가Listian workfare/security national state로 포착해낸 바 있다(Jessop and Sum, 2006; Jessop, 2013). 이러한 제솝의 분석틀은 국가개입 일반(국가-시장 관계)이 아니라 자본축적을 위한 개입방식(국가-자본 관계)의 측면에서 국가형태의 다양성을 포착한 것으로 그 내용을 간략히 요약하면 **표 4-1**과 같다.

그러나 이 글은 제솝의 분석틀을 일부 수정하여 사용한다. 그 이유는 다음과 같다. 첫째, 이 글은 제솝의 분석과 달리 제한적이지만 국가의 개입양식뿐만 아니라 섭합과 대표 양식 또한 분석한다. 둘째, 제솝의 국가유형 분류에는 신자유주의 국가형태가 포함되어 있지 않으므로 신자유주의 국가형태 분석을 위해서

표 4-1 제숍의 자본주의 국가형태 분류

구분	케인스적 복지 국민국가	리카도적 근로연계복지 국가/체제	리스트적 근로연계복지 국민국가	슘페터적 근로연계복지 탈국민 경쟁국가/체제
경제정책	• 총수요 관리 거시 경제정책 • 완전고용, 임금상승 및 대량소비규범에 기초한 유효 수요 창출	• 저급기술/저가요소 의존 노동집약산업 • 인프라, 세금, 이민, 고정환율, • 무역 촉진 지원 정책 • 임금 억제	• 선택적 산업정책 • 신중상주의(고정환율, 수출보조) • 유치산업 보호, 추격적 산업화, 학습 • 임금 억제	• 지식기반경제 등 공급관리 혁신지향 사업정책 • 노동 유연성 제고에 기초한 국제경쟁력 강화
사회정책	• 사회복지 • 단체교섭권 및 복지권 확대	• 수출 종속적 사회정책: 노동억압 • 근로와 연계된 복지: 기업/가족 복지 및 의료/주거/교육 보조금	• 수출 종속적 사회정책: 노동억압 • 근로와 연계된 복지: 제한적 기업/가족 복지 및 절약/저축 • 인적자원 및 숙련 투자	• 근로와 연계된 복지 • 직업훈련, 재교육, 근로참여 • 복지권에 대한 공격
주요 스케일	• 국민적 공간 • 자본이동 통제	• 수출자유지역	• 냉전 및 국민적 안보 공간	• 탈국민화: 스케일의 상대화 및 지속적 국민국가 역할
거버넌스	• 하향식 통치/명령을 통한 시장실패 교정 • 코포라티즘	• 시장교환 • 가족 및 시민사회의 공식적/비공식적 기업 간 네트워크(연줄)	• 시장실패 이전의 국가주의적 하향식 통치/명령 • 가족 및 시민사회 네트워크(연줄)	• 수평적/네트워크적 협치를 통한 국가/시장실패 교정: 민관협력, 민간권한이양, 사영화 등
사례	북미, 서유럽*	홍콩**	한국, 대만, 일본, 싱가포르**	북미, 서유럽***

* 1950~70년대, ** 1960~1980년대 초(냉전기), *** 1970년대 말~현재
자료: Jessop(2002: 59, 252), Jessop and Sum(2006: 170~176), Jessop(2013).

는 약간의 이론적 수정이 필요하다.

먼저 수정된 분석틀을 간략히 서술하면 다음과 같다. 우선 국가의 사회관계와 형태는 정치형태와 통치형태로 나뉠 수 있다. 여기서 국가의 정치형태 분석은 제솝이 자신의 중범위 국가분석틀에서 생략한 접합양식과 대표양식 분석으로 나뉜다. 구체적으로 접합양식이란 국가수반, 행정, 입법, 사법부, 정당 등 국가장치 간의 위계, 협조 및 갈등 관계, 행정부처 및 정부 조직 사이의 상호 관계(우위에 서는 관료조직이나 부처의 종류) 등을 가리킨다. 대표양식이란 국가가 영토 내의 국민을 대표하는 방식(자유민주주의, 사회민주주의, 관료적 권위주의, 권위적 국가주의, 군사독재, 보나파르티즘, 파시즘 등), 특히 민주적 제도의 운용(자유주의, 권위주의 등), 시민사회와 정당의 관계 등을 가리킨다. 한편 통치형태(개입양

식)는 앞서 설명했듯이 경제정책(자본축적을 지원하는 재정/조세, 통화, 금융, 산업 정책), 사회정책(치안, 교육, 분배, 복지 정책 등), 공간적 조직(시장 통합과 구별), 통치 메커니즘(하향, 상향/수평적 지배 등) 등으로 나누어 볼 수 있다(Jessop, 2002).

신자유주의와 신자유주의 국가에 대한 기존의 연구문헌들에 비추어 볼 때 한국 국가의 신자유주의적 성격을 가늠할 수 있는 신자유주의 국가의 상세한 특징을 전략관계론적 형태분석의 틀 안에서 다음과 같이 규정할 수 있다. 첫째, 신자유주의 국가의 대표 및 접합양식은 '정치의 사법화judicialization of politics' 또는 '포스트민주주의post-democracy'라는 개념으로 요약될 수 있다(Hirschl, 2008; Crouch, 2005). 이는 민주주의가 형식화되고 민의보다는 사적재산권을 우선시하는 법이 정당성의 원천이 되는 것을 의미한다. 이것은 금융화·증권화, 지식정보화 등 금융·서비스 자본이 주도하는 자본축적, 리스크 관리, 경제성장의 사회적 세력관계를 반영하는 것으로서 국가와 지배적, 초국적 금융자본의 관계는 긴밀해지는 반면에 다른 사회영역과의 간극이 확대된다. 이에 따라 자본축적을 지원하는 경제부처, 행정부, 사법부의 영향력이 강화되면서 자산 소유자의 권리(사적 재산권)가 확대되고 금융이 자유화된다.

둘째, 신자유주의 국가의 개입양식은 경제적 측면에서 금융과 지식의 상품화를 촉진하고 자본의 수익성을 높인다. 여러 학자들이 지적하듯이 신자유주의의 핵심적 축적 전략은 자본가 권력 확대이자 상품화로서의 금융화·증권화이다(Fine, 2012; Froud et al., 2002; 셰네, 2003; cf. Bryan and Rafferty, 2006; Orhangazi, 2008; Krippner, 2011). 이에 따라 국가도 규제완화와 자본이동의 자유화를 통해 증권화·금융화(기업인수합병, 펀드, 보험, 연금, 금융파생상품 등)를 장려한다. 금융·통화정책은 자산가치 상승을 유도하고 버블 붕괴로 인한 위기 시에는 부실금융기관 구제를 통해 자본의 금융자산 가치의 손실을 보전해준다(Crouch, 2011: 115; 버냉키, 2013: 14~16). 재정정책은 이데올로기적으로는 보수적이지만 실제로는 감세 및 공공재정을 이용한 부실금융기관 구제 등으로 지배적 자본의 수익과 손실을 관리해줌으로써 적자를 증가시킨다(MacGregor, 2005: 143). 산업정책은 발전주의적인 선별적 산업 지원 대신에 슘페터적 혁신과 산업 경쟁력 강화를 위해 연구개발 투자를 촉진한다(Jessop, 2002). 보다 중요하게 신자유주의 국가의 산업정책은 금융 논리의 우위 속에서 금융 및 지식산업 서비스 산업 발전에 초점을 두고 금융투자 및 금융상품(펀드, 파생상품 도입) 시장의 성장을 촉진한다. 즉, 국가는 규제완화를 통해 산업투자와 그에 따르는 리스크 관리를 상품의 형태(금융공학, 파생상품 등)로 국가의 손에서 자본의 손으로 넘긴다. 예를 들면, 대처Margaret Thatcher 집권기 영국에서 국가는 단지 산업을 포기한 것이 아니라 산업통제권을 금융부문에 넘기는 데 결정적인 역할을 했다. 이에 따라 재무성의 권력이 증가하고 그에 따라 통상산업부Department of Trade and Industry의 위상도 바뀌었다. 즉, 신자유주의의 전형인 영국에서조차 금융화·증권화를 적극적으로 추동한 것은 국가였다(Davis and Walsh, 2015).

셋째, 신자유주의 국가의 개입양식은 사회·노동정책을 경제정책에 종속시킨다. 사회복지는 근로와 연계된 복지로 변화하고 노동의 유연화가 심화되며, 이에 따른 사회문제를 해결하고 사회질서를 재생산하기 위해 치안과 형벌, 노동운동에 대한 억압이 강화된다(Jessop, 2002: 152~161; Wacquant, 2009).

넷째, 신자유주의 국가는 자본축적 공간의 개방, 즉 자본과 상품이동의 자유화와 통치 공간의 탈국민화 경향 속에서 산업경쟁력 강화나 경제특구나 금융중심지 육성과 같은 프로젝트를 통해 자본의 수익성을 제고하고 자본을 유치하려고 한다(cf. Sassen, 2001; Ong, 2000). 이를 위해 국가의 통치 기능과 권한은 상위 또는 하위 스케일로 이전되고 국민국가 스케일의 중요성은 상대화된다['스케일의 상대화relativization of scale(Hirst and Thompson, 1999; Jessop, 2002: 179~181)].

다섯째, 신자유주의 국가의 통치 방식으로 국가의 공공기능과 권한 중 많은 부분이 사적부문으로 이동한다. 공공서비스가 사영화privatization되고 사적부문과 공공부문이 협력하는 협치가 확산된다. 사영화는 자본에 새로운 축적 기회를 제공하고 민간투자제도와 민관협력을 핵심으로 하는 협치는 국가재정으로 민간의 이익을 보장하고 손실을 보전해주는 역할을 한다(Arestis and Sawyer, 2005: 199~201). 하지만 국가는 통치적 개입을 포기하지 않고, 국가의 권한을 상/하위 수준으로의 재분배하거나 민간부문과의 협치를 도입하는 경우에도 그 규칙을

표 4-2 신자유주의 국가: 전략관계론적 형태 분석

국가레짐	정책영역	특징
대표양식		포스트민주주의 정치의 사법화, 민주주의의 형식화, 실질적 민주주의의 감소
접합양식		행정부 권력 및 경제 및 재무부처 헤게모니 강화
개입양식	경제정책	금융통화정책: 사적 재산권과 자본이동의 자유 강화 자산 가치절하를 막기 위한 반인플레 정책 경기조절 및 자산가격 상승을 위한 금리 및 양적완화 정책
		재정정책: 금융적 케인스주의: 다음과 같은 사적 목적을 위한 공적 지출 - 부실은행 및 금융기관 구제 - 복지예산 삭감
		산업정책: 자율적 성장 엔진으로서의 금융산업 육성 투자와 리스크 관리의 상품화(금융공학, 파생상품 등)에 대한 규제 혁파를 통한 금융혁신 촉진 슘페터적 혁신: 연구개발 지원을 통한 산업경쟁력 강화
	사회노동정책	복지에서 근로연계 복지로 복지예산 삭감 및 선별적 복지 경향 직업 훈련/재교육 및 노동력 재배치 강조
		노동정책과 치안: 노동시장 유연화 노동 억압과 처벌
	공간정책(공간적 분업의 관리)	지구화와 개방 상품 및 자본시장 개방 및 자본유치 경쟁(금융중심지 전략 등) 수출 및 금융투자 기회 확대 스케일의 재조직과 상대화
	거버넌스(국가 및 시장실패에 대한 보완)	협치(수평화된 통치) 민관협력(민간투자제도 등) 사영화와 민간투자제도를 통한 자본 수익 확대

정하는 역할, 즉 메타협치meta-governance라는 핵심적인 역할을 수행한다(Jessop, 2002: 201~204). 이상의 내용을 요약하면 **표 4-2**와 같다.

이제 다음 절 이하에서는 이제까지 설명한 분석 방법론과 신자유주의 국가의 기준에 기초하여 한국 국가의 발전국가로서의 형태 및 신자유주의 국가로서의 형태와 이들의 상호 비교를 수행할 것이다.

3. 발전국가의 형성, 발전, 그리고 위기

1) 발전국가의 등장

1961년의 5·16 군사 쿠데타 이후 선성장 후분배를 내세우고 이른바 '개발독재'를 통해 연평균 10퍼센트 안팎의 고도경제성장을 주도한 한국의 국가를 흔히 '발전국가(또는 개발국가)'라고 부른다. 이러한 국가주도 경제발전은 해방 이후 한국의 특유한 지리적, 역사적, 사회적 상황을 배경으로 한 것이었다.

국제적 차원에서 1944년 이후 영국과 미국의 주도로 성립된 브레턴우즈 국제금융통화체제는 자본의 자유로운 이동을 통제하고 느슨한 자유무역 규범을 채택함으로써 국민국가들이 통화·재정정책과 대외무역정책에서 자율성을 간직할 수 있게 만들었다(벨로, 1998). 또한 소련과의 냉전을 배경으로 미국 트루먼 대통령은 '저발전국가'의 '개발(발전)'(=서구화=산업화+민주화)을 지원하겠다고 표명했다(Truman, 1949). 그 결과 제3세계 국가들이 초국적 자본의 위협으로부터 자율적으로 경제를 발전시킬 수 있는 틈새가 열리게 되었다.

그중에서도 동아시아 지역은 소련과 중국과의 지정학적 대치로 인해 서유럽과 함께 냉전의 최전방에 섰다. 특히 미국은 한국전쟁으로 냉전의 최전방이 된 한국에 아프리카 전체에 대한 원조와 맞먹는 막대한 군사적, 경제적 원조를 제공했다. 그리고 한국의 베트남전 참전과 더불어 한국의 수출품에 대해 시장을 기꺼이 개방했다(이병천, 2003; Jeong, 1997; Johnson, 1998). 일본 또한 1965년 국교정상화 이후 식민통치에 대한 청구권 자금 지불과 함께 자국의 저수익 산업을 한국에 재배치하고, 기술제휴를 통해 한국에서 주문자상표부착OEM 생산을 함으로써 한국의 수출에 기여했다(Castley, 1997; Burkett and Hart-Landsberg, 2000).[1)]

1) 최근의 한 연구(Glassman and Choi, 2014)에 따르면 냉전 속에서 치러진 베트남전의 맥락에서 미군의 역외 물자조달OSP: offshore procurement 등은 한국의 재벌과 경제성장에 매우 중요한 역할을 했다. OSP와 MAPMilitary Assistance Program는 1960년대 한국의 총자본형성의 40~60%에 달하는 것으로 평가

간단히 말해 한국은 지정학적 위치로 인해 미국의 원조와 시장, 일본의 자금, 기술, 판로개척이라는 이점이 있었다.

국내적으로 한국 발전국가의 등장은 일제강점기 억압적 국가장치의 팽창과 한국전쟁으로 인해 현대화된 선도적 군부의 팽창에 의해 형성된 이른바 '과대성장국가overdeveloped state'를 배경으로 한다(최장집, 1993). 국가주도의 경제개발은 5·16 군사정변으로 군부가 집권함으로써 보다 강력한 동력을 얻게 되었다. 군부는 처음에 이승만 정부 시기부터 부정부패를 통해 축재해온 재벌들(가족 소유의 대기업집단)을 처벌하려고 했으나 끝내는 경제성장의 파트너로 재벌들을 받아들였다. 그 결과 '정경유착'에 근거한 이른바 '국가-재벌 발전지배 연합'이 형성된다(조영철, 2007).

2) 발전국가의 형태

(1) 정치형태(접합 및 대표양식)

발전국가는 정치적으로 권위주의 군부독재의 형태를 띠었다. 이는 박정희 정권 18년(제3, 4공화국), 전두환 정권 7년(제5공화국)으로 나뉘며, 이 26년 중에서 1961~1963년의 군정기간, 1972년 10월 유신부터 1987년 6월 항쟁까지 17년간은 실질적으로뿐만 아니라 형식적으로도 민주주의 제도를 말살한 기간이었다. 이 기간 접합양식의 측면에서 권력은 대통령과 청와대, 군부, 그리고 정보기관인 중앙정보부에 집중되어 있었고 때로는 비밀경찰에 의한 테러와 고문을 특징으로 하는 준파시즘적 군부 독재의 형태까지 띠었다. 대표양식의 측면에서 대통령은 단독 입후보에 간선제로 선출되었다. 특히 박정희 대통령은 사실상

된다. 박정희 대통령은 베트남전 참전에 대한 대가로 OSP 입찰에 특혜를 요구했고 한국 재벌은 역외 조달에 참가함으로써 미국의 군산복합체의 일원이 되었다. 그 결과 현대와 같은 한국 재벌들은 막대한 금전적 이익과 더불어 기술 학습의 기회를 얻었고, 한국전쟁을 계기로 미국 군산복합체에 먼저 참가했던 일본의 자본가계급과 더불어 태평양 지배계급의 일원으로 성장한다.

종신직을 보장받았고 긴급조치권을 통해 헌법 위에 군림했다. 국회 또한 유신 시기 국회의원의 3분의 1을 대통령이 지명하고 통일주체국민회의에서 선출했으며, 제5공화국에서도 상당 기간 야당활동이 실질적으로 억압되었다. 형식적으로 민주적이었던 1963~1972년 기간에도 민주주의는 실질적으로 억압을 당했다. 대표적인 예로 1964년 6·3 한일 국교정상화 반대시위에 대한 무력진압, 그리고 1969년 대통령 3선이 가능하도록 변칙 통과시킨 '3선 개헌'이 있다.

이 모든 독재와 권위주의를 정당화한 것은 북한과의 대치, 또는 준전시 상황이라는 비상사태였다. 한국전쟁으로 성장한 반공주의와 군부는 남한 사회를 '병영'으로 바꾸어버렸다(조희연, 2007). 전전戰前 일본의 군국주의 문화를 답습한 억압적 학교문화와 군대문화는 직장에서도 그대로 이어졌고 노동자들은 '산업전사'가 되었다(Kang, 1996). 이러한 '권위주의적 반공·개발동원체제'는 국가주도의 경제성장을 통해 일정한 '수동적 동의'를 이끌어내었다(조희연, 2010).

(2) 통치형태(개입양식)

한국 발전국가의 통치형태(개입양식)는 국가주도에 의한 '개발'을 특징으로 한다. 먼저 '개발' 개념이 도입이 되고 '경제개발 5개년계획'이 수립되었다. 이는 1958년부터 논의되기 시작하여 박정희 집권 이후인 1962년부터 1996년까지 경제기획원 주도로 7차에 걸쳐 수립되고 집행되었다(제5차부터는 '경제사회개발 5개년계획'). 경제를 시장과 민간의 자율에 맡기는 것이 아니라 국가의 목표를 정하고 이를 달성하기 위해 사회적, 경제적 자원을 동원하는 방식이었다. 이 과정에서 국가는 이른바 '관치'를 시행했다. 즉 산업, 금융, 노동, 물가, 외환, 무역, 저축 등 전방위로 경제를 통제했으며 필요하면 1972년 8월 3일 사채 동결과 같이 사적 재산권도 과감히 제한했다(Lie, 1998: 82).

국가주도의 경제발전에 핵심이 된 것은 학습을 통한 선진국 따라잡기, 즉 '혁신'보다는 '학습'을 통한 '추격적 산업화catch-up industrialization'였다(Amsden, 1989). 특히 1960년대 말부터 베트남전과 북한의 도발이 격화되고 1970년대 초 미국이 중국과 관계를 개선하면서 주한미군 일부를 철수시키자, '자주국방(방위산업의 수입대체)'을 위해 경공업에서 중화학공업, 전기/통신 공업으로 이어지는 산업의 고도화가 필요하게 되었다(후카가와, 1999: 57). 국가는 안보적 목적에서 내수시장이 협소하고 수출 전망도 불확실했음에도 자동차, 조선, 전자 등의 중화학 공업화를 추진했다. 당시 청와대 경제수석을 지낸 오원철 씨는 이를 국민소득의 증가에 따라 산업을 심화시킨 '엔지니어링 어프로치'라고 부른다. 즉, 장기적인 산업적·공학적 발전에 대한 고려가 단기적인 경제적 수익에 대한 고려를 앞질렀던 것이다(오원철, 1996 참조).

산업화를 위해 국가는 수입대체 목적의 전략산업과 수출기업에 인센티브를 주고 수입과 외국인 투자를 규제했다. 즉, 수입대체와 수출을 병행하는 '복선적 산업화'를 추진했다(유철규·이경미, 2001). 1961년 쿠데타 이후 재벌 소유의 은행은 국유화되었으며 1980년대 초에 형식상으로 사영화한 후에도 1997년 경제위기 때까지 은행은 국가의 직접 통제를 받았다. 고도성장기라 자금이 늘 부족하고 금리는 매우 높았지만 전략적 산업에는 물가상승률보다 낮은 특혜 금리(마이너스 금리)의 대출이 제공되었다(Amsden, 1989). 1972년에는 8·3 조치를 통해 사채를 동결함으로써 부도 직전에 몰린 업체들을 구제해주기까지 했다(Lie, 1998: 82). 또한 국가는 수출업체가 외국에서 오더를 받으면 수출품 제조에 필요한 자금(무역금융)을 역시 저리로 융통해주었다. 반면에 수입은 관세 및 비관세 장벽을 통해 엄격히 규제되었다. 일본 등 외국기업의 투자는 마산, 창원, 구미 등 일부 지역에 국한되었다. 국내 기업에 대한 외국인 소유도 금지되었다(Hart-Landsberg, 1993). 국내 제조업체는 선진국 상품보다 품질이 떨어지는 제품을 생산해 국내 소비자에게 품질에 비해 더 비싼 값에 팔 수 있게 되었다.

끝으로 사회·노동정책 측면에서 정부는 생산비용을 줄이기 위해 인건비와 쌀을 비롯한 소비자 물가를 통제했다. 국가는 당시 유일한 전국단위 노동조합 조직인 한국노총을 통해 노동을 직접 통제하고 노동자들의 반발이 있을 경우 강제로 진압했고 가족주의와 산업역군 이데올로기를 전파하는 동시에 작업장에 군사문화를 이식하여 병영으로 만들어버렸다(최장집, 1997; 조희연, 2007). 이러한 국가의 도움을 받고 자본은 노동을 초과 착취할 수 있었다(Hart-Landsberg,

1993). 가혹한 노동조건에도 불구하고 의료, 실업, 은퇴와 관련된 국가의 사회보장은 사실상 전무했고 중공업 부문 대기업의 소수 노동자들만 제한적인 가족 및 기업 복지를 누릴 수 있었다. 그러므로 주로 사용된 정책은 사회복지보다는 폭압적 치안이었다.

이러한 경제사회적 특혜를 받으며 중화학공업화를 직접 수행한 집단은 '정경유착'을 통해 성장한 재벌이었다. 재벌은 국내적으로 금융자원이 부족한 상태에서 국가와의 유착으로 얻는 특혜를 통해 자본을 조달하고 사업 리스크를 줄임으로써, 막대한 부채를 지고 위험스러운 새로운 산업에 공격적으로 투자할 수 있었다. 즉, 재벌은 한편으로는 경공업 수출을 통해 외화를 조달하고 특혜 무역금융을 받은 한편, 중화학공업화를 통해 산업을 업그레이드시키고 특혜 정책금융을 통해 이익을 챙겼다. 또한 재벌은 국내시장 보호와 노동에 대한 초과착취를 통해 막대한 이익을 얻어 급성장하게 되었다. 그 결과 한국 경제는 급속하게 성장했다. 노동시장은 유연하고 인건비에 대한 통제 시도는 계속되었으나 고도성장으로 인한 일손 부족으로 임금은 정체되지 않고 지속적으로 상승했다.

이러한 발전국가는 "리스트적 준전시 또는 안보 국민국가"(Cho, 2001; Jessop, 2013)로 파악될 수 있다. 발전국가의 경제정책은 일본을 경유해 들어온, 후발산업국가인 독일의 역사적 맥락을 고려해 유치산업 보호론을 주장한 독일 경제학자 리스트Friedrich List의 노선과 상당 부분 유사했다. 즉, 발전국가는 산업계획, 투자조정, 국가보조금, 수출 장려와 수입 규제를 통해 산업을 고도화하고 산업경쟁력을 강화했으며 산업투자와 그에 따르는 리스크 관리에 직접 개입했다. 이는 일차적으로는 북한과 대치중인 준전시 상황에서 자체적인 방위산업을 보유하려는 안보적 이해관계를 반영한 것이었다.

(3) 발전국가의 위기와 위기관리

하지만 발전국가 체제에는 다음과 같은 고유한 위기경향이 내재했다. 첫째, 산업적 고려가 경제적 수익성보다 우선시됨에 따라 과잉투자와 과잉생산의 위험이 컸다. 둘째, 특혜금융에도 불구하고 막대한 부채로 인해 기업의 금융비용이 상승했다. 셋째, 정경유착을 통한 특혜 산업금융은 재벌과 정치권의 지대추구를 심화시켰다(Kang, 2002; Woo-Cumings, 1999). 넷째, 외채, 외국기술, 외국자본재에 의존한 경제발전은 1980년대 초까지 대규모 국제수지 적자를 낳아 외채위기의 위험을 키웠다.

이와 더불어 권위주의에 따른 민주적 정당성의 부재는 억압적 통치에도 불구하고 정치상황을 매우 불안하게 만들었다. 예를 들면, 박정희 정권 시기는 계엄령 등 "군대를 수시로 동원하지 않으면 안 되는 국민적 저항과 정치적 위기의 연속"이었다(조희연, 2010: 274). 결국 중화학 공업투자에 의한 과잉설비투자는 1979년 급격한 경제침체를 일으켰고 이는 YH사건에 따른 김영삼의 국회의원 제명과 결합되어 공업화된 부산, 마산 지역의 항쟁을 촉발시켰으며 마침내 박정희 대통령 암살로 이어지는 심각한 위기를 불러왔다.

그러나 발전국가의 정치위기는 12·12 사태부터 5·17 전국계엄령 및 5·18 광주민중항쟁에 이르는 또 한 번의 군사 쿠데타에 의해 수습되었다. 또한 정치 불안으로 인한 급속한 경제 침체로 촉발된 외채 위기는 북한과의 대치라는 특수 사정으로 인해 미국의 요청을 받은 일본으로부터 긴급자금 40억 달러를 빌림으로써 해소할 수 있었다(Cumings, 1989). 그리고 1985년 미, 영, 독, 일 등이 맺은 플라자협정에 따라 일본 엔화가치가 급상승하면서 달러에 고정되어 있던 한국 원화의 가치가 상대적으로 절하되고, 이에 더해 유가와 금리 또한 내리면서 발전국가의 경제는 1985~1988년까지 절정기를 누리게 된다('3저 호황').

4. 신자유주의 국가의 형성, 발전, 그리고 위기

1) 발전국가의 몰락

(1) 내외의 환경 변화

하지만 절정기의 이면에 한국의 발전국가는 위기를 맞고 있었다(Jeong, 1997).

1980년대 이후 한국의 발전국가는 내적, 외적으로 도전에 직면한다. 우선 국제 환경과 사회적 세력관계가 변화했다. 먼저 1971년 브레턴우즈 체제가 붕괴하고 미국의 쌍둥이 적자(재정 및 경상수지 적자)가 심화되는 한편, 1985년 고르바초프Mikhail Gorbachev가 소련에서 집권하면서 시작된 신데탕트로 미국의 대외 무역정책이 전환되었다. 미국은 한국산 제품에 대해 보호조치를 취했을 뿐 아니라 수입개방의 압력을 거세게 가했다(벨로, 1998). 또한 미국에서 신자유주의와 초국적 금융자본의 헤게모니가 강화되고 이른바 '달러-월스트리트 체제Dollar-Wall Street regime'가 형성됨에 따라 미국과 초국적 금융자본의 한국 자본시장 개방에 대한 압력도 커지게 되었다(Gowan, 1999). 또한 일본도 1980년대부터 자신의 생산설비 중 수익성이 떨어지는 부문을 한국과 대만 외에도 싱가포르, 말레이시아, 태국 등 동남아로 이전시키기 시작했다. 이는 북미와 서유럽의 수출시장에 대한 공급을 포화시키고 경쟁을 격화시켰다. 더구나 1990년대에 들어 일본은 한국의 추격을 경계하여 기술이전을 금지하기 시작했다(Hart-Landsberg and Burkett, 2001).

다음으로 국내 환경이 변화했다. 1987년 민주화로 형식적, 절차적 민주주의가 복원되었다. 그 결과 같은 해 여름부터 3000건에 달하는 노동자 대투쟁이 벌어졌다. 이에 따라 전노협(이후 민주노총)이 수립되고 기업의 입장에서는 인건비가 크게 올랐다(Koo, 2001). 재벌 또한 3저 호황으로 얻은 막대한 수익, 그리고 제2금융권 진출로 국가가 배분하는 자금에 목맬 필요가 없게 되었다(Kim, 1993). 더구나 국가도 1980년대 이후로 자유화를 진행하고 있었다. 은행 사영화가 이루어졌으며 특정한 전략적 산업체에 특혜금융을 제공하는 선택적 산업정책을 폐기했다(Chang et al., 1998). 요약하면 민주화와 노동운동의 성장, 재벌의 자율성 증대로 국가의 자율성이 약화되고 노동과 자본의 힘이 강화되었다. 사회적 세력관계가 변화한 것이다.

(2) 신자유주의 개혁과 1997년 경제위기

경제정책의 자유화는 국가 내부의 시장주의적 관료들로부터 시작한 것이었다. 특히 제5공화국 초 경제기획원 관료 김재익이 청와대 경제수석 비서관으로 들어가 강경식, 김기환과 같은 시장주의 관료들을 요직에 배치하면서 국가개입을 제한하려는 시장주의 개혁이 본격화되었다. 그러나 이러한 개혁은 재벌과 정치권 등 기득권 세력의 강력한 저항에 부딪혔다. 1983년 북한의 아웅산 묘지 폭탄테러로 전두환 대통령과 버마에 동행한 김재익 수석이 사망함으로써 신자유주의 개혁은 일단 중단되었다(박지훈, 2006).[2)]

그럼에도 신자유주의 개혁은 1987년 민주화와 더불어 1990년대 들어 지속적인 미국의 개방 및 자유화 압력, 그리고 미국식 경제학을 공부한 경제학자들과 관료들을 통해 재개되었다. '3저 호황'에서 상황이 바뀌어 1990년대부터 '고비용 저효율(고인건비, 고금리, 고물류비)'에 시달리게 된 재벌들은 해외차입을 자유화해달라고 로비했고, 미국은 OECD 가입을 조건으로 한국 시장 개방을 요구했다. 한편 이에 '세계화'를 선포한 김영삼의 문민정부는 경제사회개발 5개년계획을 폐기하고 금융세계화를 추진했다. 그러나 금융세계화는 장기 해외차입을 규제하고 단기차입만 허용함으로써 단기외채를 막대하게 확대시켰다(이강국, 2005).

한편 김영삼 정부의 재벌개혁, 금융개혁, 노동개혁은 모두 좌초되었다. 재벌의 경쟁력 강화를 꾀한 재벌 개혁 정책은 재벌의 지배구조를 개선하는 대신 재벌의 과잉투자로 이어졌다. 특히 한보, 진로 등 대기업은 자기자본의 5배에서 20배에 달하는 과다한 부채를 빌려 수익성 없는 사업에 투자했다. 또한 정부는 노사관계 선진화를 추진했지만 정리해고를 허용하는 법안을 1996년 12월 날치기 통과시킴으로써 사상 최대의 총파업을 촉발시켰고 그 결과 대립적 노사관계는 개선될 수 없었다. 끝으로 김재익의 동료였던 강경식이 경제부총리에 취임하면서 중앙은행 독립, 금융감독기구 개편 등의 신자유주의적 금융개혁을 추진했지만 대통령 선거가 임박하면서 실패했다. 국가, 자본, 노동 간의 세력 관계

2) 스텁스R. Stubbs는 1970년대 말부터 한국 관료들 내부에 발전주의 연합과 신자유주의 연합이 분화되고 이들 사이에 경쟁과 긴장이 심화되었다고 주장한다(Stubbs, 2011).

는 그 어떤 개혁도 성공할 수 없을 정도로 팽팽했던 것이다(김상조, 1998).

결국 발전국가는 붕괴했다. 그것을 가능하게 했던 대내외적 조건이 브레턴 우즈 체제와 냉전의 종식, 그리고 민주화와 노동운동의 조직으로 사라졌고, 경제관료들도 발전국가를 해체하는 데 앞장섰다(Jeong, 1997; Johnson, 1998; 박지훈, 2006). 국제경쟁 심화로 인한 반도체와 같은 주요 수출품 가격의 하락과 대규모 적자(1996년)와 단기 해외차입의 증가로 외환/외채위기의 조건이 만들어졌다. 그리고 이는 1997년 한보, 진로, 기아 등의 대기업이 과잉투자로 도산하고 채권은행들이 부실화되고 국가가 부실을 떠안으면서 현실화되었다. 더구나 같은 해 동남아에서 시작된 금융위기로 인해 외국투자가들의 한국에 대한 신뢰가 저하되었으며 이에 단기부채가 만기연장되지 않고 회수되기 시작했다. 한국은 미국, 일본, 중국 등에 자금 지원을 요청했지만, 미국은 이러한 국가 간 지원을 용납하지 않았다. 오직 국가개입 제한, 시장 개방, 금융자유화와 같은 조건이 붙는 (미국이 실질적으로 통제하는) IMF 구제금융만이 용납되었다(지주형, 2011: 153~167).

2) 신자유주의 구조조정

IMF의 개입은 팽팽했던 국가, 자본, 노동의 세력관계를 변형시켰다. IMF 구제금융 조건에는 한국의 금융·자본시장을 완전 개방하고 주식, 기업, 부동산의 외국인 소유를 완전 자유화하는 내용이 담겨 있었다. 하지만 여기에는 그 외에도 정리해고나 파견근로자 제도와 같이 한국 정부가 1996년 시도했으나 실패했던 노동개혁 내용, 1997년 실패한 금융개혁의 내용, 그리고 재벌 지배구조 개혁 등도 포함되었다. 그리고 이것들은 마치 IMF와 미국이 요구한 것처럼 포장되었다(Mathews, 1998). 또한 정부는 구조조정 초기에 고금리 처방과 재정흑자를 핵심으로 하는 IMF의 긴축정책 처방을 매우 충실히 받아들였다. 이는 구조조정을 가속화하고 조직노동을 분쇄하려는 의도적인 선택이었다(Crotty and Lee, 2002: 669). 경기침체로 인한 기업 도산과 실직의 위험 속에서 정리해고가 경제위기

극복을 위한 명목으로 상징적 정당성을 확보하면서 노동운동은 급속히 개량화, 경제주의화되고 조직률 또한 상당히 감소하게 되었다.

다음으로, 위축되었던 약화되었던 국가의 개혁추진 역량이 회복되었다. 위기라는 비상상황과 IMF 구제금융 조건이라는 알리바이가 새로 출범한 김대중 정부에 힘을 실어주었다. 비록 일부 관료들은 경제위기의 책임을 지고 물러나거나 심지어 재판을 받기까지 했으나 시장주의적 개혁이 진행되면서 이헌재 등 신자유주의 관료들이 신자유주의적 구조개혁을 주도하게 되었던 것이다.[3] 경제정책의 최우선 순위는 부족한 외환을 최대한 회복하고 부실금융기관을 정상화하는 것이었다. 그 결과 외국인 투자 유치가 주요한 목표가 되고 금융기관의 선정상화가 이루어졌다. 부실 금융기관 중 상당수는 국가의 공적자금 투입을 통해 일시 국유화되었지만 외국인에게 매각되면서 정부의 영향으로부터 거리를 두게 되었다. 결과적으로 경영의 방향도 발전국가 시기에 지배적이었던 기업금융에서 신용카드, 소비자 금융, 주택담보 가계 대출 등으로 전환했다. 발전국가에서 산업발전이 우선시되었다면 이제는 금융건전성과 수익성이 우선시되었다(지주형, 2011: 6장).

부실 대기업 구조조정('워크아웃')은 원칙적으로 국가의 직접 지시보다는 채권은행을 통해 이루어졌다. 그 결과 1997년 기준 30대 재벌 중에서 대우그룹을 포함해 무려 16개 재벌이 해체되었으며, 여러 가지 시행착오 그리고 그에 따른 계속된 정부개입에도 금융적 기준인 재무적 건전성과 수익성이 비금융기업에서도 지배적인 경제논리로 자리 잡았다. 자산규모 1조 원 이상의 대기업은 200퍼센트 이상 부채를 질 수 없게 되었고 재벌의 투자자원은 은행대출보다는 회

3) 스텁스(Stubbs, 2011)는 1970년대 말 이후 등장한 한국 관료 시스템 내에서의 발전주의 연합과 신자유주의 연합의 경합은 1980년대 후반 이후 신자유주의 쪽으로 기울었으나 90년대 말 위기를 통해 발전주의 연합이 다시 강화되었다고 주장한다. 하지만 이는 국가개입의 확대 일반을 발전주의적으로 보는 오류이다. 국가개입이 일시적으로 확대되었지만 그것은 불가피한 위기관리 및 금융의 자율성을 키우기 위한 신자유주의적 조치였다.

사채, 주식 또는 사내유보금에 의존하게 되었으며 설비투자 증가 또한 전반적으로 감소하게 되었다. 한편 경제성장과 외환 확보의 또 다른 방법으로 수출이 강조되면서 환율정책 또한 수출에 우호적으로 운용되었고 이는 수출 대기업에 이익이 되었다(지주형, 2011: 6장).

결과적으로 김대중 정부의 신자유주의 개혁은 초기에 강력한 재벌개혁 의지를 보이면서 개혁에 저항한 재벌들을 해체하는 데까지 나아갔다. 하지만 신자유주의 개혁에 순응하고 새로운 환경에 적응한 재벌들은 부채비율 감축을 통해 재무적으로 업그레이드되고 경제력 집중은 오히려 더욱 심화되었다(지주형, 2011: 7장). 부채비율의 감소, 국가경제 내부에서 지배적 재벌의 비중 확대는 국가의 재벌 통제역량을 약화시켰다. 나아가 재벌은 정부와 정계를 포함한 사회 전체를 금전적, 이데올로기적으로 포섭하기 시작했다. 결국 위기가 수습된 후 고 노무현 전 대통령의 말처럼 '권력은 시장으로 넘어갔다'.

요약하면 구조조정은 국가의 대내적 자율성을 강화하고 금융자본과 구조조정에 순응한 재벌에 힘을 실어준 반면, 발전국가 시절의 전략을 답습한 재벌을 해체하고 노동을 약화시켰다. 그 결과 산업발전 대신 금융논리가 우선시되고 경제적 의사결정에서 국가보다 자본의 힘이 강화된 현대 한국의 국가를 우리는 신자유주의 국가로 규정할 수 있다.

3) 신자유주의 국가

(1) 정치형태(접합 및 대표양식)

1997년 IMF 구제금융과 김대중 정부 이후 한국의 국가는 신자유주의 국가의 정치형태인 '권위적 국가주의' 또는 '포스트민주주의'의 형태를 띠고 있다(cf. Poulantzas, 1980; Crouch, 2005). 즉, 선거에 의한 정권 교체라는 민주제도의 형식은 유지되고 있지만 정치와 의회의 역할은 제한되고 권력은 경제관료, 재벌, 초국적 금융자본으로 이동했다. 이에 따라 한국 정부의 주요한 경제적 의사결정은 민주적 의견 수렴보다는, 주로 재벌과 초국적 금융자본에 유리한 행정적이고 사법적인 수단을 통해서 이뤄졌다. 따라서 한국의 국가는 대표양식의 측면에서 사적 재산권을 우선시하는 '법치 민주주의'의 형식을 띠고 있다고 할 수 있다(cf. Held, 2006: 207).[4] 더구나 삼성과 현대 같은 지배적인 재벌들은 다양한 방식으로 정부에 지적, 정치적 영향력을 행사했다[예: 이른바 "삼성공화국"(이종보, 2010)]. 한편 접합양식의 측면에서 행정부와 사법부의 역할이 강화되고 행정부 내에서도 재정경제부/기획재정부나 금융감독위원회/금융위원회 같은 경제부처의 권한이 강화되었다. 대조적으로 국회는 국가 관리와 정책형성에서 배제되었다. 예를 들면, '참여정부'라 불리던 노무현 정부에서조차 한미 자유무역협정 FTA: Free Trade Agreement 협상은 국회에 자세한 내용을 알리지도 않고 진행되었다. 게다가 의사결정의 비공개성과 비밀주의가 심화되고 민주적 의사보다는 합법성이 우선시되는 '정치의 사법화' 경향이 두드러지고 있다. 위기 이후 정치인들과 파업에 대해 기소와 손해배상 소송과 같은 법적 수단들이 빈번히 사용되고 있다(이종보, 2010: 152~156, 163~166). 이는 결국 정치에 대한 국민의 효능감을 감소시키고 특히 노동 이슈를 정치에서 배제한다.

간단히 말해 한국 신자유주의 국가의 정치형태(접합 및 대표양식)는 민주주의의 형식화, 행정부, 특히 신자유주의적 경제부처의 지배, 정치의 사법화, 재벌과 초국적 자본의 권력 강화 등을 특징으로 한다. 그리고 이 모든 것은 금융화, 증권화, 사영화 등을 촉진하는 신자유주의적 국가개입에 유리한 환경을 만들어 내는 데 기여한다.

4) '법치 민주주의'는 사적 재산권의 보호를 최우선시하는 신자유주의적 민주주의 개념이다(Held, 2006: 207). 하지만 모든 이의 재산권이 동등하게 보호되지 않고 재산 관련 범죄에 대한 처벌도 계급에 따라 다르게 적용되기 때문에 여기서 '법치'는 이데올로기에 가깝다. 자본주의 법의 이데올로기적 성격에 대해서는 Poulantzas(1978)를 참조.

(2) 통치형태(개입양식)

① 경제정책

1997년 위기 이후에도 한국의 국가는 여전히 상당한 경제 개입을 해왔다. 하지만 이를 과거 발전국가의 개입과 동일한 것이라고 할 수 없다. 자본주의 국가의 경제 개입은 예외적인 것이 아니라 상시적인 것이다. 중요한 것은 앞서 설명했듯이 국가 개입 여부나 정도가 아니라 그것의 방향이다. 신자유주의 국가의 경제 개입은 발전국가의 그것과 방향과 내용이 다르다. 발전국가가 선진국에 대한 추격과 학습을 통한 산업발전을 꾀했고 그 과정에서 사적 재산권에 상당한 제한을 가했다면 신자유주의 국가는 금융발전을 통한 자산소유자 권리의 확대를 꾀한다. 또한 산업발전 정책도 발전주의적인 유치산업 보호, 추격적 산업화, 학습으로부터 혁신과 경쟁력 강화에 대한 지원으로 이동한다.

가. 금융정책

1997년 위기 이후 한국 국가는 금융 산업을 적극적으로 발전시키기 시작했다. 먼저 김대중 정부는 앞서 언급했듯이 공적자금 투입과 외국 자본 유치를 통해 금융시장을 안정화했다. 제도적으로는 중앙은행이 독립하고 금융감독기구가 통합되었으며, 부실채권을 평가하기 위한 기준이 도입되었다. 또한 상시구조조정 시스템과 더 엄격한 BIS 자기자본 비율이 도입되었다. 이러한 금융 및 건전성 규제의 강화를 통해 시장주도적 리스크 관리(투자와 리스크의 상품화)와 (가계대출과 증권투자 등을 통한) 금융적 축적의 토대가 마련되었다. 1998년 후반 제1차 금융 구조조정 종료 이후 금리는 경기부양을 위해 계속 인하되었고, 그 결과 2000년대 초부터 부동자금이 금융 및 부동산 부문으로 들어가 2000년대 중반 주식시장과 주택시장에 호황(나아가 거품)을 만들어냈다.

노무현 정부와 이명박 정부는 이러한 성과를 바탕으로 금융부문을 독립적인 성장엔진으로 발전시키고 서울과 부산을 금융허브로 육성하려는 야심찬 프로젝트를 추진하기 시작했다. 이를 위해 2008년에 「자본시장통합법」이 제정되었고, 2011년에는 국제회계기준IFRS: international financial reporting standard이 도입되었으며, 2012년에는 투자은행과 헤지펀드를 허용하는 조치가 취해졌다. 또한 한국투자공사를 국부펀드로 설립하고 (2011년 기준 세계 4위의) 국민연금으로 외국금융산업을 유혹하려고 시도했으며, 2008년에는 위험천만하게도 리먼브러더스를 인수하려고 하기까지 했다. 비록 실패했지만 2011년에는 산업은행 민영화나 인수합병을 통해 한국형 골드만삭스 또는 이른바 '메가뱅크'를 만들려는 시도도 있었다(홍수완, 2012: 76~78). 이 과정에서 정부는 지주회사에 대한 규제를 완화함으로써 재벌의 금융산업 진출을 보다 용이하게 만들었다.

이러한 조치들은 모두 사적 재산권을 확대하고 금융 부문에 특권을 부여하며 금융적 축적을 촉진하지만 장기적인 산업발전은 저해한다. 예를 들면, 노무현 정부는 「자본시장통합법」을 통해 금융산업 경쟁력을 강화하려고 했지만 이는 동시에 자산소유자의 권리를 확대하는 것이기도 했다. 또한 최근 도입된 국제회계기준 또한 기업 자산의 평가를 현재 시장소득 흐름에 의해 평가하는 것을 선호하므로 기업의 장기적이고 공격적인 투자를 불가능하게 하는 조치에 가깝다. 그리고 무엇보다도 중요한 것은 발전국가에서는 국가가 자금배분과 투자조정/결정의 주체였다면 이제는 민간 또는 시장이 그러한 역할을 맡는다는 것이다. 비록 이명박 정부에서 금융위원회가 시중은행에 압력을 가하고 기획재정부가 한국은행의 금리결정에 영향력을 행사했지만 그럼에도 금융부문은 (외국인 지배하에 있기 때문에) 전반적으로 국가로부터 상당한 자율성을 지키고 있다. 또한 2008년 글로벌 금융위기에 직면해 이명박·박근혜 정부에서 케인스적인 다양한 경기대응책들이 시행되었지만 이는 대체로 신자유주의 체제를 지키기 위한 비상수단으로 사용된 것이었다. 예를 들면, 부동산 가격을 떠받친 박근혜 정부의 금융정책은 신자유주의적인 금융·통화정책의 틀 안에서 자산가치 상승을 유도하고 자본의 금융자산 가치 손실을 보전해주려는 것이었다.

나. 재정정책

2013년 기준으로 한국의 공공사회지출은 국내총생산GDP의 10.4%에 불과하며 이는 32개 OECD 국가 중에서 세 번째로 낮은 수준이었다.[5] 복지부문social protection에 대한 지출은 GDP의 5.86%로 OECD 회원국 중 최하위이다(OECD 평균 16.64%). 이는 1998년 이후 계속 하락한 너무 낮은 직접세율(2007년 기준 GDP의 17.5%, OECD 평균은 24.6%) 및 OECD 최하위의 국가 재정규모(2014년 기준 GDP의 31.98%, OECD 평균은 44.9%) 때문이다. 그러나 재정규모가 작아도 자본축적과 금융산업에 대한 지원만큼은 OECD 상위권이다. 2014년 기준으로 한국의 산업부문 예산은 GDP 대비 5.32%로 OECD 평균 이상이고 비교대상 30개국 중 8위이다(오건호, 2010: 57, 110, 114~115; ≪한겨레≫, 2016.8.30). 사실 정부는 금융부문의 부실을 청소하기 위해 1998년부터 2002년까지 168.6조 원을 투입했고, 이 중 67.1조 원(2011년 기준)을 회수하지 못했으며 손실을 메우기 위해 2010년까지 47조 원을 차입했다(지주형, 2011: 418). 게다가 정부는 주식시장을 떠받치기 위해 국민연금이 주식에 투자하는 것을 허용했다(오건호, 2010: 51). 그뿐 아니라 한국 정부는 1998년부터 2010년까지 수출지원 목적의 환율 안정화(또는 인상)를 위해 총 120.6조 원을 빌렸으며 이로 인해 18.89조 원의 손실이 발생했다. 이와 대조적으로 (비록 사회지출과 사회안전망을 확대하기는 했지만) 정부는 1998년부터 2008년까지 실업대처와 일자리 창출에 겨우 35.5조 원만을 썼을 뿐이다(지주형, 2011: 311, 418~419). 이명박 정부의 경우 신자유주의적 감세 정책을 통해 재벌 기업의 세금 부담을 줄였고, 그 결과 집권 5년간 세수가 63조 원이 감소해 국가의 재정적자를 더욱더 심화시켰다(≪한겨레≫, 2012.8.23).

다. 산업정책

신자유주의 국가의 핵심적 산업정책은 전형적으로 금융산업의 혁신과 경쟁력 강화를 추진한다는 점에서 앞에서 설명한 금융정책과 동일한 것이라 할 수 있다. 그러나 금융정책이 신자유주의적 산업정책의 전부는 아니다. 신자유주의 국가가 반드시 제조업의 산업경쟁력을 경시하는 것은 아니며 이는 한국의 신

5) 최하위 1, 2위는 멕시코와 칠레이고 OECD 평균은 21.6%이다(OECD social expenditure database, http://www.oecd.org/social/expenditure.htm).

자유주의 국가도 마찬가지이다. 예를 들면, 김대중 정부하에서 한국은 OECD와 협력해 지식기반경제에 대한 상세한 국가 보고서를 작성한 최초의 나라였다(OECD, 2000). 노무현 정부는 금융, 회계, 법률, 디자인, 컨설팅과 같은 지식서비스 산업 외에도 연구개발 지원을 통해서 인공지능 로봇, 디지털TV, 자동차, 배터리, 디스플레이, 반도체, 바이오메디슨, 이동통신, 홈네트워크, 디지털콘텐츠/소프트웨어와 같은 하이테크 산업을 지원했다(국정브리핑 특별기획팀, 2008). 이명박 정부는 지구적인 '녹색뉴딜Green New Deal'의 맥락에서 녹색기술과 탄소배출권 거래를 통한 '녹색성장'을 지원하기도 했다. 하지만 이러한 산업정책의 목표는 과거 발전국가가 추구했던 유치산업 보호나 특정 산업에 대한 선택적 지원을 통한 추격적 산업화 혹은 '학습'과는 거리가 있다. 그것은 대체로 슘페터적 '혁신정책'이거나, 아니면 재벌이 지배하고 장기적 성장 잠재력이 낮은 이미 개발된 산업(일반 제조업, 건설, 원자력 산업 등)에 대한 지원이므로 발전주의적이라고 보기 힘들다(Pirie, 2008: 46~47; 2015: 6).

하지만 이러한 제조업 및 서비스업 분야의 신자유주의적 산업정책에도 불구하고 한국 신자유주의 국가는 제조업의 산업경쟁력보다는 신자유주의적인 금융·재무적 건전성 쪽으로 기울어 있는 듯하다. 그것은 산업의 생존과 채권자 권리 사이에서 선택을 강요하는 산업위기 및 구조조정의 상황에서 가장 잘 드러난다. 예를 들면, 최근의 조선업 구조조정은 채권자의 우위가 관철되는 '워크아웃'이라는 틀 속에서 채권자 손실 최소화를 위해 경쟁력 강화보다는 정리해고 등을 통한 비용감소와 자산 매각을 통한 현금자산 확보 등을 중심으로 진행되고 있다.

요약하면 한국 신자유주의 국가의 경제정책은 여러모로 과거의 발전국가의 정책과 구별된다. 발전국가가 산업발전을 위해 사적 재산권의 행사를 제한했다면, 신자유주의 국가는 금융발전을 통해 사적 재산권의 행사를 돕고 산업발전보다 재무·금융적 건전성을 중시한다. 또한 발전국가가 리스트적인 유치산업 보호와 학습을 통한 후발 산업화를 지향했다면, 신자유주의 국가는 상대적으로 슘페터적인 산업혁신을 지향한다. 마지막으로 발전국가가 직접 투자와 금융자원의 배분에 개입했다면, 신자유주의 국가는 민간 부문이나 시장이 스스로 투자와 금융자원의 배분을 결정하도록 돕는다. 이에 따라 산업 투자와 구조조정을 지배하는 것은 금융적 논리가 된다.

② 사회 및 노동정책

가. 사회정책

다음으로 한국의 신자유주의 국가의 사회정책은 다른 신자유주의 국가에서와 마찬가지로 경제정책에 종속되어 있다. 복지정책의 확대에도 불구하고 한국의 국가는 아직은 온전한 복지국가로 보기 어렵다. 비록 1997년 경제위기 이후 국민기초소득보장제가 도입되는 등 복지제도가 급속히 확대되었지만 이는 신자유주의가 시장에서의 '열패자劣敗者'를 위해 마련하는 사회안전망의 성격이 크다. 앞에서 보았듯이 사회지출은 OECD에서 가장 낮은 편이고, 사회복지 프로그램의 대부분은 최소한의 사회안전망을 제공하는 데 그치고 있다. 이에 따라 주택, 교육, 의료, 노후 대비 등과 같은 사회서비스는 대부분 국가보다는 시장을 통해서 제공되어 낮은 비용과 낮은 질을 특징으로 한다(주은선, 2012: 310~311). 게다가 한국의 국가는 부를 거의 재분배하지도 소득 불평등을 완화하지도 않았다(구인회, 2011: 232~233). 더구나 김대중 정부의 '생산적 복지'라든가 이후 노무현 정부의 '사회투자국가론' 등에 기초한 사회복지 프로그램은 복지를 인권이나 시민권의 관점에서가 아니라 복지국가에서의 근로의욕 저하에 대한 비판에 기초한 근로연계복지workfare나 경제성장 전략의 관점에서 파악한 것에 가깝다(cf. 국정브리핑 특별기획팀, 2008: 25, 240; 주은선, 2012). 박근혜 정부에서의 기초연금과 청년수당과 관련한 논란 또한 한국의 신자유주의 국가가 기본적으로 사회지출에 인색하다는 것을 보여주었다.[6]

6) 물론 이 글에 대한 한 논평자의 언급처럼 "한국에서의 복지의 미진함은 …… 재정 건전성을 위주로 정책을 집행하던 관행의 잔재로 해석"할 수 있는 부분도 있다. 그러나 한국 신자유주의 국가의 전반적인 재정건전성은 이미 매우 악화된 상태로, 특히 복지재정의 확대 요구에 대한 정부의 저항이 심

나. 노동정책

한국 국가는 발전국가 시절부터 노동억압의 긴 역사를 가지고 있으며 이는 신자유주의 시대에도 계속되었다. 위기 이후 한국에서 노동시장 유연화는 최우선순위 의제였다. 앞에서 언급했던 대로 한국 정부는 1998년 정리해고제와 파견근로자제도를 도입하고 조직노동의 저항을 폭력적으로 분쇄했다. 그 이후 정부는 주로 탈규제, 노동시장 유연화 및 비즈니스 친화적 정책을 통해서 일자리를 창출하려고 하고 있다(이병훈, 2011: 295~297). 정부는 조직노동과 파업에 지속적으로 단호한 태도를 취해왔으며 2004년 노무현 정부에서 노동쟁의와 구속노동자 수는 군사정권 종식 이후 최대치를 기록했다(지주형, 2011: 380). 사실 한국의 국가는 노동유연성을 포기하지 않고 구조조정으로 확대된 비정규직 문제를 사실상 방치했으며, 노동문제와 사회문제에 점점 더 폭력적이고 억압적인 수단으로 대응했다.

다. 자기계발과 가족주의적 각자도생

사회정책이든 노동조합의 단결이든 이렇게 집합적 해결이 요원한 상황에서, 개인에게 자유와 자기계발을 통한 성공의 환상을 심어주어 체제에 순응하고 각자도생을 추구하게 하는 신자유주의의 성과주의, 능력주의 이데올로기와 통치성은 한국에도 확산되었다(서동진, 2009). 2008년 글로벌 금융위기 이후 주춤하기는 하지만 제한된 사회복지제도와 노동조합 등 개인의 삶을 보호할 수 있는 사회조직들이 무력화된 상태에서 가족을 단위로 한 각자도생의 분위기는 계속되고 있다고 보인다. 개인의 리스크 관리를 도와주는 보험, 연금 등의 금융상품은 이러한 각자도생을 돕고 있으며 이에 따라 일상 또한 상당 부분 금융화되었다(백승욱·이지원, 2012 참조).

한 까닭은 발전주의적 잔재뿐만 아니라 신자유주의 이데올로기에서도 찾을 수 있다고 생각된다.

③ 공간의 조직

시공간적 측면에서 발전국가와 신자유주의 국가는 판이하다. 먼저 시간적 측면을 보면, 발전국가가 국가의 보조금과 전략적 산업육성을 통해 기업의 단기적 이익과 장기적 이익의 균형과 조화, 즉 '압축성장'을 성취했다면, 신자유주의 국가는 미래의 (허구적인) 수익을 기다림 없이 즉시 현재가치로 할인할 수 있는 금융화를 조장하여 '무시간적 시간timeless time'을 창출한다(cf. Castells, 1996). 공간적 측면에서 보면, 발전국가는 국내시장을 보호하는 대신 수출은 적극 장려하여 상품의 이동을 한 방향으로만 유도한 '비대칭적 폐쇄공간'을 창출한다. 반면 달러-월스트리트 체제에 통합된 신자유주의 국가는 상품과 자본의 흐름을 자유화하며, 특히 그중에서 자본의 양방향 이동(수입/수출)을 자유화한다. 하지만 실제로는 자본의 이탈과 유출을 막는 다양한 노력을 기울이므로 '비대칭적 개방공간'을 지향한다고 할 수 있다. 그리고 그에 따라 로컬과 글로벌 수준의 다양한 경제활동 공간들이 만들어진다.

인천자유경제구역, 제주국제자유도시, 미국, 유럽연합, 아세안, 칠레, 싱가포르 등과의 FTA 추진, 서울/부산 금융허브 등과 같은 한국 정부의 공간 프로젝트는 이러한 신자유주의적 시공간의 특징을 가지고 있다. 한국의 경제적 관리 통치의 스케일은 국민국가에서 로컬과 글로벌 수준으로 확대됨으로써 상대화되었다. 먼저 로컬 수준에서는 인천자유경제구역, 제주특별자치도와 같이 일반적 규제가 적용되지 않거나 지방정부의 권한이 강화된 예외적 통치공간이 만들어졌다. 다음으로 글로벌 수준에서는 FTA와 금융허브 전략이 추진되었다. 한국의 FTA 전략은 FTA의 허브를 구축함으로써 세계 시장에 대한 최선의 접근권과 상품 수출 및 외국자본 유치에서 경쟁우위를 확보함과 동시에 국내 서비스 산업의 국제경쟁력과 생산성을 강화하기 위한 것이었다. 이와 비슷하게 글로벌 금융허브 계획도 금융중개, 금융거래, 금융결제, 금융자산 관리 등으로부터 이윤을 창출하고 금융 산업의 국제경쟁력을 강화하기 위해 초국적 금융자본을 유치하는 것을 목표로 한 것이었다. 정부는 초국적 자본에게 국민연금 일부의 운영을 위탁하는 등의 특혜적 지원을 할 의사를 보이기도 했다. 글로벌 금융허브의 전망은 밝지 않지만, 외국 자본이 주식시장과 금융시장을 지배하는 한 이러한 노력들은 앞으로도 계속될 가능성이 크다. 이 모든 전략과 트렌드는 시스템의 리스크를 증가시킴으로써 경제를 불안정화하고 한국의 중소기업과 농업을 위협할 수도 있다.

④ 통치 권한의 이전

한국의 신자유주의 국가는 보육, 교육, 의료, 주택 및 다른 사회적 인프라 등의 사회서비스를 '협치governance'의 이름으로 민간기관을 통해 공급한다. 이는 사회서비스를 아예 제공하지 않았거나 제공하더라도 하향식으로 제공했던 과거의 발전국가와 대조된다. 하지만 이는 사실 공공재원을 사적 자본에 배분함으로써 사회공공서비스를 민간의 수익창출 기회로 만드는 것이다. 게다가 한국 정부는 도로, 다리, 전철 등 사회간접자본의 건설과 운영의 상당 부분을 최소수익을 보장MRG: miminum revenue guarantees하고 민간 기업에 맡겨 사회적으로 논란을 일으키기도 했다(오건호, 2010: 181). 협치는 명목적으로는 민간부문과의 협력을 통해 국가실패를 줄이지만, 실제로는 시장실패를 의도적으로 증가시켜, 공적 자금으로 사적 손실을 보상하게 만든다(cf. Harvey, 2005).[7] 특히 민자 도로나 다리, 전철 등 민간사업체의 손실을 국민세금으로 보상하는 문제가 지적되었다. 나아가 한국의 국가는 1997년 위기 이후 여러 공기업들을 본격적으로 사영화해오고 있다. 2000년대 초에 포항제철, 한국중공업, 한국통신, 한국담배인삼공사를 사영화한 외에도 최근에는 한국철도KTX, 한국전력, 한국산업은행, 인천공항 등의 사영화가 추진되고 있다.

7) 맥쿼리Macquarie Korea Infrastructure는 가장 나쁜 예이다. 2002년에 설립된 맥쿼리 코리아는 여러 지방정부와 인프라 공급 계약을 맺었으나 주주로부터 시장가격보다 높은 금리에 돈을 차입해 높은 이자비용을 발생시킴으로써 고의적으로 손실을 일으켰다. 그리고 이 손실을 근거로 최소수익보장제의 혜택을 봄으로써 논란을 빚었다. 지방정부에 대한 재정 압박이 커지자 최소수익보장제는 2009년 10월 폐지되었다(오건호, 2010: 181).

(3) 신자유주의 근로연계 탈국민 체제와 새로운 위기경향

한국의 신자유주의 국가는 정치형태 측면에서 청와대, 국가정보원, 검찰, 경찰과 같은 억압적 권력기관 외에도 경제부처를 중심으로 권력이 접합되어 있다는 것과 정치적 의사결정과 대표에서 노동을 배제한 형식화되고 사법화된 '포스트민주주의'를 특징으로 한다. 통치형태 또는 개입양식의 측면에서 볼 때는 한국의 국가는 슘페터적 근로연계 탈국민 체제의 신자유주의적 변형으로 파악할 수 있다(cf. Jessop, 2002). 경제정책은 하이테크 산업과 더불어 금융산업과 서비스업을 중심으로 한 혁신과 유연성을 강조하고, 사회정책은 경제성장에 종속된 근로연계복지, 사적 보험과 연금의 확대, 노동억압적이고 폭력적인 사회질서 유지를 특징으로 한다. 그리고 시공간적 측면에서 '비대칭적 개방 공간'에서의 자본, 상품, 노동의 흐름, 금융화된 '무시간적 시간', 그리고 세계화 및 '스케일의 상대화'를 특징으로 한다. 끝으로 통치기제로는 공기업의 사영화와 더불어 민간부문에 대한 권한 및 비즈니스 기회 제공을 핵심으로 하는 '협치'를 특징으로 한다.

하지만 한국의 신자유주의 국가는 자신의 고유한 역사적, 사회적 특수성을 가지고 있다. 첫째, 1997년 위기의 결과 한국의 국가는 영국과 미국 등 원조 신자유주의 국가들보다 더 나은 건전성 규제와 외환관리 시스템을 가지고 있다. 예를 들면 통합금융감독기구, 엄격한 기업 부채비율 및 BIS 자기자본 적정성 기준 규제 등은 기업과 금융기관의 투명성과 건전성을 높인다. 둘째, 발전국가적 유산으로 인해 다른 신자유주의 국가에 비해 지식기반경제, 금융허브, 한미 FTA 추진 등 신자유주의화에 더 적극적인 역할을 수행한다. 셋째, 금융논리의 우세, 주주가치의 강화 및 금융적 축적의 확대에도 불구하고 한국의 금융화 정도는 미국이나 영국 등에 비해 상대적으로 낮은 편이다. 이는 신자유주의화가 다른 서구 국가에 비해 비교적 늦게 시작되었으며 헤게모니적 자본인 재벌이 제조업 기반이고 금융산업 진출에 제한이 있기 때문이다. 그러나 자본주도적인 또는 금융논리에 근거한 투자조정과 리스크 관리의 질서가 확립되었다는 점에서 이는 분명히 과거의 발전주의와는 비교된다.

이러한 신자유주의 국가는 자신만의 고유한 위기 경향을 가지고 있다. 첫째, 금융정상화를 위한 공적자금 투입 등으로 국가채무는 증가한다. 둘째, 개방된 금융시장은 일반적으로 세계 경제의 흐름에 종속적이고, 금융시장 자체의 논리 때문에 매우 불안정하다. 셋째, 산업 대신 금융논리의 지배는 산업투자를 감소시키고 그만큼 성장잠재력과 일자리를 감소시키는 경향이 있다. 넷째, 기업금융이 감소하고 부동산 담보 대출 등 가계금융이 증가하면서 가계부채가 증가하며 부동산 거품이 형성된다. 다섯째, 비정규직의 증가, 금융 및 부동산 자산 소유의 불평등으로 인해 사회경제적 양극화가 심화되고 내수가 침체된다.

신자유주의 국가는 자본주도 투자와 관련된 리스크를 관리하고 위기로부터 생긴 손실을 보상해줌으로써 이러한 위기와 위기경향에 적극적으로 대응한다. 즉, 국가는 산업경쟁력 강화를 위한 연구개발 투자, 최소수입보장제, 환율 조작 등 다양한 방식의 재정지출을 통해 자본의 수익성을 확보한다. 또한 경제위기에 대응해서 신자유주의 국가는 경기부양을 위해 통화량과 재정지출을 확대하고 공적자금의 투입을 통해 부실화된 은행과 금융기관을 구제한다. 공적자금의 상당 부분은 회수되지 못하며 납세자에 의해 부담된다.

5. 결론: 발전국가와 신자유주의 국가 비교

결론적으로 한국의 국가 성격은 1997년 위기 이후 발전주의에서 신자유주의로 전환되었다. 국가가 적극적으로 경제발전을 추구하고 위기에 대응하기 위해 개입한다는 이유만으로 그것을 발전국가라고 부르는 것은 현재 한국의 국가 성격에 대한 심각한 오해를 초래한다. 물론 여러 측면에서 한국의 국가는 과거 발전국가의 유산을 상속했다. 예를 들면 성장 지상주의, 노동시장 유연성, 노동에 대한 억압과 배제, 낮은 사회복지 수준, 가족을 단위로 한 사회구성원들의 각자도생적 경쟁, 경제에서 토건/부동산의 높은 비중, 행정부가 주도하는 정책수립 과정 및 의회의 제한된 기능 등은 과거의 권위주의 발전국가와 단절한 결과라

표 4-3 한국의 발전국가와 신자유주의 국가 비교

구분	발전국가	신자유주의 국가
국제 정치경제	브레턴우즈 체제 동서냉전	달러-월스트리트 체제 냉전종식과 미국 헤게모니(2008년 이전)
대표 양식: 국가-사회 관계	약한 시민사회와 사적 자본 - 과대성장 국가 정치/관료계급의 우위 사적 재산권에 대한 수탈적 제한 국가주도 - 정경유착 - 관치금융 권위주의 군부 개발독재	성숙한 시민사회와 사적 자본 보호되고 확장된 사적 재산권 자본주도 - 신 정경유착(삼성공화국) - 금융자율화 포스트민주주의 민주주의의 형식화 정치의 사법화
접합 양식: 국가장치 간 위계	청와대 〉 군부/중앙정보부 〉 행정부 〉 의회, 사법부; 경제수석 〉 경제장관	청와대 〉 행정부; 경제부처, 사법부 〉 의회
개입양식: 경제정책	국가주도 투자조정과 통치 산업계획과 국가보조금 투자와 리스크관리의 국가화 국가에 의해 통제된 금융 - 산업논리의 지배 - 기업금융 및 고부채 투자전략	자본주도 투자결정 투자와 리스크 관리의 상품화 금융 자유화 금융논리의 지배와 금융규제 완화 - 기업금융/부채 감소와 가계금융/부채 증가
사회정책	제한된 가족 및 기업 복지	제한된 사회안전망과 복지
노동정책	배제, 억압, 임금 통제 및 유연화 가족주의와 산업역군 이데올로기 병영적 통제	배제, 억압, 임금 통제 및 유연화 자기계발 이데올로기 노동유연성과 성과를 통한 통제
공간적 특성	비대칭적 폐쇄: - 국내 유치산업 보호 + 수출촉진	비대칭적 개방: - 자본시장 개방, 외국인 투자 증가 - 금융허브, FTA 추진
시간적 특성	'압축성장' 시간	'시간이 걸리지 않는 시간'
통치 방식	하향식 통치	협치와 민관협력 사회공공서비스의 사영화
재벌	총수 전횡	주주 영향력 강화
가계	예금, 저축	사보험/연금/펀드, 부채
고용/임금	일손 부족으로 임금 지속 상승	일자리 부족과 임금 정체
성장	고속 성장	저성장

기보다는 그것을 계승하고 심화한 결과로 볼 수 있다(윤상우, 2009: 56). 그러나 이러한 특성들은 발전국가론에서 강조하는 발전국가의 규정적 특징들이 아니다. 현대 한국의 국가는 성과, 장치, 정책, 사회관계 등 핵심적인 부분에서 과거의 발전국가와 대조적이다. 따라서 한국의 국가는 자신만의 고유한 역사적 경로의존성을 가진 신자유주의 국가로 봐야 한다. 하지만 그것은 한국의 국가가

산업정책 일반에서 후퇴하거나 '시장'을 건설하는 제도적 개혁을 수행했기 때문은 아니다. 그것은 오히려 달러-월스트리트 체제의 역사적 부상과 몰락이라는 역사적·지리적 맥락 속에서 한국의 국가가 사적 재산권을 보호·확장하고, 금융화·증권화를 촉진하며, 통치권한을 사적 자본에게 양도하고, 민주주의를 형식화한 동시에 정치를 사법화하는 방식으로 자본축적을 지원했기 때문이다. **표 4-3**은 발전국가와 신자유주의 국가의 주요 특징들을 대조하여 보여준다.

요약하면 한국의 발전국가는 정치적 계급 또는 관료 계급의 자본가 계급에 대한 우위, 국가주도 투자조정과 리스크 관리 및 자본축적, 금융적 수익성을 희생할지라도 추격적 산업화를 달성하기 위한 산업 발전 등을 특징으로 한다. 대조적으로 한국의 신자유주의 국가는 사회의 다른 부분에 대한 자본가 계급의 우위, 자본주도의 투자조정과 리스크 관리 및 자본축적, 금융지향적 계산의 지배 등을 특징으로 한다. 따라서 그것은 다음과 같이 신자유주의 국가의 전형적인 형태와 특징을 지니고 있다. (a) 포스트민주주의(정치의 사법화, 민주주의의 형식화, 경제부처와 신자유주의 관료의 헤게모니), (b) 금융화·증권화(금융적 회복과 금융적 혁신, 즉 투자와 리스크의 금융상품화)와 산업경쟁력(기술 연구개발, 국가경쟁력, 수출가격)에 대한 제도적 지원, (c) 노동시장 유연성(근로연계복지, 노동억압과 배제, 노동시장 유연화 정책 등), (d) 금융·자본시장 자유화와 세계화, (e) 자본주도 협치(사실상의 공공사회서비스 사영화로서의 수평적 협치와 민관협력과 사적 수익성을 위한 공공재정의 사용), 그리고 (f) 그 결과로서의 사회경제적 양극화, 불평등 및 위기가 그것이다.

참고문헌

구인회. 2011.「복지개혁」. 강원택·장덕진 편.『노무현 정부의 실험: 미완의 개혁』. 한울, 215~245쪽.

국정브리핑 특별기획팀. 2008.『참여정부 경제 5년: 한국경제 재도약의 비전과 고투』. 한스미디어.

김상조. 1998.「김영삼 정부의 개혁 실패와 경제 위기」. 이병천·김균 편.『위기, 그리고 대전환:

새로운 한국 경제 패러다임을 찾아서』. 당대, 176~206쪽.
김연명. 2002.「김대중 정부의 사회복지정책: 신자유주의를 넘어서」. 김연명 편.『한국복지국가 성격논쟁』. 인간과 복지.
문돈·정진영. 2014.「'발전국가모델'에서 '신자유주의모델'로: '한국발전모델' 논쟁에 대한 비판적 평가」. ≪아태연구≫, 제21집 2호, 129~164쪽.
박상영. 2012.「한국 '포스트발전국가론'의 발전과 전개: 90년대 이후 한국 발전국가 연구 경향과 향후 연구과제」. ≪현대정치연구≫, 제5집 1호, 63~90쪽.
_____. 2015.「발전주의와 신자유주의의 혼재성에 대한 고찰: 90년대 이후 한국 발전국가의 변화와 혼재성의 다양성」. ≪아태연구≫, 제22집 4호, 5~40쪽.
박지훈. 2006.「한국 신자유주의의 기원」. 서강대학교 대학원 정치외교학과 석사학위 논문.
백승욱·이지원. 2012.「한국에서 생명보험의 신자유주의적 전환」. ≪한국사회학≫, 제46집 2호, 88~122쪽.
버냉키(Bernanke, B. S.). 2013. 김홍범·나원준 역.『연방준비제도와 금융위기를 말하다』. 미지북스.
벨로(Bello, W.). 1998. 이윤경 역.『어두운 승리: 신자유주의, 그 파국의 드라마』. 삼인.
서동진. 2009.『자유의 의지 자기계발의 의지: 신자유주의 한국사회에서 자기계발하는 주체의 탄생』. 돌베개.
성경륭. 2002.「민주주의의 공고화와 복지국가의 발전: 문민정부와 국민의 정부 비교」. 김연명 편.『한국복지국가 성격논쟁』. 인간과 복지.
셰네(Chesnais, F.). 2003. 서익진 역.『자본의 세계화』. 한울.
손호철. 2005.「김대중 정부의 복지개혁의 성격」. ≪한국정치학회보≫, 제39집 1호, 213~231쪽.
신동면. 2001.「김대중 정부의 사회정책개혁: 근로연계복지를 향하여」. ≪한국행정학보≫, 제35집 1호, 53~68쪽.
오건호. 2010.『대한민국 금고를 열다: 진보의 눈으로 국가재정 들여다보기』. 레디앙.
오원철. 1996.『한국형 경제건설: 엔지니어링 어프로치』, 제3권. 기아경제연구소.
유철규·이경미. 2001.「축적체제의 제도적 창출과 발전: 1970년대」. 김진업 편.『한국자본주의 발전모델의 형성과 해체』. 나눔의집, 129~163쪽.
윤상우. 2009.「외환위기 이후 한국의 발전주의적 신자유주의화: 국가의 성격변화와 정책대응을 중심으로」. ≪경제와 사회≫, 제83집, 40~68쪽.
이강국. 2005.『다보스, 포르투 알레그레 그리고 서울: 세계화의 두 경제학』. 후마니타스.
이병천 편. 2003.『개발독재와 박정희 시대: 우리 시대의 정치경제적 기원』. 창비.
이병천. 2011.「외환위기 이후 한국의 축적체제: 수출주도 수익추구 축적체제의 특성과 저진로 함정」. ≪동향과 전망≫, 제81집, 9~69쪽.
이병훈. 2011.「사회 통합적 노동 개혁, 진보의 좌절과 현실 타협」.『노무현 정부의 실험: 미완의 개혁』. 강원택·장덕진 편. 한울, 279~310쪽.

이종보. 2010.『민주주의 체제하 '자본의 국가지배'에 관한 연구: 삼성그룹을 중심으로』. 한울.
임혜란. 2008.「한국 산업정책의 변화와 거버넌스」. ≪한국정치연구≫, 제17집 2호, 1~32쪽.
임혜란·이하나. 2009.「한국 금융감독체계 개혁의 정치경제」. ≪한국정치연구≫, 제18집 1호, 119~146쪽.
장하준·정승일·이종태. 2012.『무엇을 선택할 것인가』. 부키.
조영철. 2007.『금융세계화와 한국 경제의 진로: 민주적 시장경제의 길』. 후마니타스.
조희연. 2007.『박정희와 개발독재 시대: 5·16에서 10·26까지』. 역사비평사.
_____. 2010.『동원된 근대화: 박정희 개발동원체제의 정치사회적 이중성』. 후마니타스.
주은선. 2012.「한국 사회보장의 위기와 근본적 대안 모색」. 조돈문·배성인 편.『217 한국사회를 바꿀 진보적 정책 대안』. 메이데이, 306~320쪽.
지주형. 2011.『한국 신자유주의의 기원과 형성』. 책세상.
최장집. 1993.『한국민주주의의 이론』. 한길사.
_____. 1997.『한국의 노동운동과 국가』. 나남.
≪한겨레≫, 2012.8.23. "MB 정부 5년간 감세 … 세수 63조 줄어", http://www.hani.co.kr/arti/society/society_general/548517.html
≪한겨레≫, 2016.8.30. "기업엔 예산 퍼주고 복지엔 쥐꼬리", http://www.hani.co.kr/arti/economy/economy_general/759076.html
허성우. 2011.「포스트 발전국가론과 여성주의적 개입」. ≪한국여성학≫, 제27집 1호, 117~154쪽.
홍수완. 2012.「금융의 공공성을 다시 생각한다: 저축은행 사태를 중심으로」. 조돈문·배성인 편.『217 한국사회를 바꿀 진보적 정책 대안』. 메이데이, 64~80쪽.
후카가와 유키코(深川由起子). 1999. 박찬억 역.『대전환기의 한국경제: 그 위기극복의 청사진』. 나남.

Amsden, A. 1989. *Asia's Next Giant: South Korea and Late Industrialization*. Oxford: Oxford University Press.
Arestis, P. and M. Sawyer. 2005. "The Neoliberal Experience of the United Kingdom." in A. Saad-Filho(ed.). *Neoliberalism: A Critical Reader*. London: Pluto Press. pp. 199~207.
Beeson, M. and I. Islam. 2005. "Neo-liberalism and East Asia: Resisting the Washington Consensus." *The Journal of Development Studies*, 41(2), pp. 197~210.
Blustein, P. 2001. *The Chastening: Inside the Crisis that rocked the Global Financial System and Humbled the IMF*. New York: PublicAffairs.
Bryan, D. and M. Rafferty. 2006. *Capitalism with Derivatives: A Political Economy of Financial Derivatives, Capital and Class*. London: Palgrave.
Burkett, P. and M. Hart-Landsberg. 2000. *Development, Crisis, and Class Struggle: Learning from Japan and East Asia*. New York, MacMillan.

Castells, M. 1996. *The Rise of the Network Society*. Oxford: Blackwell.

Castley, R. 1997. *Korea's Economic Miracle: The Crucial Role of Japan*. Basingstoke: MacMillan.

Chang, H.-J., Hong Jae Park and Chul Gyue Yoo. 1998. "Interpreting the Korean crisis: financial liberalisation, industrial policy and corporate governance." *Cambridge Journal of Economics*, 22, pp. 735~746.

Chang, H.-J. 2002. *Kicking Away the Ladder: Development Strategy in Historical Perspective*. London: Anthem Press.

Cho, H.-Y. 2001. The Listian Warfare State and Authoritarian Developmental Mobilizaion Regime in the East Asian Anticommunist Regimented Society: A Study on the Characteristics of the State and Accumulation Regime in South Korea and Taiwan. presented at the workshop on "In Search of East Asian Modes of Development: Regulationist Approaches." Tunghai University, Taichung, Taiwan.

Chu, Y.-W. 2009. "Eclipse or Reconfigured? South Korea's Developmental State and the Global Knowledge Economy." *Economy and Society*, 38(2), pp. 278~303.

Crotty, J. and K.-K. Lee. 2002. "A Political-Economic Analysis of the Failure of Neo-liberal Restructuring in Post-Crisis Korea." *Cambridge Journal of Economics*, 26, pp. 667~678.

Crouch, C. 2005. *Postdemocracy*. Cambridge: Polity Press.

_____. 2011. *The Strange Non-Death of Neoliberalism*. Cambridge: Polity Press.

Cumings, B. 1989. The Abortive Abertura: South Korea in the Light of Latin American Experience. *New Left Review*, 173, pp. 5~32.

Davies, W. 2014. *The Limits of Neoliberalism*. London: Sage.

Davis, A and C. Walsh. 2015. The Role of the State in the Financialization of the UK Economy. *Political Studies*, DOI: 10.1111/1467-9248.12198.

Evans, P. 1995. *Embedded Autonomy: States and Industrial Transformation*. Princeton: Princeton University Press.

Fine, B. 2012. "Neoliberalism in Retrospect? It's Financialisation, Stupid!" in K.-S. Chang, B. Fine and L. Weiss(eds.). *Developmental Politics in Transition: The Neoliberal Era and Beyond*. London: Palgrave Macmillan, pp. 51~69.

_____. 2013. "Beyond the Developmental State." in B. Fine et al.(eds.). *Beyond the Developmental State: Industrial Policy into the Twenty-First Century*. London, Pluto Press, 1~32.

Froud, J., S. Johal and K. Williams. 2002. Financialisation and the Coupon Pool. *Capital and Class*, 78, pp. 119~151.

Glassman, J. and Y. Choi. 2014. "The *Chaebol* and the US Military-Industrial Complex: Cold War Geopolitical Economy and South Korean Industrialization." *Environment and Planning*

A, 46, pp. 1160~1180.
Gowan, P. 1999. *The Global Gamble: Washington's Faustian Bid for World Dominance*, London: Verso.
Koo, H. 2001. *Korean Workers: The Culture and Politics of Class Formation*. Ithaca: Cornell University Press.
Hart-Landsberg, M. 1993. *The Rush to Development: Economic Change and Political Struggle in South Korea*. New York: Monthly Review Press.
Hart-Landsberg, M. and P. Burkett. 2001. "Economic Crisis and Restructuring in South Korea: Beyond the Free Market-statist Debate." *Critical Asian Studies*, 33, pp. 403~430.
Harvey, D. 2005. *A Brief History of Neoliberalism*. Oxford: Oxford University Press.
Held, D. 2006. *Models of Democracy*, 3rd Ed. Cambridge: Polity Press.
Hirschl, R. 2008. "The Judicialization of Politics." in G. A. Caldeira et al.(eds.). *The Oxford Handbook of Law and Politics*. Oxford University Press, pp. 119~141.
Hirst, P. and G. Thompson. 1999. *Globalization in Question: The International Economy and the Possibilities of Governance*. Cambridge: Polity Press.
Hundt, D. 2014. "Economic Crisis in Korea and the Degraded Developmental State." *Australian Journal of International Affairs*, 68(5), pp. 499~514.
Jayasuriya, K. 2005. "Beyond Institutional Fetishism: From the Developmental to the Regulatory State." *New Political Economy*, 10(3), pp. 381~387.
Jeong, S. 1997. "The Social Structure of Accumulation in South Korea: Upgrading or Crumbling?" *Review of Radical Political Economics*, 29(4), pp. 92~112.
Jessop, B. 1990. *State Theory: Putting the Capitalist State in Its Place*. Cambridge: Polity Press.
_____. 2002. *The Future of the Capitalist State*. Cambridge: Polity Press.
_____. 2013. "The Developmental State in an Era of Finance-Dominated Accumulation." presented at the 1st International Workshops on the Geo-political Economies of East Asia, "Re-locating East Asian Developmental States in their Transnational and Local Contexts." SNU Asia Center, Seoul National University, August, 22~23th.
Jessop, B. and N.-L. Sum. 2006. *Beyond the Regulation Approach: Putting Capitalist Economies in Their Place*. Cheltenham, UK: Edward Elgar.
Johnson, C. 1982. *MITI and the Japanese Miracle: The Growth of Industrial Policy, 1925~1975*. Stanford: Stanford University Press.
_____. 1998. Economic crisis in East Asia: the clash of capitalisms. *Cambridge Journal of Economics*, 22, pp. 653~661.
_____. 1999. "The Developmental State: Odyssey of a Concept." in M. Woo-Cumings(ed.). *The Developmental State*. Ithaca: Cornell University Press, pp. 32~60.

Kalinowski, T. 2015. "Crisis Management and the Diversity of Capitalism: Fiscal Stimulus Packates and the East Asian (Neo-) Developmental State." *Economy and Society*, 44(2), pp. 244~270.

Kang, D. C. 2002. *Crony Capitalism: Corruption and Development in South Korea and the Philippines*. Cambridge: Cambridge University Press.

Kang, M. H. 1996. *The Korean Business Conglomerate: Chaebol Then and Now*. Berkeley: Institute of East Asian Studies, University of California, Berkeley.

Kim, E. M. 1993. "Contradictions and Limits of a Developmental State: With Illustrations from the South Korean Case." *Social Problems*, 40, pp. 228~249.

Krippner, G. R. 2011. *Capitalizing on Crisis: The Political Origins of the Rise of Finance*. Cambridge, MA: Harvard University Press.

Lie, J. 1998. *Han Unbound: The Political Economy of South Korea*. Stanford: Stanford University Press.

MacGregor, S. 2005. "The Welfare State and Neoliberalism." in A. Saad-Filho (ed.). *Neoliberalism: A Critical Reader*. London: Pluto Press, pp. 142~148.

Mathews, J. A. 1998. Fashioning a new Korean model out of the crisis: the rebuilding of institutional capabilities. *Cambridge Journal of Economics*, 22, pp. 747~759.

OECD. 2000. *Korea and the Knowledge-Based Economy: Making the Transition*. C. Dahlman and T. Andersson(ed.). Paris: OECD.

Ong, A. 2000. Graduated sovereignty in South-East Asia. *Theory, Culture and Society*, 17(4), pp. 55~75.

Orhangazi, O. 2008. *Financialization and the US Economy*. Cheltenham, UK: Edward Elgar.

Panitch, L. and M. Konings. 2009. "Myths of Neoliberal Deregulation." *New Left Review* II No. 57, pp. 67~83.

Polnayi, Karl. 1957. *The Great Transformation: The Political and Economic Origins of Our Time*. Boston: Beacon Press.

Pirie, I. 2005. "The New Korean State." *New Political Economy*, 10(1), pp. 25~42.

_____. 2008. *The Korean Developmental State*. London: Routledge.

_____. 2015. Korea and the global economic crisis. *Pacific Review*. DOI: 10.1080/09512748.2015.1032337

Poulantzas, N. 1978. *Political Power and Social Classes*. London: Verso.

_____. 1980. *State, Power, Socialism*. London: Verso.

Sassen, S. 2001. *The Global City: New York, London, Tokyo*, 2nd Ed. Princeton: Princeton University Press.

Skocpol, T. 1985. "Bringing the State Back In: Strategies of Analysis in Current Research." in P.

B. Evans, D. Rueschemeyer & T. Skocpol. *Bringing the State Back In*. Cambridge: Cambridge University Press, pp. 3~37.

Stubbs, R. 2011. "The East Asian Developmental State and the Great Recession: Evolving Contesting Coalitions." *Contemporary Politics*, 17(2), pp. 151~166.

Sum, N.-L. 1995. *Capitalism in East Asian Nics: A Regulation Perspective*. Sheffield: The Political Economy Research Centre, University of Sheffield.

Thurborn, E. and L. Weiss. 2006. "Investing in Openness: The Evolution of FDI Strategy in South Korea and Taiwan." *New Political Economy*, 11(1), pp. 1~22.

Truman, H. S. 1949. Inaugural Address, January 20. http://www.bartleby.com/124/pres53.html

Wacquant, L. 2009. *Deadly Symbiosis: Race and the Rise of the Penal State*. Cambridge: Polity Press.

Wade, R. 1990. *Governing the Market: Economic Theory and the Role of Government in East Asian Industrialization*. Princeton: Princeton University Press.

Weiss, L. 1998. *The Myth of the Powerless State*. Cambridge: Polity Press.

_____. 2012. "The Myth of the Neoliberal State." in K.-S. Chang, B. Fine and L. Weiss(eds.). *Developmental Politics in Transition: The Neoliberal Era and Beyond*. London: Palgrave Macmillan, pp. 27~43.

Weiss, L. and J. M. Hobson. 1995. *States and Economic Development: A Comparative Historical Analysis*. Cambridge: Polity Press.

Woo-Cumings, M. 1999. "The State, Democracy, and the Reform of the Corporate Sector in Korea." in T. J. Pempel(ed.). *The Politics of the Asian Economic Crisis*. Ithaca and London: Cornell University Press, pp. 116~142.

제5장

97년 금융위기 이후의 한국 경제

자유주의적 자본주의로?

정승일

1. 서론

한국의 경제성장은 후발 공업화의 성공적인 사례로서 일찍이 "동아시아의 기적"으로 불렸다. 한국은 1960년대 이후 급속한 경제성장을 달성하여 세계 최빈국 중 하나에서 2017년 현재 1인당 국민소득 2만 8000달러가량의 경제 강국으로 변모했다. 한국은 GDP 기준 세계 11번째의 경제대국이다. 또한 글로벌 대기업들이 한국의 수출 경제를 주도하고 있는데, 그 덕택에 2008년 말에 발생한 글로벌 금융위기를 독일과 비슷하게 가장 잘 넘겼다는 국제적인 평을 들었다. 즉, 한국 경제는 전자, 자동차, 조선, 기계, 철강 등의 수출산업 덕택에, 수출이 주도하는 독일 경제와 함께 2013년까지만 해도 OECD 가입국 중 세계 금융위기를 가장 잘 넘어섰다는 평을 들었다.

20년 전인 1997년 말에 한국을 포함한 5개 아시아 나라들에서는 동아시아 금융위기가 발생했다. 물론 그 위기 발생 직후의 급격한 경기추락 이후 불과 1년 뒤부터 한국 경제의 수출과 경기는 그 추락에서 회복되었다. 하지만 그 이후의 기간에 한국 경제의 성장률은 위기 발생 이전의 절반 수준으로 떨어졌다. 더 심각한 점은 불평등의 심화 현상이다. 1998년 이후 지금까지 약 20년간 1인당 GDP는 3배로 증가했지만 대다수 서민들의 생계는 오히려 악화되었고 빈부격차가 심화되었다. 본래 한국의 가계 저축률은 OECD 가입국들 중에서 가장 높은 수준이었지만 1998년 이후에는 가장 낮은 수준으로 떨어졌다. 반대로 기업 저축률은 본래 가장 낮은 수준이었는데, 1998년 이후 가장 높은 수준으로 상승했다. 동아시아 위기 이후 한국을 대표하는 대기업들의 생산성과 효율성은 갈수록 높아졌지만 이들 대기업의 국내 채용 비중은 갈수록 줄어들었다. 즉, 1998년 이후 대기업들의 채용 비중은 전체 피고용자의 18%에서 12%로 떨어졌으며 그리하여 '고용 없는 성장'이 실현되었다. 하지만 같은 기간 중에 대기업들의 해외 현지 인력 채용은 크게 증가했다.

이러한 극적인 변화의 원인은 무엇일까? 이 글의 목적은 지난 20년간 한국경제와 대기업들에서 일어난 깊은 구조적 변화를 분석하는 데 있다. 글의 구성은 다음과 같다. 먼저 제2절에서는 1990년대 말의 동아시아 위기와 그 이후의 구조개혁에 대한 분석과 함께 앞서 언급한 극적인 변화가 발생한 이유와 과정을 설명한다. 제3절에서는 그 구조개혁의 결과로 한국의 대기업들이 어떻게 변화했는지를 다룬다. 마지막으로 제4절에서는 2010~2011년에 체결된 한미FTA와 한-EU FTA의 역할에 대해 다룬다.

2. 동아시아 금융위기와 구조개혁

1) 금융위기와 시장친화적 개혁

1980년대 중반에서 1990년대 중반까지의 기간은 참으로 '동아시아의 10년'이었다. 많은 서구 연구자들이 일본 기업들의 특징과 높은 성과를 칭찬했다(예, Clark and Fujimoto, 1991). 또한 다른 서구 연구자들은 제도주의적 관점에서 일본과 한국, 대만의 기업과 경제에 주목하여 이들 나라 기업 및 경제의 높은 성과가 특정한 사회적, 역사적, 경제적 제도와 깊은 관련이 있음을 지적했다(Fallows, 1995; Whitley, 1992). 그리고 세계은행 역시 「동아시아의 기적」(1993) 보고서에서 동아시아 경제를 높이 평가했다.

그러나 동아시아의 기업과 경제가 지닌 긍정적 특징과 그로 인한 성과에 대한 믿음은 1997년 말의 동아시아 금융위기로 산산조각 났다. 1997년 금융위기 이후 위기의 원인과 그 이후 전개과정을 설명하는 많은 연구가 나왔다. 일부 연구는 그 위기가 동아시아 특유의 자본주의로 인해 발생한 구조적 산물이라고 주장했다(Corcetti et al., 1998a, 1998b; Greenspan, 1998). 이 견해에 따르면 동아시아 금융위기는 동아시아 자본주의의 제도적 및 구조적 요인으로 인한 시장 왜곡에서 기인하는 모럴 해저드 때문에 발생했다. 그러나 다른 견해에 따르면 동아시아 금융위기는 급격하게 개방되어 자유화된 금융시장에 내재된 본원적 불안정성과 그것으로 인해 발생한 공황panic 심리 때문에 발생했다(Furman and Stiglitz, 1998; Chang, 1998, 2000).

위기에 대한 원인 진단이 달라지면 그 처방도 달라진다. 만약 동아시아 금융위기의 원인이 금융개방과 공황이라면, 그 위기에 대처하는 처방은 안심할 만한 금융규제를 재도입하여 금융시장의 본원적 불안정성을 통제하는 것이다. 그러나 만약 동아시아 금융위기의 원인이 뭔가 동아시아 자본주의의 특수한 구조적 특징에 있다면, 위기에 맞서는 처방은 동아시아 자본주의의 구조적 특징을 해체하는 구조개혁이다. IMF와 세계은행은 후자의 견해를 채택했고 그리하여 위기가 발생한 5개 동아시아국에 고강도의 급진적 구조개혁을 촉구했다(Fischer, 1998; Claessens et al., 2000).

동아시아의 기업 시스템을 영미의 기업 시스템과 유사하게 만드는 것은 그 구조개혁의 가장 중요한 목적의 하나였다. 더구나 그 구조개혁 정책은 주로 한국 경제에 적용되었는데, 왜냐하면 일본과 대만은 1997년 말 동아시아 금융위기를 비껴간 데다가 또한 한국을 제외한 동아시아 금융위기 발생국인 필리핀과 말레이시아, 인도네시아, 태국에는 한국에서와 같은 거대 수출기업이 없었기 때문이다. 재벌, 즉 가족 지배 대기업집단은 1997년 이전까지만 해도 한국 경제성장의 엔진으로 평가되었다(Amsden, 1997). 삼성전자와 현대자동차 같은 재벌계 대기업들은 세계 시장에서 미국, 일본, 유럽의 대기업들과 경쟁할 만큼 성장했다. 많은 연구들이 그 높은 성과의 원인을 국가개입주의와 은행 기반 금융, 그리고 대기업그룹과 같은 한국 경제의 특이한 제도적 장치 덕택이라고 칭찬했다. "주식회사 대한민국Korea Inc."은 국가와 은행, 비즈니스 간의 긴밀한 협력을 상징하는 표현이었다(Amsden, 1989; Chang, 1994; Shin and Chang, 2004).

그러나 동아시아 금융위기 이후 그러한 칭찬은 사그라들었다. 신고전파 경제학자들은 그 경제위기가 한국의 경제제도에 내재된 구조적 약점을 드러냈다고 주장했다. 재벌 기업을 포함한 대기업들은 도덕적 해이와 대마불사too big to fail 심리, 낮은 투명성과 낮은 수익성, 그리고 높은 부채비율 등의 구조적 특성으로 비판받았다(Claessens et al., 1998; Hahm and Mishikin, 2000; Dornbush, 1997). 또한 주주 가치를 옹호하는 연구자들은 이러한 구조적 특징이 근본적으로 기업 지배구조 및 기업의 투자자금 조달 구조의 왜곡에서 비롯된 것이라고 주장했다(Black et al., 2000; Jang, 2001; Yoo, 1999). 그들은 한국 기업 및 경제 시스템의 효율성을 높이기 위해 주주가치를 강화하는 것이 필수적이라고 주장했다. 1997년 11월, 김영삼 정부는 외환위기를 극복하기 위해 IMF의 구제금융 프로그램에 서명했다. IMF의 구제금융에 의존해야 한다는 사실은 전 국민의 수치로 받아들여졌으며, 이로 인해 1961년 산업화가 시작된 이래 처음으로 야당 후보인 김대중이 당선되었다. 1998년 2월, 민주당 김대중 정부가 권력을 잡았다.

그러나 새 민주정부의 정치인과 정책 입안자의 마음을 지배한 것은 신고전파 경제학이었다. 한국의 기업과 금융, 공공 및 노동시장 시스템을 자유시장free market 모델과 유사한 새로운 시스템으로 전환시키는 것을 목표로 하는 구조개혁 프로그램이 도입되었다(Cho et al., 2007; Shin, 2000; Chang, 2006). 금융 시스템을 미국의 월스트리트와 유사하게 전환시키고 대기업의 지배구조 및 자본구조를 주주자본주의 원리에 일치하도록 전환했다. 공공 부문 경영에도 시장 및 수익성 원칙이 도입되었으며 많은 공기업들이 민영화되었다. 종신고용 관행이 깨졌으며 비정규직을 확대하고 정리해고가 제도화되어 노동시장이 유연해졌다. 또한 외국자본 유입 장벽이 낮아졌고 부동산 투기 규제 및 환경 규제도 약화되었다.

2) 금융위기의 극복과 구조개혁

한국은 1997년 금융위기의 즉각적인 원인, 즉 외환 보유액을 초과하는 엄청난 양의 해외 단기차입 문제를 성공적으로 제거했다. 단기 외화차입금을 장기 외화차입금으로 전환했고 또한 신규 단기 차입금에 대해서는 다양한 규제로 제한했다. 동시에 한국은 외환보유고를 쌓는 데 주력했다. 1998년과 2012년 사이에 한국은 단기 국제자본의 갑작스러운 유출 위험에 대처하기 위해 3270억 달러의 외환보유고를 쌓았다. 이것은 세계에서 7번째로 많은 외환보유고에 해당한다. 외환보유고가 증가하는 데는 두 가지 요인이 작용했다. 첫째는 1998년부터 매년 수출과 함께 경상수지 흑자가 증가한 것이다. 둘째는 포트폴리오 투자와 직접투자(주로 한국 기업 인수) 형태의 외자 유입이다. 첫째 요소는 자유주의 개혁의 성취가 아니라 1997년 이전에 개발국가(발전국가) 제도에 의해 이룩된 기존 수출 제조업의 강점 덕택이다. 그러나 둘째 요인은 자유주의적 구조개혁 덕택이라고 할 수 있다.

1990년대 초반까지만 해도 외국인 투자자는 한국 주식시장에 진입할 수 없었다. 그러나 한국의 OECD 진출을 모색한 김영삼 정부는 1993년부터 외국인 투자를 허용했다. 다만 이 개혁의 범위는 제한적이었는데, 외국인은 어떤 상장기업 발행 주식의 최대 20%까지만 소유할 수 있었다. 하지만 1998년 IMF는 김대중 정부에게 외국인 투자자들에 대한 완전한 시장개방을 요구했다. 그 결과 외국 투자자들이 전체 한국 주식시장에서 차지하는 몫은 1997년 이전의 14.6%에서 2000년에는 30.1%로 증가했고 2004년에는 43%를 기록했다. 2008년 글로벌 금융위기로 줄어들기는 했지만 2017년 3월 현재 여전히 32.6%를 기록하고 있다.

외국인 투자자들은 실제로는 한국 주식시장 발행 주식의 50% 이상을 통제한다고 보아야 한다. 왜냐하면 상장사의 지배주주가 소유하고 있는 주식이 전체 시가총액의 20%가량을 차지하는데, 이것은 시장에서 거래되지 않기 때문이다. 더구나 외국인 투자자들은 한국 주식시장에 상장된 약 700여 개 기업들 중에서 40여 개의 우량 기업에 집중 투자한다. 월스트리트와 런던 또는 홍콩을 기반으로 하는 펀드 매니저들은 소위 글로벌 스탠더드에 해당하는 투자 표준에 적합한 회사들에만 투자하는 경향이 강하기 때문이다.

그들이 선호하는 우량 회사는 주로 재벌계열사 또는 민영화된 회사, 민영화된 은행 등이다. 일반적으로 재벌 기업의 경우 시가총액의 30~80%를 외국 펀드가 보유하고 있다. 따라서 국내 포트폴리오 투자자를 포함한 포트폴리오 투자자는 재벌 계열사의 시가 총액의 1~4%를 소유하고 있는 재벌 가문보다 훨씬 많은 주식을 보유하고 있다.

사실상 소수주주인 재벌 가문의 주식보유를 보충하는 것이 재벌그룹 계열사들의 출자이다. 그러나 1998~2007년의 김대중, 노무현 민주정부는 포트폴리오 투자자의 위상을 높이기 위해 재벌그룹 계열사들의 상호출자 구조를 엄격히 제한했다(Haggard, et al., 2003; Lee, 2007). 국내외 포트폴리오 투자자들은 이제 재벌 가족 및 계열사의 지분 합계보다 더 많은 주식을 소유하고 있으며 따라서 재벌그룹들은 포트폴리오 투자자들의 요구에 민감할 수밖에 없게 되었다.

포트폴리오 투자자들은 또한 공기업 민영화의 최대 수혜자이기도 하다. 김대중 정부의 민영화 과정에서 공공부문에 대한 외국인 투자 제한도 완화되었다. 예를 들어, 과거 공기업이었던 한국 최대 철강회사 포스코POSCO의 지분 65%를 오늘날 외국인 투자자들이 보유하고 있다. 포스코에는 현재 지배적 대주주가 없다고 할 수 있기 때문에 이들 국내외 포트폴리오 투자자들이 회사의 의사결정을 지배한다. 비슷한 상황이 KT&G(과거 담배인삼공사)와 KT(과거 한국통신) 등 민영화된 공기업에서 벌어지고 있다. 이들 민영화된 공기업들은 자연스럽게 주주가치 원칙에 따라 경영되고 있다. 민영화 이후 이들 회사에서 배당금 및 자사주 매입은 크게 증가한 반면, 매출액 대비 연구개발 및 설비투자는 감소했다.

민주정부가 적대적 M&A를 촉진하는 각종 법제도 개혁을 수행함에 따라 재벌계 회사들과 민영화된 구 공기업을 포함한 많은 상장사들이 적대적 M&A의 가능성을 두려워하게 되었다. 적대적 M&A를 금지하는 제도를 폐지하자고 하는 캠페인을 전 세계적으로 벌이고 있는 저명한 미국 연금기금인 캘퍼스CalPERS는 한국에서도 소수주주권 강화와 재벌기업 투명성을 위해 활동하는 일부 NGO들을 지원하고 있다(Kim and Park, 2008).

3) 은행 지배구조 및 경영전략의 극적인 변화

공업화가 시작된 1960년대부터 동아시아 금융위기가 시작될 때까지 대부분의 한국 시중은행들은 국가 통제하에 있었다. 1980년대에 부분적으로 일부 은행 주식이 주식시장에 상장되어 거래되었지만 여전히 정부가 대주주로서 통제했다. 그런데 동아시아 금융위기 발발 이후 이들 시중은행에 부실 자산이 크게 늘어났고, 이에 정부는 이들 은행에 대한 공적 자금 투입을 통해 은행들을 일시적으로 국유화했다. 하지만 위기가 진정된 이후 정부는 그 은행들을 광범위하게 민영화했다(Cho and Kalinowski, 2010). 1998년부터 2004년까지 진행된 은행 민영화는 매우 성급했는데, 그 결과 칼라일Carlyle, 론스타Lone Star, 뉴브리지캐피탈New Bridge Capital과 같은 미국계 사모펀드가 한미은행, 외환은행, 제일은행을 인수했다. 이들 사모펀드는 한미은행을 미국 씨티은행에, 제일은행을 영국 스탠다드차타드 은행에, 외환은행을 하나은행에 매각하면서 엄청난 수익을 올렸다(Kwon, 2004).

그 밖에 국민은행과 신한은행 등 해외에 매각되지 않은 시중은행들도 포트폴리오 투자자들의 매우 강한 영향하에 있다. 유일한 예외는 우리은행인데, 이 은행 역시 정부의 반복적인 민영화 시도에도 불구하고 민영화 시점에 발발한 2008년 세계 금융위기 등으로 인해 여전히 정부가 대주주이다.

결과적으로 대부분의 한국 시중은행은 주주자본주의의 지배를 받고 있다. 2004년 말까지 은행 민영화가 거의 완료되었고 지금까지 외국인 투자자들은 시중은행 시가 총액의 2/3 내외를 보유하고 있다.

시중은행의 대대적인 민영화와 은행 간 합병, 그리고 일부 시중은행의 해외 매각과 같은 은행 부문의 구조조정으로 인해 은행의 경영 전략과 업무가 급격히 바뀌었다(Kim, 2002). 주주가치 상승이 은행 경영의 원칙이 되었고 은행대출은 주로 기업대출보다 안전하다고 여겨진 가계대출, 특히 주택대출 분야에 집중되었다. 대기업과 중소기업은 신용등급이 높고 따라서 신뢰할 만한 담보가 있는 경우에만 대출 대상으로 간주되었다. 기업대출 대비 가계대출의 비율은 1991년 10:90, 1997년 35:65였지만 2002년에는 54:46으로 바뀌었다. 가계대출이 기업대출보다 더 많아지는 것은 1960년대 산업화가 시작된 이래 최초였다.

물론 기업대출과 가계대출의 비중이 바뀐 이유 중 하나는 은행규제기관이 요구하는 은행 자산 건전성 강화였다(Kim, 2002; Kim and Shin, 2006). 그러나 또 다른 이유는 포트폴리오 투자자들의 이익을 가장 중시하는 주주자본주의로의 전환이었다. 이 점은 씨티은행에 매각된 한미은행과 스탠다드차타드 은행에 매각된 제일은행, 그리고 론스타에 매각된 외환은행의 경우 가계대출 증가율이 여타 은행에 비해 더욱 급격했다는 사실에서 드러난다. 이들 은행은 또한 여타 은행에 비해 중소기업 대출도 더 많이 줄였다.

시중은행의 사업구조 변화로 인해 거시경제상의 변화가 초래되었다. 첫째, 기업대출의 감소는 설비투자 및 기타 장기투자의 감소로 이어져 경제성장률의 하락을 가져왔다. GDP 성장률은 1997년 이전 8%에서 1998년 이후 4%로, 절반으로 떨어졌다. 둘째, 가계대출, 특히 주택담보대출의 증가로 인해 주택 부문에 투기적 거품이 발생했다. 2000~2007년 사이에 서울 등 대도시의 아파트 가격은 세 배로 상승했고 부동산 시장은 투기적으로 급성장했다.

가계대출의 증가와 함께, 노동시장 유연화에 따른 고용 불안정과 소득감소로 인해 가계저축은 급격하게 감소했다. GDP 대비 순가계저축률은 1980년대 말에서 1990년대 초반과 중반에 이르기까지 20% 이상이었다. 그러나 가계대출과 가계부채가 증가하면서 GDP 대비 순가계저축률은 2002년 거의 0%로 급락했다. 현재 GDP 대비 순가계저축률은 OECD 회원국 평균 수준의 절반에 불과한 3% 내외이다.[1)]

표 5-1 GDP 대비 순가계저축 비율, 1987~2011년 (단위: %)

1987	1990	1993	1996	1999	2002	2005	2008	2011
22.9	22.2	21.7	17	15	0.4	6.5	2.6	3.1

자료: 한국은행, 온라인 통계서비스.

4) 정책금융기관의 역할 증대와 새로운 산업정책

1998년부터 2007년까지의 민주정부는 대기업과 재벌보다는 중소기업과 벤처기업에 의한 경제성장을 강조했다. 그리고 중소기업 및 벤처기업을 중시하는 방향으로 산업정책의 방향을 재조정했다. 그러나 다른 한편, 민주정부의 자유주의 시장개혁의 결과로 시중은행들은 오히려 중소기업과 벤처기업에 대출을 줄였다. 이에 따라 불가피하게, 그 정부들이 비록 자신의 경제정책을 '시장주의(자유주의)'라고 선언했음에도 불구하고, 실질적으로는 어쩔 수 없이 정책금융기관의 중소벤처기업 대출을 늘려야 했다. 그런데 산업은행과 기업은행(과거 중소기업은행), 중소기업진흥공단, 신용보증기금, 기술보증기금 등의 정책금융기관은 바로 과거의 '국가주도형' 경제성장 모델의 중추 기관들이었다. 결과적으로 중소벤처기업들은 이들 정책금융기관의 정책적 저리 대출과 대출 보증, 그리고 주식 투자 및 메자닌 투자 등 다양한 정책 금융을 통해 외부 자금을 조달받고 있다.

1997년 이전까지만 해도 이들 정책금융기관이 중소기업 및 벤처기업 금융에서 하는 역할은 제한적이었다. 왜냐하면 과거의 정부는 시중은행들에 대해서도 총 여신 중 일정 비율 이상을 의무적으로(시중은행의 경우 40%, 지역 은행의 경우 80%) 중소기업 여신에 할당했기 때문이다. 그러나 규제는 1998년 이후의 자유주의(시장주의) 개혁에 의해 완화되었으며, 이에 따라 시중은행들은 중소기업

1) 더구나 이것은 금융위기로 심각한 타격을 입은 그리스 같은 일부 유럽 국가를 제외하고는 OECD 국가 중 최저 수준이다.

및 벤처기업에 대한 대출을 줄였다. 이에 1998년부터 2012년에 이르기까지 모든 정부는 그 자신이 '시장주의', 즉 반국가주의를 표방했음에도 불구하고 중소벤처기업을 위한 정책자금을 확대할 수밖에 없었다.

동아시아 발전국가developmental state의 가장 두드러진 요소인 산업정책industrial policy은 여전히 폐기되지 않았다. 다만 그 형태와 스타일을 바꾸었을 뿐이다. 그것은 오늘날 혁신 정책이라고 불리는데, 정부가 IT, BT 및 NT와 같은 특정 기술 분야를 정책적 육성 대상으로 정의한 다음 그 분야에서 활동하는 기업들을 지원한다. 또한 정부는 부품소재와 의약품, 통신 등 특정 분야 산업을 선정하여 다양한 선별적 방식으로 육성한다.

이러한 새로운 형태의 산업정책을 위한 주요 정책도구의 하나는 여전히 정책금융기관이다. 더구나 2008년 말에 발생한 글로벌 금융위기 이후 한국에서 정책금융기관들의 역할은 더욱 중요해졌다. 즉, 대출 부실화를 염려한 시중은행들이 대출을 회수할 때, 이들 정책금융기관은 기업부문의 급격한 신용경색 발생을 저지할 수 있는 유일한 금융기관이었다. 또한 이들은 여전히 부실 대기업에 구제금융을 제공하여 긍정적인 방향의 기업 구조조정을 수행할 수 있는 유일한 선도적 금융기관이다.

창업기업부터 재벌 대기업에 이르기까지 한국의 모든 기업인들은 이들 정책금융기관의 중요성을 인정한다. 그렇기 때문에 한국의 정부 관료와 정책결정자들도 이들 정책금융기관을 미국과 EU와의 FTA 협상에서 제외시키자고 주장했고 실제 관철되었다.

3. 구조개혁 이후 오늘날 한국의 대기업

1) 주주자본주의 치하의 한국 기업지배구조

1998년 위기 이후의 구조개혁은 한국 대기업의 풍경을 근본적으로 변화시켰다. 30대 재벌그룹 중 3분의 1이 무너지면서 완전히 해체되었다. 대우그룹, 쌍용그룹, 해태그룹 등이 그 가운데 포함되어 있었다. 또한 30대 재벌그룹 중 1/3 가량은 급격하게 자산을 잃어 왜소화되었다. 한라그룹은 그 전형적인 경우이다. 과거의 30대 그룹 중 자산 축소 없이 살아남은 것은 삼성그룹, 현대자동차그룹, LG그룹, SK그룹 등의 나머지 3분의 1뿐이다. 그러나 이들 그룹 역시 지배구조와 재무구조, 비즈니스 구조를 크게 재편해야 했다(Jwa and Lee, 2000). 오늘날 그들의 기업지배구조는 예전의 총수 지배 시스템과 새로운 주주자본주의 시스템의 혼합형이라고 할 수 있다(Jwa and Lee, 2000; Lee and Lim, 1998; Chang and Shin, 2003).

오늘날 대부분의 한국 대기업은 세 가지 범주로 나뉜다. 첫째는 1990년대 들어 민영화된 과거 국유기업인데, 특히 1997년 아시아 위기 이후 가장 큰 민영화 사례는 1960년대 후반에 설립된 철강회사인 포스코이며 이 회사는 1998년 이후 완전히 민영화되었다. 둘째는 삼성, LG, 현대 등 재벌그룹의 자회사로 남아 있는 대기업들이다. 셋째는 과거에는 재벌그룹에 속했지만 구조개혁의 결과로 그룹에서 분리된 대기업들이다. 지엠코리아GM-Korea로 개명된 과거 대우자동차는 그 대표적인 사례이다.

그러나 이들 3개 범주 간의 차이점에도 불구하고, 공통적으로 모든 한국 대기업들은 1998년 이후 급진적인 구조개혁을 거쳤다고 말할 수 있다. 첫째, 그들의 재무구조가 급격히 변했다. 빚을 줄이고 자기자본을 늘렸다. 둘째, 기업의 비즈니스 전략 구사에서 자산수익률ROA과 자본수익률ROE로 측정한 단기수익성이 장기수익성보다 중요해졌다. 이제 그들은 소수주주 등 투자자 이익을 중시하는 주주 가치 극대화maximizing shareholder values 경영에 나서고 있으며, 포트폴리오 투자자 및 애널리스트와 적극적으로 의견을 나눈다(Cho et al., 2007). 또한 셋째로, 기업 조직에서 과거에는 전략기획과 미래성장을 담당하는 부서가 가장 강력했지만 구조개혁 이후부터는 투자자 관계IR와 재무를 담당하는 조직에 큰 힘이 실렸다. IR 및 재무를 담당하는 부서는 분기별 및 연간의 수익창출 및 현금 흐름 관점에서 기업 경영을 검토하며 종종 새로운 장기투자에 제동을 가한다. 재벌계 기업을 포함한 대기업들에서 위험회피적인 비즈니스 전략이 확산되었다. 결론적으로 구조개혁(시장개혁)은 재벌과 은행, 정부의 3자 간 연계라는 투자 위험공유investment risk sharing 메커니즘을 해체했다. 왜냐하면 신고전파 경제학을 따르는 정책결정자들이 이 3자 간 연계 시스템을 '박정희식 경제체제'라고 비난하면서 '그것 때문에 1997년 금융위기가 발생했다'고 간주했기 때문이다. 따라서 그 구조개혁 이후부터는 재벌 기업들조차도, 미래투자의 리스크를 그룹 계열사의 도움 없이 오직 각자 홀로 짊어져야 했기에, 장기투자에 매우 신중해졌다.

2) 기업 자금조달 방식의 전환

대기업의 기업지배구조 변화는 은행의 영업방향 변화와 밀접하게 관련이 있다. 은행들이 기업대출보다는 가계대출을 더욱 선호하게 되면서 기업들의 투자자금 조달방식이 크게 변했다. 기업들은 투자자금을 은행이나 유가증권시장에서 조달하는 것이 어려워졌다. 그들은 투자자금 조달을 내부유보금에 의존하게 되었다. 오늘날 한국의 대기업들은 장기투자 자금을 은행대출이나 채권 발행보다는 내부유보금에 의존한다. 이것은 제조업 부문에서 설비투자를 위한 자금조달 방식의 극적인 변화에서 명백하게 나타난다(정승일, 2005). 1997년 이전까지만 해도 우리나라 제조업 기업들은 설비투자비용의 4분의 1만을 내부유보금으로 조달했다. 나머지는 은행대출금 같은 외부 재원에서 나왔다. 그러나 2000년 이후 제조업체들은 설비투자비용의 80% 이상을 내부유보금으로 조달했고, 은행 대출금이나 채권 발행은 전체의 20%만을 차지했다. 더구나 주식 발행을 통한 자금 조달은 1998년 이전보다 훨씬 낮은 0.1~0.3% 수준으로 떨어졌다. 이러한 새로운 패턴은 지금까지 계속되고 있다.

기업지배구조 및 투자자금 조달방식의 극적인 변화는 곧 설비투자가 전반적으로 정체되었음을 의미한다. 기업의 설비투자가 GDP에서 차지하는 비중은 1990년대 중반까지 약 14%였는데 2001년 이후부터는 10% 이하로 떨어졌다.

표 5-2 GDP 대비 총설비투자, 1990~2012년 (단위: %)

1990	1994	1996	2000	2002	2004	2010	2011	2012
14.7	13.5	14.1	12.8	10.4	9.3	10	9.9	9.5

자료: 한국은행 온라인 통계 서비스.

3) 대기업들에서 수익과 내부유보금, 투자의 양극화

오늘날 한국 대기업의 장기투자는 양극화되는 경향이 있다. 그 까닭은 장기투자를 위한 주요 자금원인 내부유보금이 그 이전의 순이익 창출에 좌우되기 때문이다. 즉, 우수한 수익성을 보이고 따라서 내부유보금이 풍부한 일부 대기업들이 있고 그렇지 않은 많은 대기업들이 있다.

다른 한편, 뛰어난 수익성과 함께 풍부한 내부유보금을 보유한 대기업에는 두 가지 유형이 있다. 첫째 유형은 10대 재벌그룹, 특히 4대 재벌그룹에 속하는 계열사들이다. 둘째 유형은 민영화된 과거 공기업들이다.

2012년 기준으로, 10대 재벌그룹에 속하는 80개의 상장기업의 매출액은 700여 코스피 상장사 전체 매출의 54%를 차지했다. 그중에서도 삼성그룹 계열사의 매출액은 전체 상장사 매출액의 16.8%를 차지했는데 더구나 삼성전자 한 회사가 11.4%에 달했다. 현대자동차그룹의 매출액은 전체 상장사 매출액의 11.1%, LG그룹은 8.1%, 포스코는 4.8 %, SK그룹이 4.7 %였다.[2)]

10대 재벌그룹 계열사들의 영업이익이 700여 코스피 상장사 전체 수익에서 차지하는 비중은 더욱 커서 전체의 74.5%에 달했고 순이익의 경우 78.1%에 달했다. 특히 삼성그룹과 현대자동차그룹은 수익성이 압도적이어서 삼성전자, 현대자동차, 기아차 등 3개 회사의 순이익이 2012년 상장 100대 대기업 순이익 총액의 51%를 차지했는데 2007년에는 19%였다.[3)]

2) 그 밖에 현대중공업그룹이 2.7%, 롯데그룹이 2.7%, GS그룹이 1.4%, 한진그룹이 1.2%, 한화그룹이 0.7 %를 차지했다.

수익성이 좋고 내부유보금이 풍부한 소수의 대기업이 장기투자를 이끌고 있다. 이 점은 설비투자에 분명하게 나타나는데, 2005년의 경우 매출액 기준 상위 30대 대기업의 설비투자가 전체 200대 대기업 설비투자의 87.2%를 차지했다. 달리 말해서, 나머지 170개 대기업은 전체 설비투자의 12.8%만을 담당했다. 삼성전자, 현대-기아 자동차, LG전자, 포스코 등 5대 대기업의 설비투자가 200대 대기업 총 설비투자의 55.7%에 달한다(정승일, 2005). 이러한 양극화 현상은 현재까지도 계속되고 있다. 장기투자에서 대다수 대기업들이 이렇듯 소극적인 것은 과거에는 볼 수 없었던 새로운 현상으로 1990년대 말의 구조개혁(시장개혁)이 완료된 이후인 2000년대에 처음 나타난 현상이다. 대다수 대기업에서 설비투자의 부진은 한국 경제에서 설비투자가 부진한 주요한 원인의 하나이다.

다수의 한국 대기업들에서 설비투자가 정체되어 있음에도 불구하고 정작 주류 경제학자들은 내생적 경제성장 이론을 들먹이면서, 그러한 설비투자 정체는 문제될 것이 없으며 중요한 것은 기술혁신이라고 주장한다(Lucas, 1988; Romer, 1994). 또한 과거 한국의 급속한 경제성장은 설비투자에 의존하는 요소 투입 중심의 성장이었는데, 그것은 지속 불가능했으며 따라서 필연적으로 한계에 도달하게 마련이라고 주장했다(Krugman, 1994 참조). 더구나 자유시장 중심의 구조개혁을 찬양한 경제학자들과 정책입안자들은 생산성 증가, 특히 총요소 생산성 증가에 더욱 의존하는 것이 한국이 나아가야 할 바람직한 경제성장 모델이라고 말하면서 이러한 설비투자 부진이 별 문제될 것이 없다고 주장했다(예, Kim W-K, 2004 참조).

그렇다면 오늘날 한국 경제에서 기술혁신을 주도하는 대기업들은 이들 신고전파 경제학자의 '시장친화적 경제' 모델에 부합할까? 전혀 그렇지 않다. 첫째, 오늘날 한국 경제에서 R&D 등 기술투자를 주도하고 있는 10대 대기업들은 하나같이 재벌그룹 계열사들 또는 과거 공기업들이다. 달리 말해서, 이들 대기업

3) 이는 2012년 현재 삼성전자, 현대-기아 자동차를 제외한 97개 사의 총 순이익이 2007년 대비 40% 감소한 것을 의미한다.

은 모두 과거 1997년 이전 발전국가의 국가개입주의(산업정책)의 산물이다. 더구나 둘째, 이들 10대 대기업이 영위하는 업종 그 자체가 과거 발전국가가 전략적 핵심 산업으로 지정했던 산업들이다. 그 국가전략적 산업정책의 도움을 받아 이들 기업은 1960년대부터 1990년대 후반에 이르기까지 장기적인 설비투자 및 연구개발 투자에 나설 수 있었고, 그 과정에서 기술역량을 축적하여 마침내 오늘날에는 선진국의 대기업들에 버금가는 수익 창출과 내부유보금 창출에 성공하고 있다.

4) 대기업들에서 기술혁신의 양극화

2000년대부터 현재에 이르기까지 한국의 대기업들은 R&D 투자를 늘리고 있다. 따라서 마치 시장개혁(구조개혁)의 성과로서 대기업들의 R&D가 증가하고 있는 것처럼 보인다. 그러나 그것은 착각이다. 소수의 대기업들만이 R&D 지출을 늘리고 있으며 대다수는 그렇지 않다. 즉, 대기업의 설비투자만이 아니라 R&D 투자도 양극화되고 있으며, 대기업의 전체 R&D 투자에서 소수의 대기업이 차지하는 비중은 지난 20년간 계속 증가해왔다(정승일, 2005; 김석현, 2012).

대다수 대기업들의 R&D 투자가 20년째 정체되어 있다. 첫째, 민영화된 과거 공기업들은 과거에 비해 R&D를 크게 늘리지 않고 있다. 예를 들어, 포스코와 KT의 매출액 대비 R&D 지출의 비중은 1997년 이전에 비해 감소했는데, 그 반면에 배당과 자사주 매입을 통한 주주가치 경영 노력은 크게 강화되었다. 포스코와 KT의 경영진은 순이익의 절반을 소수주주 투자자들에게 분배하겠다고 약속했으며 실제로 지난 10여 년간 그 약속을 지켰다.

둘째, 해외 초국적기업에 인수된 대기업들 역시 R&D 투자를 줄였다. 가장 좋은 사례는 제너럴 모터스General Motors가 인수한 과거 대우자동차와 르노-닛산Renault-Nissan이 인수한 삼성자동차에서 볼 수 있다. 이들 회사에서는 매출액 대비 R&D 투자 비율이 과거의 해외 매각 이전보다 더 줄어들었다.

셋째, 또한 과거에는 재벌그룹 계열사였으나 그 이후 1998년부터 이루어진

구조개혁 과정에서 미국과 유럽의 사모펀드에 매각된 대기업들도 R&D와 설비투자를 감소시켰다. 어떤 경우에는 사모펀드가 의도적으로 해당 기업을 파산시켜서 우량자산만을 남기고 매각했으며 그로 인해 대량 해고와 함께 장기투자 계획의 포기가 발생했다.[4)]

요약하자면, 2000년대 이후 현재에 이르기까지 다수의 대기업들에서 매출액 대비 R&D 투자액은 정체상태에 있다. 시장주의(자유주의) 방향의 구조개혁이 이들 대기업에서 기술혁신 투자를 정체시킨 것이다. 이것은 루카스Robert E. Lucas와 여타의 시장주의적 경제학자들의 이론적 기대와는 전혀 어울리지 않는 현실이다.

R&D 투자의 측면에서 볼 때 대기업 200개가 한국의 전체 기업 R&D 투자의 2/3를 담당하고 있다. 따라서 기술혁신에 관한 그들의 전략적 의사결정이 전체 기업 부문, 말하자면 전체 경제의 기술혁신에 커다란 영향을 끼친다. 그러므로 다수의 대기업들에서 R&D 투자가 정체되어 있다는 것은 기술혁신 주도형 성장 모델로의 전환에서 가장 큰 걸림돌의 하나이다.

5) 4대 재벌그룹과 여타 재벌그룹으로의 양극화

상당수의 재벌그룹들이 R&D와 설비투자를 증가시키지 않고 있는데, 그 결과로서 설비투자 및 R&D에 열심인 4대 재벌그룹과 그렇지 않은 나머지 재벌그룹들 간의 격차가 벌어지고 있다. 이 점에 대해 좀 더 자세히 살펴보자.

1994년 4대 재벌그룹의 매출액 대비 R&D 투자액 비율은 2%였는데 그것이 2004년에는 3.5 % 이상으로 증가했다. 2013년 현재 그 비율은 4%이다. 삼성전자와 LG전자, 그리고 현대-기아 자동차가 이러한 증가의 대부분을 차지했다. 이들 4대 재벌그룹은 전자 및 전기, 자동차와 통신 등 세계시장에서 경쟁우위

4) 예를 들어, 미국에 본사를 둔 사모펀드가 대우그룹의 자회사였던 대우전자를 인수한 이후 대우전자의 매각을 용이하게 하기 위해 여러 사업 단위로 해체했다.

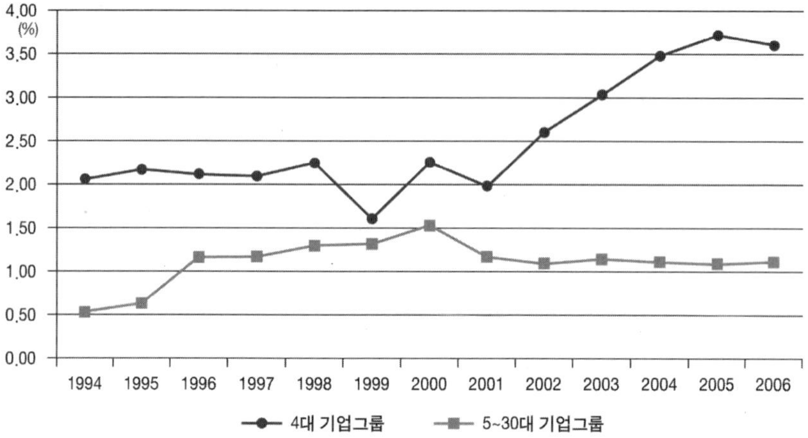

그림 5-1 대기업 그룹의 매출액 대비 R&D 지출 추이, 1994~2006년
자료: 정승일(2007: 121).

를 유지하기 위해 집중적인 R&D와 여타 기술혁신이 불가피한 산업에 주력하고 있다.

물론 이들 4대 재벌그룹은 보험과 신용카드, 그리고 물류 등 서비스 분야의 계열사들도 가지고 있는데, 이들 서비스 분야 계열사들은 수출보다는 내수시장 지향적이다. 하지만 이들 4대 그룹의 전체 매출 및 수익에서 수출 제조업 계열사가 차지하는 비중은 압도적이다. 더구나 4대 그룹의 수출 제조업체들에서 발생하는 높은 수익과 그에 기반한 풍부한 내부유보금, 설비투자 및 R&D 투자는 이들이 한국 경제를 리드하고 있는 이유이기도 하다.

하지만 4대 재벌그룹을 제외한 나머지 재벌그룹의 모습은 상당히 다르다. 먼저 이들의 매출액 대비 기술혁신 투자 비율이 20년째 거의 정체상태이다. 물론 이들 재벌그룹 계열사들의 매출액 대비 R&D 투자 비율은 1994~1996년 3년간 0.5%에서 1.2%로 급증했다. 그 이유는 이 기간에 이들 중하위 재벌그룹들이 기술혁신이 중요한 산업 분야로 다각화했기 때문이다. 이 기간에 김영삼 정부는 WTO 및 OECD 가입 조건을 충족시키기 위해, 과거 전략산업 분야에 대해 시행해오던 산업 진입 인허가 제도를 부분적으로 폐지했다. 그러자 중소 재벌그룹들이 전자(반도체 포함)와 자동차, 조선 등 수출 제조업 분야로 새롭게 진출했다. 김영삼 정부의 신자유주의적 구조개혁에도 불구하고, 당시까지만 해도 재벌그룹 계열사 상호간의 투자리스크 공유 메커니즘이 여전히 존재했고 따라서 이러한 다각화가 장기투자의 안목에서 진행되는 것이 가능했다.

하지만 1998년 이후부터 중소 재벌그룹들에서 매출액 대비 R&D 투자 비중이 더 이상 증가하지 않고 있다. 1998~2000년의 3년간은 잠시 증가한 것으로 나오지만 그것은 R&D 투자의 증가 때문이 아니라 당시의 경제위기로 인한 매출액 감소 때문이었다. 2001년부터 2006년에 이르기까지 5~30대 재벌그룹에서 매출액 대비 R&D 투자 비율은 1.1%로 정체되어 있고, 이러한 추세는 지금까지 이어지고 있다(김석현, 2012). 이는 2000년대에 들어 이들 재벌그룹 계열사들에서 기술혁신에 기반한 기업성장이 일정한 한계에 직면해 있음을 보여준다.

하지만 이들 재벌그룹에서 R&D의 정체에도 불구하고 매출액은 2000년대 이후 계속 증가하고 있다. 예를 들어 롯데와 신세계, CJ그룹의 매출은 지난 17년간 꾸준히 늘고 있는데, 이들 그룹의 주력 사업은 수출제조업이 아니라 백화점과 대형소매점, 케이블TV 등 내수 서비스업이다(정승일, 2007).

철강과 기계, 조선 등 수출제조업을 주로 하고 있는 포스코그룹과 현대중공업그룹의 수출 및 내수 판매 역시 지난 10여 년간 지속적으로 증가했다. 그러나 이들 그룹 계열사들에서 매출액 대비 R&D 투자의 비중은 늘지 않고 있다. 왜 그럴까?

이것은 이들 산업의 특징 때문이다. 즉, 철강과 기계, 조선 등의 산업은 전자 및 자동차 산업만큼 R&D 투자의 증가가 중요하지 않다. 또한 KT그룹(통신)과 GS그룹(소매 및 건설), 금호아시아나그룹(건설, 운송, 석유 화학), 한진그룹(운송, 조선) 등 역시 R&D 투자를 늘리지 않아도 매출을 늘릴 수 있는 업종을 영위하고 있다.

다시 말해서, 5~30대 재벌그룹에서는 기술혁신이 별로 의미가 없는 업종이 주력인 경우가 대부분이다. 소매업(신세계, CJ, 롯데, GS)과 보험업(한화, 동부)의 경우가 대표적이며, 또한 식음료 제조(CJ, 신세계, 농심), 화학 및 석유화학(한화,

동부, 대림, LS), 가스(LS), 철강(동부) 등의 제조업의 경우에도 대규모 공정 설비와 공정효율성이 중요할 뿐 R&D 등 기술혁신은 상대적으로 덜 중요하다. 또한 기계제작(두산, 현대중공업, 대림, STX), 건설(한화, 두산, 동부, 대림, 신세계), 조선업(대우조선해양, STX 조선, 현대중공업, 삼성중공업)의 경우 R&D가 일정하게 중요지만 동시에 숙련된 현장 기능공과 숙련 엔지니어 등의 역할이 그것만큼 또는 그것보다 더욱 중요하다.

오늘날 한국 사회에서 가장 심각한 사회경제적 갈등이 일어나는 분야가 내수업종, 특히 내수 서비스 업종이다. 금융서비스업(보험, 신용카드, 리스 등), 소매업(백화점 및 대형 할인점), 운송업(육로 운송 및 물류), 방송업, 교육업 및 의료서비스업 등의 서비스업은 주로 국내시장에 매출이 발생한다. 이들 업종은 1990년대까지만 해도 엄격한 규제를 받았다. 왜냐하면 이들 내수 서비스 업종은 국민들의 일상적 삶에 큰 영향을 미치는 까닭에 공공성이 확보되어야 하기 때문이다.

이것은 역으로, 이들 내수 서비스 업종에서는 수출 제조업에서와는 달리 규제 완화(탈규제)와 독과점, 정경유착, 민영화 및 시장화 등의 정부 정책 변화로 쉽게 수익을 창출하는 지대추구rent-seeking가 가능하다는 것을 의미한다. 예를 들어, 생태보호를 위한 규제를 폐기하거나 금융시장 안정성을 위한 규제를 폐기할 경우 부동산업자 및 금융투자업자들이 쉽게 큰돈을 벌 수 있다. 부동산 관련 규제의 폐기 및 사유화 역시 건설 및 여타 부동산 분야에서 쉽게 큰돈을 벌 수 있게 해준다. 그 결과 한국 경제에서 가장 자주, 그리고 대규모로 부정부패 스캔들과 독과점(담합) 사건이 발생하는 분야 역시 수출제조업이 아니라 이들 내수 서비스 산업들이다. 물론 주로 국내시장에서 수익과 매출을 창출해온 식음료 및 석유화학 제조업 역시 종종 담합(카르텔) 등과 같은 불공정 행위를 통해 지대를 추구해왔다.

앞서 말한 것처럼, 내수 서비스업 및 내수 제조업에 주력해온 것이 5대 이하 재벌그룹 계열사들이었다. 이들은 신자유주의적 규제완화와 민영화 등의 정부 정책 변화(구조개혁)의 결과로서 손쉽게 돈을 버는 길을 택했으며, 굳이 힘들게 글로벌 수준의 R&D 등 기술혁신이 중요한 수출 제조업 분야로 새로이 뛰어들기를 겁내고 있다. 특히 이들 재벌그룹의 2세, 3세 후계자들은 규제완화 및 민영화, 그것을 위한 정경유착(부정부패)으로 용이하게 지대추구에 나설 수 있는 이런 업종에서 손쉽게 실적을 내고자 한다.

그런데 오늘날에는 4대 재벌그룹들조차 내수 서비스 분야에의 사업 확장을 위해 노력해왔다. 전형적인 사례는 삼성이다. 삼성은 이미 생명보험과 손해보험(자동차 및 화재보험), 증권업, 카드업 등 금융서비스 분야에서 선도하는 계열사를 보유하고 있으며, 더구나 삼성생명과 긴밀히 연계되어 의료 서비스 분야에서 수익을 창출하고자 한다는 의심을 받고 있다. 이렇듯 한국 최대 재벌그룹이자 수출제조업을 중심으로 하는 삼성그룹 역시 규제완화 및 민영화 등 신자유주의적 사조에 편승하여 지대추구에 나서고 있다.

6) 다각화, 지대추구, 주주자본주의

오늘날 4대 이하 재벌그룹의 대다수는 R&D가 중요한 수출제조업으로의 진출에 소극적이다. 왜 이렇게 변했을까? 왜 1990년대 중반까지만 해도 전자와 자동차, 조선 등의 수출제조업 분야로 과감하게 다각화하던 재벌그룹들이 오늘날에는 그것을 매우 꺼리면서 손쉽게 지대추구로 실적을 낼 수 있는 내수산업, 특히 내수 서비스업으로의 확장에 주력하는 것일까? 그 주요 이유는 주주자본주의shareholder capitalism의 지배력 확산이다. 주주권 이론에 따르면 대기업의 다각화, 특히 기존 사업과 별 관련이 없는 사업으로의 다각화는 대주주 또는 경영진의 기회주의나 도덕적 해이가 그 원인이다. 적어도 부분적으로는 그렇다. 따라서 주주권 이론가들은 대기업집단의 사업다각화를 대주주 일가의 은밀한 사리사욕 추구, 즉 땅굴파기tunneling 행위로 규정한다(Amihud and Lev, 1981, 1999). 한국 내의 논의에서도 이들은 재벌그룹의 사업다각화를 터널링, 즉 도덕적 해이로서 규정한다(최정표, 1999; 김기원, 1999; 강철규 외, 1991).

1998년 이후 상법과 증권거래법 그리고 대기업집단 관련 법제도가 주주권

이론 또는 주주자본주의 이론에 따라 개혁되었다. 따라서 대기업들, 특히 상장 대기업들의 전략적 의사결정에서 단기수익을 추구하는 소수주주(포트폴리오 투자자)들의 영향력은 극적으로 증가했다. 그 결과 오늘날에는 재벌그룹들만 아니라 일반적인 독립대기업들도 사업다각화에 매우 신중하며 소극적이다. 결과적으로 오늘날 재벌그룹들은, 그리고 재벌 2세, 3세 후계자들은 단기간 내에 성과와 수익을 낼 수 없는 R&D 집약적인 수출제조업으로의 다각화나 신규 진출을 매우 두려워하고 있다.

1960년대 공업화가 시작된 이래로, 한국의 대기업과 재벌그룹의 성장에서 사업다각화는 매우 큰 역할을 했다(Amsden, 1997, 2001; Jeong, 2004). 지금까지 세 번의 사업다각화 물결이 있었다. 첫 번째 물결은 1960년대 후반에서 1970년대 중반에 이르는 시기로, 이 당시에는 정부가 산업정책(중화학공업화 정책)을 내걸고 재벌그룹들에게 거의 반강제로 전자와 조선, 기계, 자동차, 철강, 화학 등의 분야로 신규 진출, 다각화할 것을 요구했다. 그 성과가 오늘날 한국 경제를 지탱하는 전자, 자동차, 철강, 조선 및 기계와 같은 수출제조업이다. 당시 정부는 이들 전략산업을 선정하고 다양한 특혜를 제공했는데, 그 당시 정부 소유 또는 정부 통제하에 있던 은행의 특혜대출은 그 중화학공업화 정책의 주요 수단 중 하나였다.

정부의 적극적인 산업정책은 그 당시 재벌그룹들의 사업다각화를 가능하게 하는 핵심 동력이었다. 예를 들어, 1960년대까지만 해도 섬유(제일모직)와 무역(삼성물산)을 주력 업종으로 삼았던 삼성그룹은 정부가 추진하는 중화학공업화 과정에서 삼성전자를 설립하여 전자산업으로 다각화했다. 또한 건설(현대건설)에 주력하던 현대그룹은 자동차(현대자동차)와 조선(현대중공업) 분야로 다각화하여 계열사를 신규로 늘렸다.

두 번째 다각화 물결은 김영삼 정부가 1994년에 5개년계획을 폐지하고 과거 중화학공업화 정책의 일환이었던 전략산업 진입금지 규제 정책을 부분적으로 폐기했을 때에 발생했다. 그 이전까지 정부는 경제개발 5개년계획하에서 의도적으로 소수의 기업만이 전략산업에 진출하도록 허용했으며 이들 소수의 기업이 국내 시장에서 독과점적 지위를 가지는 것도 용인했다. 왜냐하면 당시만 해도 이들 기업이 수출시장에서 수익을 얻지 못했기 때문인데, 이들 독과점 기업들은 내수시장에서의 정부보호(보호무역주의)와 독과점을 통한 지대추구rent-seeking 덕택에 부분적으로 수익을 낼 수 있었다.

하지만 전략산업에 대한 인허가 규제는 김영삼 정부가 '세계화'를 표어로 WTO와 OECD 가입을 준비하던 1993년에 폐지되었다. 그 이후 4대 재벌그룹을 포함하여 모든 30대 재벌그룹이 그간 염원해온 대로 전자, 자동차, 철강, 조선, 화학, 석유화학, 심지어 항공기 제작 등의 수출제조업으로 사업을 다각화하면서 신규 계열사를 설립했다(정승일, 2005). 더구나 김영삼 정부가 WTO 및 OECD 가입 조건을 충족하기 위해 금융 및 기타 서비스 분야의 규제를 상당폭으로 완화하면서 대다수 재벌그룹이 보험업과 종금사, 증권사, 방송 등의 내수 서비스 업종으로 사업을 다각화했다.

이러한 전면적 다각화와 신규 계열사 설립 열풍이 1993~1997년의 기간 중에 계속되었으며 이것은 이들 업종에서 과잉투자의 문제를 낳았다. 그리고 결국 그러한 금융규제 및 산업규제(인허가 규제) 완화의 결과로서, 즉 신자유주의로의 전환의 결과로서 1997년 말에 대규모 금융위기가 발생했다.

2000년대에 들어 나타난 제3의 사업다각화 물결은 그 이전의 두 물결과는 질적으로 다르다. 먼저, 첫 번째 다각화는 1970년대의 중화학공업화 국가개입주의와 수출제조업 지원에 힘입은 것이었다. 그리고 두 번째 다각화는 1990년대 중반의 부분적 규제 철폐에 기인했으며 수출제조업과 국내 서비스업의 두 분야에서 발생했다. 그런데 이와 대조적으로 2000년대에 들어 일어난 세 번째 사업다각화는 국가개입주의의 폐기와 신자유주의적 규제완화라는 제도적 변화가 주도했으며 더구나 다각화의 방향 역시 수출제조업이 아니라 주로 내수 서비스업 분야였다. 재벌그룹을 포함한 대기업들과 그것을 경영하는 재벌 후계자들은 오늘날 규제완화로 손쉽게 실적과 수익을 낼 수 있는 내수 서비스업으로 다각화하고 있다. 신자유주의와 주주자본주의에 포섭된 재벌 총수의 지배체제하에서 한국의 대기업과 재벌그룹들은 기술혁신을 포함하는 위험한 제조업 투자보다는 지대추구를 통해 안전하고 쉽게 수익과 매출을 창출할 수 있는 내수산업으로 다각화하고 있다.

7) 규제완화와 내수 서비스업

재벌 기업을 비롯한 대기업들이 내수 서비스 시장에 진출할 때마다 사회 경제적 갈등이 발생한다. 소매업(백화점, 대형마트)을 주력으로 삼는 신세계그룹과 CJ그룹, GS그룹의 사업은 동네 상인들과 충돌했다. 또한 젊은 재벌 후계자들(삼성그룹, CJ그룹, 신세계그룹, 한화그룹)이 그룹의 특별한 지원을 받아 제빵업계로 진출했는데, 이 역시 동네빵집 업주들로부터 비난에 직면했다. 한국의 국회의원과 정부 관료들은 재벌그룹과 대기업의 내수시장, 특히 내수 서비스업 진출을 제한하는 규제에 대해 매일 논의하고 있다. 이에 반해 한국의 자유기업원 같은 신자유주의적 싱크탱크와 전경련, 대한상공회의소 같은 단체들은 그러한 정부 규제 자체를 반대한다.

소매업과 제빵업만이 아니다. 많은 재벌그룹이 금융 서비스 분야(보험, 증권, 카드 등)에 계열사를 가지고 있으며, 이 분야에서의 사업 확장과 수익 증대를 목적으로 각종 규제 철폐를 위한 정치권 로비에 나서고 있다. 이들은 심지어 2008년 말의 월스트리트발 글로벌 금융위기에도 불구하고, "한국에서는 여전히 금융업에 대한 규제가 너무 지나친 게 문제"라고 하면서 "한국의 금융시장은 월스트리트와 같은 금융시장으로 탈바꿈해야 한다"라고 외치고 있다.

가장 심각한 사회경제적 갈등은 재벌그룹 및 대기업들이 보건의료 분야로 진출할 때 발생한다. 삼성생명 등 보험회사들은 앞장서서 공적 건강보험의 약화와 의료 서비스 규제의 약화, 그리고 영리병원의 설립 허용을 요구하고 있다. 만약 그것이 현실화될 경우, 한국의 그나마 취약한 사회복지 및 공중보건 시스템은 와해될 것이다. 사회 안전망이 아직 걸음마 단계에 있고 수출시장 등 외부 환경으로부터의 경제적 충격에 취약한 나라에서 사회복지 서비스가 약화될 경우 심각한 사회적, 정치적 갈등이 초래될 것이다.

4. 한미FTA와 지대추구, 보수주의

김대중, 노무현 민주정부(1998~2007)의 자유주의적 구조개혁은 경제성장률을 절반으로 낮추었으며 빈부 격차를 심화시키고 청년 실업을 증가시키고 정규직은 감소시켰다. 민주정부 집권기 동안에 중산층과 저소득층의 생활수준은 떨어졌다. 이것은 2007년 말의 대통령 선거에서 이명박 후보의 승리에 크게 기여했다.

그러나 이명박 정부는 보다 많은 자유시장 개혁을 실시하고자 했다. 법인세와 개인소득세 세율을 낮추고 철도와 전기, 그리고 국책은행의 민영화 계획을 발표했으며 또한 보건 분야에서 더 많은 자유시장 원리의 도입을 천명했다. 이명박 정부의 이러한 신자유주의적 구조개혁은 미국과의 FTA에서 정점에 이르렀다.

2011년 여름 이명박 정부는 쇠고기 수입에 관한 미국의 제안을 받아들였다.[5] 2011년 11월 여당 의원 다수와 야당 민주당 의원 다수가 한미FTA 조약을 승인하면서 자유무역 협정이 비준되었다. 이것은 한국의 보수정당과 민주정당이 정치 및 안보 안건에서의 의견 차이에도 불구하고 자유무역 및 자유시장 자본주의에 대한 선호에서는 비슷한 가치관을 가지고 있음을 다시 보여주었다.[6]

5) 2008년 여름의 한미FTA 협상은 미국산 수입 쇠고기가 BSE(광우병)의 심각한 위험을 가지고 있다는 언론 보도가 나온 후 성난 시민들의 전국적인 저항을 야기했다. 또한 2008년 가을에 발생한 세계 금융위기로 인해 이명박 정부의 시장개혁에 대한 반대가 더욱 강화되었다. 이에 이명박 정부는 영리병원 도입과 공적 건강보험의 역할 축소, 철도와 전기, 공항의 민영화를 모두 연기했다. 산업은행과 기업은행, 우리은행 등 국책은행 및 국유은행의 민영화 역시 글로벌 은행 시스템의 붕괴 위험으로 인해 연기되었다. 한미 간의 FTA 협상도 지연됐다.

6) 사실 한미FTA 협상을 시작한 것은 노무현 정부였다. 노무현 정부는 2006년부터 한미FTA 협상을 시작했고 2007년 6월에는 부시 행정부와 그 협상에 서명할 용의가 있었다. 그러나 미국 의회는 미국으로부터 더 많은 쇠고기를 수입하라고 요구하면서 비준을 반대했다. 2008년 초 이명박 정부는 미국의 요구를 받아들였고 2008년 여름에 대규모 시위가 발생했다. 그래서 이명박 정부는 광우병 위험이 있는 젖소 쇠고기 수입을 허용하지 않을 것이라고 발표했다. 한편 2008년 10월에 선출된 오바

하지만 국회 밖의 한국 사회는 FTA를 둘러싸고 두 개로 나뉘었다. FTA의 지지자들은 미국이 관세 세율을 줄이면 한국의 대미 수출이 늘어나 경제성장이 촉진될 것이라고 주장했다. 실제 재벌을 비롯한 대다수 대기업과 상당수의 수출제조업 분야 중소벤처기업들은 한국의 제조업이 미국과의 무역에서 비교우위를 가지고 있다고 믿었기 때문에 FTA를 환영했다.

그러나 FTA의 반대자들은 그 자유무역협정이 미국과 한국 양국의 다국적 기업들에게만 유리하며, NAFTA와 마찬가지로 미국에 보다 유리한 협정이라고 비판했다. 기존의 수입관세율은 한국 7.8%, 미국 2.4%로 FTA로 인한 수입관세 폐기에 따른 수출 증가 효과는 미국 측에 더욱 유리하다(송기호, 2012). 게다가 예를 들어 한국의 대미 주요 수출품인 휴대전화와 반도체의 경우 이미 비관세 상품이었으며 또한 자동차(2.5%), TV(5%)의 미국 수입관세 역시 이미 낮은 수준이었으므로 FTA의 수출증가 효과는 크지 않았다.

더구나 1990년대부터 삼성전자와 현대자동차를 포함한 한국의 많은 수출 대기업들은 이미 관세를 지불하지 않고 수출하기 위해 NAFTA 회원국인 멕시코와 미국 현지에 공장을 설립했다. 따라서 한미FTA로 인한 관세 폐지가 대미 수출을 늘린다는 것은 거짓이거나 과장임이 분명해 보였다.

상당수의 경제계 인사들도 한미FTA를 반대했다. 이 조약은 저자가 사망한 이후의 저작권 보호기간을 50년에서 70년으로 연장하고 특허권을 보다 강력하게 보호하는 내용을 담고 있는데, 이것은 지식재산권을 많이 보유한 미국에 유리하고 지식재산권이 아직 적은 한국에게는 바람직하지 않았다. 따라서 많은 출판사와 제약회사가 이에 반대했다. 또한 미국에서 제출된 기존 기술특허를 회피하는 것이 매우 어렵고 복잡한 신산업 분야인 IT, BT, NT 분야에서 한국의 신산업과 중소벤처기업을 육성하고자 시도하는 상당수의 산업정책 담당 공무원들과 전문가들도 FTA에 대해 우호적이지 않았다.

마 미국 대통령은 양국 간 통상 균형이 보장되지 않았다는 이유로 FTA 비준을 연기했다.

그렇다면 이러한 반대를 무릅쓰고, 더구나 그것의 수출 증대 효과 및 경제성장 제고 효과가 그리 크지 않다는 것이 명백한데도 불구하고 왜 한국의 엘리트 계층의 대다수가 (적어도 표면적으로는) 미국과의 FTA를 지지했는가? 그 답은 FTA의 다른 측면에서 찾을 수 있다. 첫째, 자유무역협정은 일반적으로 정부의 경제개입을 명시적으로 제한하며 또한 투자자와 기업의 권리를 보호한다. 자유시장 자본주의를 국제적 구속력을 지니는 국가제도로서 확고하게 만드는 효과가 있다. 이에 전경련으로 결속된 재벌기업을 포함하여 거의 모든 한국 대기업들이 자유 기업free enterprise 및 자유시장free market 원칙을 한국 경제에서 돌이킬 수 없게끔 뿌리내리게 만든다는 믿음에서 FTA 협정을 환영했던 것이다.

또 다른 이유도 있다. 일부의 한국의 대기업들은 이미 R&D 및 특허기술 개발에서 세계적인 수준에 있으며 미국 대기업들과의 경쟁에서 꿀릴 것이 없다. 삼성그룹, 현대차그룹, LG그룹, SK그룹 등 4대 재벌그룹의 계열사들은 자연스럽게 자신들의 R&D를 통해 생산된 특허 및 기타 지식재산권 보호를 강화하는 FTA를 환영했다. IT, BT, NT 등 R&D 집약적인 산업에 종사하는 여타 대기업과 중소벤처기업들도, 자신들이 이미 미국과의 특허기술 개발 경쟁에서 어느 정도 대등한 기술력을 확보했다고 믿는 한 FTA를 지지했다.

하지만 동시에 상당수의 대기업과 중소기업들은, 자신들이 그러한 기술개발 역량을 아직 획득하지 못했기 때문에, FTA가 요구하는 지식재산권 보호 강화에 반대했다. 예를 들어, 물질특허 보호기간의 연장은 오리지널 신약에 대한 특허를 가진 제약회사에 유리하며, 이것은 아무래도 미국과 유럽 등 서구의 제약회사에 유리하다. 물론 오리지널 신약 특허를 개발한 한국의 일부 제약회사들에게도 이것은 유리하다. 하지만 아직 이러한 기술역량을 획득하지 못한 복제약 제조 중심의 제약회사들에게 FTA는 불리하다.[7] 이런 식으로 FTA는 제약 등 R&D 집약 산업에서 기업들 간의 양극화를 조장하는 효과를 가진다.

7) LG그룹과 SK그룹, 그리고 삼성그룹은 각각 제약업에 진출했으며, 오리지널 신약 개발을 나서고 있다.

셋째, 앞서 언급했듯이 재벌 계열사를 포함한 많은 대기업들과 그 대주주 후계자들은 지대추구로 쉽게 돈을 벌 수 있는 내수 서비스 분야에 진출하는 것을 선호하는데, 미국과의 FTA는 민영화와 규제완화를 서비스업 분야에서 창출할 것이고, '자유시장' 원리를 지배적 경제원리로 확대할 것이기에 이들의 비즈니스에 FTA는 큰 도움이 될 것이다. 예를 들어, 재벌그룹(신세계, 롯데, GS)에 속한 대형 매장들은 FTA 협정이 동네상점 보호 규제를 무력화시킬 것으로 기대하면서 FTA를 열렬히 환영했다. 재벌그룹 소속 금융서비스 회사들도 FTA가 약속하는 추가적 규제완화를 기대하면서 그 조약을 환영했다.

이러한 맥락에서, FTA 협정의 지지자들은 한국 경제의 향후 성장은 제조업이 아니라 서비스업에서 일어나는 것이 올바르다고 하는 서비스업 주도의 경제성장론을 전개한다. 이 주장은 사회 서비스, 공공 서비스, 금융 서비스 및 여타 서비스 분야에서의 광범위한 규제완화와 사유화를 경제성장을 위한 수단으로서 요구한다.[8] 요즘에는 OECD조차 그것을 권장하고 있다(Randall, 2009; Randall and Satoshi, 2012).

한국의 경제계 인사들은 FTA가 가스와 철도, 전기, 수도, 우편 서비스와 의료 및 교육 서비스, 기타 복지 서비스와 같은 공공 서비스 분야에서 추가적인 민영화와 규제완화로 이어질 것을 기대했다. 따라서 FTA 협정의 비판자들은 "미국과의 FTA는 투자자와 기업, 특히 미국과 한국의 다국적 기업의 권리만을 보호하는 합법적 기제이며, 반면에 대중의 복지에 도움이 되지 않는다"라고 말한다(송기호, 2012). 이러한 비판에 맞서 이명박 정부는 "교육과 보건, 사회 서비스와 같은 공공 서비스의 경우 FTA 협정에서도 정책적 국가개입의 여지를 넓게 허용하고 있다"라고 주장한다(산업자원통상부/기획재정부, 2011). 물론 그 말은 진실일 것이다. 그러나 지난 20년 동안 한국 정부가 공공 서비스 분야의 민

8) 이런 종류의 견해는 이명박 정부 및 박근혜 정부의 장관과 여타 고위 관료들의 수많은 공식 연설과 발표문에 나타났다. 또한 한국개발연구원KDI과 같은 국책연구소의 연구 보고서 역시 같은 견해를 보여준다.

영화와 규제 완화를 위해 꾸준히 노력해왔다는 것 역시 명백한 진실이다.

한국의 경제계 및 정계 지도층 인사들이 FTA를 환영하는 마지막 이유는 그들의 개인적, 즉 계급적 이익에서 찾을 수 있다. 즉, 그들은 FTA가 상류 부유층의 소득 증대에 좋은 것이라고 믿는다. FTA의 일부 지지자들은 이러한 믿음이 너무 강한 나머지, FTA가 초래한 산업 및 경제 전반에 걸친 부정적 효과에 대해 그 사실성을 전혀 인정하려 들지 않는다.

결론적으로 한국 정치와 한국 사회에서 FTA에 관한 논쟁은 진실로 산업발전과 경제발전에 대한 관심보다는 이데올로기적 관점에서 진행되었다고 할 수 있다.

5. 결론

신고전파 경제학자들은 1997년 말에 발생한 동아시아 경제위기가 한국 경제의 구조적인 취약점을 드러냈다고 주장했다. 그들은 자유시장 원리와 주주가치 원리를 제도적으로 강화하는 것이 한국 경제의 구조적 효율성을 높이기 위해 필수적이라고 주장했다.

그러나 그러한 자유주의적 구조개혁은 한국 경제의 기적을 추동해온 성장 동력을 해체했다. 재벌기업을 포함한 대기업들은 장기적 관점에서 단기적 관점으로 시야를 전환했다. 이제 그들은 주주가치 극대화가 자기 회사의 목표라고 선언하고 있다.

이러한 대전환의 결과로서, 한국 대기업들의 장기투자는 오늘날 양극화되는 경향을 보이고 있다. 그 이유는 구조개혁 이후에는 장기적 실물투자를 위한 주요 재원이 내부유보금으로 바뀌었고, 그것은 다시 순이익에 좌우되는바, 순이익 창출 능력이 오늘날 대기업들 내부에서 크게 양극화되어 있기 때문이다. 막대한 이익과 함께 풍부한 내부유보금을 가진 소수의 대기업들이 한국 경제에서 장기적 설비투자 및 연구개발투자를 이끌고 있지만 다수의 대기업들에서 이러한 설비투자와 연구개발투자가 20년째 정체상태에 있다. 다수의 대기업들에서 장기투자의 부진은 한국 경제성장률 저하의 주요 원인 중 하나이다.

재벌그룹 계열사를 포함하여 다수의 대기업들에서는, 연구개발 및 설비투자가 중요한 수출제조업이 아니라 규제완화 및 민영화로 손쉽게 실적을 낼 수 있는 내수 산업에 치중하고 있다. 신자유주의와 주주자본주의 하에 포섭된 한국의 대기업과 재벌그룹은 위험성이 높은 기술혁신 분야로의 진출보다는 지대추구를 통해 안전하게 수익을 창출할 수 있는 분야로 다각화하는 경향을 강하게 보인다.

1998~2007년에 집권한 민주정부의 구조개혁 정책은 4대 재벌그룹 계열사를 포함하는 소수의 대기업들이 기술개발 및 설비투자를 주도하고 여타 재벌그룹은 그렇지 않은 양극화를 낳았다. 보수정부(2008~2012년)가 주도하여 체결한 미국 및 유럽연합과의 FTA 역시 특허 기술을 생산할 역량을 가진 소수의 대기업과 그것을 아예 포기하고 규제완화와 민영화 등으로 손쉽게 수익을 내고자 하는 다수의 대기업으로의 이중화 경향을 가속화시켰다.

그럼에도 불구하고 보수적 유권자들과 함께 한국의 지배 엘리트와 정치인의 대다수는 자유시장 및 자유기업 원칙의 제도화에 크게 기여할 것이라고 기대하면서 FTA를 환영했다. 재벌계를 포함하여 많은 대기업들이 FTA가 자유시장 원칙을 서비스 분야에서 확고하게 뿌리내릴 것이라고 기대했다. 결론적으로, 한국의 비즈니스 및 정치 엘리트의 대다수는 FTA가 자신들의 부와 소득 증대에 좋은 일이라고 믿었기 때문에 그것을 환영했다.

결론적으로 한국 경제에서 자유시장 원칙과 주주자본주의 원칙, 그리고 자유무역 원칙은 이제 경제의 지배적 원리로 뿌리내리고 있다. 전반적 산업 발전과 국민경제 전체의 발전이 가져오는 이익에 대한 관심보다는 편협한 이데올로기와 계급적 이익의 관점이 한국 지배계급의 마음을 움직여왔던 것이다.

참고문헌

강철규·최정표·장지상. 1991. 『재벌, 성장의 주역인가 탐욕의 화신인가?』 서울: 비봉출판사.

김기원. 1999. 「재벌 체제의 지양과 책임 전문 경영 체제의 구축」. 김대환·김균 편. 『한국 재벌 개혁론』. 서울: 나남출판사.

김석현 편. 2012. 「과학기술혁신의 투입과 성과 지표: 조사연구」. 과학기술정책연구원 조사 보고서. 2012-15-1. 서울.

산업통상자원부/기획재정부. 2011. 「한미FTA의 주요 이슈와 우리의 대답」. 한미FTA 관련 정부 공식 홈페이지, http://www.fta.go.kr/korus/issue/fta_point.asp

송기호. 2012. 『한미FTA 핸드북』. 서울: 녹색평론.

정승일. 2005. 「기술혁신 친화적인 기업지배구조와 금융 시스템: 그 한국적 형태」. 과학기술정책연구원 연구보고서. 2005-12. 서울.

정승일 편. 2007. 「규제가 기업의 기술혁신에 미치는 영향」. 과학기술정책연구원 연구 보고서. 2007-13. 서울.

최정표. 1999. 『재벌 시대의 종언』. 고원출판사.

Amihud, Yakov and Baruch Lev. 1981. "Risk Reduction as A Managerial Motive For Conglomerate Mergers." *Bell Journal of Economics*, 12, pp. 605~617.

_____. 1999. "Does Corporate Ownership Structure Affect Its Strategy Toward Diversification?" *Strategic Management Journal*, 20, pp. 1063~1069.

Amsden, Alice H. 1989. *Asia's Next Giant: South Korea and Late Industrialization*. Oxford: Oxford University Press.

_____. 1997. "South Korea: Enterprising Groups and Entrepreneurial Government." in Alfred D. Chandler, Franco Amatori and Takashi Hikino(eds.). *Big Business and the Wealth of Nations*. Cambridge: Cambridge University Press.

_____. 2001. *The Rise of "The Rest": Challenges To the West From Late-Industrializing Economies*. Oxford: Oxford University Press.

Black, Bernard S., Barry Metzger, Timothy O'Brien and Young Moo Shin. 2000. "Corporate Governance in Korea at the Millennium: Enhancing International Competitiveness." Final Report and Legal Reform Recommendations to the Ministry of Justice of the Republic of Korea. Downloaded from the website of Social Science Research Network electronics library at: http://papers.ssrn.com/paper.taf?abstract_id =222491.

Chang, Ha-Joon. 1994. *The Political Economy of Industrial Policy*. New York: ST. Martin's Press.

_____. 1998. "Korea: The Misunderstood Crisis." *World Development*, 26, No. 8, pp. 1555~1561.

_____. 2000. "The Hazard of Moral Hazard: Untangling the Asian Crisis." *World Development*, 28, No. 4, pp. 775~788.

_____. 2006. *The East Asian development experience: the miracle, the crisis and the future.* London: Zed Books.

Cho, Hye-kyung and Thomas Kalinowski. 2010. "Bank nationalization, restructuring and reprivatization: the case of Korea since the Asian financial crisis." *Korea Observer*, Vol. 41, No. 1(Spring 2010), pp. 1~30.

Cho, Lee-Jae, Somi Seong and Sang-Hyop Lee(eds.). 2007. Institutional and policy reforms to enhance corporate efficiency in Korea. Seoul: Korea Development Institute.

Claessens, Stijn, Simeon Djankov and Larry H. P. Lang. 1998. "Corporate Growth, Financing, and Risks in the Decade before East Asia's Financial Crisis." The World Bank Policy Research Working Paper No. 2017. The World Bank, Washington, D.C.

_____. 2000. "East Asian Corporations: Heroes or Villains?" World Bank Discussion Paper No. 409. The World Bank, Washington, D.C.

Clark, Kim B., and Takahiro Fujimoto. 1991. *Product Development Performance: Strategy, Organization, and Management in the World Auto Industry.* Cambridge: Harvard Business School Press.

Corcetti, Giancarlo, Paolo Pesenti and Nouriel Roubini. 1998a. "What caused the Asian Currency and Financial Crisis?" mimeo, Yale University.

_____. 1998b. "Paper tigers? A Model of the Asian crisis." NBER Working Paper No. 6783, November 1998.

Dornbusch, Rudiger. 1997. "Financial Crisis in East Asia and the Prospects for Recovery." A special lecture at the Korea Institute of Finance(KIF) in December 1997. Seoul: Korea Institute of Finance.

Fallows, James. 1995. *Looking at the sun: the rise of the new East Asian economic and political system.* New York: Vintage Books.

Fischer, Stanley. 1998. "The Asian Crisis: A View from the IMF." address by Stanley Fischer, first deputy managing director of the International Monetary Fund, at the Midwinter Conference of the Bankers' Association for Foreign Trade. Washington DC, January 22, 1998. Downloaded from Nouriel Roubini's Asian Crisis home page at http://www.stern.nyu.edu/globalmacro/

Furman, Jason and Joseph E. Stiglitz. 1998. "Economic Crises: Evidence and Insights from East Asia." Brookings Papers on Economic Activity, 2, pp. 1~135.

Greenspan, Alan. 1998. "Testimony of Chairman Alan Greenspan, Before the Committee on Banking and Financial Services." U.S. House of Representatives, January 30, 1998.

Downloaded from Nouriel Roubini's Asian Crisis Home page at http://www.stern.nyu.edu/globalmacro/
Haggard, Stephan, Wonhyuk Lim and Euysung Kim(eds.). 2003. *Economic crisis and corporate restructuring in Korea: Reforming the chaebol*. Cambridge : Cambridge University Press.
Hahm, Joon-Ho and Frederic S. Mishkin. 2000. "Causes of the Korean Financial Crisis: Lessons for Policy." in NBER Working Paper 7483. http://www.nber.org/papers/w7483.
Jang, Ha-Sung. 2001. "Corporate Governance and Economic Development: The Korean Experience." in Iqbal, Farruhk and Jong-IL You(eds.). *Democracy, Market Economics, and Development: An Asian Perspective*. The World Bank, Washington, D.C.
Jeong, Seung-il. 2004. *Crisis and Restructuring in East Asia: the Case of the Korean Chaebol and the Automotive Industry*. London/New York: Palgrave-Macmillan.
Jones, Randall S. 2009. "Boosting productivity in Korea's service sector." OECD research paper. Paris: OECD.
Jones, Randall S. and Satoshi Urasawa. 2012. "Sustaining Korea's convergence to the highest-income countries." OECD research paper. Paris: OECD.
Jwa, Sung-Hee and In-Kwon Lee(eds.). 2000. *Korean Chaebol in Transition: Road Ahead and Agenda*. Seoul: KERI(Korea Economic Research Institute).
Kim, Hyeon-Wook and Hyun-Song Shin(eds.). 2006. *Adopting the new Basel Accord: Impact and policy responses of Asia-Pacific developing countries*. Seoul: Korea Development Institute.
Kim, Kyung-Pil and Gil-Sung Park. 2008. "Financial crisis and minority shareholders' movement in Korea: the unfolding and social consequences of the movement." *Korea Sociology*, Vol. 42, No. 8, pp. 59~76.
Kim, Sang-Jo. 2002. "Financial Sector Reform in Korea: A Dilemma between 'Bank-based' and 'Market-based' Systems." *Korea Journal*, Vol. 42, No. 1, pp. 42~73.
Kim, Won-kyu. 2004. "Innovation-driven economy and total factor productivity." *KIET Industrial Economic Review*, Vol. 9, No. 5, pp. 21~27.
Kwon, Jae-jung. 2004. "Financial reform in Korea: unfinished agenda." *Seoul Journal of Economics*, Vol. 17, No. 3(fall 2004), pp. 403~437.
Kruman, Paul. 1994. "The Myth of Asia's Miracle." *Foreign Affairs*, Vol. 73, Iss. 6, pp. 62~78.
Lee, Ki-Su. 2007. "Corporate governance in Korea: With a special reference to reforms responding to IMF crisis." *Korea University Law Review*, Vol. 1(Spring 2007), pp. 55~70.
Lee, Young-Ki and Young-Jae Lim. 1998. "In Search of Korea's New Corporate Governance System." revised conference paper on 'An Agenda for Economic Reform in Korea: International Perspective'. KDI.

Lucas, Robert E. 1988. "On the Mechanics of Economic Development." *Journal of Monetary Economics*, Vol. 22, pp. 3~42.

Romer, Paul M. 1994. "The Origins of Endogenous Growth." *The Journal of Economic Perspectives*, Vol. 8, No. 1. pp. 3~22.

Shin, In-Seok(eds.). 2000. *The Korean Crisis: Before and After*. Seoul: KDI.

Shin, Jang-Sup, and Ha-Joon Chang. 2003. *Restructuring Korea Inc.* London: RoutledgeCurzon.

Yoo, Seong-Min. 1999. "Corporate Restructuring in Korea: Policy Issues Before and During the Crisis." KDI working paper. February 1999. KDI.

World Bank. 1993. *The East Asian Miracle: Economic Growth and Public Policy*. Oxford: Oxford University Press.

Whitley, Richard. 1992. *Business systems in East Asia: Firms, markets and societies*. London: Sage Publication.

제6장

발전국가론의 민주주의적 한계*

이연호

1. 서론

1997년 아시아 금융위기가 발생한 이후 신자유주의 진영과 진보 진영(한국정치연구회, 1998; 이병천, 2000)은 공히 국가의 과도한 시장개입 그리고 국가의 후견을 받은 재벌기업의 방만한 금융차입이 위기의 원인이며 따라서 국가주도적 발전국가 전략이 개혁되어야 한다는 점을 주장했다. 이러한 비판에 대응하여 한국의 사회과학계에서 논의된 소위 발전 이후의 발전국가론(양재진, 2005)은 과도한 국가중심주의로부터 탈피를 시도함으로써 이론의 개선을 시도한 바 있다. 옹호론자들은 우선 발전국가론의 핵심은 극단적인 국가주의나 시장주의에 치우치지 않은 실용주의적 정책유연성이었지 권위주의적 국가가 아니었다는 점을 주장했다(백종국, 1998).

나아가 덜 권위주의적인 형태의 연성 발전국가모델을 제시하면서, 경제자유

* 이 글은 「제도주의 정치경제적 발전국가론과 민주주의」, ≪21세기정치학회보≫, 제19집 2호(2009)를 일부 수정한 것이다.

화 시대에도 발전국가의 역할은 여전히 유효하며 따라서 해체보다는 재편을 통해 새로운 성장동력으로 거듭나야 함을 주장했다(Weiss, 1998; 백종국, 1998; Wade and Veneroso, 1998; 양재진, 2005). 한 예로 유연적 발전국가flexible developmental state라는 변형된 형태의 발전국가모델이 제시되었다. 유연적 발전국가란 국가가 해외자본을 유치하고 그 주변에 토착 생산네트워크를 접목하거나 역으로 후자를 국가가 육성하여 이를 국제화하기도 하는 개방적인 발전국가를 상정한다. 이처럼 국가역할의 유연성에도 불구하고 발전국가로 간주되는 이유는 국가가 해외자본과 국내의 전문적인 혁신네트워크에 깊이 배태되어 있으면서 발전을 위한 조정자mediator의 역할을 수행하기 때문이다(O'Riain, 2000). 이러한 맥락에서 한국의 발전국가도 관료적 발전국가가 아니라 유연적 발전국가로 변화하여, 한편으로 시장주의 정책을 추진하면서 다른 한편으로 산업정책을 통해 발전의 전반적인 계획과 방향을 주도해야 한다는 주장도 제기되었다(안승국, 2006).

발전국가론의 전개과정을 살펴볼 때 발전국가모델의 과도한 국가중심주의적 속성을 희석시키고자 하는 시도는 사실 그 이전에도 존재했다. 가장 대표적으로 에번스Peter Evans는 배태된 자율성embedded autonomy 이론을 통해 발전국가의 경직적 자율성에 대한 대안적 설명을 시도했다. 이 이론은 국가-사회 양분론은 결국 약탈적predatory이고 무능한 국가로 귀결되기 쉬우며 오히려 국가가 사회 속에 여러 종류의 네트워크를 통해 깊이 배태됨으로써 높은 자율성과 정책적/경제적 효율성을 도모할 수 있다고 주장했다(Evans, 1995). 즉, 사회 행위자들을 통제의 대상이 아닌 협조자로 만듦으로써 집단행동 문제collective action problem가 발생할 가능성을 최소화할 수 있다는 것이다.

그러나 이와 같은 국가역할의 유연화가 곧 발전국가의 원형모델에 대한 포기를 의미하는 것은 아니다. 발전국가의 원형모델은 국가가 전략적 목표를 달성하기 위해 사기업 부문의 정책결정과정과 시장거래 부문에 대해 전략적strategic이고 선택적selective으로 간섭함으로써 시장을 선도 또는 지도guide할 수 있는 능력을 강조한다. 또한 발전에 필요한 경제적 자원을 할당하거나 시장을 보호하고 육성할 수 있는 국가의 능력을 주장한다(Deyo, 1987; White and Wade, 1988;

Haggard, 1990). 발전국가는 국가정책결정과정을 사회적 영향력으로부터 격리insulate하여 고도의 자율성을 유지함으로써 탁월한 시장간섭능력을 보유했다(Johnson, 1987)는 점에서 학계의 주목을 받았다. 발전 이후의 발전국가도 이러한 발전국가의 원형모델에서 근본적으로 벗어나지 않고 있다. 다만 국가가 시장과 사회에 대해 권위주의적으로 지시하기보다는 유연한 조정자의 역할을 수행한다는 점에서 일부 차별화를 시도하고 있을 뿐이다.

1997년 금융위기 발생 이후 이처럼 일부 정치학자들을 중심으로 유연한, 즉 덜 권위주의적인 발전국가모델이 모색되던 것과는 대조적으로 발전국가의 원형모델의 유용성이 오히려 재강조되어야 한다는 주장도 부상한 바 있다. 이들은 동아시아의 국가들이 경제성장을 달성하고 금융위기를 수습하는 과정에서 국가가 시장에 개입했으며, 자율성을 가진 발전관료제와 알맞게 설계된 정치, 사회, 경제 제도가 중요한 역할을 수행했다고 주장했다(Chang, 2007). 나아가 발전국가 모델의 효용을 강조하면서 한국의 경우 발전국가의 원형모델을 수정 복원하여 제2의 추격시스템을 정비할 것을 주장하기도 했다(신장섭·장하준, 2004). 이들의 주장은 발전국가 모델의 중상주의적 측면을 긍정적으로 평가하고 있고 발전국가 원형모델의 권위주의적 문제에 대해서는 별로 관심을 보이지 않고 있다.

중상주의mercantilism란 국가가 법과 규제 등을 이용하여 시장에 독점을 조성하고 위험회피적risk-averse 시장행위자들이 경쟁이 아니라 독점에서 창출되는 지대rent를 추구하도록 조장하여 국가의 부를 증대시키고 산업을 육성하는 발전전략이다(Ekelund and Tollison, 1997: ch.1). 중상주의적 발전모델의 한 형태인 발전국가는 정부가 민간기업의 사적 결정에 간섭하여 영향을 미치거나, 시장의 자원분배과정에 개입하여 가격을 의도적으로 왜곡하고(Amsden, 1989), 나아가 전략적으로 중요하다고 여겨지는 산업을 보호하며, 보조금 등 각종 지원정책을 통해 이를 육성하여 경제성장을 도모한다. 중상주의적 발전국가는 경제정책결정 및 집행과정을 사회적 간섭으로부터 차단insulate하기 위해(즉 국가의 자율성을 제고하기 위해), 그리고 전략산업을 집중 육성하는 불균형적인 성장정책의 결과로 유발된 사회적 불만을 억압하기 위해 권위주의적 정치를 구사하기도 한다.

이 글은 한국 및 개발도상국들의 경제성장을 위해서는 신자유주의적 사조에 대항하여 오히려 발전국가 원형모델의 재도입이 필요함을 강조하고 있는 소위 '제도주의적 정치경제론institutionalist political economy'을 정치학적 시각에서 분석하려고 한다. 금융위기가 발생하기 전에는 발전국가론이 주로 정치학자와 사회학자들에 의해 논의되었다. 그러나 그 이후에는 제도주의 정치경제론을 표방하는 장하준, 신장섭 등 해외파 한국인 경제학자들에 의해 발전국가론의 이론적 정교화가 주도되기 시작했다. 이들은 제도주의 경제학의 시각에서 발전국가 모델을 분석·정리하고, 개도국의 경제성장을 위한 발전국가 모델과 중상주의적 성장전략의 유용성을 주장하면서 많은 양의 주목할 만한 업적들을 산출했다. 그럼에도 불구하고 이에 대한 정치학계의 이론적 논의는 별로 이루어지지 않았다.

이 장은 소위 제도주의 정치경제론에서 제시하는 발전국가 이론을 분석한 후 이 모델이 민주주의와 관련한 발전국가의 두 가지 문제, 즉 정치적 권위주의와 사회경제적 불균형의 심화라는 문제를 유발하고 있음을 주장하고자 한다. 이들이 한국의 재도약을 견인할 전략으로서 국가주도적 중상주의 전략을 다시 제안하고 있지만, 이것이 실현되기 어려운 정치적, 특히 민주주의적 한계는 분명하다. 따라서 경제성장과 민주주의를 동시에 달성할 수 있는 이론적 대안을 보완하지 않는 이상 제도주의 정치경제학자들이 주장하는 발전국가론은 저발전국의 민족주의적 정서에 호소하는 국가자원동원모델일 수는 있어도 지속적이고 안정적인 발전을 도출할 이론으로 인정받는 것은 어렵다는 점을 주장하고자 한다.

2. 제도주의 정치경제적 발전국가론

제도주의 정치경제론institutionalist political economy은 용어상으로는 노스D. North 등이 주도한 신제도주의 경제학new institutional economics과 유사하지만 내용상으로는 매우 다른 입장에 서 있다. 신제도주의 경제학은 시장의 완전경쟁을 상정하고 시장의 실패market failure 가능성을 극소로 인정하는 신고전주의 경제학neo-classical economics에 기반한 정치경제이론이다. 이러한 시장중심주의의 전제 하에서 국가가 제도를 수립하고 시행하는 주체이며, 제도의 성격과 이를 운영하는 국가의 능력에 따라 경제적 성과가 좌우된다는 점을 강조한다(North, 1990).

제도주의 이론을 도입함으로써 발전국가 원형모델의 주요 가정을 극복하려는 시도는 배태된 자율성 이론의 등장보다 앞서 이루어진 바 있다. 해거드Stephan Haggard와 문정인은 1980년대 한국 정부가 안정화정책을 집행한 사례를 발전국가론과 신제도주의 이론을 접목시켜 분석함으로써 발전국가의 원형적 가설들, 즉 자율성이 강한 국가가 경제발전을 도출할 수 있다거나 민주주의는 약한 국가를 유발한다는 등의 가정들을 비판했다(Haggard and Moon, 1990). 이들은 국가와 사회(시장)에 대한 기존의 이분법적 이해보다는 양자의 관계를 구성하는 제도의 성격을 이해함으로써 경제적 효율과 성장의 현상을 설명할 수 있다고 주장했다. 이들은 제도를 그 자체로서 인간의 행동을 규정하는 존재로 보지는 않았으며, 제도와 정치적 요소들이 서로 영향을 주고받는 관계라고 주장했다.

그런데 장하준 등이 제시하는 제도주의 정치경제론의 시각은 해거드와 문정인과는 근본적인 차이를 보인다. 즉, 후자가 발전국가 원형모델이 가지고 있는 국가지배적 시각의 한계를 비판하고 극복하고자 제도주의를 도입했다면 전자는 원형모델로 복귀할 필요성을 강조하기 위해 유사한 접근법을 차용하고 있다.

장하준과 로손R. Rowthorn이 주장하는 제도주의 정치경제론은 신제도주의 경제학보다 한 발짝 더 나아가 시장의 상시적 실패 가능성을 인정하면서 국가가 이를 구제하는 사회적 후견인social guardian으로서 제도를 만들고 시장에 간섭할 능력을 보유하는 것이 필수적이라는 점을 강조한다(Chang and Rowthorn, 1995: 31). 제도주의 정치경제론은 재산권 자체를 경제성장의 결정 요인이라고 보는 노스적Northian (신)제도주의이론의 환원주의적 오류를 지적하면서 그보다는 '어떤 재산권 제도를 보호할 것인가'에 관한 (국가의) 가치판단 능력이 더욱 중요하다고 주장하고 있다(Chang, 2007: 25). 즉, 제도가 경제적 고려에 의해 일방적으로 강제되는 것이 아니라 역사적 경험에 의거하여 형성되는 것이라는 역사적 제도주의의 입장을 견지하고 있다. 이 이론이 가지고 있는 제도분석의 초점은 국가, 좁게는 정부이다.

이 이론이 상정하는 국가의 시장 간섭은 복지국가에서 실행되던 것보다 더 기술적이고 적극적인 것으로 이해할 수 있다. 케인스적 시장 간섭이 수요-공급의 시장자동조정기능에 대한 국가 간섭을 의미했던 것에 비해, 이 이론은 조정비용coordination cost이나 거래비용transaction cost을 절약하기 위한 간섭까지 확대하여 상정하고 있다(Chang, 1994: 133; Khan, 1997). 국가에 의한 시장 간섭의 내용은 총수요관리aggregate demand management는 물론이고, 법의 수립과 집행, 재산권 제도의 확립, 민간행위자들 간에 발생하는 거래의 대행, 심지어 제도의 변화를 통해 사회적 가치의 변화를 유도함으로써 시장의 불확실성을 최소화하는 것까지 광범위하게 포함한다(Chang, 1994: 133; Chang and Rowthorn, 1995: 33).

이 이론은 국가의 시장 간섭이 전혀 비용 소모적이지 않다고 주장하며, 이 점에서 정통적인 케인스주의와 다르다고 강조한다. 이들은 복지국가가 실행한 시장개입은 주로 재정확대를 통해 총수요를 관리하는 것이므로 비용이 크게 발생할 수 있지만 제도주의 경제학의 처방은 매우 경제적이어서 큰 국가가 필요치 않으며 작고 강한 국가만 마련되면 실행할 수 있다고 역설한다(Chang, 1994: 134). 그 예로 든 것이 한국이다. 이들은 1970년대와 1980년대 한국 정부가 시행한 산업정책을 분석하면서 상대적으로 작은 규모의 국가―재정지출 규모가 상대적으로 적다는 의미에서―가 전략산업의 육성을 위해 선제적으로ex ante 시장에 간섭한 것이 경제적 발전에 주효했음을 주장했다.

제도주의 정치경제론은 1990년대 김영삼 정부의 시장주의적 세계화 정책 그리고 1997년 이후 IMF의 압력에 의해 추진된 경제구조조정 프로그램이 한국 경제의 장기적 성장동력을 훼손했으며, 제2의 추격시스템을 구축하기 위해 국가주도적 경제시스템을 복구해야 함도 주장하고 있다(신장섭·장하준, 2004). 이들은 시장주의가 산업정책을 폐지하고 시장에 대한 국가의 보호가 없어진 상황에서 기업들은 도전적 투자를 삼갈 수밖에 없으며 BIS 비율을 만족시키기에 급급한 민영은행들이 기업의 투자의욕을 훼손했다고 진단한다. 따라서 제2의 추격시스템의 주된 내용은 국가의 재활성화와 재벌기업의 역량회복임을 단언한다. 국민경제의 최종 시스템관리자로서 국가는 다시 시장개입을 시도하여 산업정책을 실시하며 국제 자본이동에 대한 통제권을 회복해야 한다고 역설한다(신장섭·장하준, 2004: 204, 206).

특히 주목을 끄는 것은 재벌구조의 회복에 대한 주장이다. 기업부채의 증가, 가공자본의 창출, 내부거래와 같은 문제가 있더라도 국가가 이를 담보하여 재벌들이 도전적 투자에 나서도록 독려해야 한다는 것이다. 심지어 주주자본주의의 도입으로 인해 재벌기업의 책임경영이 어려워진 것을 원상복구해야 하며, 자본의 국적성을 고려하여 국내 금융자본은 육성하고 외국 자본의 과도한 투자는 견제해야 한다고 주장한다(장하준, 2004: 252~254, 256~260).

이 이론이 상정하는 국가의 역할은 경제적이기보다는 정치화된 것이다. 신제도주의 경제학이 상정하는 제도관리자의 역할을 넘어선다. 국가가 미래의 비전을 구체적으로 제시하여 민간 행위자들이 집합행동collective action을 통해 정보를 획득하도록 하고, 정치적 협의에 있어 비용을 낭비하지 않도록 해야 한다고 주장한다(Chang and Rowthorn, 1995: 36).

아울러 국가의 갈등관리자로서의 역할도 강조한다. 국가가 시장 및 사회의 갈등에 개입하지 않아야 한다는(왜냐하면 국가는 중립적 존재이므로) 신고전주의 경제학의 가정은 허구임을 역설한다. 순수하게 시장적(즉 경제적)인 것은 없으며 심지어 시장의 요소(예컨대 가격, 이자율, 임금 등)들도 정치화politicization가 불가피하므로 갈등을 해소하기 위해서는 국가의 적극적 역할이 중요하다고 보고 있다. 또 새로운 산업에 진출한 시장행위자들이 위험 요소로 인해 손해를 입을 경우, 도덕적 해이moral hazard의 위험이 있더라도 국가가 그 대가를 지불하여 공정한 대우를 받도록 배려해야 한다고도 주장한다(Chang and Rowthorn, 1995: 44).

이 이론의 중상주의적 단면은 국제적 차원의 논의에서 보다 분명하게 나타나고 있다. 현재 전 세계를 지배하고 있는 신자유주의와 통화주의 이론은 강대국에게 유리한 경제이론이라는 것이다. 이러한 영미적 모델은 산업화를 달성하지 못한 개발도상국들의 발전에 매우 불리하다. 그 이유는 국가가 시장에 개입할 여지를 박탈하며 국내 시장을 외국 기업과의 경쟁으로부터 보호할 수 있는 논리를 제거하기 때문이다(Chang, 2002, 2008).

같은 맥락에서 1997년의 금융위기는 시장주의자들이 주장하는 국가 간섭에 의한 도덕적 해이에 기인한 것이 아니라고 주장한다(Chang, 2006: ch.6). 또 세계은행World Bank 등이 주장하는 좋은 거버넌스good governance의 구성요소들, 즉 민주주의, 정부와 사법부의 투명성, 재산권의 보호, 지적재산권의 보호, 건전한 회사 지배구조 등은 신자유주의 원칙의 또 다른 표현에 불과하며, 이러한 기준이 개발도상국에 적용되는 것은 발전을 봉쇄하려는 사다리 걷어차기kicking away the ladder에 다름 아니라고 강조한다. 선진국들이 산업화를 도모하던 19세기에는 그들 역시도 이러한 기준을 만족시키지 못했으므로 이를 현재의 발전도상국들에게 강요하는 것은 불공평하다는 것이다(Chang, 2002: ch.3).

초국적기업, 그리고 무역 관련 지적재산권TRIPs: Trade-Related Intellectual Property Rights과 관련해서는 보다 급진적인 주장을 전개하기도 한다. 즉, 초국적기업들은 개도국의 장기적 발전을 도모할 국내적 기술기반이 형성되는 것을 저해하므로 이들이 제시하는 기술, 인력, 금융의 패키지에 의존하여 발전 전략을 수립하는 것은 바람직하지 못하며(Chang, 2003: 256), 개도국들은 이들에 대한 규제의 고삐를 절대로 포기해서는 안 된다고 제언한다(Chang, 2003: 269). 또 지적재산권은 선진국들이 발전을 도모할 당시에는 그다지 중요한 발전 요소가 아니었으나 현재는 매우 핵심적인 발전요소이며, 따라서 지적재산권을 창출할 여지가 별로 없는 개도국들이 현재의 TRIPs에 편승하면 오히려 선진국들로부터 기술뿐만 아니라 상품의 수입을 증대시키게 되는 결과를 초래할 것이라면서, 현존하는 지적재산권 레짐의 재편이 불가피함을 주장한다(Chang, 2003: 300~301; Chang, 2008).

정치학과 제도주의 정치경제학에서 전개된 발전국가론은 국가의 시장에 대한 간섭을 정당화하고 있다는 점에서, 그리고 지적 기원을 공유하고 있다는 점에서 공통점을 가지고 있다. 제도주의 정치경제론자들은 '시장의 정치화the politicization of the market'를 주장함으로써 정치학의 심정적 지지를 이끌어내려 시도하고 있다. '시장의 정치화'란 시장에 관한 정책결정과정도 정치적 타협과정의 한 종류라고 가정하는 것이다. 환경문제라든가 임금과 이자율의 결정이라든가 식품에 관한 규제 같은 것들이 그 예이다(Chang, 2000).

그러나 제도주의적 정치경제론자들은 자신들의 '시장의 정치화 가설'과 정치학의 발전국가론에서 상정한 '시장에 대한 관료적 지배 가설'이 상충할 수 있는 가능성에 대해서는 간과하고 있는 것으로 보인다. 본래 시장의 정치화는 케인스적Keynesian 개념이다. 케인스 이론이 주장하는 정부에 의한 수요관리demand management는 불가피하게 소득과 고용 그리고 총수요에 영향을 줄 수밖에 없고 결과적으로 임금에 영향을 준다. 따라서 노동 유지도 비상품화de-commodification되는 경향을 보인다. 이처럼 시장의 현상은 정치적 결정에 의해 만들어진다는 것이 소위 시장의 정치화 가설이다. 경제정책의 큰 줄기는 선거와 같은 정치적 동기에 의해 인위적으로 만들어진다는 정치적 비즈니스 사이클political business cycle 모델도 그 예 중의 하나이다(Caporaso and Levine, 1992: 123). 이는 자본의 힘이 지배하는 시장에도 가난한 다수의 입장이 반영되어야 한다는 사회민주주의적 이론과도 연결된다. 따라서 케인스적 간섭이론은 친부르주아적이기보다는 친노동적인 성격을 보이기도 한다.

이에 비해 발전국가 원형모델이 상정했던 것은 '관료적'으로 '지배되는governed' 시장이다. '정치적'이라는 어휘가 국가와 시민 간의 양방향적 커뮤니케이션을 의미한다면 '관료화된' 또는 '지배되는'이라는 말은 일방적인 관계이다. 발전국가론이 경제에 관한 정책결정과정의 격리를 제언했다는 것은 그 과정을 관료적 과정으로 만들어 사회세력이 영향력을 행사하는 것을 차단한다는 것이다. 그리고 정부가 일방적으로 공적인 목표를 수립하고 이를 일관성 있게 추진하는 것을 의미한다.

이런 의미에서 양자는 모두 시장 결정이 정치적 요소에 의해 만들어질 수 있음에 동의하고 있으나 정치화의 방향은 서로 다르게 나타날 수 있다. 즉, 케인스적 정치화는 사민주의적 성격을 갖는 반면, 발전국가의 정치화는 국가가 권위주의적으로 정책을 집행하는 것이므로 민주주의적 속성을 결여하기 쉽다. 국가는 여전히 관료적이며 친기업적이거나 친자본적이다.

따라서 양자 간에 상정하는 시장의 정치화의 속성은 전혀 다르며 국가 간섭의 내용과 강도도 다를 수밖에 없다. 그럼에도 불구하고 제도주의 정치경제론자들은 오히려 양자를 의도적으로 동일화시킴으로써 이론적으로 취약한 자신들의 중상주의적 간섭이론의 공백을 케인스적 간섭이론으로 보충하려 시도하고 있다. 아울러 시장중심적 입장을 공격하는 국가중심주의 진영과 연합전선을 형성하려 의도하고 있다.

3. 제도주의 정치경제적 발전국가론과 민주주의

제도주의 정치경제적 발전국가론은 중상주의적이고 애국적이며 민족주의적이라는 관점에서 그리고 정치경제적 약자의 입장을 대변하고 있다는 점에서 특히 일반인들에게 전하는 호소력이 매우 강하다. 특히 경제적 위기상황에서 이 이론의 매력은 더욱 배가될 수밖에 없다. 경제학에서 시장중심주의와 국가중심주의 간의 이론적 대립의 결말은 요원해 보이는데 사실 그것이 정치학적 입장에 서 있는 이 연구의 주된 논제가 될 필요는 없다. 정치학의 입장에서 볼 때 국가와 시장 간의 관계는 정치, 사회, 경제 및 국제적 환경에 의해 매우 가변적으로 나타날 수밖에 없으며 그 관계 설정의 주역은 국가일 수밖에 없다는 것이 이 글의 입장이다.

그러나 순수하게 정치학의 입장에서 보더라도 제도주의 정치경제론의 발전국가론 역시 그 이론적, 실제적 한계는 분명한 것으로 보인다. 이 이론은 국가 시장개입의 효율성과 당위성을 역설할 뿐 그로 인해 발생할 수 있는 문제를 해결할 대안을 제시하는 것에는 여전히 실패하고 있다.

1) 제도주의 정치경제론과 권위주의

앞에서도 언급했듯이 발전국가 모델은 권위주의적 속성을 가지고 있다. 발전국가모델과 권위주의가 제도적 친화성을 갖게 되는 이유는 중상주의적 발전전략을 추진하는 과정에서 국가가 사회세력으로부터의 간섭을 극복하고 정책을 수립 및 집행할 수 있는 고도의 자율성을 추구하기 때문이다. 제도주의 정치경제론이 제시하는 발전국가 모델 역시 강한 자율성에 입각한 국가의 역할을 강조하고 있다.

국가의 강한 자율성, 즉 효율적 정책 결정과 집행을 위한 정책과정에 대한 외부 영향력의 차단이라는 요소는 국가와 시민사회가 소통하는 '정치'보다는 전자가 후자를 일방적으로 지배하는 '통치'를 구축하는 요인으로 작동한다. 본래 발전국가 모델이 강조하는 격리 가설은 미국의 정치발전론에서 유래한 것이다. 1960년대 말과 1970년대 초반에 개발도상국을 대상으로 미국의 정치학계가 산출한 일련의 정치발전 관련 연구들은 개도국이 지속적으로 경제적 성장을 달성하기 위한 조건으로서, 사회적 압력으로부터 격리된 정치체제, 엘리트들이 대중을 통제할 수 있는 정치체제, 공공의 이익을 추구할 수 있는 자율적인 정치체제, 그리고 위기에 대응할 수 있는 강력한 정치체제의 수립을 제시한 바 있다(Huntington, 1968; Binder, 1971). 당초 사회적 이익의 간섭으로부터 격리된 정치체제가 수립되어야 한다고 주장되었던 이유는 전통 사회의 가족, 부족 그리고 지배적 사회계층 등 강력한 영향력을 보유한 사회적 집단에 의해 장악된 정치체제가 자율성을 결여한 착취적인 조직이 될 수밖에 없다고 보았기 때문이었다. 사적이익이 아닌 공적이익을 추구하기 위해서는 자율성을 보유한, 즉 제도화된 정치체제가 수립되어야 한다는 주장이었다(Huntington, 1968: 20~25).

이러한 주장을 계기로 정치발전론의 이론적 초점은 민주주의에서 질서order로 전이되었다(Higgott, 1989: 18). 개도국에 진정한 민주주의를 수립하는 것보다는, 자유진영의 개도국들이 지배엘리트 중심의 강력한 국가를 건설하여 공산주의진영과의 체제경쟁에서 승리하도록 하는 것이 미국의 진정한 목표였다. 이는 결과적으로 미국의 이익에 부합하는 정치제도와 자본주의를 이들 국가에 수립하고자 하는 미국의 의도와도 일치하는 것이었다(Cammack, 1997: 31; Higgott, 1989: 18~19). 헌팅턴S. Huntington이 주장한 정치적 제도화 이론은 발전 초기에는 권력이 근대적 엘리트의 손에 집중되어 혁신을 주도하며 나아가 대중을 통제할 수 있어야 한다는 점을 강조할 만큼 엘리트 중심적 입장을 견지했다. 이 같은 정치질서에 대한 강조는 민주주의의 기반이 약한 개도국에서는 이 이론이 의도한 바와는 관계없이 권위주의적 국가의 등장을 정당화하는 명분으로 작용했다. 또 정책과정에 대한 격리 가설을 흡수한 발전국가에서도 이러한 현상은 그대로 발현되었다. 권위주의적 체제하에서 배양된 정치적 부패와 권위주의의 심화는 후일 개도국들의 국내정치를 불안정하게 만드는 요인으로 작용했다. 그럼에도 불구하고 발전국가론은 이러한 부정적인 측면에 대해 깊이 언급하지 않았다.

무엇보다도 발전국가론의 격리 가설 또는 자율성 가설은 정책과정에 대한 자본과 기업의 참여는 용납하면서도 시민사회의 참여는 차단하고 있다는 점에서 근본적인 문제를 야기하고 있다. 발전국가론이 격리 가설 또는 자율성 가설을 옹호하는 이유는 이것이 경제성장에 긍정적 역할을 한다고 보기 때문이다. 적어도 냉전체제 이전의 시기까지는 이러한 주장이 어느 정도 설득력이 있었다. 그러나 1991년 구소련 진영의 붕괴로 냉전체제가 종결되어 미국이 발전국가들의 권위주의적 통치를 어느 정도 용인해줄 정치적 이유가 사라진 이후에도 이러한 논리가 여전히 적실성을 가질 수 있을지에 대해서는 논란의 여지가 많다.

제도주의 정치경제적 발전국가 연구들 역시 이러한 질문에 답할 수 있는 경험적 데이터를 별반 보여주지 못하고 있다. 무엇보다도 이들의 맹점은 과거에는 발전국가가 훌륭한 성과를 도출했는데 신자유주의적 정치경제체제가 자리잡으면서 그 속도가 줄어들었다는 반박에 집중하느라 자신들의 주장을 뒷받침할 경험적 결과를 도출하는 작업을 게을리했다는 점이다.

오히려 그 기간에 수행된 민주주의와 발전에 관한 연구들은 경험적인 데이터를 통해 그러한 발전국가론의 주장이 별반 적실성이 없음을 보여주었다. 발전국가론을 지지하는 입장에서 레프트위치A. Leftwich가 경험적 연구결과를 바탕으로 자유민주주의가 개도국의 빈곤 제거를 위한 적절한 대안이 아님을 주장(Leftwich, 1996)한 것은 오히려 예외에 속한다. 이에 반해 쉐보로스키A. Przeworski 등은 135개국을 대상으로 수행한 통계적 연구를 통해 정권의 형태는 경제적 성장에 유의미한 영향을 주지 못한다는 결과를 도출함으로써, 권위주의적인 정치체제가 경제발전에 더 유리하다는 주장을 비판했다(Przeworski et al., 2000). 다른 연구에서도 경제적 성장에 영향을 미칠 수 있는 변수는 정치체제 이외에 다수의 요인이 존재할 수 있다는 점이 주장되었다(Sirowy and Inkeles, 1990).

사실 양자 간의 관계에 관한 논란은 앞으로도 지속될 것으로 예상된다. 그럼에도 불구하고 사회적 자본social capital과 관련한 최근의 연구결과들은 신뢰의 축적과 그에 따른 협력의 증진이 보다 나은 경제적 성과를 도출하고 있음을 경험적으로 보여줌으로써, 민주주의적 요소가 경제적 성과에 긍정적 영향을 미칠 수 있음을 주장하고 있다(Grootaert and Bastelaer, 2002; Knack, 2002). 게다가 중요한 것은 이러한 경향이 반드시 선진국에서만 적용되는 것이 아니라는 점이다. 거버넌스governance에 관한 다른 경험적 연구들은 남미, 아프리카 그리고 아시아의 개발도상국에서도 정책과정에 대한 시민사회의 자발적 참여를 통해 투명성을 제고함으로써 보다 나은 정책적 성과를 산출하고 있음을 보고하고 있다(Smith, 2007; Grootaert and Bastelaer, 2002; World Bank, 1997; Seligson, 1999).

제도주의 정치경제론자들이 제시하는 발전국가론 역시 시장주의 이론이나 시민사회 이론의 주장을 근본적으로 뒤집을 수 있는 경험적 증거를 제시하지 못하고 있다. 경제학적 관점에서는 국가 간섭이 하나의 단일한 속성으로 보일지 모르나 정치학적 관점에서 국가 간섭은 적어도 두 가지 이상의 속성을 가지고 있다. 국가의 시장에 대한 간섭에서 ① 산업육성을 위한 중상주의적 시장 간섭과 ② 분배를 통해 형평을 제고하기 위한 간섭은 정책의 내용뿐만 아니라 이를 둘러싸고 있는 정치적 제도의 성격마저도 달리하고 있다. 그럼에도 불구하고 제도주의 정치경제론자들은 양자를 혼용해서 사용하고 있을 뿐만 아니라 어떤 경우에는 의도적으로 양자를 교차하여 다른 경우에 적용하고 있기도 하다.

예컨대 장하준은 신자유주의자들이 시장에 대한 국가의 간섭 여지를 봉쇄함으로써 시장에 대한 '민주적' 통제를 최소화 또는 무력화하겠다는 의도를 가지고 있다고 주장하고 있다(Chang, 2000: 18~19). 그런데 그의 주장이 가능해지려면 제도주의 정치경제학이 주장하는 국가의 시장 간섭은 리스트(List, 1966)적인 것보다는, 사민주의적이거나 코포라티스트적인 정치제도 속에서 케인스주의적인 성격의 간섭이 되어야 할 것이다. 물론 이 이론이 수요관리의 필요성에 동의하면서 케인스주의적인 요소를 일부 받아들이고는 있으나 이는 시장 간섭의 정당성을 이론적으로 뒷받침하기 위한 것일 뿐 실제로 국가 간섭의 주요 목표가 소득분배의 증진에 있는 것은 아니었다. 사실 케인스가 제안한 시장 간섭의 면면에는 매우 사민주의적인 요소가 존재하고 있다. 정부가 경제회복을 위한 투자결정을 소수 자본가의 손에 맡겨서는 안 된다고 주장한 것이나(Keynes, 1936: 372~374), 노동자들이 경기변동의 피해를 가장 많이 당할 수 있으므로 노사협약을 통해 일방적인 피해자가 되는 것을 최소화해야 한다고 주장한 것(Keynes, 1936: ch.19), 그리고 주요 기간산업을 소수 거대 자본가들의 수중에만 맡기지 말고 사회적 통제를 강화하여 단기적 경제목표보다는 장기적 목표를 추구함으로써 공공의 이익을 도모하자고 주장한 것(Keynes, 1936: ch.12) 등이 그러한 예이다.

그런데 비록 케인스적 개념을 일부 활용하고는 있으나, 제도주의 정치경제학의 실질적인 목적은 국가의 간섭을 통한 선발국 따라잡기catch-up라고 보는 것이 정확하다. 그런데 시장주의자들의 비판에 대항하며 중상주의적 국가의 간섭을 정당화하기 위해 사민주의적 간섭이론을 무리하게 차용하다 보니, 이론적으로 혼란이 발생한다. 예컨대 과거처럼 재벌을 육성하기 위해 출자총액을 완화하고 상호출자를 용인하여 관련 기업이나 금융기관 간의 우호지분 확보를 장려하되 재벌들은 사회적 감시와 통제를 받아들여야 한다고 주장하면서도(장하준, 2004: 263), 같은 글에서 재벌 감시를 위해 참여연대가 전개했던 소액주주운동을 가능하게 한 주주자본주의 모델은 경제 열등생인 미국과 영국의 제도라고 폄하하기도 한다(장하준, 2004: 261).

이러한 점에서, 제도주의 정치경제적 발전국가론은 경제학뿐만 아니라 정치학 분야에서도 납득할 수 있는 중상주의적 개입이론을 마련하고 그 정치적, 경제적 효과를 이론적으로 그리고 경험적으로도 설명할 수 있어야 할 것이다. 그러나 이러한 작업이 소기의 목적을 달성할 수 있을지에 대해서는 회의적이다. 발전국가론은 시장도 정치화될 수밖에 없다는 명제를 제시하여 탈경제적 논리에 의한 시장운영의 불가피성을 주장하고 있다. 그리고 이렇게 함으로써 정치학으로부터의 이론적 그리고 심정적 지원을 끌어내려 하고 있다. 그러나 이것조차 여의치 않아 보인다. 앞서 언급했듯이 발전국가가 상정하는 것은 '정치'보다는 사실 국가의 사회에 대한 일방적인 그리고 관료적인 '통치'이기 때문이다.

제도주의 정치경제론이 주장하는 시장의 정치화 가설(Chang, 2000)은 오히려 발전국가에서 시장자원의 전략적 분배를 주도하는 관료제가 이익 집단에 의해 포획되는 것을 정당화해주고 있을 뿐이다. 한국의 경제건설 초기에 중책을 맡았던 인물들의 회고록을 통해서 과거 정치인들과 고위관료들이 발전 자원을 특정 기업에 분배해주는 대가로 금전적 보상을 수수했다는 사실이 밝혀지고 있다. 예컨대 1960년대에 경제기획원이 예산수립권과 더불어 가지고 있던 강력한 권한 중 하나가 외자도입승인권이었다. 경제기획원 장관을 위원장으로 하는 외자도입심의위원회는 국회의 승인 없이도 외자도입을 의결할 수 있는 권한을 가지고 있었다. 기획원 장관의 승인만 있으면 자기 자본 없이도 차관만으로 공장을 설립할 수 있었다. 고위 관료를 포함한 집권정치세력은 이를 대가로 정치자금을 조성했다(최동규, 1992: 112~123).

만일 이러한 사실이 정책결정과정의 탈정치화 그리고 시장자원분배의 정치화의 한 단면이라면 제도주의 정치경제적 발전국가론이 주장하는 국가시장간섭론은 이론적, 도덕적 타당성을 상실할 수밖에 없다. 이 이론이 아무리 산업정책의 필요성과 그 효과를 주장한다 하더라도 국가와 민간부문 간에 위계적으로 형성된 네트워크를 통해 부패가 발생하고, 투명성을 결여한 정책으로 인해 중복투자가 발생했다면 그 부작용의 여파를 감당해야 했던 시민들의 동의를 얻어내기는 더 이상 불가능하다.

발전국가가 권위주의적인 힘에 의존하여 시장과 사회를 지배하며 부패에 취약하고 민주적이지 못하다는 비판에 대응하여 제도주의 정치경제론자들은 발전 초기단계의 예외성을 강조하며 중상주의적 발전 전략의 불가피성을 강조한다. 서구 선진국들도 산업화를 달성하던 19세기에는 민주주의의 수준이 열악했고, 관료제가 중요한 역할을 수행했으며, 지적재산권 제도가 부실했고, 금융기관에 대한 규제가 약했으며, 사회안전보장망 역시도 매우 부실했고, 노동연령 및 노동시간에 대한 규제도 미미했음을 주장한다(Chang, 2002: ch.3).

그러나 만일 제도주의 정치경제적 발전국가론이 발전단계와 시간상의 차이를 감안하여, 권위주의적 정치가 시행되더라도 이를 경제적 성장을 위해 용인해야 한다는 논리를 전개한다면 사회과학이론으로서 도덕적 정당성을 확보하기 어려울 것이다. 19세기에는 오늘날과 같은 민주주의적 제도가 정립되어 있지 않아서 비교를 할 수 있는 기준이 없었으나 오늘날에는 엄연히 존재하기 때문이다. 개발도상국이기 때문에 비민주적 절차가 예외적으로 용납되어야 한다는 논리가 국내외에서 정치적으로 더 이상 납득되기 어려운 것이 현실이다.

2) 제도주의 정치경제적 발전국가론과 분배

제도주의 정치경제적 발전국가론이 가지고 있는 또 하나의 결정적인 한계는 분배 문제에 관해 여전히 무관심하다는 점이다. 사실 발전국가론이 비판했던 자유시장 이론 역시 불평등을 기정사실로 받아들이는 경향이 있다. 이 이론은 잉여자본이 형성되어 재투자되어야 새로운 부를 축적할 수 있다고 보고 있다. 따라서 한 사회에서 빈부 간의 격차가 형성되는 것은 경제적 성장을 위해 불가피하며 필요하기까지 하다. 자본축적의 효율성과 형평 간에는 한쪽이 증가하면 다른 한쪽이 감소하는 상쇄적trade-off 관계가 존재하는 것으로 보고 있다. 만일 부가 구성원들에게 균등하게 분배되면 잉여자본은 축적될 수 없다. 따라서 저축되지도 않고 나아가 재투자될 수도 없다. 게다가 국가가 분배와 형평을 강조하는 정책을 강화할 경우 개인이 열심히 일하고 저축할 동기를 상실하게 되고,

세금을 내고 걷기 위한 부대비용이 증가하며, 무엇보다도 고수익을 낼 수 있으나 위험도가 높은 혁신을 시도하지 않아 결과적으로 국가 전체의 수입이 줄어드는 현상이 나타날 것이라고 상정한다(Samuelson and Nordhaus, 2001: 394). 따라서 시장의 생동력을 유지하기 위해서는 국가가 시장의 자율성을 확보해주어야 한다는 입장이다.

제도주의 정치경제적 발전국가론 역시 성장에 집중한 나머지 분배와 형평의 문제에는 관심을 별로 갖고 있지 않다. 앞서 지적했듯이 제도주의 정치경제론이 상정하는 국가의 간섭은 케인스적인 시장 간섭보다 훨씬 더 적극적인 것이다. 케인스적 간섭이론의 핵심은 공급의 증가를 민간 시장행위자가 자발적으로 시행하는 투자에 맡길 것이 아니라, 국가가 재정확대 지출을 통해 수요를 자극하고 역으로 이를 통해 공급을 확대시키는 수요관리적 경제정책을 시행해야 한다는 것이었다(Keynes, 1936: 372~374). 케인스 이론은 노동자들에게 지급되는 임금 역시 수요를 자극하는 요소로 보고 있으며 이러한 관점에서 국가의 적극적 재정정책은 소득 재분배에도 기여할 개연성이 있었다.

그러나 제도주의 정치경제론은 케인스주의와 마찬가지로 국가의 역할을 강조하지만 사민주의적이지는 않다. 오히려 전략산업을 육성하기 위한 국가의 역할을 강조하고 있을 뿐이다. 이들이 제시하는 국가의 역할이란 제도의 설계, 발전 비전의 제시, 심지어 사업의 실패 위험을 분산해주고 국가가 구제를 보장해주는 역할 등이다(Chang, 2007: 133; Chang and Rowthorn, 1995: 33). 즉, 자본축적이 효율적으로 이루어질 수 있도록 정부가 선도적으로 여건을 조성해야 한다는 것이다. 분배를 위한 정부의 역할은 언급하지 않고 있다. 이러한 점에서 볼 때 위에서 언급한 자유시장 이론의 입장과 오히려 유사한 점이 있다.

과거의 경험에 비추어볼 때 제도주의 정치경제적 발전국가론이 강조하는 전략산업 육성정책은 케인스주의가 제시하는 포괄적인 수요관리 정책보다도 계층 간, 산업 간, 지역 간 불균형을 유발할 가능성이 높다. 예컨대 남미는 계층 간, 산업 간 성장 불균형 정도가 매우 높은 것으로 인식되고 있다. 이렇게 된 원인은 대략 두 가지이다. 하나는 1930년대부터 1960년대까지 공업화를 달성하기 위해 적용된 수입대체산업화 전략이었다. 이들 국가들은 경제적 대공황과 양차 대전을 경험하면서 1차 산품 수출주도적 정책으로 인해 산업화가 지연되었다는 인식을 갖게 되었다. 그리고 이를 타개하기 위해 대부분의 남미 국가들은 경공업 중심의 제1단계 수입대체산업화를 추진했다. 발전주의적 대중주의developmental populism의 영향으로 노동자들의 임금이 지속적으로 상승했지만 그래도 가장 큰 수혜자는 수입대체산업화에 참여할 독점권을 국가로부터 부여받은 토착산업자본가들이었다(Kay, 1989: 27~28). 국가가 전개한 시장보호육성정책 덕분에 토착자본이 급속히 성장했으나, 반면에 경제력 집중현상과 불균형 발전이 구조적으로 심화되는 계기가 된 것이다.

두 번째 요인은 1960년대에 브라질과 아르헨티나를 중심으로 시도된 생산재 및 자본재 생산을 위한 중화학 공업의 수입대체산업화였다. 소위 산업화의 심화industrial deepening라고도 불리는 제2단계 수입대체산업화를 추진하는 과정에서는 제1단계와는 달리 노동자 및 민중 부문에 대한 억압을 강화하는 관료적 권위주의정권bureaucratic authoritarian이 등장하게 되고 선택적이고 전략적인 간섭이 시행되었으며 국제경쟁력 확보를 위한 임금억제정책이 시도되었다. 예컨대 브라질의 경우 수입대체산업화에 기반한 수출증대정책으로 인해 수출이 다소 증가하기는 했으나 이것이 불평등을 개선하는 데는 기여하지 못했다(Gillis, Perkins, Roemer and Snodgrass, 1987: 462; O'Donnell, 1973). 산업화의 이면에서 계층 간 소득격차 심화와 분배 악화라는 문제가 유발되었던 것이다.

그러면 데요Frederic C. Deyo가 지적한 대로(Deyo, 1987) 한국의 경우는 남미와는 달리 발전국가의 시장개입 덕택에 성장과 형평을 동시에 달성할 수 있었던 것일까? 이 역시도 경험적 자료에 비추어볼 때 적실성 있게 지지되지 않는다. 물론 성장과 분배가 동시에 달성된 정도를 남미의 사례와 비교해 보았을 때 한국 및 동아시아의 발전국가들이 우세한 경향을 보인 것이 일부 사실이다. 그러나 한국의 사례만을 분리해서 본다면 발전국가가 성장함에 따라 소득 재분배의 정도는 오히려 악화되는 경향을 보여주었다. 성장과 분배가 동시에 개선된 것은 발전국가 전략이 시작된 1960년대에 한정된 현상이었으며 1970년대에 들어

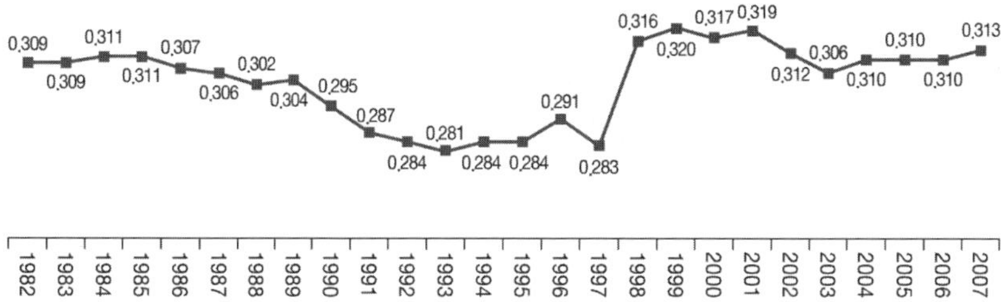

그림 6-1 지니계수의 변화추이(1982~2007년)
자료: 한국은행.

서자 소득불평등은 악화되기 시작했다. 이에 관해 구해근은 두 가지 설명을 제시한 바 있다. 첫째로 산업화에 의한 고용창출이 한계에 도달했고, 둘째로 노동력이 소득 불평등의 정도가 상대적으로 적은 농업부문에서 그 정도가 큰 산업부문으로 이동했기 때문이라는 것이다(Koo, 1984: 1030~1031). 이러한 해석은 1980년대 이후에도 거의 무리 없이 적용된다. **그림 6-1**은 1982년부터 2007년까지 한국은행이 집계하여 발표한 지니계수Gini Coefficient의 연도별 추이이다. 1982년 이전에는 이러한 통계가 발표되지 않았고 정작 주무부처인 통계청이 발표를 시작한 것도 1990년도부터이다. 불균형성장 정책으로 인해 발생한 사회적 격차의 문제가 정치화되는 것을 봉쇄하기 위해 발전국가 기간 중에는 소득격차 및 분배에 관련된 통계를 적극적으로 집계하지 않았기 때문이다.

그림 6-1에서 관찰되는 추이는 1984~1985년의 고점 이후 1986~1987년부터 지니계수가 하향하는(즉 소득분배상 불평등의 완화) 경향을 보이고 1998년 이후 다시 상승했다가(즉 불평등의 악화) 약간 하향하여 지속되지만 1990년대의 수준은 회복하지 못하고 있다는 것이다. 1980년도부터 1987년까지의 기간은 전두환 정부에 의한 권위주의적 통치기간에 해당한다. 경제성장의 측면에서 보면 3저호황에 힘입어 무역수지 흑자를 달성하는 등 성장을 성공적으로 달성한 시기이다. 또한 이 시기는 경제안정화 및 시장개방화 그리고 긴축정책이 시도되어 발전국가 역사상 처음으로 시장주의가 많이 도입되었던 시기이기도 하다. 그럼에도 불구하고 발전국가의 시장간섭적 행태는 건재했다.

과잉투자가 이루어진 중화학공업 분야의 구조조정에 산업합리화정책이라는 명분으로 정부가 직접 개입했으며 강력한 중소기업육성정책을 시행하는 등 산업정책이 강력하게 추진되었다. 전두환 정부는 정식 집권 이전 시기인 1979~1980년의 기간에도 이미 중화학 투자조정을 강압적으로 추진했고 1984~1985년 기간 동안 해운업 및 해외건설업 등 불황산업에 대한 합리화조치를 실시한데 이어 1986~1989년 기간 동안 자동차, 석탄, 염색, 합금, 비료, 중건설장비, 중전기장비, 선박디젤, 섬유산업 분야에 대한 산업합리화조치를 단행했다(이연호·정석규·임유진, 2004: 29).

이 시기를 특징짓는 가장 중요한 산업정책 관련 법령은 1986년에 공포된 「공업발전법」이었다. 이 법은 각 산업분야별로 분산되어 있던 육성법을 통합하여 새로이 정비한 것으로서, 이전의 산업육성 관련법들과 달리 산업합리화를 정부가 직접 추진할 수 있음을 명시했다. 산업합리화 프로그램의 내용은 수입대체, 기술향상 및 국제경쟁력 확보가 필요한 산업에 정부가 한시적으로 육성 대책을 지원하는 것, 그리고 경쟁력을 상실한 산업의 원활한 퇴출을 위해 한시적 시장보호를 시행할 수 있는 것 등으로 구성되었다. 특히 산업합리화 프로그램은 해당 산업의 요청에 의해 시행될 수도 있으나 정부의 정책적 결정에 의해서도 가동될 수 있었다. 장하준도 주장하듯이, 이 법은 사실상 과거의 산업육성 관련법들과 근본적으로 달라진 것이 없었다. 그리고 정부의 관료들에 의한 자의적 판단이 매우 핵심적인 부분을 차지하고 있다는 점에서도 동일했다(Chang, 1994: 117). 요컨대 정부가 산업구조조정을 위해 강력하게 개입할 수 있는 제도적 조치를 완성했다는 점에서 매우 강력한 산업정책이었다.

전두환 정부의 산업정책의 특성은 국제경쟁력을 상실한 산업은 과감하게 퇴출하면서도 전략적 육성 대상으로 선택된 산업에 대해서는 매우 강력한 지원을 제공했다는 점이다. 즉, 발전자원을 불필요한 산업에 낭비하지 않고 전망이 밝다고 정부 관료가 판단하는 사업에 집중 투입하는 방식이었다. 이러한 정책의 핵심은 국제경쟁력 제고에 있었는데, 이와 관련된 조치의 하나로 매우 강력한 임금억제정책도 병행되었다. 임금억제정책은 인플레이션을 통제하고 경제를 안정화시키기 위한 거시경제정책의 일환이기도 했으나 동시에 산업정책의 성격도 배제할 수 없었다.

이처럼 발전국가하에서 노동부문에 대한 임금은 통제되고 산업자본에 대한 국가의 자본투입은 확대됨으로써 계층 간 소득의 불균형은 더욱 강화되어 나타났고 그 결과는 **그림 6-1**에서 보는 바와 같다.

1987년부터 지니계수가 다시 하향추세를 보인 이유는 노태우 정부에서 민주화가 진전되고 임금에 대한 권위주의적 통제가 완화되었기 때문인 것으로 풀이된다. 권위주의적 정권하에서 소득분배가 악화되는 경향이 나타나는 것은 상당히 일반적이다. 쉐보로스키 등의 경험적 연구(Przeworski, et al., 2000) 역시 불평등의 주된 원인이 권위주의적 정권의 임금억압정책에 있다고 보고하고 있다.

그렇다면 금융위기 발생 이후인 1998년 이후 다시 악화되는 상황은 어떻게 설명할 수 있을까? 제도주의 정치경제 진영에서는 IMF가 요구한 신자유주의적 시장개혁의 결과 대량해고가 발생했고 그 결과 소득불평등이 악화되었다고 주장한다. 이들은 1998년 이후 전개된 경제적 변화를 논하면서 IMF의 개혁 패키지가 한국 경제의 사정을 악화시킨 반면 신속한 회복을 이끈 요인은 재정확대정책이었다고 주장하고 있다(신장섭·장하준, 2004).

그러나 이와 정반대의 해석 역시 가능하다는 점을 이들은 간과하고 있다. 즉, **그림 6-1**에서 보았듯이 국가의 시장개입이 강했을 때 오히려 소득재분배가 악화되었다는 점을 고려한다면 1998년 이후에 나타난 분배악화는 국가의 강력한 시장개입정책에 기인했을 가능성도 배제할 수 없다. 제도주의 정치경제론자들이 주장하듯이 이 기간 동안 금리인하를 통한 통화확대정책이 이루어졌고, 재정적자를 무릅쓴 재정확대 지출정책(예컨대 은행에 대한 공적자금 집행)이 단행되었다(신장섭·장하준, 2004: 109~111). 또 이 기간 중 개혁을 단행하고 경제를 회복하기 위해 발전관료제가 부활했고, 정보통신산업 등 신산업을 육성하기 위해 국가는 더욱 깊숙하게 시장에 개입했다(Woo-Cummings, 2001: 344~345).

이러한 논리에 입각해 본다면 제도주의 정치경제론자들이 주장하는 것처럼 신자유주의적 시장개혁정책이 분배악화의 주범이었다고 단정하기도 어렵다.

오히려 경기부양을 위한 국가가 시도한 과감한 시장개입적 정책이 분배악화의 원인일 수도 있다. 이는 1980~1987년의 기간 동안 경제성장이 달성되었지만 소득분배가 악화된 것과 다르지 않다. 즉, 국가의 시장간섭이 강화된 시기에 소득형평성이 완화되기보다는 오히려 악화되는 경향을 보였다는 것이며, 정도의 차이는 있을지 모르나 한국의 사례가 추이에 있어서는 남미의 사례와 크게 다르다고 보기 어렵다는 것이다.

요컨대 제도주의 정치경제론은 국가개입에 의한 성장과 분배 간의 상관관계에 관하여 구체적인 경험적 자료를 제시하지 않거나 못하고 있다. 고전적인 발전국가모델과 마찬가지로 자본축적의 효율성에 초점을 맞추는 경향은 강하나 계층 간 형평의 제고라는 문제에는 상대적으로 관심이 덜하다. 자본이 균등하게 배분되기보다는 축적되는 것이 경제성장이나 효율성의 제고에 도움이 된다고 보고 있다.

4. 결론

민주주의의 관점에서 볼 때 중상주의적 발전국가와 신자유주의적 시장주의 이론은 공히 비판의 대상이다. 우선 양자는 형평보다는 시장의 확대를 강조한다. 그 방법이 국가의 육성(발전국가)이거나 자본의 자유화를 통한 자율적 자본축적(신자유주의)의 차이일 뿐이다. 그리고 또 하나의 공통점은 양자 모두 자율성이 강한 국가를 추구하는 우파적이며 보수적인 특성을 가지며 심지어 권위주의적 속성을 갖기도 한다는 것이다. 양자 모두 중앙으로 권력이 집중된 형태를 보이며 시민사회나 노동의 정치적 참여를 배제하는 경향을 보인다. 이러한 관점에서 양자는 적어도 민주주의의 최소한의 조건, 즉 법적·제도적 민주주의의 조건을 만족시킬 수는 있을지 모르나 참여와 분배를 강조하는 보다 심화된 민주주의를 만족시키기는 어렵다.

그러면 왜 민주주의가 중요한가? 민주주의가 발전에서 중요한 이유는 우선 지속적인 발전을 위해 민주주의가 필요하기 때문이고, 둘째 민주주의적 정치체제가 성장과 분배의 조화적인 발전에 더 기여할 수 있기 때문이다. 중상주의적 성격을 강하게 가지고 있는 제도주의 정치경제적 발전국가론은 근대화 이론과 마찬가지로 경제적 성장이 어느 정도 달성되고 나면 민주주의는 자동적으로 달성되는 것이라는 경제중심적 사고를 은연중에 내포하고 있다. 나아가 경제적 조건이 성숙되기 전까지는 민주주의적 고려는 다소 유보될 수도 있다는 입장을 견지한다. 이는 민주주의가 경제적 성장을 저해할 수 있다는 가정에 동의하고 있음을 의미한다.

그러나 민주주의적인 국가들이 모두 경제적으로 부유한 국가는 아니라 하더라도 경제적으로 부유한 국가들이 민주주의적 정치제도를 실행하고 있는 이유는, 민주주의가 경제적 부를 창출하는 자본주의적 체제를 보호하고 유지시키기 때문이다. 슘페터J. A. Schumpeter가 지적한 대로 자본주의의 발전은 결국 사민주의적 요소를 도입할 수밖에 없고 그렇게 함으로써 자본주의는 마르크스가 예견한 혁명에 의해 파괴되는 대신에 사회주의적 요소를 도입하여 그 모순을 극복하게 된다(Schumpeter, 1992). 예컨대 복지국가는 사민주의의 도입을 통해 자본주의를 구출하는 대표적인 정치적 전략이었다. 유럽의 국가들이 19세기부터 20세기 초반까지 겪었던 계급 갈등은 결국 민주주의를 촉진시켰고 경제적 부의 기반이 되었던 자본주의를 수정하여 유지시켰다. 선진국들이 민주주의 때문에 경제적으로 성장한 것이 아니더라도 자본주의를 유지하기 위해 도입한 가장 효과적인 처방이 민주주의였던 것이다. 민주주의는 경제발전의 결과적 산출물이 아니라 지속적이고 안정적인 경제발전을 유지하기 위해 의도적으로 학습되고 제도화되어야 하는 요인이다(Przeworoski et al., 2000).

역사적 관점에서 볼 때 민주주의는 자본주의를 안정화시키는 요인을 넘어 경제적 성장을 도모하는 요인이다. 예컨대 시민사회의 참여는 자율성을 주장하는 발전국가론이 주장하듯 일관된 정책결정 및 집행을 방해하는 저해요인이 아니라 오히려 국가의 부담을 줄여주고 사회적 신뢰를 축적하여 거래비용을 절감시켜주는 성장 기여요인이다.

제도주의 정치경제적 발전국가론은 국가의 역할을 강조하지만 정치적 요소에 대한 고려는 매우 제한적이다. 이들이 상정하는 국가의 역할은 시장과 사회의 통치 또는 통제라고 볼 수밖에 없다. 국가와 자본이 협력적 관계를 유지하지만 그 혜택이 일반 시민들에게 직접적으로 분배되는 것은 아니다. 오히려 국가는 시민사회의 분배요구를 억압하려는 경향을 보인다. 결국 제도주의 정치경제학이 상정하는 국가는 기존의 전형적인 발전국가 모델과 마찬가지로 권위주의적 정치체제와 친화성을 가질 수밖에 없다.

만일 발전을 위해 민주주의적 요소(절차적 요소뿐만 아니라 참여 및 분배)가 지속적으로 간과된다면, 그리하여 국가-자본의 이익만 옹호하고 시민계층 간의 불평등이 고착화된다면 발전국가의 정치적 정당성은 훼손될 수밖에 없고 신자유주의와 마찬가지로 시민들의 지지를 상실할 수밖에 없다(White, 1998). 제도주의 정치경제적 발전국가론이 국가의 자율성과 산업육성 또는 경제성장에만 집착하여 민주주의라는 요소를 결과적 요소로 간주하고 그 논의를 지연시킨다면 발전국가론의 이론적 성장에 기여할 수 없다.

경제성장이 발전국가만의 전유물은 아니다. 아무리 국가 간섭을 자제하는 규제국가라 하더라도 경제성장에 관심을 갖지 않는 국가는 없다. 그리고 전략산업 육성에 관심을 갖지 않는 국가 역시 없다. 산업육성과 경제성장을 강조하는 것만으로는 발전국가론의 이론적 특성을 주장할 수 없다. 제도주의 정치경제적 발전국가론이 이론적으로 기여하려면 발전국가의 원형모델이 당초에 추구했던 '성장과 형평의 동시적 달성'이라는 목표를 성취하기 위한 방안을 구체적으로 제시해야 한다. 만일 그러지 못한다면 기존의 발전국가론을 제도주의 정치경제적 용어로 재포장함으로써 자신들이 신자유주의적 경제학 진영과 벌이고 있는 싸움에서 정치학으로부터 심정적 지원을 얻어내려 하고 있다는 비판을 면하기 어려울 것이다. 나아가 민주주의의 발전에 기여하지 못하는 이론으로 치부되어 불가피하게 퇴조하는 운명을 맞이하게 될 것이다. 국가의 중상주의적 시장간섭을 통한 경제적 성장만을 주장하기보다는 성장과 분배의 동시적 달성에 기여할 수 있는 방안에 대한 구체적이고 경험적인 논의를 시도해야 할 것이다.

참고문헌

백종국. 1998. 「동아시아모델 위기론에 대한 비판적 고찰」. ≪한국정치학회보≫, 32집 3호, 95~116쪽.

신장섭·장하준. 2004. 『주식회사 한국의 구조조정』. 서울: 창비.

안승국. 2006. 「동북아 발전국가에 대한 세계화의 영향: 해체인가? 재구축인가?」. ≪세계지역연구논총≫, 24집 1호, 133~153쪽.

양재진. 2005. 「발전 이후 발전주의론: 한국발전국가의 성장, 위기 그리고 미래」. ≪한국행정학보≫, 39집 1호, 1~18쪽.

이병천. 2000. 「발전국가체제와 발전딜레마」. ≪경제사학≫, 28호, 105~138쪽.

이연호·정석규·임유진. 2004. 「전두환 정부의 산업합리화와 김대중 정부의 기업구조조정 비교연구」. ≪21세기 정치학회보≫, 14집 1호, 25~53쪽.

장하준. 2004. 「경제개혁의 방향을 다시 생각한다」. ≪시민과 세계≫, 5호, 250~266쪽.

최동규. 1992. 『성장시대의 정부: 한강의 기적 이끈 관료조직의 역할』. 서울: 한국 경제신문사.

한국정치연구회. 1998. 『동아시아 발전모델은 실패했는가』. 서울: 삼인.

Amsden, A. H. 1989. *Asia's Next Giant: South Korea and Late Industrialization*. Oxford: Oxford University Press.

Binder, Leonard. 1971. "Crisis of Political Development." in Leonard Binder, et al. *Crises and Sequence in Political Development*. Princeton: Princeton University Press.

Cammack, Paul. 1997. *Capitalism and Democracy in the Third World*. London: Leicester University Press.

Caporaso, J. A. and D. P. Levine. 1992. *Theories of Political Economy*. Cambridge: Cambridge University Press.

Chang, Ha-Joon and R. Rowthorn. 1995. "Introduction." in Ha-Joon Chang and R. Rowthorn (eds.). *The Role of the State in Economic Change*. Oxford: Clarendon Press.

Chang, Ha-Joon. 2008. *Bad Samaritans*. New York: Bloomsbury Press.

_____. 2007. "Institutional Change and Economic Development: An Introduction." Ha-Joon Chang (ed.). *Institutional Change and Economic Development*. Tokyo: United Nations University Press.

_____. 2006. *The East Asian Development Experience*. New York: Zed.

_____. 2003. *Globalization, Economic Development and the Role of the State*. New York: Zed.

_____. 2002. *Kicking away the Ladder*. London: Anthem Press.

_____. 2000. "An Institutionalist Perspective on the Role of the State: Towards an Institutionalist Political Economy." *Institutions and the Role of the State*. Northampton: Edward Elgar.

_____. 1994. *The Political Economy of Industrial Policy*. London: McMillan.
Deyo, Frederic C. 1987. "Introduction." in F. Deyo(ed.). *The Political Economy of the New Asian Industrialism*. Ithaca: Cornell University Press.
Ekelund, R. B. and R. D. Tollison. 1997. *Politicized Economics*. Texas A&M University Press.
Evans, P. 1995. *Embedded Autonomy: States and Industrial Transformation*. Princeton: Princeton University Press.
Gillis, M., D. H. Perkins, M. Roemer and D. R. Snodgrass. 1987. *Economics of Development*. New York: Norton.
Grootaert, C. and T. Bastelaer(eds.). 2002. *The Role of Social Capital in Development*. Cambridge: Cambridge University Press.
Haggard, S. 1990. *Pathways from the Periphery*. Ithaca: Cornell University Press.
Haggard, Stephan and Chung-in Moon. 1990. "Institutions and Economic Policy: Theory and a Korean Case Study." *World Politics*, 42(2), pp. 210~37.
Higgott, R. A. 1989. *Political Development Theory*. London: Routledge.
Huntington, S. 1968. *Political Order in Changing Societies*. New Haven: Yale University Press.
Johnson, C. 1987. "Political Institutions and Economic Performance: The Government-Business Relationship in Japan, South Korea and Taiwan." in F. Deyo(ed.). *The Political Economy of the New Asian Industrialism*, Ithaca: Cornell University Press.
Kay, C. 1989. *Latin American Theories of Development and Underdevelopment*. London: Routledge.
Keynes, J. M. 1936. *The General Theory of Employment, Interest and Money*. London: Macmillan.
Khan, M. 1997. "State Failure in Weak States: A Critique of New Institutionalist Explanations." in J. Harriss, J. Hunter, and C. M. Lewis(eds.). *The New Institutional Economics and Third World Development*. New York: Routledge.
Knack, S. 2002. "Social Capital and the Quality of Government: Evidence from the States." *American Journal of Political Science*, 46(4), pp. 772~785.
Koo, Haken. 1984. "The Political Economy of Income Distribution in South Korea." *World Development*, 12(10), pp. 1030~1031.
Leftwich, A. 1996. *Democracy and Development*. Cambridge: Polity Press.
List, Friedrich. 1966. *The National System of Political Economy*. 1885 edition, New York: A.M. Kelly.
North, D. 1990. *Institutions, Institutional Changes and Economic Performance*. Cambridge: Cambridge University Press.
O'Donnell, G. A. 1973. *Modernization and Bureaucratic Authoritarianism*. Berkeley: Institute of

International Studies. University of California.

O'Riain, Sean. 2000. "The Flexible Developmental State: Globalization, Information Technology and the Centic Tiger." *Politics and Society*, 28, No.2.

Przeworski, A., M. E. Alvarez, J. A. Cheibub and F. Limongi. 2000. *Democracy and Development: Political Institutions and Well-being in the World, 1950~1990*. Cambridge: Cambridge University Press.

Samuelson, P. A. and W. D. Nordhaus. 2001. *Economics*, 7th edition. Boston: McGraw-Hill Irwin.

Schumpeter, J. A. 1992. *Capitalism, Socialism and Democracy*. London: Routledge.

Seligson, A. L. 1999. "Civic Association and Democratic Participation in Central America: A Test of Putnam Thesis." *Comparative Political Studies* 32, pp. 342~362.

Sirowy, L. and A. Inkeles. 1990. "The Effects of Democracy on Economic Growth and Inequality: A Review." *Studies in Comparative International Development*, 25.

Smith, B. C. 2007. *Good Governance and Development*. New York: Palgrave Macmillan.

Wade, R. and F. Veneroso. 1998. "The Asian Crisis: High Debt Model Versus the Wall Street-Treasury- IMF Complex." *New Left Review*, 1/228.

Weiss, L. 1998. *The Myth of the Powerless State*. Ithaca: Cornell University Press.

White, G. and R. Wade. 1988. "Developmental States and Markets in East Asia: an Introduction." in Gordon White(ed.). *Developmental States in East Asia*. London: Macmillan.

White, R. 1998. "Constructing a Democratic Developmental State." in M. Robinson and G. White(eds.). *The Democratic Developmental State*. Oxford: Oxford University Press.

Woo-Cumings, M. 2001. "Miracle as Prologue." in Joseph E. Stiglitz and Shahid Yusuf(eds.). *Rethinking the East Asian Miracle*. New York: Oxford University Press.

World Bank. 1997. *World Development Report 1997*. New York: Oxford University Press.

제7장

자본주의 다양성과 한국의 새로운 발전모델*

김인춘

1. 서론

1997년 경제위기 이후, 보다 근본적으로는 신자유주의적 세계화가 심화되면서 기존의 한국 발전모델은 급격히 약화되었다. 동아시아모델의 핵심이자 경제성장을 견인했던 발전국가developmental state는 경제위기 이후 변화와 전환의 과정을 거쳐 왔기 때문이다. 한국의 발전국가는 자본 간 조정을 주도하면서 경제발전을 우선적으로 추진했고 1980년대 중반까지 사회갈등을 권위적으로 관리하고 해결해왔다. 그 후 한국의 발전국가는 민주화와 세계화라는 대내외적 환경변화에 제대로 대응하지 못하면서 발전국가 운용의 전제조건이었던 국가의 권위와 자율성이 크게 약화되었고 국가는 '사회갈등의 장'으로 변모되었다. 국가개입에 기반한 성장방식은 1980년대 이후 산업구조의 고도화, 경제의 복잡화 및 개방화로 인해 점차 그 유효성을 상실해왔으며, 특히 1997년 이후 금융 및

* 이 글은 김인춘, 「자본주의 다양성과 한국의 새로운 발전모델: 민주적 코포라티즘의 조건」(2007)을 수정·보완한 것이다.

자본시장 자유화, 신자유주의적 시장개혁 등이 이루어지면서 한국의 발전국가 체제는 급속히 재편되어왔다.

그럼에도 한국 경제의 전반적인 제도 환경은 여전히 재벌중심적 경제체제의 요소가 강할 뿐 아니라, 경제위기 이후 재분배 등 일부 영역에서 국가의 역할이 커져왔고 시장보다 국가에 대한 유권자의 기대가 큰 것도 사실이다. 김대중 정부는 시장중심적 개혁을 추진했지만 정부주도의 산업구조조정 정책을 실시하는 등 발전국가적 요소를 활용하기도 했다. 더구나 노사정위원회의 설립으로 서유럽의 사회적 협의주의social concertation를 시도하기도 했다. 한쪽에서는 영미형의 신자유주의적 발전모델을, 다른 쪽에서는 비자유주의적non-liberal 발전모델[1]을 채택했던 것이다. 노무현 정부가 주장한 '좌파 신자유주의'가 신자유주의와 좌파적 정책의 혼합형hybrid을 의미하는 것이라면, 이는 한국의 발전모델이 영미모델, 재벌체제, 비자유주의적 모델 등으로 혼재되어 있음을 보여주는 동시에 어느 한 방향으로의 합의나 전환 또한 어렵다는 것을 보여주고 있다.

발전모델이란 한 국가의 발전을 담보할 경제시스템과 사회시스템의 작동방식을 의미하며 성장모델 또는 사회(경제)모델로도 불린다.[2] 발전모델의 유형은 연구자에 따라 다양하게 구분되어왔으나 주로 영미형, 유럽형, 일본형 또는 동아시아형 등으로 나누어져 왔다. 유럽형은 북유럽형, 독일형, 남유럽형으로 구분되고 있다. 발전국가를 핵심으로 하는 동아시아모델은 경제시스템이 강력하고 사회시스템이 종속적인 위치를 갖는 불균형을 보여왔으나 국가의 개입으로 효율적인 경제성장을 달성하는 데는 성공적이었다. 특히 아시아적 가치와 정부-기업 간 협력관계는 경제성장의 중요한 요인으로 평가되었다. 그러나 1997년 동아시아 경제위기가 발생하자 정부-기업 간 관계는 불투명한 유착관계로, 아시아적 가치관은 시대착오적인 것으로 평가절하되었다. 특히 한국에서는 1997

1) 비자유주의적 자본주의 모델은 스웨덴, 독일, 일본 등 미국의 자유자본주의 모델과 다른 자본주의 모델을 의미한다(Streeck and Yamamura, 2001; Ebbinghaus and Manow, 2001).

2) 이 글에서는 발전모델과 사회경제모델을 같은 의미로 동시에 사용하고자 한다.

년 경제위기와 정권교체가 동시에 이루어지면서 기존의 발전국가 중심의 발전모델은 논란과 극복의 대상이 되며 급격한 개혁과 재편을 겪어왔다.

1997년 경제위기 이후 한국의 발전모델은 교착상태에 있어왔다. 발전국가는 쇠퇴했고 새로운 제도들이 도입되었음에도 사회경제모델의 전환은 제대로 이루어지지 못하고 있다. 영미모델이든 유럽모델이든, 또는 발전국가의 쇄신이든, 발전모델의 전환은 노동시장과 노사관계, 기업지배구조, 복지, 국가의 성격과 역할 등 기존의 제도들에 대한 근본적인 변화를 요구하고 있다. 경제위기 이후 한국의 발전모델은 제도와 성격에서 중요한 변화가 이루어지기는 했으나 제도 간 연계와 보완성이 약할 뿐 아니라 이해관계자들 간의 갈등으로 제도적 변화가 왜곡되어왔다. 기존의 비대칭적 국가 코포라티즘asymmetric state corporatism이 형식상 노사정 삼자의 사회 코포라티즘social corporatism 형태로 변화했으나 노사정위원회는 실질적인 사회 코포라티즘으로 발전하지 못했다. 노사는 물론 노노 간 연대나 협력도 가능하지 못했고, 오히려 1998년 1월 노사정 합의가 비정규직을 양산하여 노동의 양극화는 심화되어왔다.

1997년 이후 '분절적 코포라티즘disjointed corporatism'(Lavdas, 2005)하에서 국가주도 자본주의에서 시장주도 자본주의로의 전환은 시장국가와 재벌의 극단적인 이익 사유화를 초래해 오히려 사회적 불평등과 양극화를 심화시켜왔다. 고용 없는 성장, 임금인상 없는 성장, 분배 없는 성장이라는 '3무 성장'(장하성, 2014)은 '신자유주의 삼각동맹'(이병천, 2014)의 양극화 저성장체제의 실체이다.[3] 이러한 상황은 부분적인 제도의 변화를 넘어 근본적인 모델 개혁이 필요한 시점이라 할 것이다. OECD 국가 중 산재사망률 1위, 노인빈곤율 1위, 자살률 1위 등의 지표는 그동안의 성장의 이면이 얼마나 불공정하고 정의롭지 못했는지를 드러내준다고 하겠다. 이러한 사회경제적 문제와 위기로 인해 2012년 총선과 대선에서 우파 정당마저 경제민주화와 복지국가를 약속했지만 우파 정당 집권

3) 이병천(2014)의 신자유주의 삼각동맹은 재벌-외국자본-시장국가를 말한다.

후 약속은 파기되었고 청년층을 중심으로 '헬조선' 신드롬은 확산되어왔다.

발전모델의 개혁에 대한 모색은 동아시아모델의 극복 또는 쇄신에도 중요한 단서를 제공할 것으로 보인다. 이 글은 한국의 발전국가 성격이 어떻게 변화해왔으며 이에 따라 새로운 발전모델[4)]이 어떤 방향과 내용으로 전개되어야 할 것인지에 관심을 갖는다. 한국의 새로운 발전모델을 검토하기 위해 자본주의 다양성 또는 발전모델의 다양성에 대한 이론적 분석과 유럽 강소국의 경험을 통한 비교제도론적 방법을 사용하고자 한다. 따라서 제도의 경로의존성과 발전모델의 특수성을 분석하면서 제도 발전의 다양한 변화와 혁신, 변화 가능성을 검토하고자 한다.

2. 다양한 발전모델: 자본주의 다양성

한국은 1987년 민주화와 1997년 외환위기, 2008년 글로벌 금융위기 등을 경험하며 단순 '자유시장'이나 '형식적 민주주의'를 넘어서 경제적으로 효율적이면서 동시에 보다 심화된 민주 사회를 어떻게 가능하게 할 것인가라는 문제의식이 지속적으로 등장했다. 그 가능성의 하나로 서유럽 선진 국가들이 가진 자본주의와 민주주의의 다양한 결합 방식들에 큰 관심을 가져왔고 그것으로부터 우리의 새로운 발전모델과 전망을 찾고자 했다(권형기, 2014). 실제로 2000년대 들어 학계에서 한국의 발전모델의 진로에 대한 논의가 활발히 진행되어왔다(이정우, 2005; 임현진, 2006; 이병천, 2014; 신정완, 2005; 박길성, 2003; 정건화, 2006; 조형제·정건화·이정협, 2006; 김상조 외, 2007; 김형기·김윤태 편, 2009; 장하준 외, 2012). 발전국가가 쇠퇴하고 세계화의 심화와 위기라는 국내외의 환경이 신자유주의

4) '새로운' 모델이라는 것은 변화 또는 개혁을 통해 발전된 모델을 의미하는 것이지 현재와 완전히 다른 별개의 모델을 의미하는 것은 아니다. 이 글의 이론적 배경인 자본주의 다양성 또는 제도의 경로의존성은 제도나 모델의 지속, 변화, 혁신, 발전에 주목하고 있다.

표 7-1 발전모델의 주요 유형과 주요 성격

유형	영미모델	유럽사회모델*		동아시아모델
		대륙모델	북구모델	
기본 개념	미국식 신자유주의	복지국가 강조	복지국가 강조	제한적 사회복지/ 부분적 신자유주의
경제정책 방향	정부개입 최소화/ 경쟁 촉진	사회형평 중시	사회형평 중시	정부개입주의
성장·분배	성장 중시/ 잔여적 사회보장제도	성장·분배 중시/ 고용연계 사회보장제도	성장·분배 중시/ 보편적 사회보장제도	성장 중시/ 잔여적 사회보장제도
노동정책	기업 위주/ 탈규제 유연노동시장	노동 위주/ 부분유연·규제노동시장	노동 위주/ 규제된 유연노동시장	기업 위주/ 이중 노동시장
임금협상	기업별 협상	산별협상	산별·전국적 협상	기업별 협상
사회적 조정 또는 합의	사회적 합의(조정) 없음	노사(정) 합의	제도화된 노사(정) 합의	국가-자본 중심 조정
대표적 사례	미국	독일, 오스트리아, 프랑스	스웨덴, 노르웨이, 핀란드, 덴마크, 네덜란드	한국, 일본, 대만

* 유럽사회모델에는 남유럽형을 포함하여 3가지 유형이 있으나 여기서는 2가지 유형만 논의함.

적 이념 및 정책의 확산과 이로 인한 사회경제적 위기와 맞물려 있기 때문이다. 또한 세계화가 경제와 제도를 하나의 모델로 수렴시킨다는 신자유주의적 이념의 자본주의 수렴화 이론과 지역 또는 국가 간 자본주의의 다양성이 지속된다는 자본주의 다양성 이론이 대립하면서 제도 변화를 둘러싼 논의가 사회과학의 중요한 주제가 되고 있기 때문이다(Streeck and Thelen, 2005). 발전모델을 둘러싼 논의란 '발전'을 위해 어떤 유형과 제도의 사회경제시스템을 채택할 것인가를 말하는데, **표 7-1**에서처럼 주로 영미모델,[5] 유럽모델, 동아시아모델이 그 대상이 되어왔다.

5) 영미모델Anglo-Saxon model이란 엄밀히 말해서 미국모델American model을 지칭한다. 미국모델이란 시장의 자유와 경쟁, 모험을 최대한 보장하는 미국식 자본주의에 기반하며 기회의 평등을 보장하나 결과의 불평등을 용인하는 경제·사회시스템을 말한다. 그러나 최근 들어 미국모델이 자랑해온 기회의 평등이 크게 약화되고 있다는 주장이 빈번히 제기되고 있다. "Inequality and the American Dream", in *The Economist* (June 17, 2006); Piketty(2014); McNamee and Miller Jr.(2013) 참조.

발전모델은 자본주의 다양성 이론과 밀접히 연계되어 있다. '자본주의 다양성varieties of capitalism'은 선진 자본주의 국가의 유형과 특징을 설명하는 이론으로 복지국가론, 생산체제론, 시장경제론, 개방대응론, 기업지배구조론 등이 특히 주목을 받아왔다(Kitschelt et al., 1999; Hall and Soskice, 2001).[6] 이 이론은 시장과 국가의 이분법이 아니라 다양한 시장경제 유형을 분석하는 데 초점을 두고 있다. 또한 시장경제의 여러 형태를 보여줄 뿐 아니라 연구의 관심분야에 따라 시장경제 유형이 각각의 유용성을 갖는 장점이 있다. 자유시장경제와 조정시장경제라는 이념형에 제한되지 않고 다양한 정치경제제도를 문화적·역사적 측면까지 확대하여 이해할 수 있기 때문이다. **표 7-2**에서 볼 수 있듯이, 각 유형의 유용성은 연구자가 설명하고자 하는 것이 무엇이냐에 달려 있다.

에스핑 안데르센G. Esping-Andersen은 선진 자본주의체제를 세 가지 복지국가 유형으로 분석했다(Esping-Andersen, 1990). 복지제도의 포괄성, 보편성, 관대성을 기준으로 한 탈상품화의 정도에 따라 사회민주주의 복지국가, 기독민주주의(또는 보수적) 복지국가, 자유주의적(또는 잔여적) 복지국가로 구분했다. 생산체제론production regimes은 선진 자본주의체제를 조정시장경제coordinated market economy: CME와 자유시장경제liberal market economy: LME로 유형화하고 있다(Soskice and Hall, 2001; Bowman, 2014). 조정시장경제는 다시 유럽대륙의 산업부문별 조정시장경제, 북유럽의 국가 차원의 조정시장경제로 나누어진다. 비조정시장경제는 조정이 거의 없는 자유시장경제체제를 말한다. 개방대응론은 경제개방에의 대응방식에 초점을 두고 이익집단조직 및 관료의 역할에 따라 자유주의적 대응방식, 국가주의적 대응방식, 코포라티즘 대응방식으로 구분했다(Katzenstein, 1985). 카젠스타인P. Katzenstein은 코포라티즘 방식을 분석한 결과, 2차 대전 후 개방경제

6) 이 외에도 기업금융시스템에 따라 시장중심market-based/은행중심bank-based으로 구분하거나(Zysman, 1983), 주주자본주의/이해관계자 자본주의 유형(Hutton, 2002) 등이 있다. 사회경제시스템을 영미모델, 사민주의모델, 동아시아모델, 유럽대륙모델, 남부유럽모델로 유형화한 이론(Amable, 2004)도 주목받고 있으나 기존의 자본주의 다양성 이론과 유사하다.

표 7-2 선진자본주의 국가 유형론(자본주의 다양성 이론)

이론	주요 기준(변수)	유형		주요 국가
복지국가론	복지제도의 탈상품화 정도 (보편성, 포괄성, 관대성)	사민주의 복지국가		스웨덴, 노르웨이 덴마크, 핀란드
		보수적 복지국가		독일, 오스트리아 네덜란드, 일본
		자유주의적 복지국가		미국, 한국
생산체제론	기업 및 정치경제적 주체 간의 조정	조정 시장경제 체제	전국적 조정시장경제	스웨덴, 노르웨이 덴마크, 핀란드
			부문별 조정시장경제	독일, 오스트리아 네덜란드, 스위스
			계열별 조정시장경제	일본, 한국
		비조정시장경제		미국, 캐나다
시장경제론	제도의 형태: 자본의 조직화, 강한 노조와 단체협상의 제도화, 복지와 고용보호	사회적 시장경제 체제	노르딕 사회적 시장경제	스웨덴, 노르웨이 덴마크, 핀란드
			대륙형 사회적 시장경제	독일, 오스트리아 네덜란드, 스위스
		자유주의적 시장경제		미국, 영국
개방대응론	이익집단의 조직 및 국가관료의 역할	국가주의적		일본, 한국
		사회 코포라티즘		스웨덴, 덴마크, 노르웨이, 오스트리아, 스위스, 네덜란드
		자유주의		미국
기업지배구조론	소유와 통제 관계 및 주주의 형태	내부지배 주주모델	금융기관오너	독일, 일본
			가족오너 모델	한국, 스웨덴, 네덜란드
			국가소유모델	프랑스
		외부분산주주모델(외부오너)		미국

체제를 갖는 '작은 국가들'에서 노동과 자본은 임금억제에 합의함으로써 국제경쟁력을 향상시키고 국가는 복지정책을 통해서 노동 측에 국내적 보상을 보장해왔음을 보여주었다.

시장경제체제론은 시장경제를 사회적 시장경제와 자유시장경제로 구분한다. 사회적 시장경제는 다시 노르딕 사회적 시장경제와 대륙형 시장경제로 나누어진다(Pontusson, 2005). 시장경제체제론은 유형별 국가군이 상호 중복된다는 점에서 에스핑 안데르센의 복지국가 유형론에 가깝다. 그러나 이론의 구체적 내용에서는 생산체제론과 시장경제론이 유사하다 할 것이다. 생산체제론은 기업 및 정치경제적 주체들이 집단행동의 문제를 극복하고 상호호혜적인 협력을 위해 그들의 행위를 조정할 수 있는 역량의 유무 또는 역량의 성격에 초점을 두고 있다. 조정시장경제체제에서 말하는 '조정'이란 '비시장적 조정양식' 또는 '전략적 조정'을 의미한다. 사회적 시장경제 이론은 조정보다 제도적 형태를 강조하고 있는데, 노동과 자본의 조직수준이 높고 제도화된 단체교섭, 그리고 공적 사회보장제도와 고용보호제도가 그것이다. 이 두 이론이 유사한 이유는 제도와 조정 간 상관관계가 크기 때문인데, 이는 제도가 구축되어야 조정 수준이 높아질 수 있기 때문이다.[7]

자본주의 다양성 이론의 주요 관심사 중 하나는 기업지배구조이다. 기업지배구조론은 기업에 대한 소유와 통제, 즉 경영권 관계의 관점에서 자본주의 유형을 분석한 것으로 외부분산주주모델diffuse shareholder 또는 stockholder과 내부지배주주모델concentrated blockholder로 구분하고 있다. 분산주주모델에서는 지배주주가 없으며, 소유와 통제가 분리되어 있는 기업지배구조로서 미국식 모델의 핵심요소이다. 지배주주모델은 내부 오너가 존재하고 소유와 경영이 연계되어 있는 기업지배구조로서 금융기관 또는 지주회사 및 기업이 큰 지분을 갖는 형태, 가족 또는 친지 네트워크 형태, 국가소유 형태로 구분되고 있다. 지배주주모델은 유럽, 아시아, 남미 등 대부분의 나라들에서 채택되고 있다. 기업지배구조 이론에서 본다면, 지배주주모델이 일반적이고 미국식 분산주주모델은 오히려 '특수한unusual' 유형이라고 한다(Gourevitch and Shinn, 2005). 각 국가의 기업지배구조는 그 나라의 독특한 정치, 경제발전, 역사와 문화, 사회적 환경에 따라

7) 그러나 세계화 시대의 사회협약 사례는 제도적 조건과 별도로 주요 주체들의 '전략적 행위'에 의해 조정이 가능함을 보여준다(김인춘, 2017). 대표적인 사례인 아일랜드의 경험에 대해서는 권형기(2014) 참고.

진화·발전해왔기 때문에 기업지배구조의 다양성이 지속되고 있으며 기업지배구조 간 비교우위도 찾기 어렵다고 한다(Roe, 2003; Lazonick, 1993). 이러한 기업지배구조론은 미국의 자유자본주의와 서유럽 및 일본의 비자유주의적 자본주의 유형(Streeck and Yamamura, 2001), 또는 미국의 주주자본주의와 서유럽 및 일본의 이해관계자(또는 참여) 자본주의 유형(Hutton, 2002; Kelly and Gamble, 1997)과 매우 유사하다고 볼 수 있다.[8)]

세계화 시대에 자본주의 다양성은 오히려 더 두드러졌다. 자유시장경제가 더 신자유주의적으로 발전한 반면, 조정시장경제는 탈규제보다 오히려 자국 제도의 안정성과 비교우위성을 극대화하고 있기 때문이다. 세계화는 많은 나라들에게 노사협력과 정책결정에서의 조정을 더 요구하고 있으며 이에 따라 사회협약의 범위가 확대되고 재분배를 추구하는 세력연합과 생산성을 강조하는 세력연합 사이에 밀접하고 유연한 연계가 이루어지고 있는 것이다. 이러한 과정에서 노조는 여전히 조직적 역량을 보이고 있으며 유럽의 조정시장경제 국가들은 임금조정 등 비교제도 우위성comparative institutional advantage을 극대화하기 위해 노력하고 있다. 고용주와 노조, 정부는 각각 국제경쟁력을 강화하기 위해, 정책결정과정에의 접근권을 지키기 위해, 그리고 자국 제도의 경쟁적 이점을 극대화하기 위해 초계급적 연합 또는 경쟁적competitive 코포라티즘을 지속시키고 있다(김학노, 2004; Hall and Soskice, 2001).

자본주의 다양성 관점에서 볼 때 한국은 동아시아모델을 기반으로 영미형과 유럽형의 성격이 가미되어 있다. 잔여적 복지국가 외에는 뚜렷한 영미모델의 특징이 보이지 않고, 생산체제론에서 한국은 일본과 함께 계열별 조정시장경제group-based coordination(Witt, 2014)라는 조정시장경제의 특징을 보여왔다.[9)] 시장경

8) 이해관계자 자본주의는 현실사회주의 몰락 이후 이른바 '자본주의 vs. 자본주의' 논쟁이 시작되면서 새롭게 부상한 개념으로, 시장은 권리와 도덕적 의무를 동시에 갖는 사회적 제도라는 인식에서 출발한다. 시장의 사회적 책임성을 강조하고 자본의 구조적 권력에 대한 견제장치를 제도화하고 있다(Albert, 1993).

제론에서 보면 한국은 일본과 함께 사회적 시장경제체제도, 자유시장경제도 아닌 국가주도의 동아시아모델이었다.[10] 이러한 특징은 이익집단의 조직 및 국가관료의 역할을 주요 변수로 한 개방대응론에서 한국과 일본이 국가주의적 유형에 포함되는 데서도 확인되고 있다. 기업지배구조론에서 볼 때 한국은 대표적인 가족오너모델로서 미국의 분산주주에 의한 외부지배모델과 구분되는 대주주의 내부지배모델에 포함된다. 기업금융시스템에 따른 시장중심체제와 은행중심체제 유형에서도(Zysman, 1983),[11] 한국은 은행중심체제에 속한다. 1997년 경제위기까지 전형적인 은행중심체제였기 때문이다. 1998년 이후 금융개혁으로 기업금융시스템이 시장 중심으로 이동하면서 주식, 채권 등 자본시장의 역할과 비중이 커진 것은 사실이지만 최근까지 은행의 기업금융 중요성은 여전히 높은 실정이다(이건범, 2005). 거시적인 경제사회시스템뿐 아니라 미시적인 기업지배구조, 기업금융시스템에서도 한국은 미국모델과의 친화성이 미약함을 볼 수 있다.

IMF 개혁 이후 우리나라에서 자주 논의되는 주주자본주의와 이해관계자 자본주의의 유형에서 볼 때, 한국은 이해관계자 자본주의도 아니지만 주주자본주의로 전환되었다고 보기도 어렵다. 대주주 가족오너체제가 온존해 있을 뿐 아니라 더욱 강화되고 있으며, 관치금융의 개혁 및 자본시장의 개방만으로 주주자본주의라 하기는 어렵기 때문이다.[12] 1990년대 이후 한국의 경제시스템은 합

9) 그러나 IMF 개혁 이후 자본 간 조정시스템이 크게 약화되었다.

10) 그럼에도 한국의 개발국가는 노동배제적이고 권위주의적인 동원체제의 성격을 가짐으로써 일본의 민주적 발전국가모델과도 구분되는데, 일본에서는 사용자가 복지제도의 발전에 참여했다(장하준, 2004; Manow, 2001).

11) 미국은 시장중심체제를 대표하고 독일은 은행중심체제를 대표하고 있다.

12) IMF 개혁으로 주주자본주의를 위한 자본시장의 완전 개방이 이루어졌다. 하지만 한국의 대기업들은 적대적 M&A에 대응하여 경영권 방어를 위한 조치, 즉 현금확보, 주가관리, 자사주 매입 등에 역량을 집중했다. 이에 따라 자본시장은 투자를 위한 자본조달 기능을 별로 하지 못했고, 경제의 성장 잠재력이 훼손되는 결과를 초래했다.

리적인 시장규칙을 강조하는 규제국가regulatory state를 지향해왔다. 규제국가는 기본적으로 시장의 중심적 역할과 효율성을 전제하고 있다. 시장의 규율기능 회복과 공정한 경제행위를 위한 제도 개혁은 모든 자본주의 시장경제시스템에 필요한 요소이며, 따라서 이러한 시장개혁이 미국식 모델로의 이행을 자동적으로 의미하는 것은 아니다. 규제국가는 그 성격에 따라 발전모델의 한 요소가 될 수는 있으나 그 자체로는 발전모델이 될 수 없다 할 것이다.

3. 한국 발전모델의 변화와 전환의 과제

1) 발전국가의 변화와 전환

1960년대 이후 급속한 경제발전을 주도했던 관료주도의 발전국가는 1980년대 후반부터 지속적으로 약화되었고 1997~1998년의 경제위기로 쇠퇴의 길을 걸어왔다. 한국의 발전모델은 경제위기 이전에 낮은 투자 효율성, 금융부문의 낙후, 정경유착, 소득분배 불균형, 전투적 노조의 출현 등 압축성장의 구조적 문제를 안고 있었다. 이러한 상황에서 국제적 자본이동의 심화는 한국과 같이 대외적으로 취약한 경제구조를 가진 나라를 쉽게 위험에 빠지게 만들었다. 발전국가의 시장개입 방식이 지닌 한계에 대한 대응으로 한국의 국가는 1980년대 후반 이후 점차적으로 발전모델의 재편을 모색해왔다. 경제자유화와 대외개방에 순응하면서도 기술집약적 산업구조조정과 거시경제 관리에서 국가의 역할을 지속시키는, 최소한의 개입이라는 '신자유주의적 규제국가'와는 다른, '연성화된 발전국가' 또는 '국가 우위의 개입주의적 규제국가'[13]를 지향하고자 했다.

13) '연성화된 개발국가', '국가 우위의 개입주의적 규제국가', '제한적 개발국가'는 모두 개발국가의 생존을 전제한 것이다. 이는 기본적으로 시장의 조정 또는 관리에 초점을 둔 유럽형 모델로서 최소한의 개입에 기반한 영미형의 '신자유주의적 규제국가'와 대비된다. 그러므로 개발국가는 국가개

그러나 발전모델의 재편 및 전환 과정은 국가의 의도대로 순탄하게 진행되지는 않았다. 관치금융, 노동배제, 정경유착 등 발전국가의 구조적 문제, 국가의 정책대응 실패 및 제도적·정책적 역량의 한계로 1980년대 후반 이후 발전국가 모델이 약화되기 시작했다. 급격한 정치적 민주화와 시민사회의 이해관계 분출로 국가의 권위, 또는 힘이 크게 약화되어 새로운 제도적 변화와 발전을 추동해내지 못했다. 또한 1980년대에 진행된 경제자유화 개혁에 따라 대기업의 자율성이 강화되면서 발전국가의 도구적 정당성도 약화되어갔다(우정은, 1999). 1993년에 등장한 김영삼 정부는 국가의 시장조정 수단이었던 산업정책을 포기하고 1994년부터 세계화 정책을 급속히 추진했다. 정부는 1996년 3월 OECD 가입을 공식 신청했고 자유화, 개방화, 규제완화 등의 제도 개혁에 박차를 가했다. 그러나 발전모델의 전환을 둘러싼 국가와 사회세력 간의 대립과 갈등으로 김영삼 정부 후반에 이르러 발전국가는 결정적으로 약화되었고,[14] 제도적인 준비가 부족한 상황에서 추진된 세계화 정책은 1997년 외환위기를 초래한 중요한 한 가지 요인이 되었다.

정치사회적 측면에서 볼 때, 성공적인 경제성장은 한국의 권위주의 체제를 무너뜨리는 데 결정적으로 기여했다. 발전국가가 창출한 고도 경제성장은 민주화 이행에 유리한 사회구조적 조건을 점진적으로 창출함으로써 시민사회에 대한 국가의 자율성을 약화시키는 결과를 가져왔다. 역사적으로 자본주의적 발전은 중간계급과 시민사회를 활성화하고 이들의 정치적 영향력과 집단행동을 증대시킴으로써 민주주의의 발전과 밀접한 관계를 보여왔다.[15] 그러나 민주화 이

입의 측면에서 영미형보다 유럽형에 친화성이 더 있다고 할 것이다. '국가 우위의 개입주의적 규제국가'가 민주화된다면 유럽형 개입주의적 규제국가와 가까워질 수 있는 것이다.

14) 1996년 12월 노동법 파동이 대표적이다. 1996년 4월 김영삼 대통령은 OECD 가입에 맞추어 '신 노사관계 구상'을 발표하고 대통령 직속 노사관계개혁위원회를 구성하여 노동개혁 논의를 시작했다. 그러나 단일안 마련에 실패한 정부는 정리해고제, 변형(탄력)근로제, 근로자 파견제 등 '3제'를 허용하는 정부법안을 1996년 12월 26일 국회에서 여당 단독으로 기습 처리했다. 이에 노조를 비롯한 사회세력의 강력한 반발로 재개정하게 되었다.

후 정치사회적 불안정성은 오히려 증대되었다. 사회 각 분야에서 민주화의 진전은 노사관계의 합리화와 국민의 사회경제적 권리에 대한 국가의 책임성을 부각시켰지만, 민주화 이후 안정적으로 제도화되지 못한 정치적 경쟁은 국가능력을 급격히 제약하여 사회갈등의 조율과 조정 기능을 약화시킴으로써 오히려 갈등을 증폭시켜왔기 때문이다. 1980년대 후반 이후 한국은 국가기구의 자율성과 역량의 축소로 재벌부문을 효과적으로 통제하지 못했고, 민주화 이행에도 불구하고 민주적 개혁의 부재로 국가정책의 사회적, 민주적 기반을 확립하지 못했다. 이로 인해 발전모델의 시장 자유화로의 부분적 전환은 재벌이익에 부합되는 신자유주의적 규제국가로 귀결되는 결과를 가져왔다(이병천, 2014; 최장집, 2006; 박형준, 2013).[16] 그러나 바로 이러한 연유로 경제위기의 범위와 강도, 그 후유증은 포괄적이고도 심대했다.

경제위기와 함께 집권한 김대중 정부는 그동안 약화된 국가의 정책수단들과 제도들을 재정비함으로써 국가를 다시금 경제운용의 중심행위자로 부각시키고, 재벌의 영향력을 줄여 신자유주의적 규제국가를 약화시키고자 했다. 경제구조개혁을 통해 제조업의 국제경쟁력 강화와 지식정보산업의 육성을 추진했고, 구조조정에서 비롯된 대량실업 문제를 해결하기 위해 실업보험을 확충하고, 공공사업 등을 통한 고용창출 과정에서 국가의 역할은 확대되었다. 이러한 정리해고와 적극적인 노동시장제도의 도입은 많은 논쟁을 유발했고 주요 사회세력 간의 대립과 갈등을 초래하기도 했다. 국가개입적 사회정책을 강화하게 되자 김대중 정부의 반시장적, 좌파적 성격을 제기하는 주장도 나타났다. 과거 발전국가에서와 같이 민간금융기관은 여전히 정부의 정책실현 수단으로 이용되었다. 그러나 경제체제는 세계화에 적극 부응하여 시장에 순응해갔다. 자본

15) 역사적으로 자본주의와 민주주의의 결합은 자연스럽고 바람직한 것으로 인식되었는데, 부르주아 혁명이 이를 반영하고 있다.

16) 실제로 한국 경제체제의 근본적인 변화는 1980년대 초반부터 이루어졌다. 정부개입의 축소와 민간주도 경제를 강조하면서 경제자유화와 부분적인 금융자유화 조치가 진행된 것이다.

시장과 노동시장, 기업개혁 부문에서 자유시장경제의 성격이 두드러졌는데, 이로 인해 노동계나 진보진영에서는 김대중 정부를 신자유주의 정부라고 부르기도 했다. 그 결과, 한국의 발전모델은 1997년 이후 외형적으로는 자본시장 자유화로 주주자본주의가 되었지만 내용적으로는 여러 모델의 다양한 제도들이 혼재하게 되었다. 경제는 구조적으로 신자유주의(세계화)로 갔지만 발전모델 자체가 영미모델로 전환된 것은 아니었다. 자본의 세계화는 이루어졌지만 한국의 대기업이 영미모델의 외부 분산주주 형태로 전환된 것은 아니었다. 또한 신자유주의적 정책지향이라고 하지만 한국의 발전모델은 국가주의적 성격을 존속하고 있다는 점에서 모순적 성격을 보여왔다. 시장과 자본의 자유화가 증대되었지만 국가의 주도성은 경제위기 극복이라는 명분하에 유지되었던 것이다(이연호, 2002; 박병영, 2005).

전체적으로 기존의 발전국가는 쇠퇴했지만 정책운용의 국가주의적 성격이 남아 있었을 뿐 아니라 1998년 노사정위원회라는 새로운 조정시장경제의 성격이 덧붙여졌다.[17] 국가주의와 시장주의는 기본적으로 대립되는 개념이므로 발전국가가 미국식 신자유주의로 쉽게 전환되기 어려운 것도 이 때문이다. 이러한 맥락에서 노사정위원회를 중심으로 한 노동정책이 노사계급 타협을 성공적으로 이끌었다면 '사회 코포라티즘적 발전국가'(Evans, 1995)가 가능했을 수도 있었을 것이다. 이론적으로 산업정책과 경제성장에 성공한 발전국가가 노동참여의 제도화를 보장할 경우 분배와 사회정책을 촉진하여 사회 코포라티즘 유형으로 발전될 수 있기 때문이다. 김대중 정부의 노동정책의 실패로 사회 코포라티즘적 발전국가의 가능성은 사라졌지만 비자유주의적 성격의 새로운 사회경제시스템의 제도화가 시도된 것에 의미를 부여할 수 있을 것이다.

17) 노사정위원회의 출범(1998년)은 스웨덴, 네덜란드 등 유럽에서 성공적 모델로 평가되어온 사회적 코포라티즘 사회협약 체계의 한국적 도입을 시도한 것이었고, 경제사회발전노사정위원회로의 신환(2007년) 역시 아일랜드의 위기극복 모델인 사회통합적 사회협약 사례에서 시사점을 얻은 것이었다.

노무현 정부의 등장과 함께 실질적 민주화를 요구하는 다양한 사회세력의 욕구와 참여가 분출되면서 한국 사회는 각 부문과 제도를 급진적으로 민주화, 선진화해야 하는 상황에 직면했다. 사회적 합의를 바탕으로 성장과 분배가 효율적으로 이루어질 수 있는 사회경제시스템의 창출이 그 어느 때보다 절실해진 것이다. 성장과 분배의 동시적 추구, 경제 및 사회의 민주화, 고용과 복지 등의 가치를 내포한 시스템의 구축이 그것이다. 1997년 위기 이후 10여 년 동안 신자유주의적 개혁에도 불구하고 한국이 영미식 시장주의로 쉽게 전환되지 못했던 이유가 여기에 있다고 할 것이다. 이 연구에서 모색하는 한국의 새로운 사회경제모델은 우리의 사회문화적 정체성에 기반하여 민주화된 제도를 구축하는 것이다. 아시아적 또는 한국적 정체성에 기반하면서 이러한 가치를 추구하는 시스템의 구축은 동아시아 발전모델을 한 단계 높여 동아시아모델의 쇄신 또는 재편을 가능하게 할 수도 있을 것이다. 일본모델은 노사신뢰를 바탕으로 원래의 일본시스템의 효율성을 높이며 쇄신해나가고 있음을 볼 수 있기 때문이다 (정건화, 2006; Vogel, 2006).[18]

2) 새로운 발전모델의 필요성과 과제

1997년 경제위기와 그 이후의 경제적 환경변화, 주요 정치·사회세력의 교체와 갈등 과정에서 새로운 발전모델의 필요성이 크게 부각되었다. 물론, 다수의 주류적 주장은 자본주의적 세계화에 적극적으로 동참하고 효율적인 영미모델에 바탕하여 사회경제적 발전의 재도약을 이루어야 한다는 것이었다. IMF 개혁하에서 신자유주의적 경제정책은 신속하게 도입되었고, 영미모델 또한 한국의 발전국가와 마찬가지로 노동배제적이며 선성장·후분배를 지향하는 발전모델이기 때문이다. 더구나 수출기업의 대외경쟁력도 강화되었다. 이로 인해 영

18) 최근 일본 정부는 동일노동·동일임금, 장시간 노동규제를 포함한 선진적 노동개혁을 추진하고 있다고 한다. http://news.joins.com/article/21417069

미모델로의 전환은 매우 용이해 보였다. 그러나 바로 이러한 점 때문에 영미모델에 대한 부정적 시각과 반발 또한 만만치 않게 제기되어왔다(전창환·조영철, 2001; 장하준·정승일·이종태, 2012). 1990년대 이후 분배와 사회정의에 대한 유권자의 관심과 욕구가 커져왔고, 실제로 진보적 성격의 정부가 등장하여 노동에 대한 사회적 시민권을 부여하고 사회경제적 민주화에 대한 정책의지를 보여왔기 때문이다. 특히 한국의 정치적 민주화는 노동계급 및 중간계급의 저항과 도전으로 가능했기 때문에 민주화의 진전은 국가의 성격에도 큰 영향을 미쳐왔다.[19)]

한국에서 민주화로의 이행은 발전국가의 위기에 중요한 영향을 주었는데, 민주화는 정치영역뿐 아니라 사회경제영역에도 중요한 영향을 미쳐 경제성장 못지않게 분배와 산업민주화, 경제민주화도 국가가 담보해야 할 정책기조이자 정당성의 근거로 부각시켰기 때문이다. 재벌규제, 경제력 집중 억제 등의 경제민주화 압력은 이전의 지배연합이었던 정부-재벌, 정치-재벌의 유착 고리를 거의 끊어 놓았다. 또한 국가정책에 대한 유권자, 의회정치, 다양한 사회세력의 영향력이 커짐에 따라 경제·사회정책의 수립과 집행과정에서 국가 관료기구의 독점과 자율성도 크게 약화되었다. 국가의 정책수립 및 집행과정에 정치논리와 사회적 형평성이 중요해진 것이다. 그러나 과거 모델의 주체가 단순하면서 강력했다면, 새로운 모델의 주체는 너무나 많았지만 어느 누구도 확실한 추동력을 갖지 못한 모순이 있었다. 이러한 상황에서 대기업들은 향상된 대외경쟁력을 가지고 민주화 기류에 편승하여 규제완화, 경제자율화, 민영화 등을 강력하게 요구하게 되었다(정진영, 1999; 윤상우, 2002).

결국 한국의 정치적 민주화 과정은 경제의 자유화와 민주화를 동시에 진전시켜왔으며 이러한 변화는 발전모델의 근본적 전환의 계기가 되었다. 실제로, 1990년대 이후 한국의 경제사회시스템은 발전국가로부터 벗어나 합리적인 시

19) 노무현 정부하에서는 이러한 현상이 더욱 심화된 것으로 보인다.

장규칙을 강조하는 규제국가를 지향해왔다. 그러나 규제국가 간에도 차이가 있는데, 개입주의적 규제국가가 경제의 자유화와 민주화를 동시에 추구한다면, 영미식 신자유주의적 규제국가는 시장의 자유화를 최우선으로 하기 때문이다. 유럽의 사회 코포라티즘 국가들과 일본에서 볼 수 있듯이, 개입주의적 규제국가는 기본적으로 민주적 규칙이 지켜지는 시장개혁을 통해 경제의 자유화와 민주화 수준을 높임으로써 신자유주의적 도전과 부작용을 이겨내는 것이다. 1990년대 이후 한국의 경제 자유화와 민주화가 동시에 진행되면서 시장개혁의 목표는 관치경제를 극복하고 과거 발전국가의 지배연합 구조를 해체하는 것이었고, 이를 통해 산업정책의 효과성을 높이고 투자의 효율성을 제고하는 것이었다. 또한 경제의 자유화와 민주화는 사회의 주요 이해관계자들의 참여를 가능하게 할 수 있다. 이해관계자들의 참여는 사회 전체에 책임과 규율, 견제와 감시에 기초한 새로운 시스템의 형성과 복지제도의 실질적 구축을 가능하게 할 것이다. 절차성, 투명성, 공정한 운영이 담보된다면 세계화라는 조건하에서도 효율성과 평등성을 동시에 제고할 수 있는 시스템을 만들어낼 수 있는 것이다.

그러나 발전국가의 지배연합은 와해되었지만 경제의 자유화와 민주화를 위해 개혁을 주도할 세력은 여전히 확고하지 못했다. 더구나 대기업은 과거의 지배연합을 대신하여 외국 금융자본 또는 국내 노조와의 담합으로 자본의 구조적 힘을 온존시켜오고 있다. 게다가 자본주의 체제에서 경제제도의 자유화와 민주화가 상반되거나 대체되는 개념이 아님에도 불구하고 경제자유화를 강조하는 세력과 경제민주화를 주장하는 세력 간의 갈등과 대립이 커져왔다. 소위 사회민주주의 국가에서도 존재하는 독점자본에 대한 지나친 이념적 접근이 현실적 문제 해결을 더욱 어렵게 만들었다. 글로벌 스탠더드에 대한 오해와 왜곡은 문제를 더욱 혼란스럽게 만들었는데, 글로벌 스탠더드를 미국식 모델과 동일시하면서도 한쪽은 재벌개혁을 반대하고 다른 쪽은 노동시장의 유연화를 반대하고 있는 것이다.[20] 미국식 모델을 지향하기 위해서는 재벌 해체와 노동시장의 유연성이 핵심적 전제조건이 되지만 이 두 조건이 충족되기 쉽지 않다는 점에서 사회 코포라티즘의 가능성은 오히려 크다고 볼 수 있다.[21] 그러나 문제는 자유방임화된 재벌과 왜곡된 노동시장의 유연화라는 최악의 결합이 임금격차의 심화와 소득 양극화를 초래하는 데 결정적인 역할을 하고 있다는 점이다.

출자총액제한제도, 한미FTA 문제, 순환출자 문제 등에서 볼 수 있듯이, 경제정책이 갈수록 정치·사회문제화되고 있다는 점에서도 타협과 합의에 의한 새로운 발전모델의 필요성은 커지고 있다. 경제적 비용과 편익에 경도되었던 발전국가 모델에서 정치적, 사회적 비용과 편익도 함께 고려되는 사회경제모델로의 전환이 요구되고 있는 것이다. IMF 개혁으로 기업투명성은 높아졌지만 산업정책의 효과성과 투자의 효율성이 제고되었는지는 확실하지 않다. 투자 부진으로 성장잠재력이 약화되고 있는 상황에서는 경제성장은 물론 새로운 발전모델로의 전환 자체도 어려울 수 있다.[22] 시장 질서를 위한 개혁이 자본에 대한 압력으로 인식되어 자본파업 상황이 나타나지 않도록 하기 위해서는 시장경제의 다양성 또는 기업지배구조의 다양성에 대한 논의를 바탕으로 새로운 발전모델에 대한 최소한의 합의가 요구된다고 하겠다.[23]

사회경제모델 또는 자본주의 다양성의 핵심은 시장과 정부의 역할 문제, 효율성과 형평성을 둘러싼 제도의 문제, 경제 주체들 간의 조정의 문제이며 이는 한국의 새로운 발전모델을 위한 과제이기도 하다. 다양한 시장경제체제 중에서 어떤 성격의 시장경제가 한국의 발전모델로서 적합한지에 대해서는 연구자뿐 아니라 이익집단이나 사회계급의 이해관계에 따라 여러 관점과 대안이 제시될 수 있고 제시되기도 했다. 한국의 발전국가 모델이 정부의 역할과 효율성을 우

20) 미국식 경제모델을 글로벌 스탠더드로 보기 어려운 점이 있는데 분산주주모델, 금융자본과 산업자본의 분리, 자본시장을 통한 기업금융시스템 등은 원래 미국 특유의 제도이기 때문이다.

21) 물론 재벌을 해체하고 노동시장을 완전히 유연화할 수도 있겠지만 예상되는 엄청난 비용과 부작용을 고려할 때 민주적 코포라티즘으로의 전환 비용이 더 적을 것이다.

22) 투자부진에 대해서는 한국경제학회 2006년도 제1차 정책포럼, "장기투자 부진의 현황과 원인분석 및 대응방안"(2006년 5월 15일) 참조.

23) 사실 서유럽의 코포라티즘적 타협 또는 사회적 타협의 본질은 자본파업과 노동파업을 서로 하지 말자는 약속에 다름 아니다.

선시하고 자본 간 조정으로 급속한 경제발전을 이루었다면, 새로운 발전모델은 이에 더해 시장 질서를 보호하고 사회적 형평성을 고려할 수 있는 제도적 발전과 혁신을 요구하고 있는 것이다. 제도는 역사적 제반 환경에 의해서만 아니라 '의도intentionality'에 의해서도 만들어질 수 있다(North, 2005). 제도의 역할과 영향, 즉 제도의 효과는 매우 중요하며 선택과 결정에 의한 제도의 변화와 새로운 제도의 창출 가능성은 오늘날 한국에서와 같이 전환의 시기에 더욱 주목될 수 있을 것이다(Streeck and Thelen, 2005). 제도의 경로의존성path dependence 개념을 보다 적극적으로 해석하여 제도의 선택은 전체 체제에 중요한 영향을 미치고 이러한 제도의 변화와 제도의 발전은 사회적 과정을 거쳐 역사적으로 구성되고 구축된다는 점이 강조되어야 할 것이다. 현재의 시점에서 제도의 지속을 넘어 제도 변화의 다양성에 주목해야 하는 이유이다. 최근 한국 사회에서 새로운 발전모델을 둘러싼 갈등은 정부와 시장, 시장의 자유화와 민주화, 효율과 형평, 생산과 분배 등을 이분법적으로 인식하고 상충되는 것으로 보는 것에서 근본적으로 비롯되고 있다. 제도적 발전과 이해관계자 간 조정을 통해 이들을 상호보강적인 관계로 변화시키는 것이 중요한데, 유럽의 사회 코포라티즘 모델은 정부와 시장 간의 역할분담, 유연한 제도, 조정 등을 통해 이러한 가치들을 동반적인 관계로 전환시키는 데 성공적이었다.

4. 새로운 발전모델의 모색: 민주적 발전국가 또는 사회 코포라티즘

1) 유럽 강소국 모델과 사회 코포라티즘

유럽 강소국 모델이란 스웨덴, 네덜란드, 노르웨이, 핀란드 등 작고 강한 나라의 발전모델을 말한다. 이들 나라는 산업화에 의한 경제발전과 노동운동을 바탕으로 2차 대전 전후에 복지, 주택, 교육 등 전반적인 사회정책을 도입하고 케인스주의적 혼합경제제도를 채택했다. 정치적으로는 이익집단 또는 사회세력의 정치적 대표성이 높아 다당제에 기반한 의회정치가 발달했고, 좌파정당의 집권 또는 내각참여는 일반적인 현상이었다. 1980년대 이후 대부분의 서유럽 국가들이 실업과 저성장, 재정적자 등의 어려움을 겪고 있었는데, 강소국은 이러한 문제를 사회적 타협으로 극복하고 임금조정, 고용창출, 노동 및 복지개혁으로 대내외적으로 유연하고 경쟁력 있는 사회경제시스템을 만들면서 크게 주목을 받았다. 강소국 모델은 이론적으로 개방경제의 '작은 나라들small states'이 어떻게 세계 시장에서 경쟁력을 높이고 국내적으로 안정과 분배를 이루었는가를 분석한 카젠스타인의 개방대응이론(Katzenstein, 1985)과 밀접한 관계를 갖는다. 높은 수준에서 조직화된 이익집단이 사회적 타협을 통해 사회경제적 성과를 가져왔는데, 이를 발전국가 모델, 자유주의적 모델과 구분되는 사회 코포라티즘 또는 민주적 코포라티즘 모델로 설명했다.[24] 스웨덴, 덴마크, 노르웨이, 오스트리아, 스위스, 네덜란드가 대표적인 사례이다. 노사협력에 기반한 사회 코포라티즘은 유연한 경제적 조정과 정치적 안정이라는 성과를 가져와 1960년대까지 성장과 분배, 사회평화에 기여했다. 즉, 전후 유럽 강소국의 경제성장과 복지국가의 발전을 가져온 사회 코포라티즘의 핵심에 협력적 노사관계가 있음을 알 수 있다.[25]

안정적으로 작동되었던 민주적 코포라티즘은 1970년 후반의 경제위기와 1980년대의 실업, 세계화의 심화 등의 문제에 직면했다. 네덜란드와 덴마크, 스웨덴에서는 경제위기를 겪기도 했다. 1982년 네덜란드의 바세나르 협약을 시작으로 스웨덴, 덴마크 등에서 민주적 코포라티즘이 부활했다. 일반적으로 유럽모델은 규제와 경직성, 지나친 노동보호와 분배정책으로 경제의 활력이 약화

24) 민주적 코포라티즘은 사회 코포라티즘과 같은 개념이다. 민주적 코포라티즘은 역사적으로 대공황, 파시즘, 2차 대전 등을 거치면서 노사 간 정치적 타협에 의해 제도적으로 구축되었다(정병기, 2004).

25) 반면에 1970년대 중반 이후 1980년대 들어 경제성장이 둔화되고 경제위기가 발생하면서 이러한 위기에 대응하는 방식으로 사회 코포라티즘이 다시 주목을 받았다. 즉, 임금인상 자제, 일자리 나누기, 복지개혁 등을 위한 사회적 합의를 만들어내려는 노력이 나타났던 것이다.

되어 성장을 둔화시키는 것으로 인식되고 있다(Alesina and Giavazzi, 2006). 그러나 서유럽 강소국들은 1980년대 이후 구조적 제약과 기회의 조건하에서 정확한 목표설정과 추진역량을 갖추어 각자의 발전모델을 재조정하고 쇄신해왔다. 특히 노사협력이 추진역량의 극대화에 중요한 역할을 했다.

1990년대에는 노사 관련 제도에 유연성이 도입되어 노동시장의 유연화와 임금협상의 분산화가 나타났는데 이로써 분권화와 중앙화, 유연성과 경직성의 이중전략 노사모델을 재구축했다. 기존의 과보호되고 과규제된 경제사회시스템은 자유주의적 개혁을 거치면서 '집중화된 분권화', '조정된 탈중앙화' 또는 '조직된 탈중앙화'라는 생산적이고 안정적인 제도로 변화되어 기업 경쟁력 회복, 일자리 창출, 복지국가 지속 등의 성과를 가져왔다. 이러한 개혁으로 노사관계와 노동시장은 경제의 효율성, 근로자의 고용 및 소득 안정성에 기여할 수 있게 되었다. 이중전략이 가능할 수 있었던 것은 무엇보다 노동과 자본의 조직화에 기반한 노사정 3자협의제도라는 정치적 개입이 그 역할을 다했기 때문이다. 사회 코포라티즘 모델로 경제사회적 성과를 거두어온(Wilensky, 2002; Pontusson 2005) 유럽 강소국은 급진적 탈규제보다 제도의 개혁을 통해 유연하고 경쟁력 있는 체제를 발전시켜온 것이다. 사회 코포라티즘 모델은 세계화가 심화된 1990년대 이후에도 각 국가의 상황에 따라 유연하고 경쟁력 있는 경제사회 시스템에 기반하여 성장과 분배를 지속해오고 있다. 특히 유럽통합이 심화됨에 따라 사회 코포라티즘의 경험과 조건이 미비한 나라들도 주요 주체들의 전략적 행위와 노력으로 사회협약 형태의 경쟁적 코포라티즘을 성공시키고 있다(김인춘, 2017). 강소국 경험의 시사점은 무엇보다 노사협력의 중요성이다. 사회 코포라티즘은 이익조정체제이다.[26] 자본주의 체제하에서 가장 두드러진 사회적 이해관계인

26) 코포라티즘이란 원래 국가와 사회의 조합mixture으로, 중요한 사회세력들이 정책결정과정에 참여하는 형태의 정치제도이다. 사회 코포라티즘은 계급적 이익만을 의미하는 것은 아니다. 네덜란드의 코포라티즘 제도는 노동과 자본의 경제집단뿐 아니라 종교집단도 포괄하여 형성되었던 것이다. 즉, 코포라티즘은 노동과 자본의 이익만 대표하도록 하는 제도라기보다 역사와 상황에 따라

노사 당사자의 상호 인정과 신뢰는, 강소국에서 보듯이 임금협상, 생산성 향상, 산업혁신의 첫걸음이 되고 경쟁력 있는 사회 코포라티즘을 발전시키는 초석이 되고 있기 때문이다.

최근 들어 제도적 변수로서의 정부역할의 '재발견'이 회자되고 있다. 정부는 사회구성원의 '자발적 창의성'을 높여야 하는 임무를 가지며, 국민 각자의 능력을 최대한 개발하고 활용할 수 있는 조건을 갖추도록 하는 것이 궁극적인 목표가 되고 있다(조순, 2006; 조성봉, 2005; 신정완, 2005). 교육과 고용의 중요성이 강조되는 것도 이 때문이다. 최근의 시도들을 살펴보자면, '민주적 발전국가'(조형제 외, 2006)는 기존의 발전국가를 민주화하자는 주장이다. '민주적 발전조합주의democratic developmental corporatism'(양재진, 2005)나 '한국형 사회적 시장경제'(신정완, 2005)도 본질적으로 민주적 발전국가와 같은 맥락으로 사회 코포라티즘 제도의 도입과 시장경제의 사회적 성격을 강조한다. '사회통합적 시민경제'(이병천, 2014)도 계급타협 노선을 바탕으로 유연안정성 모델을 강조하고 있다. 민주적 발전조합주의는 사회협의주의에 근거한 조정시장경제와 보다 적극적인 발전주의적 개입에 기초하고 있다. 주요 경제주체 간의 민주적인 발전주의적 연대 결성, 금융제도와 기업지배구조의 이해관계자 자본주의로의 발전, 노조조직 및 노사관계의 산별노조 및 산별교섭화, 노동시장의 유연안정성, 사회보장제도의 내실화와 현대화, 경쟁력 있는 대기업과 중소기업을 위한 산업정책을 주장하고 있다. 한국형 사회적 시장경제 주장은 보다 구체적인데, 복선형 제도클러스터의 형성과 국민경제의 유연안정성을 지향하고 있으며 이를 실현하기 위해 사회적 시장경제 및 강소국의 조정시장경제제도 도입을 주장하고 있다. 궁극적으로, 구체적인 개념이나 강조점의 상이함에도 불구하고 민주적 발전국가, 한국형 사회적 시장경제, 민주적 발전조합주의, 사회통합적 시민경제의 공통된 주장은 한국에 민주적 코포라티즘 제도를 도입하자는 것이다.

어떠한 사회세력도 사회적 합의에 의해 대표될 수 있는 제도인 것이다. 물론 스웨덴의 사회 코포라티즘은 전형적인 계급적 이익조정체제로 작동해왔다(정병기, 2004; 김인춘, 2005).

이 글은 기본적으로 이러한 주장과 맥을 같이 하고 있다. 그러나 기존의 많은 연구들이 전통적 발전국가의 완전한 폐기를 주장하거나 사회 코포라티즘의 도입 필요성에 대해서만 주로 논의를 전개한 데 반해, 이 글은 전통적 발전국가 제도의 재발견 또는 선택적 쇄신이 중요하다는 입장이다. 급격한 모델 전환은 또 다른 후유증을 가져올 수 있는데, 이는 자연조건은 물론 역사와 사회문화적 배경이 다르고 각 나라에 맞는 발전방식이 있어왔기 때문이다(조순, 2006; Roe, 2003; Lazonick, 1993). 일본은 일본식으로 세계적 경제대국이 되었고 스웨덴은 스웨덴식으로 세계적인 복지자본주의를 만들었다. 일본은 1990년대부터 시작된 경제침체로 개혁과 함께 미국식 시장경제체제로 일부 재편되기도 했으나 '오늘의 새로운 일본은 기본적으로 옛날의 일본'이라는 말과 같이 독특한 일본식 제도와 가치가 지속되고 있으며 결코 미국모델로 전환되지 않았다(조순, 2006; Vogel, 2006). 네덜란드, 스웨덴, 덴마크도 1980년대 이후 지속적으로 시장자유화의 개혁을 추진해왔음에도 보편적 복지국가와 민주적 코포라티즘이라는 기본체제는 유지되고 있다. 이는 세계화에 적응하면서도 대내적으로 민주적 코포라티즘과 세계화가 잘 결합될 수 있음을 보여주고 있다.

이들에게 개혁이란 국내외의 환경변화에 맞게 사회경제시스템을 수정하고 업그레이드하여 그들이 추구하는 사회경제적 가치가 잘 실현되도록 하는 것에 다름 아니다. 즉, 개방경제체제하에서 그들의 제도가 세계화라는 환경변화에 효율적으로 잘 적응되도록 하기 위한 개혁인 것이다. 정책과 제도를 변화시키고 발전시켜 새로운 환경에 대한 경제 및 사회의 적응효율성adaptive efficiency을 높이는 것이다. 강소국의 민주적 코포라티즘도 역사적 발전과정에서 나라마다 독특한 성격과 제도를 가져왔기 때문에 한국 또한 이러한 제도의 변화와 발전이 불가능한 것은 아닐 것이다. 사회적으로 합의된 가치와 지향, 이를 실현하기 위한 구체적 방식은 한 국가가 스스로 결정하고 만들어내야 하는 것이다. 그러나 1997년 경제위기 이후 지금까지 노동개혁, 기업지배구조, 성장과 분배 논쟁에서 보듯이, 우리가 추구해야 할 사회경제적 가치와 지향에 대해 정치적으로나 사회적으로 합의를 이루지 못하고 있는 현실이 문제라 할 것이다. 발전모델의 방향을 찾고 그 방향으로 나아갈 수 있는 제도의 발전을 위해서는 우리의 여건과 제도적 배경에서 어떤 형태로든 사회적 타협과 합의가 필요하다. 그렇다면 어떻게 한국에서 사회 코포라티즘이 가능할 것인가.

2) 사회 코포라티즘의 제도화 가능성 1: 제도적 유산의 문제

민주적 발전국가 또는 사회 코포라티즘은 현실적이고 실질적인 한국의 새로운 발전모델이 될 수 있는가. 사회 코포라티즘이란 본질적으로 민주적 타협과 공정한 분배를 위한 것이기에 이를 가능하게 만드는 제도의 형성과 발전이 핵심이 된다. 따라서 스웨덴식 제도의 확립이 사회 코포라티즘의 필요조건인 것은 아니다. 아일랜드는 아일랜드식으로, 네덜란드는 네덜란드식으로 민주적 타협과 분배를 위한 제도를 만들었다는 사실이 강조되어야 할 것이다. 한국에서 사회경제모델의 개혁 또는 전환을 위해서는 먼저 발전국가의 모든 제도적 유산을 청산하기보다 선별할 필요가 있다고 본다. IMF 개혁 당시에는 과거의 제도가 모두 폐기의 대상으로 여겨졌지만 새로운 제도들 또한 부작용이 크거나 실패한 사례가 많았기 때문이다. 한국 발전국가 모델을 해체하고 주주자본주의를 이식하려던 대부분의 IMF 개혁은 실패로 돌아갔다. IMF 개혁은 발전국가에 의해 왜곡된 시장을 급진적으로 투명화하고자 했지만 기존 제도의 변화를 이끌어내지 못한 채 신자유주의적 압축개혁의 부작용을 초래했다.

1990년대 이후, 특히 경제위기 이후 한국의 발전모델은 시장규칙의 정립을 위한 규제국가를 지향하고 있는데, 공정한 시장규칙은 모든 선진 자본주의 경제체제의 핵심적 요건이라는 점에서 발전모델의 개혁 또는 전환을 앞당기는 촉매제라 할 수 있다. 시장규칙을 위한 국가개입의 지속, 자본·금융시장의 개방과 자유화 심화, 노사정위원회 등 다양한 발전모델이 혼재되어 있는데, 이러한 불안정한 시스템의 교착 구조는 정치사회적 갈등과 막대한 사회경제적 비용 부담으로 귀결되었다. 발전국가의 유산을 안고 있는 현재의 사회경제모델은 미국식으로도, 유럽의 사회 코포라티즘 모델로도 제도 전환이 가능한 요소들을 가지고 있다.[27] 저복지, 노동배제, 금융시장 등에서 미국식의 요소들을, 정부 개입, 기업지배구조, 정치화된 노조 등에서 유럽식의 요소들을 찾을 수 있다.

사회 코포라티즘의 제도화 가능성은 발전국가의 유산에서도 찾을 수 있을 것이다. 과거의 권위주의적 발전국가가 아니라 발전국가의 제도적 비교우위 요소를 변화시키고 발전시키는 것이다. 한국 발전국가의 유산은 재벌체제, 정부개입, 빈부격차, 적대적 노사관계, 노동배제, 대화와 타협문화의 부재 등으로, 특히 재벌체제, 정부개입, 적대적 노사관계, 정치화된 노조 등은 주요 주체들의 전략적 행위에 따라 민주적 코포라티즘의 제도화에 역설적으로 기능을 할 수 있는 요소들이다. 더구나 사회적 양극화와 빈부격차, 적대적 노사관계 등은 경제위기 이후 신자유주의적 개혁으로 더욱 악화되고 있다. 민주적 발전국가로의 이행을 위해서는 노사협력이 전제되어야 하고 신자유주의적 미국모델로의 이행은 재벌 해체를 요구한다. 현재 한국의 사회경제시스템이 불안정한 교착상태에 처해 있는 것은 바로 이 두 전제조건이 해결되지 못하고 있기 때문이다. 노사협력을 강조하면서도 노조를 인정하지 않고 미국식 모델을 주장하면서도 재벌체제를 옹호하는 모순과 이율배반이 그것이다.

신자유주의 모델의 대표인 미국자본주의는 위험에 도전하는 기업가정신, 규제철폐, 무한경쟁을 기반으로 역동적인 경제성장과 높은 생산성을 이루어왔다. 그러나 1990년대 이후 경제적 번영의 과실은 소수의 부자들에게 독점되었고 양극화와 불평등의 심화, 중산층의 쇠퇴로 미국모델의 제도개혁이 시급하다는 평가를 받고 있다.[28] 자유방임을 신조로 하는 미국식 신자유주의는 양극화를 19

27) 물론 혼합형 또는 하이브리드형도 가능할 것이다. 혼합형은 영미모델을 기본으로 한 형태와 동아시아모델을 기본으로 한 형태가 있을 수 있다고 보인다.

28) 미국모델이 심각한 불평등에도 불구하고 지속되기 위해서는 전반적으로 더 부유해져야 하며, 극빈계층에 대한 사회안전망이 확보되고 모든 이들에게 기회의 평등이 가능해야 한다. 그러나 최근의 현실은 교육불평등의 심화로 기회의 평등은 사라지고 있으며 미국이 자랑해온 공정한fair 게임은 이제 과거의 일이 되고 있다(*Economist*, 2006). 특히 최근 들어 세계은행 등 세계화 진영 내에서 미국식 신자유주의에 대한 성찰과 반성론이 일고 있다(≪경향신문≫, 2007.2.7 기사 참조).

세기 말 수준으로 심화시키고 있기 때문이다(조순, 2006, 이강국, 2005; 장상환, 2006; Piketty, 2014). 자본주의 다양성에서 보듯이 미국자본주의 또한 역사적 발전과정에서 구축된 미국 특유의 체제이기 때문에 부분적 반영은 가능하나 전면적인 도입은 더 큰 후유증을 가져올 수 있고 성공하기도 어렵다. EU나 일본도 미국식 제도를 벤치마킹하지만 개혁을 통해 자신의 모델이 더욱 효율적으로 지속, 발전되도록 노력하고 있다. 한국이 미국모델을 추구하기 위해서는 무엇보다 양극화와 불평등에 대한 인내의 한계가 높아져야 할 것이나 평등주의적 가치관(송호근, 2006)으로 인해 쉽지 않을 것이다.[29] 제반 사회세력의 정치참여가 심화되고 있는 현실에서 신자유주의에 대한 거부감의 확산도 미국식 모델로의 전환을 어렵게 하고 있다. 공정한 시장경쟁 규율이 자리잡지 못하고 사회안전망도 미비되어 있는 상태에서 미국식 모델로의 전환은 비록 경제적 효율성을 담보한다 하더라도 정치적, 사회적 효율성을 보장하기는 어렵기 때문이다.

더욱 본질적인 문제는 한국의 기업지배구조가 자본시장과 M&A에 의한 기업감시 체제를 특징으로 하는 미국식 외부분산주주모델과 결합이 가능하지 않다는 점이다. IMF 개혁은 미국식 시장경제를 지향했는데, 그 핵심은 자본 및 금융시장을 개방, 발전시키고 인수합병을 활성화하는 미국식 기업지배구조를 정착시키는 것이었다. 그러나 한국의 기업지배구조는 소유가 집중되어 있고 폐쇄적인 대주주가 경영권을 갖는 내부지배주주모델의 성격을 가지고 있으며, 강력하고 오랜 재벌체제로 인해 변화와 개혁이 쉽지 않을 뿐 아니라 저항도 매우 큰 것이 사실이다.[30] 한국의 기업지배구조 문제, 즉 재벌체제는 발전모델의 전환

29) 한국의 소득분배는 소득 지니계수 0.310(2004년)로 통계적으로 여전히 양호하다고 하지만 금융 및 부동산의 자산 지니계수는 0.586(1999년)에서 0.638(2004년)로, IMF 이후 크게 악화된 것으로 나타나고 있다(남상호, 2007).

30) IMF 개혁으로 적대적 M&A가 가능해졌지만 경영권 보호를 위한 한국 대기업의 극단적 대응은 또 다른 시장왜곡과 사회경제적 부작용을 가져오고 있다. 일부에서는 시장규율을 강화하기 위한 제도개혁과 규제정책은 재벌체제가 갖고 있는 역동성과 긍정성을 훼손한다는 주장을 하고 있는데, 대주주의 권한을 약화시키는 재벌규제는 투자기피, 경기침체, 성장동력의 고갈, 경영권 위협 등의

을 둘러싼 논의의 핵심이 되고 있다. 가족소유제도나 상호(또는 순환)주식보유 cross-shareholding를 통한 비금융non-financial 기업들이 많다는 점에서 한국의 기업지배구조는 스웨덴이나 네덜란드와 유사하다.

기업지배구조는 국가마다 다양하게 나타나며 정치제도, 생산체제와 노사관계, 정치사회적 권력관계 등 정치사회적 제도와 밀접한 관계를 보여왔다(Roe, 2003; Lazonick, 1993; Gourevitch and Shinnm, 2005; 이우성, 2006). 스웨덴의 기업지배구조는 폐쇄적인 대주주제도임에도 불구하고 소액주주를 잘 보호하는 것으로 유명한데 이는 미국식으로 가지 않고도 소액주주를 보호할 수 있는 제도가 가능하다는 것을 보여준다. 스웨덴은 민영화 수준이 매우 높고 일본의 통산성 같은 산업정책이 거의 존재하지 않았지만, 노조와 사회민주당의 압력과 같은 정치적 방식으로 가족소유집중제도가 지속되고 있다. 한국의 재벌체제가 해체되기 어렵고 그 효율성을 인정하더라도 최소한 유럽식의 민주화된 재벌체제로 전환되어야 하며, 이를 위해서는 노사협력과 코포라티즘의 제도화가 요구된다 할 것이다. 기업지배구조란 기업감시시스템을 의미하는데, 적대적 M&A 등 시장에 의한 미국식 기업감시체제가 아니라면 노사협력과 코포라티즘에 의한 이해관계자들이 이러한 역할을 할 수 있기 때문이다.[31] 구체적으로는 기업이윤의 투자화를 촉진하는 (디스)인센티브를 강화하고 기업이윤의 사적소유화를 억제하여 전반적인 분배의 자원이 되게 만드는 대신 경영권을 보장하는 것이다. 독일과 같이 은행이 기업감시를 하도록 해야 한다는 주장도 있으나(이병윤, 2006) 재벌, 즉 산업자본에 비해 취약한 한국의 금융자본이 이러한 역할을 할 수 있을지는 의문이다. 시장경제시스템이란 시장규율에 다름 아니고, 감시를 통한 시

부작용을 초래한다는 주장이 그것이다.

31) 물론 한국의 대기업들은 과거처럼 그 어떤 감시도 받고 싶지 않겠지만 이는 더 이상 가능하지 않다는 사실도 잘 알고 있을 것이다. 정경유착이란 권위적 개발국가 체제에서 기업 감시를 담당한 관료와 정치인이 감시를 소홀히 한 데서 비롯된 관행이라 할 것이다. 미국의 엔론, 월드컴 사태에서 보듯이 미국식 기업감시시스템도 완벽한 것은 아니다. 이 글은 기업지배구조 간 비교우위를 논하는 것은 큰 의미가 없다고 보며 대신 기업감시제도의 중요성과 다양성을 강조하고자 한다.

장규율의 정착은 새로운 발전모델의 핵심인 경제시스템의 민주화, 선진화에 필수적이다.

3) 사회 코포라티즘의 제도화 가능성 2: 타협과 조정의 문제

발전국가와 IMF에 의한 압축성장과 압축개혁의 문제들을 해결하기 위해서 타협과 조정은 피할 수 없는 의제가 되고 있다. 민주적 발전국가 또는 사회 코포라티즘의 핵심적 전제조건은 노사협력이다. 노사 당사자의 지속적인 노력과 신뢰에 기반한 노사협력은 강소국 발전모델의 핵심으로 계급타협에 의한 사회 코포라티즘적 자본주의의 발전을 가져오는 데 기여해왔다. 특히 강소국에서 사용자의 적극적 자세와 정부의 의지가 초기의 노사협력 제도화에 기여했고, 노사협력이 경제효율성 제고, 복지국가와 사회정책의 제도화, 노동시장의 안정에 중요한 역할을 한 점은 우리에게 시사하는 바가 크다 할 것이다. 노동과 자본의 전략적 인식 변화에 따라 강소국 수준의 거시적인 사회협약이 아니더라도 중간 수준 또는 미시적 노사협력의 제도화도 가능할 수 있기 때문이다. 물론, 한국 노동계급의 내부 분열, 허약한 연대와 조직화는 코포라티즘의 제도화를 어렵게 만들 수 있지만, 세계화 이후의 경쟁적 코포라티즘 또는 린lean 코포라티즘에서는 위계적 노동조직보다 분리된 조직 간 그리고 분권화된 조직 간 네트워크에 의한 조율이 더 중요해지고 있다. 오늘날 코포라티즘의 부활은 대외경쟁력이 더욱 민감해진 세계화에 의해 오히려 촉발되고 있는데 이로 인해 코포라티즘의 전통이 약하고 집중화된 노동조직이 갖추어지지 않은 나라들, 즉 아일랜드, 이탈리아, 스페인, 포르투갈에서 노조의 전략적 참여로 사회협약이 강화되고 있다(Traxler, 2004; 김인춘, 2017). 또한 1990년대 이후 새롭게 정착해가는 일본모델은 내부연관과 외부 모니터링을 결합시켜 작업장 내 협조적 노사관계, 기업특수적 인적자산 중시라는 기존 시스템의 장점을 유지하는 방향으로 발전하고 있는데(정건화, 2006), 이는 미시적 노사협력의 사례이다.

이제 무엇을 타협하고 조정할 것인지가 보다 분명해졌다. 전통적 발전국가는 노동배제적 국가주도의 조정시장경제체제이다. 거의 폐기된 국가주도의 자본 간 조정 기능을 노사 간 조정 기능으로 쇄신하는 것이다. 무엇을 주고받을 것인지는 협상과 타협 과정에서 논의될 수 있을 것이지만, 자유방임화된 재벌, 왜곡된 노동시장 유연화를 바로 잡는 것이 중요하다고 본다. 곧, 경영권 보장과 재벌에 대한 감시, 고용유연성과 동일노동 동일임금의 문제가 그것인바, 이는 현실적으로 민주적 타협과 공정한 분배를 위한 가능한 조건이 될 수 있을 것이다. 자본이 경영권과 고용유연성만을 가지게 해서는 안 되듯이, 노동 또한 경영참여와 동일노동 동일임금만을 가질 수 없다는 현실을 인정해야 한다. 스웨덴에서도 계급타협이라는 고유의 스웨덴 모델이 1970년대 초에 약화되면서 1980년대까지 노동은 노동대로(임노동자기금), 자본은 자본대로(중앙연대임금 거부) 좋은 것만 가지려고 했지만 그 결과는 모두에게 파괴적이었다. 1990년대 이후 스웨덴에서는 정부의 조정으로 자본은 산별 노사협상에 참여하고 노동은 생산성 향상을 중시하는 노사협력으로 윈윈win-win의 성과를 내왔다. 스웨덴 정부는 2000년 중앙중재위원회를 신설하여 권위적으로 노사 간 쟁점을 해결하고 있다 (김인춘, 2004).

한국은 자본 간 조정의 특징을 갖는 '계열별 조정시장경제group-based coordination'의 경험이 있다. 그러나 노동배제적 발전모델은 더 이상 지속되기 어려우며 노동의 참여를 보장하고 조정을 통한 계급연합 또는 계급협상이 중요해지고 있다. 즉, 조정의 확대와 제도의 발전이 요구되고 있다. 조정시장경제 또는 사회적 시장경제는 이해관계의 대립과 갈등을 조정과 제도를 통해 해결해나가는 방식으로 '조정'을 통한 계급협력이 생산전략에 영향을 주고 다시 계급협력을 용이하게 하는 선순환을 만들 수 있다. '조정' 방식을 발전시킬수록 그 조정의 정책과 제도가 다시 조정을 강화시키는 것이다. 자본주의 다양성은 결국 시장경제에서 조정의 정도degrees of coordination에 의해 나타난다. 역사적으로 많은 선진국에서 자본가의 참여와 지지에 의해 노사협력이 이루어지고 복지국가와 노동시장의 안정이 가능했듯이(Mares, 2003; Swenson and Pontusson, 2000; Manow, 2001), 한국에서 노사협력모델의 제도화를 위해 자본, 특히 대기업의 역할이 매우 중요하다 할 것이다.

그러면 한국의 재벌체제가 어떻게 코포라티즘 모델과 친화력을 가질 것인가? 하나의 방안은 특수인의 경영권 보장과 노조 인정 또는 노사대타협 참여를 매개로 재벌에 대한 규율, 즉 경영 민주화를 확보하는 것이다.[32] 현재 한국의 대기업부문은 중소기업부문과 이중구조를 형성한 채, 노조를 인정하지 않는 비민주적 노사관계의 제도화 또는 독점이윤 일부를 공유하는 방식에 의한 재벌-노조의 불안정한 갈등적 제도화의 상태가 지속되고 있다. 이러한 문제를 극복하는 것이 민주적 발전국가 모델로의 전환의 핵심이라 할 것이다. 국가는 대기업부문의 참여를 권위적으로 강제하여 민주적, 협력적 노사관계를 제도화하고 산업 간 양극화와 이로 인한 사회적 양극화 문제를 해결하는 데 중요한 역할을 할 수 있다고 본다. 지배구조의 투명화를 위한 기업지배구조의 개혁은 피할 수 없는 현실인바, 적대적 M&A의 미국식 기업지배구조를 받아들일 수 없다면 한국의 자본이 선택할 수 있는 기업감시제도는 분명해 보인다. 유럽식의 노사협력과 코포라티즘에 의한 이해관계자들이 기업감시의 역할을 하는 것이다. 주목할 점은 유럽의 코포라티즘 타협과 기업지배구조 간에는 중요한 연관이 있는데, 기업의 소유집중도가 높을수록 코포라티즘도 강한 형태를 보여왔다는 사실이다(Roe, 2003; Lazonick, 1993; Gourevitch and Shinn, 2005). 국가와 노사 간에 타협의 여지가 큰 것이다. 스칸디나비아 국가들, 오스트리아, 네덜란드 등 강한 코포라티즘 국가들이 높은 수준의 소유집중도를 보여주는 것은 기업지배구조에 대한 이해관계자들의 타협이 긍정적이고 지속적일 수 있음을 보여주고 있다.

한국의 새로운 발전모델이 코포라티즘에 기반하기 위해서는 국가 역할의 재

32) 과거 스웨덴의 발렌베리그룹에서처럼, 재벌의 가족 경영권을 보장하고 재벌은 노조를 인정하고 노사대타협 및 국가경제의 책임을 지게 하는 것이 그 한 방법이다. 스웨덴에서 가족기업집단이 장기적으로 성장할 수 있었던 배경에는 사회민주당 및 노조와 가족재벌기업 간에 기업에 대한 사적 지배/경영권을 인정하고 이들 기업의 지속적인 투자 및 고용확대라는 1938년 노사대타협의 사회적 합의가 있다. 또한 법적 수단이 미약함에도 경영상의 문제가 발생하지 않는 것은 가족기업의 사회적 지위와 명예라는 사회자본이 작용하고 있기 때문이다(Högfeldt, 2005 참조).

정립이 필수적이다. 정부개입은 그 자체보다 어떤 개입을 얼마나 하느냐가 핵심적인 문제가 되며 개입의 종류와 질은 각 나라가 처한 경제사회적 상황에 따라 다를 수밖에 없다. 한국의 경우, 시장질서 정착을 위한 개혁과 공정한 분배를 위한 개입이 무엇보다 중요하다. IMF 사태와 그 후의 압축개혁의 후유증은 급속한 시장자유화와 미국식 경제제도로 가는 과정에서 나타난 것이다. 세계화 시대에도 자국의 사회경제적 안정을 위해 국가의 역할은 중요한데, 개방된 무한경쟁의 환경에서 새로운 기능을 필요로 하고 있다(장하준·정승일·이종태, 2012). 수출의 확대, 인프라의 건설, 성장동력의 형성 등에 성공적이었던 발전국가의 역할이 계층갈등의 조정, 분배제도의 선진화, 인적자본 향상 등으로 확대되어야 한다. 정의롭고 민주적인 국가를 만들고 참여를 바탕으로 새로운 발전모델을 추구해야 한다면(임현진, 2006), 경제성장과 분배를 민주적 코포라티즘 방식으로 실현해내는 것이 중요하다. 투자와 소비로 성장을 이끌어내야 하지만 내수침체와 지속적인 투자부진으로 성장동력의 약화와 양극화가 심화되는 상황에서(김준경·임경묵, 2006; 장하성, 2014) 투자 활성화와 양극화 해소를 위한 사회적 타협이 고려될 수 있다. 네덜란드, 덴마크, 스위스, 스웨덴, 핀란드 등 개방경제의 강소국들은 세계화에 적극 참여하면서 정부역할과 조정시장경제를 바탕으로 노사협력에 기반하여 성장과 분배를 조화시키는 발전전략을 추구하고 있다. 1990년대 이후 코포라티즘 전통이 약한 아일랜드, 포르투갈, 핀란드, 이탈리아 등에서 3자협의체제tripartism가 새롭게 정립되고 있다.

한국은 사회집단 또는 이익집단의 분절적, 배타적 성격으로 인해 네덜란드와 같은 공식적 조정formal coordination의 사회 코포라티즘 제도를 구축하는 것이 바람직할 수 있다.[33] 2차 대전 이후 네덜란드의 임금정책, 노사협상, 노사정 협

33) 사실, 타협이 소기의 성과를 거두기 위해서는 사회적 신뢰, 즉 사회자본이 매우 중요해진다. 단기적으로 손해가 있다 하더라도 장기적으로 이익이 될 수 있다는 믿음이 없으면 사회적 합의는 의미가 없다. 한국은 사회자본이 강하지 못하기 때문에 더욱 공식적인 제도화가 요구된다고 하겠다. 이 문제는 별도의 연구를 필요로 한다.

의는 모두 법적으로 공식화된 정책과 기제에 의해 이루어져 왔다. 한국의 수많은 사회집단의 참여욕구를 감안할 때, 역사적으로 사회통합과 노사 자율성을 발전시켜온 스웨덴의 비공식적 조정의 사회 코포라티즘보다 다양한 정치·사회세력을 제도적으로 포괄하여 사회 코포라티즘을 발전시킨 네덜란드의 이익조정 사례가 우리에게 시사하는 바가 더 크다 할 것이다. 1990년대 이후에는 스웨덴 또한 정부개입의 확대로 성공적인 개혁과 조정을 해오고 있다. 정부의 이러한 역할은 국가개입이라는 한국의 발전국가 유산을 개혁하고 발전시키는 것이다. 신자유주의적 세계화 시대에 이해관계가 대립되는 사회집단 간의 조정과 협력은 사회 안정과 통합을 위해서뿐만 아니라 경제성장을 위해서도 필수적인 조건이 되고 있다. 필요한 제도를 발전시키고 기존 제도의 적응 효율성을 높여 효율적이고 안정적이며 공정한 제도를 만들어냄으로써 사회 전반의 효율성을 제고하는 것이다(North, 2005; Boix, 1998).

4) 사회 코포라티즘의 제도화 가능성 3: 전략적 선택과 의지의 문제

한국에서 사회 코포라티즘의 제도화에 대해서는 일부 진보적 연구자들도 부정적인 입장을 보여왔다. 한국 노사정위원회의 파행적 운영에서 보듯이, 낮은 노조조직률, 적대적 노사관계, 기업별 노조와 미약한 좌파정치세력 등 사회문화적, 제도적 기반의 차이가 워낙 크기 때문이다. 그럼에도 제도적 유사성 또한 발견되는데, 시장개입, 기업지배구조, 정치화된 노조 외에도 사회 코포라티즘의 대표적인 국가들이 개방경제와 독점적 수출산업, 기업지배구조 등 한국과 유사한 경제구조를 가지고 있다는 점도 사회 코포라티즘이 가능한 근거가 되고 있다. 대기업 중심의 수출지향적 개방경제인 한국은 스웨덴, 핀란드, 아일랜드, 오스트리아, 벨기에, 네덜란드 등 유럽의 강소국과 유사한 경제구조를 가지고 있다는 점에서 사회적 합의모델이 가능하다는 것이다. 사회 코포라티즘의 형성과 발전은 역사적, 정치적 산물로서 나라마다 그 성격과 형태가 다를 수밖에 없다. 사회 코포라티즘은 한 나라의 역사와 문화, 정치적·사회적 상호작용의 과정, 그리고 여기서 비롯된 제도로부터 크게 영향을 받기 때문에 스웨덴은 스웨덴식 사회 코포라티즘, 네덜란드는 네덜란드식, 아일랜드는 아일랜드식의 다양한 사회 코포라티즘이 형성되고 발전되는 것이다.

코포라티즘이 기본적으로 이익조정체계라는 점에서 볼 때, 그리고 한국 사회의 첨예한 이익갈등을 감안할 때, 이러한 제도의 필요성은 갈수록 커지고 있다. 1997년 경제위기로 도입된 신자유주의적 경제체제는 계층 간 분배를 더욱 악화시키고 있으며 이러한 분배갈등이 한국 사회의 발전과 안정을 막는 걸림돌이 되고 있다. 경제위기 이후 전개된 신자유주의적 압축개혁은 규제완화, 시장자유화 확대, 정경유착 축소 등의 바람직한 효과를 가져 오기도 했으나 단기적인 국부 상실, 장기적인 성장동력의 약화와 소득 양극화라는 후유증을 가져왔다(조순, 2006). 발전국가 시대의 문제들이 IMF의 신자유주의적 개혁에 의해 해결될 것으로 기대되었지만, 오히려 경제적 불균형과 사회적 양극화가 심화되는 결과가 나타났던 것이다. 물론, 경제위기 이후 신자유주의의 부정적 영향을 완화하기 위한 '민주적 시장경제', '동반성장'의 비자유주의적 전략이 시도되었으나 결과적으로 재벌의 시장지배 심화와 사회적 양극화를 확대했다는 평가를 받기도 했다(최장집, 2006).[34] 민주적 시장경제와 동반성장 전략이 개념적으로 사회 코포라티즘, 조정시장경제 또는 사회적 시장경제와 유사하나 신자유주의하에서 경영권 보호를 위한 자본의 공세와 대기업노조의 단기적 경제주의 전략에 밀려 제도적 발전을 할 수 없었던 것이다. 기득권을 가진 강력한 이익집단들의 배타적 이익추구, 정부의 의지 결핍, 정치사회적 역량 부족으로 조정과 타협이 실현되지 못하고 있는 것이다.

사회적 분절·분리 또는 이해관계의 다원화는 코포라티즘의 제도화 필요성을 증대시키는 계기가 되기도 한다. 일반적으로 사회 코포라티즘이 발전한 나라들

34) 신자유주의적 경제정책이 높은 경제성장을 가져올 수는 있어도 동반성장을 담보하기 어렵다는 사실은 미국에서 잘 나타나고 있다. 미국 신경제의 호황에도 불구하고 분배의 양극화와 중산층의 쇠퇴가 심화되고 있는 것이다(*Economist*, 2006; Piketty, 2014).

은 사회적 분열이 거의 없거나 약한 것으로 이해하기 쉽지만, 사실은 사회집단의 다양성 또는 이해관계의 복잡화, 분열화가 코포라티즘의 형성을 촉진해왔다. 서유럽의 많은 사회 코포라티즘 국가들이 계급적, 종교적, 이념적 또는 지역적으로 분리된 다당제를 가지고 있는 것이 하나의 증거이다. 네덜란드의 경우는 19세기 말 종교적 이해관계가, 스웨덴은 1920년대의 극심한 노사갈등이 코포라티즘의 제도화를 촉진시킨 계기가 되었다. 그러나 사회적 갈등과 대립이 조정이 어려울 만큼 심화되었다거나, 이해관계의 갈등과 대립이 급격히 커질수록 코포라티즘은 형성되기 어렵거나 또는 기존의 코포라티즘이 교착상태에 빠질 수 있다. 서유럽의 경험을 볼 때 전후 경제적 호황기에는 사회적 합의가 비교적 용이했지만 1970년대와 1980년대의 경제위기 상황에서는 사회적 조정이 어려웠던 이유도 여기에 있다.

사실, 경제의 불균형과 성장잠재력 저하, 민주주의 정치의 낮은 생산성, 사회의 양극화와 분열 등 발전국가와 IMF 신자유주의 개혁이 초래한 문제들은 단기간에 해결될 수 없는 것들이다. 시장주의자들은 더 큰 시장자유화를 주장하고 개입주의자들은 시장민주화와 분배의 제도화를 요구하고 있다. 그러나 시장자유화와 시장민주화, 성장과 분배는 배타적이지 않으며 균형과 혁신적 제도 변화를 통해 새로운 우리의 발전모델을 모색하는 것이 중요하다. 현재의 제약조건에서 제도전환, 즉 경로혁신의 가능성과 전략을 모색하는 것이다. 전략적 선택과 의도적 의지intentionality로 사회경제적 지향점을 명확히 하고 그 방향을 추구하는 것이 비용과 부담을 줄이고 '발전'과 '진보'로 가는 길이 된다. 제도적 조건이 갖추어져도 사회적 조정에 실패할 수 있으며, 조건이 미비함에도 상호신뢰와 사회적 합의로 새로운 제도를 만들어내는 것이 '경로혁신적 전환'이다(권형기, 2014). 발전모델이란 추상적인 이념이나 이상 차원의 것이 아니라 성장, 분배, 고용, 복지, 교육 등 극히 현실적이지만 가장 중요한 사회경제적 발전 목표를 성취하기 위한 방안이다.

5. 결론

이 글은 노사협력, 노동참여를 바탕으로 하는 사회 코포라티즘의 제도화 가능성을 역설적으로 발전국가의 유산에서 찾고자 했으며 제도적 유산의 쇄신, 타협과 조정, 전략적 선택과 의도라는 관점에서 논의를 전개했다. 또한 교착상태에 빠져 있는 한국의 사회경제모델을 민주적 발전국가 또는 사회 코포라티즘으로 전환, 발전시킬 수 있음을 강조했다. 한국은 1997년 경제위기 이후 기존 사회경제 제도와 정책에서 많은 변화를 겪어왔다. 과거 발전국가 시대의 제도와 관행은 이미 상당수 폐기되었으나 경제위기 이후 도입된 신자유주의적 제도와 정책은 사회세력 간, 계급 간에 심각한 갈등을 초래했고 경제적 불평등과 사회적 양극화를 심화시켜왔다. 신자유주의적 세계화 시대에 사회 코포라티즘 국가들은 사회적 합의와 정치적 조정을 통해 사회경제적 성과를 추구해오고 있으나 우리 사회의 이러한 갈등과 양극화는 국가경쟁력은 물론 삶의 질을 갈수록 악화시키고 있다. 갈등과 대립을 최소화하고 국가경쟁력과 사회구성원의 삶의 질을 향상시킬 수 있는 사회경제모델의 구축, 이를 위한 제도의 혁신과 변화가 필요한 것도 이 때문이다.

세계화 시대의 사회협약은 과거와 다르게 진행되고 있다. 구조적 조건에 구속되기보다 역동적이고 변화할 수 있으며, 어느 나라도 항상 성공적이지는 못하다. 1980년대 말 이후 아일랜드, 1990년대 말 이탈리아, 스페인 등 세계화 시대의 사회협약은 사회 코포라티즘 조건이 제도화되어 있지 않은 국가들에서도 정부가 경제위기의 극복과 사회통합, 정치적 목적으로 노사의 협력을 추구하고 합의를 이끌어내기 위해 적극적으로 추진되어왔다. 이러한 '새로운 코포라티즘 new corporatism'(Woldendorp, 2011)을 실현한 나라에서는 협상 과정과 행위자 간 상호작용의 동학, 그리고 정부의 역할이 매우 중요했다. 사회협약 정치가 작동하지 않는 환경은 노사 대립구조를 더욱 심화시킬 것이며, 이는 정책결정의 민주화를 약화시키고 사회적 갈등과 불평등을 더욱 심화시키게 될 것이다.

한국에서 이러한 사회협약이 가능한가에 대해서는 회의적일 수 있지만 사회적 합의의 필요성에 대한 인식이 높아지고 있다는 점이 사회 코포라티즘의 가능성을 높이는 중요한 요인이 될 수 있을 것이다. 또한 세계화 시대에는 전통적 코포라티즘 국가들은 물론 코포라티즘 체제를 갖지 못했던 국가들도 노사(정) 사회협약을 통해 고용창출과 사회통합, 개혁에 성공한 사례가 적지 않기 때문이다. 한국에서 사회협약이 성공적이지 못한 것은 구조적, 제도적 조건의 문제도 있지만 인식공유와 상호신뢰의 문제가 핵심적인 것으로 보인다. 갈수록 갈등적이고 양극화되고 있는 현재 한국의 상황에서 사회통합 혹은 사회파트너십을 위해서는 무엇보다 서로를 먼저 협력의 상대로 인정한 다음 '공유된 이해와 가치'의 폭을 넓혀가는 것이 필요하다.

많은 연구자들이 지적했듯이 승자독식의 대립적인 정치제도와 문화, 낮은 노조조직률, 기업별 노사관계, 사회적 타협 및 합의전통의 미약 등 사회 코포라티즘의 제도화에 불리한 요인들이 상존하고 있는 것도 사실이다.[35] 그러나 국가의 시장개입, 산업정책 등 국가 코포라티즘의 유산, 집중된 대자본, 정치화된 노동운동, 계급 간/이익집단 간 극심한 갈등 등 사회 코포라티즘의 제도화를 강제할 수 있는 요인들이 존재하고 있는 것도 사실이다. 선행조건과 구조에 의존하기보다 행위자들의 적극적인 전략과 상호작용, 기존 제도의 내생적 진화와 새로운 변화를 통해 사회 통합적·협력적 사회조정을 실현할 수 있다. 한국은 발전국가의 유산으로 국가의 역할이 강하다는 특징이 있다. 특히 아일랜드가 발전국가의 성격을 가져왔다는 점에서 볼 때 문제의 핵심은 한국의 발전국가 유산을 어떻게 재구성하고 재구조화하여 코포라티즘적 사회협약 체제로의 전환을 가능하게 할 것인가이다. 우리의 사회경제적 환경과 역사적 조건에 따라 구축된 발전국가 모델을 혁신하려는 '의도'를 가지고 제도적 기초와 변화 능력

35) 2015년 9월 타결된 노사정 간 합의는 2016년 1월 한국노총의 파기 선언으로 파국적 상황에 처해 있다. 애초에 민주노총이 불참한 데다 정부의 성과주의와 대기업의 일방적 행태가 문제로 지적되고 있다. 박지순, "대기업 견제세력 참여하는 노사정委 개혁 시급", ≪동아일보≫, 2016년 1월 26일 자 참고.

을 바꾸는 것이다. 이를 위해서는 노사는 물론 시민사회와 국가의 역할이 중요하다. 국가의 역할이 조정과 서비스로 전환되고 대자본이 노사관계의 발전에 획기적 전기를 가져오는 역할을 하는 것이 그것이다. 대기업부문의 참여는 민주적, 협력적 노사관계를 제도화하고 산업 간 양극화와 이로 인한 사회적 양극화 문제를 해결하는 데 중요한 역할을 할 수 있다. 이를 위해 시민사회의 힘과 경제민주화를 통해 대기업에 대한 견제와 감시가 요구된다.

코포라티즘의 부활과 활발한 사회협약 실행은 대외경쟁력이 강조되는 세계화에 의해 오히려 촉발되어왔다. 1997년 경제위기 이후 20년 개혁의 시스템 교착상태와 초강대국들에 둘러싸인 상대적 소국인 한국이 추구해야 할 새로운 발전모델은 민주적 발전국가 또는 사회 코포라티즘이어야 할 것이다. 노사정 등 주요 행위자들이 공통된 문제의식하에 정치적·실천적 상호작용을 통해 신뢰를 구축하고 사회적 합의와 협력을 이끌어내야 하는 것이다. 자본주의 다양성은 제도나 모델의 지속, 변화, 발전에 주목하면서 다양하고 변화하는 자본주의를 이해하고 제도의 혁신과 비교우위성을 분석하는 데 유용한 개념이다. 이 글은 이에 기반하여 재벌의 민주화, 노동 및 사회세력의 전략적 행위와 상호신뢰, 국가의 조정역할에 대한 제도 혁신을 통해 한국의 민주적 발전국가의 가능성을 주장한다.

참고문헌

권형기. 2014.『세계화 시대의 역행? 자유주의에서 사회협약의 정치로: 아일랜드 사회협약 모델의 수립과 진화』. 후마니타스.

김대환 외. 2003.『동아시아 경제변화와 국가의 역할 전환』. 한울.

김상조·유종일·홍종학. 2007.『한국경제 새판 짜기: 박정희우상과 신자유주의 미신을 넘어서』. 미들하우스.

김윤태. 2001. "발전국가의 전환: 1980년대 이후 한국국가의 변화."「동아시아 신흥공업국 경제의 변화와 국가의 역할 전환: '발전국가'의 위기, 그리고 대안」. 민주사회정책연구원/성공회대사회문화연구소 공동주최 특별학술회의 2001년 12월 15일.

김은미·장덕진·그라노베터(Mark Granovetter). 2005. 『경제위기의 사회학: 개발국가의 전환과 기업집단 연결망』. 서울대학교 출판부.
김인춘. 2017. 「세계화와 유럽의 사회협약 정치」. 이연호 외. 『EU 자본주의와 민주주의』. 박영사.
_____. 2007. 「자본주의 다양성과 한국의 새로운 발전모델 : 민주적 코포라티즘의 조건」. ≪한국사회학≫, 제41집 제4호, 202~241쪽. 한국사회학회.
_____. 2005. 「네덜란드의 코포라티즘과 복지국가의 발전」. ≪국제·지역연구≫, 제14권 4호, 서울대학교 국제대학원.
_____. 2004. 「세계화, 유연성, 사민주의적 노동시장체제: 스웨덴 사례」. ≪한국사회학≫, 제38집 제5호, 143~177쪽.
김인춘·김학노 외. 2005. 『세계화와 노동개혁』. 백산서당.
김준경·임경묵. 2006. 「기업투자부진의 원인분석과 정책방향」. 한국경제학회 2006년도 제1차 정책포럼 발표논문(2006.5.15).
김진영. 2003. 「동아시아모델 논쟁의 극복: 새로운 발전론을 위하여」. ≪한국과 국제정치≫, 19: 1.
김학노·구춘권 외. 2011. 『서유럽의 변화와 탈근대화』. 아카넷.
김학노. 2004. 「'네덜란드 모델'의 성과와 한계」. ≪한국정치학회보≫, 제38집 3호(2004 가을), 411~434쪽. 한국정치학회.
김형기·김윤태 편. 2009. 『새로운 진보의 길』. 한울.
남상호. 2007. 「우리나라 가구의 자산분포 현황과 시사점」. 2007 경제학공동학술대회, 서울대학교(2007.2.13).
박길성. 2003. 『한국 사회의 재구조화: 강요된 조정, 갈등적 조율』. 고려대학교 출판부.
박병영. 2005. 『한국발전모델의 구조와 동학』. 한국학술정보.
박은홍. 2000. 「발전국가론 재검토: 이론의 기원, 구조, 그리고 한계」. ≪국제정치논총≫, 제39집 제3호.
박형준. 2013. 『재벌, 한국을 지배하는 초국적 자본』. 책세상.
성경륭. 2003. 「국민국가의 위기와 재편: 제3차 국가형성에 관한 연구」. ≪한국과 국제정치≫, 19: 1. 경남대 극동문제연구소.
송호근. 2006. 『한국의 평등주의, 그 마음의 습관』. 삼성경제연구소.
_____. 2017. 『가 보지 않은 길(한국의 성장동력과 현대차 스토리)』. 나남.
신정완. 2005. 「한국경제의 대안적 체제모델로서 '한국형 사회적 시장경제모델' 구상」. 참여연대 부설 참여사회연구소 발표논문(2005.12.15).
안재흥. 2013. 『복지 자본주의 정치경제의 형성과 재편: 서유럽 강소·복지 5개국의 경험과 한국의 쟁점』. 후마니타스.
양재신. 2005. 「한국의 발전모델과 국가관료제: 민주적 발전조합주의(Democratic Developmental Corporatism)의 모색」. 연세대학교 동서문제연구원 제14차 동서정책 포럼 발표논문(2005.12.5).
우정은. 1999. 「한국의 국가, 민주주의 그리고 기업부문 개혁」. ≪창작과 비평≫, 가을호(105호).

윤상우. 2002. 「기로에 선 동아시아 발전모델: 한국과 대만 비교연구」. ≪한국과 국제정치≫, 18: 3.
윤영관. 1999. 『21세기 한국정치경제모델』. 신호서적.
이강국. 2005. 『다보스, 포르투 알레그레 그리고 서울: 세계화의 두 경제학』. 후마니타스.
이건범. 2005. 「현단계 한국 금융의 성격과 금융혁신의 방향」. ≪동향과 전망≫, 통권 64호(2005, 여름호).
이병윤. 2006. 「금산분리 관련 제도의 현황과 논점?」. 한국금융학회 "금융산업 소유구조 재정립" 발표논문(2006.6.9).
이병천. 1999. 「한국의 발전국가 자본주의와 발전딜렘마」. ≪창작과 비평≫, 가을호.
_____. 2014. 『한국 자본주의 모델』. 책세상.
이수훈. 1998. 「반주변부적 국가발전의 성공과 좌절」. 『동아시아의 성공과 좌절』. 서울: 전통과 현대.
이연호. 2002. 「한국에서 규제국가의 등장과 정부-기업 관계」. ≪한국정치학회보≫, 36집 3호(가을호).
이우성. 2006. 「기업소유지배구조의 국제비교와 사회적 제도와의 연관성」. 연세대학교 경제연구소 산업정책세미나 발표논문(2006.9.19).
이정우. 2005. 「양극화 극복을 위한 동반성장 전략」. 연세대학교 동서문제연구원 제14차 동서정책포럼 발표 논문(2005.12.5).
임현진. 2006. 「한국의 발전 경험과 대안 모색: 새로운 발전모델을 찾아서」. ≪한국사회학≫, 제40집 1호(2006).
장상환. 2006. 「세계화 이후 경제·사회 민주주의의 현주소」. 민주화운동기념사업회 토론회 발표논문(2006.6.29).
장하성. 2014. 『한국 자본주의: 경제민주화를 넘어 정의로운 경제로』. 헤이북스.
장하준. 2004. 『개혁의 덫』. 서울: 부키.
장하준·정승일·이종태. 2012. 『무엇을 선택할 것인가』. 서울: 부키.
전병유. 1999. 「동아시아 경제의 성장, 위기, 조절의 메커니즘에 관한 비판적 연구」. ≪경제학연구≫, 제47집 4호.
전창환·조영철 엮음. 2001. 『미국식 자본주의와 사회민주적 대안』. 당대.
정건화. 2006. 「IMF 경제위기 이후 한국경제의 현황과 과제: 경제시스템 변화에 대한 제도경제론적 검토」. KIEP 학술심포지움 발표논문(2006.6.23).
정병기. 2004. 「세계화시기 코포라티즘 정치의 전환: 스웨덴과 네덜란드의 예를 통해 본 통치체제적 성격과 정치체제적 성격」. ≪한국정치연구≫, 제13집 제1호.
_____. 2015. 『코포라티즘 정치: 통치전략성 및 정치체제성과 결사체거버넌스 전망』. 아카넷.
정이환. 2006. 『현대노동시장의 정치사회학』. 후마니타스.
정진영. 1999. 『한국 외환위기의 배경과 발생』. 세종연구소.
조성봉. 2005. 『정부의 역할, 그 새로운 도전: 정부역할에 대한 법경제학적 분석』 한국경제연구원.

조순. 2006.「한국경제의 발전과 앞으로의 방향」. 한국경제학회 2006년도 제1차 정책포럼 발표논문(2006.5.15).
조윤제. 2009.『한국의 권력구조와 경제정책: 새로운 정치, 경제의 틀을 찾아서』. 한울.
조형제·정건화·이정협. 2006.「신진보주의 발전모델과 민주적 발전국가의 모색」. 진보정치연구소 발표논문(2006.7.24).
조희연. 1997.「동아시아 성장론의 검토: 발전국가론을 중심으로」. ≪경제와 사회≫, 겨울호(36호).
최장집. 2006.「서평: 노동 없이 민주주의 발전 어렵다」. ≪아세아연구≫, 통권 125호, 141~187쪽.

Albert, Michel. 1993. *Capitalism vs. Capitalism: How America's Obsession with Individual Achievement and Short-term Profit has led to the Brink of Collapse*. N.Y.: Four Walls Eight Windows.
Alesina, Alberto and Francesco Giavazzi. 2006. *The Future of Europe: Reform and Decline*. Boston: MIT Press.
Amable, Bruno. 2004. *The Diversity of Modern Capitalism*. Oxford: Oxford Univ. Press.
Amsden, Alice. 1989. *Asia's Nest Giant: South Korea and Late Industrialization*. London: Oxford University.
Beeson, Mark 2009. "Developmental States in East Asia: A Comparison of the Japanese and Chinese Experiences." *Asian Perspective*, Vol. 33, No. 2, pp. 5~39.
Boix, Carles. 1998. *Political Parties, Growth and Equality: Conservative and Social Democratic Economic Strategies in the World Economy*. Cambridge University Press.
Bowman, John R. 2014. *Capitalisms Compared: Welfare, Work, and Business*. Sage.
Crouch, Colin and Wolfgang Streeck(eds.). 1997. *Political Economy of Modern Capitalism*. London: Sage.
Dore, Ronald. 2000. *Stock Market Capitalism, Welfare Capitalism: Japan and Germany vs. the Anglo-Saxons*. Oxford: Oxford Univ. Press.
Ebbinghaus, Bernhard & Philip Manow(eds.). 2001. *Comparing Welfare Capitalism: Social Policy and Political Economy in Europe, Japan and the USA*. London: Routledge.
The Economist, June 17, 2006.
Esping-Andersen, G. 1990. *The Three Worlds of Welfare Capitalism*. Princeton: Princeton Univ. Press.
Esping-Andersen, G. and M. Regini(eds.). 2000. *Why Deregulate Labour Markets?* Oxford: Oxford Univ. Press.
Evans, Peter. 1995. *Embedded Autonomy: States & Industrial Transformation*. Princeton: Princeton University Press.
Giddens, Anthony. 2002. *Where Now for New Labour?* Cambridge: Polity Press.

Gourevitch, Peter and James Shinn. 2005. *Political Power and Corporate Control: The New Global Politics of Corporate Governance*. Princeton: Princeton University Press.

Haggard, Stephan. 2000. *The Political Economy of the Asian Financial Crisis*. Washington: Institute for International Economics.

Hall, Peter and David Soskice. 2001. "An Introduction to Varieties of Capitalism." in P. Hall and D. Soskice(eds.). *Varieties of Capitalism: The Institutional Foundations of Comparative Advantage*. Oxford: Oxford University Press.

Högfeldt, Peter. 2005. "The History and Politics of Corporate Ownership in Sweden." in Randall K. Morck(ed.). *A History of Corporate Governance around the World: Family Business Groups to Professional Managers*. University of Chicago Press.

Hutton, Will. 2002. *The World We are In*. Abacus.

Iversen, T, J. Pontusson and D. Soskice(eds.). 2000. *Unions, Employers and Central Banks: Macroeconomic Coordination and Institutional Change in Social Market Economies*. Cambridge: Cambridge Univ. Press.

Johnson, Chalmers. 1982. *MITI and the Japanese Miracle: The Growth of Industrial Policy: 1925~1975*. Stanford: Stanford University Press.

Katzenstein, P. 1985. *Small States in World Markets: Industrial Policy in Europe*. Ithaca: Cornell Univ. Press.

Kelly, Gavin, Dominic Kelly and Andrew Gamble. 1997. *Stakeholder Capitalism*. London: Palgrave Macmillan.

Kim, Eun Mee. 1993. "Contradictions and Limits of a Developmental State: With Illustrations from the South Korean Case." *Social Problems*, 40(2).

Kitschelt, Herbert et al.(eds.). 1999. *Continuity and Change in Contemporary Capitalism*. Cambridge: Cambridge University Press.

Lavdas, Kostas A. 2005. "Interest Groups in Disjointed Corporatism: Social Dialogue in Greece and European 'Competitive Corporatism'." *West European Politics*, Vol. 28, Issue 2, pp. 297~316.

Lazonick, William. 1993. *Business Organization and the Myth of the Market Economy*. Cambridge: Cambridge Univ. Press.

McIntyre, Andrew(ed.). 1994. *Business and Government in Industrializing Asia*. London: Allen and Unwin.

Mahoney, James and Dietrich Rueschemeyer(eds.). 2003. *Comparative Historical Analysis in the Social Sciences*. Cambridge: Cambridge Univ. Press.

McNamee, Stephen J., and Robert K. Miller Jr. 2013. *The Meritocracy Myth* (3rd edition), Rowman & Littlefield Publishers.

Manow, Philip. 2001. "Welfare State Building and Coordinated Capitalism in Japan and Germany." in W. Streeck and K. Yamamura(eds.). *The Origins of Nonliberal Capitalism: Germany and Japan in Comparison.*

Mares, Isabela. 2003. *The Politics of Social Risk: Business and Welfare State Development.* Cambridge: Cambridge Univ. Press.

Noland, Marcus, 2005. "From Player to Referee?: The State and the South Korean Economy." paper presented at the conference. "Toward the Second Miracle of Han River." Yonsei University, Seoul, Korea, 2005.10.12.

North, Douglass. 2005. *Understanding the Process of Economic Change.* Princeton: Princeton Univ. Press.

Palme, Joakim. 2005. "Why the Scandinavian Experience is Relevant for the Reform of ESM."

Pierson, Paul. 2004. *Politics in Time: History, Institutions, and Social Analysis.* Princeton: Princeton Univ. Press.

Piketty, Thomas. 2014. *Capital in the Twenty-First Century.* Cambridge: Belknap Press.

Pontusson, Jonas. 2005. *Inequality and Prosperity: Social Europe vs. Liberal America.* Ithaca: Cornell University Press.

Regini, Marino. 2000. "The Dilemmas of Labor Market Regulation." in G. Esping-Andersen and M. Regini(eds.). *Why Deregulate Labor Market.* Oxford: Oxford Univ. Press.

Roe, Mark. 2003. *Political Determinants of Corporate Governance: Political Context, Corporate Impact.* Oxford: Oxford Univ. Press.

Soskice, David and Peter Hall. 2001. *Varieties of Capitalism: The Institutional Foundations of Comparative Advantage.* Oxford: Oxford Univ. Press.

Streeck, Wolfgang and K. Thelen(eds.). 2005. *Beyond Continuity: Institutional Change in Advanced Political Economies.* Oxford: Oxford Univ. Press.

Streeck, W. and Kozo Yamamura(eds.). 2001. *The Origins of Nonliberal Capitalism: Germany and Japan in Comparison.* Ithaca: Cornell University Press.

Swenson, Peter and J. Pontusson. 2000. "The Swedish Employer Offensive against Centralized Bargaining." in T. Iversen, J. Pontusson and D. Soskice(eds.). *Unions, Employers and Central Banks: Macroeconomic Coordination and Institutional Change in Social Market Economies.*

Traxler, Franz. 2004. "The Metamorphoses of Corporatism: From Classical to Lean Patterns." *European Journal of Political Research*, Vol. 43, pp. 571~598.

Vogel, Steven. 2006. *Japan Remodeled: How Government and Industry are Reforming Japanese Capitalism.* Ithaca: Cornell University Press.

Wade, Robert. 1992. "East Asia's Economic Success, Conflicting Perspectives, Partial Insight,

Shaky Evidence." *World Politics*. Vol. 44, No. 2. pp. 270~320.

Wilensky, Harold. 2002. *Rich Democracies: Political Economy, Public Policy, and Performance*. Berkeley & L.A.: Univ. of California Press.

Witt, Michael A. 2014. "Japan: Coordinated Capitalism Between Institutional Change and Structural Inertia." in Michael A. Witt and Gordon Redding(eds.). *The Oxford Handbook of Asian Business Systems*. Oxford University Press.

Woldendorp, Jaap. 2011. "Corporatism in small North-West European countries 1970~2006: Business as usual, decline, or a new phenomenon?" Working Paper Series Department of Political Science, VU University Amsterdam.

Yee, Jaeyeol, Keun Lee, Byung-Kook Kim and Chung H. Lee. 2005. "Visible Success and Invisible Failure in Post-Crisis Reform in the Republic of Korea: Interplay of the Global Standards, Agents, and Local Specificity." Policy Research Working Paper, The World Bank.

Zysman, John. 1983. *Governments, Markets, and Growth*. Ithaca: Cornell Univ. Press.

제3부

발전국가와 복지정치

제8장

발전국가와 사회정책*

발전주의 복지체제론의 재검토

김순양

1. 서론

경제발전을 목표로 국가가 적극적으로 시장에 개입하는 것을 본질로 하는 발전국가developmental state 개념은 존슨C. Johnson이 일본의 급속한 경제발전을 분석하는 과정에서 처음 사용했다(Johnson, 1982). 그러나 이후 에번스Peter Evans 등으로 계승되면서 일본보다는 오히려 한국, 싱가포르, 대만, 홍콩 등 동아시아 고도경제성장 국가들의 경제발전전략을 분석하기 위한 용도로 사용되어왔다. 이 국가들은 국가주도의 경제발전을 도모했으며, 이 과정에서 경제발전에 저해 요인으로 작용한다고 생각했던 분배, 정치민주화, 인권 등은 배제했다. 이 점에서 민주정치체제를 유지했던 일본과는 달리, 동아시아 발전국가들은 1960~70년대 중에 권위주의 정치체제와 결합한 권위주의적 발전국가였다.

이러한 동아시아의 발전국가들은 1960~70년대의 기간 동안에 고도경제성장

* 이 글은 ≪행정논총≫, 2015년 제53권 제2호에 게재된 논문을 수정·보완한 것이다.

을 달성하는 경제적 성과를 성취했다. 한국의 경우를 보면, 1960~70년대의 박정희 정부하에서 달성된 경제발전의 결과, 1인당 국민소득이 1961년 82달러에 불과하던 것이 1979년에는 1647달러로 약 20배나 증가했으며 같은 기간에 경제규모도 GDP 총액 기준으로 108배나 증가했다(통계청, 1998). 그리고 당시의 이러한 성공적 경제발전의 결과로 한국은 경제규모 면에서 2015년 기준 세계 11위권에 해당하는 국가로 성장했다(≪한겨레≫, 2016.8.16).

그러나 다른 한편으로 발전국가는 빈부격차의 심화, 재벌경제, 정치민주화의 후퇴, 인권침해, 관료부패, 관치경제 등 여러 가지 부정적 결과도 파생했다. 특히 경제발전에 최우선의 가치를 두었던 발전국가는 사회정책의 전반적인 저발전을 초래하게 되었는데, 이와 관련해서는 많은 학자들이 발전주의 복지체제의 관점에 입각하여 발전국가와 사회정책 간의 관계에 대해서 다양한 분석을 행했다. 이들은 구체적 내용 면에서는 다소 차이가 있지만, 발전국가와 사회정책 간의 관계에 관해서 기본적으로 다음과 같은 공통적인 주장을 하고 있다. 즉, 발전국가하에서 사회정책은 저低발전되었으며, 기껏해야 경제발전을 위한 수단 정도로 인식이 되었다는 것이다. 그리고 부분적으로 사회정책이 도입되더라도 보편적 복지가 아니라 특정계층을 대상으로 하는 선별적 복지에 그친다. 또한 이들은 이른바 낙루효과trickle down effect 내지는 전이효과spillover effect를 주장하고 있는데, 이는 경제발전이 되면 그 결과로 고용이 창출되고 기업복지가 강화되어 이것이 사회정책의 효과로 나타난다는 주장이다(Broadbent et al., 2006). 물론 이러한 주장들은 상당한 설득력이 있다. 무엇보다도 발전국가하에서 사회정책이 정체되었던 현실이 실증자료를 통해서 상당 부분 입증이 되고 있기 때문이다.

그러나 이러한 일반적 수긍에도 불구하고, 보다 세밀하게 문제에 접근해보면 발전국가와 사회정책 간의 관계가 그렇게 단순한 것이 아님을 알 수 있다. 그리고 지금까지의 발전주의 복지체제에 대한 많은 주장들이 규범적 주장들이거나 너무 단순한 지표들에 입각하고 있어 이들의 주장을 일반화하는 데서 설득력이 부족함을 알 수 있다.

이러한 배경하에서, 이 연구는 발전국가와 사회정책 간의 관계에 관한 발전주의 복지체제론의 주장들이 어느 정도 타당성이 있는지를, 대표적 발전국가였던 1960~70년대의 한국의 경우를 사례로 하여 실증적으로 분석해보려는 것이다. 이러한 연구목적을 달성하기 위해서 우선 이론적 측면에서 발전국가와 사회정책 간의 관계를 논의하고, 이어서 발전국가와 사회정책 간의 관계에 관한 발전주의 복지체제론의 주장들을 정리한다. 다음에는 발전국가와 사회정책 간의 관계에 관한 발전주의 복제체제론의 주장들의 타당성 여부를 다양한 실증자료를 토대로 심층적으로 분석한다. 마지막으로 실증분석으로부터 도출된 내용에 대한 종합적 토의를 행한다. 연구방법 면에서 기본적으로 다양한 실증자료에 입각한 문헌연구에 주로 의존하고자 한다. 따라서 주장의 진위를 해석하는 데서 불가피하게 일부 주관적 판단이 개입될 소지가 있지만, 다양한 실증자료의 입체적 분석을 통해서 그 개연성을 가급적 줄이고자 한다.

2. 발전주의 복지체제론의 관점에서 본 발전국가와 사회정책

1) 발전국가와 사회정책 간의 관계에 관한 논의

발전국가는 "경제성장과 산업화를 으뜸의 국가목표로 설정하고, 이를 달성하기 위하여 선도기구pilot agency로 대표되는 유능하고 힘 있는 국가관료제를 통하여 적극적으로 시장에 개입하는 국가이다"(Johnson, 1999). 발전국가는 서구 선진국의 시장 합리적 규제국가, 사회주의권의 계획 이념적 국가에 대비되는 새로운 형태의 계획 합리적 개입국가이다. 발전국가의 궁극적 목표는 산업화와 경제발전에 있으며, 이를 달성하기 위해 민간부문으로부터의 국가 자율성, 국가와 산업 및 금융부문 간의 위계적 발전연합, 유능하고 사명감 넘치는 발전관료제, 발전계획을 수립하고 발전과정을 지휘하는 강력한 선도기구 등을 필요로 한다(Kim S., 2008). 특히 발전국가에서는 국가주도의 경제발전계획에 입각하여 목표와 수단이 합리적으로 결합된다. 1960~70년대 한국에서의 경제개발 5개년 계획에 입각한 경제발전전략이 그 예이다. 그리고 발전국가에서는 정책의 중심이 경제정책 및 산업정책에 있으며 다른 정책들, 특히 사회정책은 이를 위한 수단적 기능을 하도록 설계된다(Hort and Kuhnle, 2000).

발전국가하의 사회정책과 관련해서는 유교적 복지국가Confucian welfare state, 생산주의적 복지자본주의productivist welfare capitalism, 발전주의 복지레짐developmental welfare regime, 복지 발전주의welfare developmentalism 등 다양한 개념들이 사용되어 왔다. 구체적으로 유교적 복지국가 개념은 존스C. Jones 등이 주장했는데(Jones, 1993), 동아시아의 복지체제는 유교적 전통에 기반을 두고 있다고 보는 문화적 접근이다. 이들은 가족이나 공동체를 중시하는 유교문화의 영향이 강한 동아시아 국가들에서는 비공식적, 자발적 복지가 중심이 되었으며, 따라서 국가에 의한 복지는 제대로 발전되지 못했다고 주장한다(Kim Y., 2008). 그러나 이러한 주장은 유교가 가지고 있는 일면만 보았다는 한계가 있다. 유교에서는 가족이나 혈연공동체의 역할도 중시했지만, 이에 못지않게 민본주의, 대동주의, 무항산무항심無恒産無恒心 등을 강조했다(Yao, 2010). 백성을 구제하고 배불리 먹이는 것을 군주의 가장 중요한 덕목으로 간주했다. 유교국가인 조선만 하더라도 4궁四窮에 대한 구제제도, 빈민을 위한 의료제도 등 적지 않은 국가주도의 복지제도가 발달했다(신복기 외, 2012). 그리고 유교적 복지국가 개념은 문화적 접근이 통상적으로 빠지기 쉬운 문화결정론적 위험도 내포하고 있다.

생산주의적 복지자본주의 개념은 홀리데이I. Holliday 등이 사용했는데(Holliday, 2005), 이들은 동아시아의 복지체제는 에스핑 안데르센G. Esping-Andersen이 유형화(Esping-Anderson, 1990)한 세 가지 복지체제(자유주의, 보수주의, 사회민주주의)와는 상이한 형태를 띠며, 사회정책은 경제정책에 종속되는 것으로서 노동계층을 대상으로 발전되어왔다고 주장한다. 이들 국가에서 정책의 초점은 경제발전을 촉진하는 데 있기 때문에 사회적 권리는 억제되었으며, 따라서 사회정책은 저발전되는 경향이 있다(Lee and Ku, 2007). 사회정책을 부분적으로 시행하더라도 발전국가의 생산성을 저해하지 않는 방식이어야 한다. 그러나 생산주의적 복지자본주의 개념은 사회정책의 독자성과 자율성을 지나치게 도외시하고, 목적론적 관점에서 해석하고 있으며, 사회적 권리 내지는 사회적 시민권의 진전을 경제적 논리로만 해석한다는 한계가 있다. 사회정책의 발달과 국민들의 사회적 권리의 확대는 경제적 요인뿐만 아니라 정치적, 사회적 요인 등 복합적 요인에 의해서 제약되거나 촉진될 수 있는 것이다.

이 외에도 권혁주 등(Kwon et al., 2009)은 발전주의 복지국가, 복지 발전주의 등의 용어를 사용하면서 동아시아의 발전국가들에서 경제발전을 추진하는 과정에서 사회정책이 구조적으로 제약되는 현실과 사회정책이 경제발전에 종속되는 현실을 분석하고 있다. 그러나 이러한 주장들도 기본적으로 국가중심적 관점에서 사회정책의 발달을 해석하는 것으로서, 사회정책을 발달시키는 동인을 시민사회 등 외부의 압력이나 요구보다는 국가의 의지에 크게 의존하는 것으로 본다. 즉, 경제발전을 촉진하고자 하는 국가의 의도대로 사회정책의 발달 여부를 통제할 수 있는 것으로 보는 것이다. 이러한 사고는 동아시아의 발전주의 복지체제를 주장하는 대부분의 학자들이 공통적으로 가지고 있는 것이다. 이는 국가가 사회세력 및 국민들의 복지욕구를 통제할 수 있으며 국가가 정책과정을 의도대로 조종할 수 있음을 전제로 하는 것으로서, 당시의 동아시아 발전국가들이 대부분 권위주의체제였음을 생각하면 가능한 것이기도 하다. 그러나 그것이 가능했다고 하더라도, 권위주의체제와 결합된 동아시아의 발전국가가 과연 경제발전이라는 동기에 의해서만 작동했을지에 대해서는 확신하기 어렵다. 영국 식민지였던 홍콩을 제외하고는, 동아시아의 권위주의체제는 1인 장기집권체제와 결합된 것이기 때문에(경제교육연구회, 2009), 정권을 유지하기 위한 정치적 요인도 경제적 요인 못지않게 사회정책의 발달에 중요한 영향을 미쳤을 수 있다. 그뿐 아니라 공산체제와 맞서고 있던 대만, 한국 등에서는 지정학적 요인도 사회정책을 제약하는 요인으로 작용했을 개연성이 크다.

이렇게 보면 동아시아의 발전국가와 사회정책 간 관계에 관한 기존의 이론들은 발전국가에서 사회정책이 전반적으로 저발전되고 경제발전을 위한 수단적 역할을 한다는 사실을 논리적으로 잘 설명하고 있음에도 불구하고, 지나치게 국가 중심, 경제논리 중심, 목적론적 관점에 입각하여 사회정책의 발달을 해석하는 한계가 있다. 이 글에서는 동아시아의 사회정책 발달에 대한 발전주의 복지체제론의 이러한 한계점을 염두에 두고서, 보다 통합적이고 입체적인 관점에서 이들의 주장을 점검해 보고자 한다.

2) 발전주의 복지체제론의 주장들

동아시아의 발전국가는 경제적으로 낙후상태에 있던 1960~70년대에 유능하고 훈련된 발전관료제를 통한 적극적 시장개입으로 단기간에 경제성장을 도모하고자 했다. 동아시아의 네 마리 용이라고 불리는 국가들 중에서 영국지배하의 홍콩을 제외한 한국, 대만, 싱가포르의 경우는 신생독립 상태를 갓 벗어난 낙후된 후발공업국들로서 경제적 자원이 부실했음은 물론, 소형국가로서 내수시장도 협소했다. 그뿐 아니라 동서냉전체제하에서 공산국가와 인접하거나(대만과 한국) 싱가포르처럼 주변 강국으로부터 정치적, 군사적 독립이 위협받고 있었다(양승윤 외, 2004). 따라서 산업화를 통한 경제발전은 국가의 존립을 위해서도 불가결했다.

그런데 이처럼 부실한 경제적, 지정학적 환경하에서 단기간에 경제발전을 달성하기 위해서는 한정된 자원을 집중적으로 투입하는 전략이 필요했다(최동규, 1992). 따라서 경제발전 외의 분야, 특히 사회정책에 대한 재원투입은 제한적일 수밖에 없었다. 그리고 사회정책에 대한 욕구를 억제하기 위해서 시민사회에 대한 정치적 탄압을 가하거나 선제적인 유인책을 통해서 시민사회의 과도한 분배욕구를 억압하고자 했다. 따라서 발전주의 복지체제론에서는 경제발전우선정책을 추진하는 발전국가하에서 사회정책은 지체될 수밖에 없었음을 지적하고 있는데(Midgley and Tang, 2001), 이들이 주장하는 발전국가와 사회정책간의 관계를 정리해보면 다음과 같다.

첫째 주장은 "경제성장을 주된 목표로 추구하는 발전국가하에서 사회정책은 저발전 혹은 지체하게 된다는 것"이다. 이는 기본적으로 동아시아의 고도경제성장 국가들이 1960~70년대에 산업화를 추진할 당시에는 전반적으로 낙후된 후발공업국가로서 축적된 자본이 부족한 데다 이를 경제발전에 우선적으로 투입해야 하는 상황에서 사회정책에 투입할 만한 여력이 부족했기 때문이다. 따라서 동아시아 발전국가들은 선先성장 후後분배 정책을 취하게 되었으며, 그 과정에서 사회정책은 전반적으로 저발전되거나 지체될 수밖에 없었다는 것이다(Song, 2003; Lee and Ku, 2007). 그리고 이러한 주장을 뒷받침하기 위해서 주로 복지지출 규모(GDP 대비 복지비 비중 혹은 총예산 대비 사회보장지출)를 통해서 사회정책의 저발전을 확인하고자 했다. 아울러 이 과정에서 발전국가하의 사회복지지출의 영세성을 동시대 서구 선진국의 사회복지지출 규모와 비교하는 방식으로 설득력을 배가하고자 했다.

두 번째 주장은 "발전국가하에서 사회정책이 일부 발달하더라도 이는 경제정책의 수단으로서 기능을 한다는 것"이다. 동아시아 발전국가가 궁극적으로 지향하는 목표는 산업화를 통한 경제발전이다. 따라서 국가정책의 중심에는 경제정책과 산업정책이 있으며, 사회정책은 전반적으로 저발전되고, 기껏해야 경제발전을 위한 수단으로서 기능을 한다(Hort and Kuhnle, 2000). 여기서 '수단'으로서의 기능이란 사회정책이 그 자체의 목적적 의미를 갖는 것이 아니라 다른 목표 가치, 즉 경제발전을 달성하기 위한 하위도구로서 기능을 한다는 것이다. 따라서 발전국가하에서의 국가목표 체계는 경제발전이 목적 가치이고 사회정책은 이를 달성하기 위한 수단으로서의 기능을 하는 목표-수단의 관계에 있는 것이다(Tang, 2000). 여기서 사회정책이 경제발전을 위한 수단으로서의 기능을 수행하는 구체적 방식은 경제발전을 위한 자본축적의 수단이 되는 것, 경제발전의 주체인 노동인력을 보호하고 육성하는 것, 기업의 사회보장비용을 줄이고 제품의 생산단가를 낮추어줌으로써 제품의 가격경쟁력을 향상시켜주는 것 등 다양하며, 궁극적으로는 사회정책이 경제발전에 보조적이지만 순기능을 수행하게 하는 것이다.

세 번째 주장은 "경제발전을 하게 되면 이의 과실을 통한 낙루효과가 사회정책에 구현된다는 것"이다. 성장과 분배의 관계에 관한 발전국가의 근본적 입장은 선성장 후분배이다. 이는 양자를 병립하기보다는, 우선 경제의 규모를 확대하고 과실을 나누는 문제는 그 이후에 논의하자는 것이다(Beeson, 2004). 그러나 발전국가는 또한 양자를 대립의 관계가 아니라 연동된 것으로 본다. 즉, 경제성장을 달성하면 분배문제도 상당 부분 해결할 수 있다고 보는 것이다. 경제성장 및 일자리 창출을 통해서 분배를 핵심으로 하는 사회정책도 부분적으로 달성될 수 있다는 것이다. 따라서 경제발전과 사회정책은 서로 대립되는 관계가 아니라, 상호관계 속에서 경제발전이 선행하면 이것이 사회정책에도 파급된다는 것이다(Broadbent et al., 2006). 이러한 사고는 사회정책을 분배정의라는 상대적 차원이 아닌 빈곤 탈피, 고용, 임금인상 등 절대적 지표의 향상을 의미하는 것으로 이해하는 측면이 강하다. 예로서, 경제발전을 통해서 경제규모가 커지게 되면 고용이 증대하고 실업은 줄어들며, 그 결과 국민들의 생활수준이 향상되고 기업을 통한 복지의 향상도 가능하게 되는 것 그 자체가 사회정책이라는 것이다. 이는 기본적으로 국가가 인위적으로 개입하여 사회정책을 추진하지 않더라도 경제발전을 달성하게 되면 그 자체로서 사회정책의 효과를 유발할 수 있다는 낙관론적인 시장주의 사고라고 볼 수 있다. 그러나 국가개입을 통한 분배의 실현, 사회적 약자의 구제 등 보다 적극적인 사회정책을 설명하는 데는 한계가 있다.

네 번째 주장은 "발전국가하의 사회정책의 대상은 보편주의universalism에 입각하는 것이 아니라 특정계층에 제한되는 경향이 있다"는 것이다. 이는 기본적으로 발전국가는 경제발전의 초기단계에 있는 국가들로서, 경제적 능력이 취약한 상태에서 정책의 우선순위가 경제정책이나 산업정책에 있는 관계로 보편주의에 입각한 사회정책을 시행하는 것이 물리적으로 불가능하기 때문이다. 이 점에서 발전국가가 지향하는 사회정책의 관점은 경제적 능력이 취약함에도 불구하고 대중영합주의populism 정책에 입각하여 다량의 사회정책을 남발하는 중남미 국가들과는 상이한 것이다. 그리고 발전국가에서의 사회정책이 특정계층을 우선하여 선별적으로 시행되는 것이 반드시 사회적 약자를 우선하여 단계적으로 시행한다는 의미는 아니다. 이 점에서는 우리가 흔히 보편주의에 상대되는 개념으로 논의하는 선별주의selectivism 개념과는 일치하지 않는 면이 있다. 오히려 이보다는 특수직역이나 산업노동자 등 발전국가를 지탱하고 이의 목표인 경제발전을 견인하는 데 중추세력이 되는 계층에 대해 선택적으로 시행한다는 의미가 더 크다.[1)] 따라서 이는 비스마르크적인Bismarckian 주장이 반영된 것으로서, 사회통제 관점에서의 선택적 복지의 의미가 강한 것이다(Kangas and Palme, 2005).

마지막 주장은 "발전국가하의 사회정책은 사회보험을 중심으로 발전하는 경향이 강하다는 것"이다. 이는 발전국가는 경제발전에 재원을 우선적으로 투자해야 하기 때문에, 사회정책영역 중에서는 가급적 국가의 재원투입이 적은 부분을 중심으로 우선적으로 발전한다는 것이다(Hort and Kuhnle, 2000; Tang, 2000; Kwon, 2005). 3대 사회정책영역 중에서 공공부조는 전적으로 정부지출을 통해서 운영되는 것이며, 사회서비스의 경우도 대부분이 국가의 재정으로 충당되는 것이다. 이에 비해서 사회보험은 재원의 대부분이 수급자 본인 혹은 고용주가 부담하는 보험료에 의해서 충당된다. 따라서 국가에 의한 재정지원은 제한적이다. 발전국가는 또한 공공부조를 통한 무상복지의 제공이 국민들의 근로의욕과 자조의식을 감퇴시킬 수 있기 때문에 궁극적으로는 경제발전에 저해요인이 될 수 있다고 생각한다. 국가에 의한 과도한 사회서비스 제공도 가족과 공동체의 자조 및 상부상조 기능을 약화시킬 수 있는데, 이는 근면, 자조 등의 정신을 토대로 추진하던 경제발전에 저해요인으로 작용할 수 있다. 따라서 발전국가하에서 전반적으로 사회정책은 저발전되지만, 그나마 진전이 있다면 사회보험이 우선적으로 발전된다는 것이다.

1) 남지민(2009)은 발전국가의 이러한 사회정책을 "지위차별적 사회정책"이라고 부르고 있다.

3. 발전주의 복지체제론의 주장들에 대한 토의

1) 첫 번째 주장(주장1)에 대한 토의

발전주의 복지체제론의 주장1은 경제성장을 주된 목표로 추구하는 발전국가하에서 사회정책은 저발전 혹은 지체하게 된다는 것이다. 발전주의 복지체제론에서는 이러한 주장을 뒷받침하기 위해서 주로 사회복지지출 규모, 특히 국민총생산 대비 사회복지지출 규모를 중요한 지표로 사용했다. 이러한 지표를 사용하면 우리나라의 경우도 1960~70년대의 발전국가하에서 사회정책이 매우 저발전되었음을 알 수 있다. 이 점에서 주장1은 타당성이 있다고 볼 수 있다. 즉, 1961~79년 기간 중의 사회복지지출 규모(보건, 공공부조, 사회보험, 사회복지서비스를 합한 것)를 보면 1968년과 1979년에 GDP 대비 1.3%로 최고치를 기록했으며, 나머지 연도는 모두 1% 전후에 머무르고 있다(송근원, 1998). 이는 당시 선진국의 사회복지지출 수준에 비해서 크게 낮은 것이었음은 물론, 국방비 지출에 비교해서 1/5 내지는 1/6 수준에도 미달하는 것이었다(통계청, 1995). 그리고 정부지출 중에서 차지하는 비중 면에서도 사회복지지출은 전체 정부지출의 5~6%에 불과하며(**그림 8-1** 참조), 오늘날 그 비중이 약 30~40%에 가까운 것을 생각하면 당시 사회복지지출은 매우 낮은 수준이었다. 따라서 적어도 사회복지지출의 측면에서 볼 경우에는, GDP 대비 사회복지지출 비율을 보든 정부지출 대비 사회복지지출 비중을 보든 간에 1960~70년대의 발전국가하에서 사회정책은 매우 저발전되었다고 평가할 수 있다. 이 점에서 발전주의 복지체제론의 주장1은 타당성이 있다고 볼 수 있다.

그러나 이처럼 사회복지지출 규모에 근거하여 발전국가하에서 사회정책이 저발전되었다는 주장은 상당한 타당성이 있다고 볼 수 있지만, 그것이 과연 경제발전에 우선순위가 있었던 데에만 기인하는 것인지에 관해서는 추가적 논의가 필요하다. 즉, 사회정책의 저발전은 경제발전에 우선순위를 두었던 이유 외에도 다양한 요인들이 복합적으로 작용한 결과일 수 있는 것이다(김영화 외,

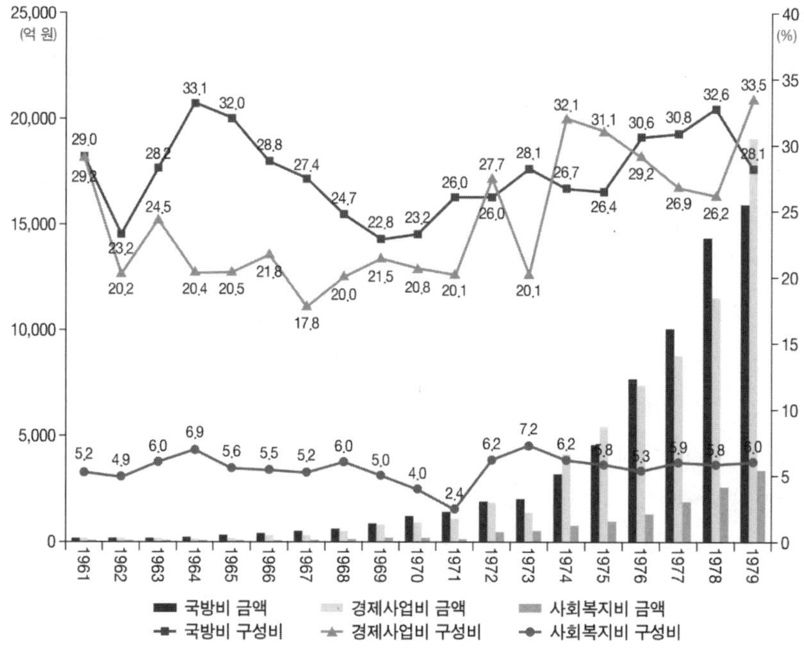

그림 8-1 1960~70년대 정부지출 구성 추이
주 1: 구성비는 총 정부지출 대비 비율.
주 2: 1971년도 사회복지지출은 보건 및 사회보장지출만 포함된 것.
자료: 통계청(1998: 125)에서 발췌하여 재구성.

2007). 첫째, 발전국가하에서 사회정책이 저발전된 데에는 경제발전을 위한 우선투자 외에도 다른 긴급한 제약요인이 있었다는 점이다. 이를 위해서는 정부지출의 비중을 세부적으로 점검해볼 필요가 있는데, **그림 8-1**에서 보면 사회복지지출의 비중이 1960~70년대의 기간에 지속적으로 낮으며 경제사업비가 큰 비중을 차지하고 있는 것은 사실이다. 그러나 이에 못지않게 당시 사회복지지출을 제약했던 데는 국방비 지출의 영향이 컸음을 알 수 있다. 당시 냉전체제하에서 호전적인 공산국가와 대립하고 있는 상황에 막대한 국방비 지출이 필요했으며, 그 결과 경제개발비를 줄이기 어려운 상황에서 사회복지지출이 우선적으로 제약을 받을 수밖에 없었다. 특히 1970년대부터는 권위주의체제가 구축되면서 이를 지탱하기 위한 수단의 하나로 총력안보가 강조되고 국방비 지출규모

가 더욱 커질 수밖에 없었다. 선행연구들에 따르면 국방비와 사회보장비는 밀접한 상쇄trade-off 관계에 있는 것으로 조사되고 있다(박광국 외, 2000). 그리고 이에 더해서 우리는 교육비 지출이 클 수밖에 없었다. 물적 자원이 부족한 국가에서 경제발전을 위해서는 인적자원의 개발이 필수적이라고 보았으며, 이를 위해 교육, 직업훈련 등에 많은 지출을 했던 것이다.[2] 따라서 영세한 규모의 정부지출하에서 국방비, 경제개발비, 교육비에 투자의 우선순위가 있다 보니 사회정책은 취약할 수밖에 없었다. 이렇게 보면 한국의 경우는 발전주의 복지체제론의 주장처럼 사회정책의 저발전에 경제발전을 위한 지출이 컸던 데도 원인이 있지만, 국방비와 교육비 지출 등도 복합적으로 영향을 미쳤다고 볼 수 있다. 따라서 발전국가하에서 사회정책이 저발전된 데에는 경제발전에 대한 우선투자의 필요성이 큰 영향을 미친 것은 사실이지만, 이것만으로는 완전한 설명이 어렵다. 주장1의 적용에 대해서는 동아시아 발전국가들의 국가별 환경적, 지정학적 특성도 고려하면서 보다 신중하게 해석할 필요가 있다고 보인다.

둘째, 사회복지지출 측면에서 사회정책이 저발전된 것은 발전국가의 의지부족이라기보다는, 국가의 경제능력이 전반적으로 부실했던 데 보다 근본적인 원인이 있다고 볼 수 있다. 즉, 당시의 한국의 경제규모를 보면 1인당 국민총생산이 1965년 기준으로 105달러에 불과하여 북한의 162달러에도 크게 못 미치는 수준이었으며,[3] 수출입총액, 국민총생산 등도 매우 영세했다.[4] 그리고 수출 중

2) 1970년대의 전체 정부지출 대비 교육비 비중을 보면 1972년 17.5%, 1973년 18.3%, 1974년 14.6%, 1975년 13.6%, 1976년 15.1%, 1977년 14.7%, 1978년 14.1%, 1979년 14.5%로 약 15% 전후의 정부예산이 교육비에 투입되었다(한국은행, 「경제통계연보」, 각 연도).

3) 1인당 국민총생산은 1969년을 기점으로 북한을 앞서기 시작했으나, 여전히 1970년대에 들어서도 1971년 289달러, 1973년 396달러, 1975년 594달러, 1977년 1011달러, 1979년 1647달러 수준이었다(한국은행, 『국민계정』, 각 연도).

4) 국민총생산 규모를 보면, 1961년 21억 달러, 1965년 30억 달러, 1970년 81억 달러, 1975년 209억 달러, 1979년 616억 달러로서(한국은행, 『국민계정』, 각 연도), 증가속도는 빨랐지만 규모 면에서는 영세했다.

표 8-1 1960년대의 생활보호지원 비용의 출처 (단위: %)

연도	국고	지방비	외국원조	계
1960	7.0	-	93.0	100.0
1962	32.4	15.7	51.9	100.0
1964	39.3	10.7	50.0	100.0
1966	28.0	9.0	63.0	100.0
1968	55.3	7.4	37.3	100.0

주: 생계보호대상자와 영세민에 대한 지원액을 합한 것임.
자료: 심재진(2011: 287).

심의 경제발전을 도모했지만 제품의 품질경쟁력 낙후, 원자재 수입의 급증 등으로 지속적으로 무역수지 적자가 발생하는 상황에서 국부를 창출하는 데 한계가 있었다.[5] 특히 국가운영 및 경제발전을 위한 재원의 상당 부분을 외국 원조나 차관에 의존하는 상황에서 사회정책에 재원을 투입할 수 있는 능력은 극히 취약했다.[6] 그 결과 **표 8-1**에서 보듯이 1960년대의 경우 생활보호지원 비용의 상당 부분을 외국 원조에 의존하고 있었다. 따라서 발전국가하에서 사회정책이 저발전되고 경제발전에 우선순위를 둔 것은 사실이지만, 그렇다고 이것이 사회정책에 대한 발전국가의 의지 부족에 기인한 것이라거나, 사회정책을 의도적으로 배제했기 때문이라고 단정하기는 어렵다. 그보다는 경제능력이 부족한 당시의 환경하에서 경제발전과 사회정책을 동시에 추진하는 데 한계가 있었으며,

5) 1960~70년대의 무역수지를 보면, 1961년 -2억 7520만 달러, 1965년 -2억 8830만 달러, 1970년 -11억 4880만 달러, 1975년 -21억 9340만 달러, 1979년 -52억 8310만 달러로서(한국무역협회, 『무역통계』, 각 연도), 연속하여 무역수지 적자를 기록했으며 그 규모는 계속 확대되고 있었다.

6) 1960년대까지는 국가예산의 상당 부분을 외국으로부터의 원조나 차관에 의존했다. 1970년대 들어서 무상원조는 1970년 1억 6100만 달러를 정점으로 1971년 1억 600만 달러, 1972년 2200만 달러로 줄어들다가 1972년을 마지막으로 종료되었다(한국은행, 「경제통계연보」, 1973). 그러나 차관규모는 1970년대 들어서 크게 증가했다. 즉, 차관규모가 제1차 경제개발 5개년계획 기간(1962~66) 3억 1300만 달러, 제2차 기간(1967~71) 24억 4500만 달러이던 것이 제3차 기간(1972~76)에는 66억 3200만 달러, 제4차 기간(1977~81)에는 184억 8500만 달러로 급증했다(최동규, 1992).

그 결과 자연스럽게 사회정책의 우선순위가 경제발전에 비해서 뒤처지게 된 것이라고 해석할 수 있을 것이다.

셋째, 사회정책에 대한 사회적 압력과 요구가 부족하고, 국가가 이를 효율적으로 통제할 수 있는 기제를 가졌다는 점도 사회정책의 저발전을 초래한 요인이라고 볼 수 있다. 당시 겨우 절대빈곤을 벗어난 상태에서 아직 사회적 시민권 개념이 제대로 형성되지 않았으며, 사회정책에 대한 국민들의 요구가 많지 않았다. 시민사회단체는 활성화되지 못했다. 그리고 권력자원이론에 따르면(Korpi, 2006), 서구에서 사회정책의 발달에 큰 영향을 미치는 노동조합이나 사회(민주)주의정당의 경우도 1960~70년대에는 제대로 발달하지 못했다. 우선 당시 남북대치 상황에서 강력한 반공국가를 지향했으며, 따라서 반공법, 국가보안법 등의 통제입법에 의해서 사회정책에 우호적인 사회주의정당은 원천적으로 태동이 불가능했다(심지연, 2004). 그리고 서구와는 달리 1990년대 민주화 추세와 더불어 민주노동당이 등장하기 전까지는 노동조합의 정치화가 억제되었으며, 따라서 정당과 노동조합 간의 연대는 제대로 발생하지 못했다. 이에 따라 1960~70년대의 기간에 노동조합은 국가조합주의적 통제체제하에서 노동자의 권익을 제대로 대변하지 못했음은 물론, **표 8-2**에서 보듯이 노동조합의 사회정책에 대한 요구도 미미했다. 국가로서도 1961년의 사회단체 해산 및 재인가, 대규모 국민동원운동(국가재건운동 등), 긴급조치, 언론탄압 등 다양한 기제를 통해서 시민사회를 통제할 수 있었다(최한수, 2004). 결국, 1960~70년대의 발전국가하에서는 서구의 복지국가를 가능하게 했던 시민사회, 노동조합, 사회주의정당의 미발달 및 미성숙으로 인해 정부로서도 사회정책을 적극적으로 추진하고자 하는 외적 압력을 크게 느끼지 못했으며, 이것이 사회정책의 저발전을 초래하는 데 일조했다고 볼 수 있다.

다음으로는 사회정책의 발달기준을 무엇으로 보느냐는 것도 보다 심층적인 논의가 필요한 사항이다. 주장1은 기본적으로 사회정책의 저발전을 사회복지지출을 중심으로 주장하는 것이다. 그러나 사회정책의 발전 정도를 판단하는 데는 사회복지지출 외에도 다른 지표가 있을 수 있으며, 여기에는 사회복지제

표 8-2 1960~70년대 한국노총의 사회복지 이슈에 대한 이익표명 (단위: 건, %)

구분	총 이익표명 횟수(a)	사회복지 관련 이익표명 횟수(b)	비율(b/a)
1963~65년	278	5	1.8
1966~70년	401	37	9.2
1971~75년	282	15	5.3
1976~80년	349	24	6.9
계	1310	81	6.2

자료: 감정기(1994)에서 발췌.

도화의 진전, 사회복지 관련 기구의 확대, 적용대상범위의 확대 등이 포함될 수 있다. 이 중에서 적용대상범위와 관련해서는 주장4를 논의하는 과정에서 다루게 될 것이므로, 여기서는 사회복지의 제도화와 담당기구의 확대 측면에서 1960~70년대의 사회정책의 변화를 살펴보고자 한다. 우선 사회복지의 제도화 측면에서 1960~70년대는 우리나라에서 본격적으로 사회복지의 제도화가 진행된 시기로서 다량의 사회복지법제들이 제정되었다. 특히 1961~63년의 군사정부하에서는 「생활보호법」, 「의료보험법」, 「산재보험법」, 「아동복리법」, 「선원보험법」, 「윤락행위 등 방지법」 등 많은 사회복지법제들이 입법되었다.[7] 그러나 이후 제3공화국(1964~72)에서는 군사정부에 비해서 사회정책의 제도화가 크게 둔화되었다. 이렇게 된 것은 이미 중요 사회복지제도들이 상당 부분 입법이 된 데에도 원인이 있지만, 그보다는 정치적 동기 면에서 변화가 있었기 때문인 것으로 보인다. 즉, 박정희 정부가 1963년의 대선을 통해서 정치적 정당성을 어느 정도 확보한 데다, 국민의 지지를 획득하는 방식 면에서도 실천하기 어려운 사회복지를 제시하기보다는 산업화와 경제발전의 성과를 통해서 국민의 지

7) 이처럼 당시에 많은 사회복지법제들이 제정된 것에 대해서는 군사정변의 정당성 제고, 민정이양을 위한 선거 등 주로 정치적 이유들이 많이 거론된다. 그러나 당시 많은 사회복지제도들이 입법화되었지만, 정부의 시행의지 부족, 경제적 빈곤으로 인한 시행능력 부족 등의 이유로 「생활보호법」, 「선원보험법」, 「아동복리법」 등 많은 법제들이 시행이 연기되거나 사문화되었다(김유성, 1997).

지를 얻고자 한 것이다. 따라서 제3공화국하에서는 「자활지도에 관한 임시조치법」(1968), 「사회복지사업법」(1970) 정도를 제외하고는 사회복지의 제도화가 저조했다. 그러나 제4공화국(1972~79)에서는 다시 다량의 사회복지제도가 입법되었다. 특히 의료보험과 연금보험을 중심으로 한 사회보험의 제도화가 진전되었다. 구체적으로 의료보험은 1976년 12월의 「의료보험법」 개정으로 강제의료보험제도가 도입됨으로써 본격적으로 시행되었으며, 이어서 공무원 및 교직원 의료보험도 제도화되었다(1977). 연금보험의 경우는 1973년 「국민복지연금법」이 제정되었으나, 세계적인 경제침체 및 기업의 반대로 시행이 보류되었다. 그러나 그동안 특수직역 중에서 연금의 대상에서 제외되어 있던 사립학교교직원연금은 1973년에 제도화되었다. 이 외에도 1970년대에는 「의료보호법」(1977), 「특수교육진흥법」(1977) 등이 입법되었다. 이처럼 1970년대 들어서 중화학공업화 정책 도입 등 경제발전 추진이 가속화되고, 권위주의체제하에서 노동조합이나 시민사회의 복지욕구가 적극적으로 표출되지 못했음에도 불구하고, 사회복지의 제도화가 비교적 많이 진전된 것은 주장1과 관련하여 특기할 만한 일이다. 즉, 사회정책의 발전 여부를 제도화의 측면에서 보면, 경제적 요인 못지않게 정치적 요인의 영향이 클 수 있다는 것이다. 1970년대 들어서 사회복지의 제도화가 많이 진전된 것은 1960년대를 거치면서 경제능력이 어느 정도 향상된 데 따른 자연적인 진보의 결과라고 볼 수도 있지만, 그보다는 권위주의체제를 유지하기 위한 정치적, 사회적 통제의 동기가 크게 작용했다고 볼 수 있다(박병현 외, 2007). 즉, 당시의 남북대치 상황에서 체제대결에서의 우위 확보, 잠재적인 불만세력에 대한 선제적 대응 등의 정치적 동기가 상당 부분 작용한 것이다. 이처럼 사회정책의 발달에는 경제적 요인만이 아니라 정치적, 사회적 요인 등이 복합적으로 영향을 미치는 것이다(김영화 외, 2007).

다음으로 사회복지 관련 기구의 확대 측면에서 보면, 사회복지 담당기구는 해방 직후에는 사회부와 보건부로 이원화되어 있었으나 1955년 보건사회부(이하, 보사부)로 통합되었다. 이후 보사부를 중심으로 하는 기본골격은 1960~70년대에도 계속되었지만, 1960년대 이후 행정환경의 변화에 편승하여 사회복지 담당기구는 지속적으로 분화되었다. 즉, 1961년 8월에는 군사원호청이 별도의 외청外廳으로 설립됨으로써 원호업무가 보사부로부터 분리되었으며, 이에 따라서 보사부 원호국은 폐지되었다. 그리고 1963년 8월에는 보사부 노동국이 폐지되고 외청으로 노동청이 신설되었다.[8] 이에 따라 보사부 본부조직은 기존의 6국 22과 2담당관 체제에서 5국 15과 2담당관으로 축소되었다. 1970년 2월에는 정부조직 운영방식의 개혁차원에서 담당관 제도를 활성화함에 따라서 사회복지 담당기구도 과課조직을 축소하고 팀조직 성격의 담당관(주로 4급)을 대폭 확대했다.[9] 이처럼 1960~70년대 기간 중에 사회복지 담당기구는 주무부처인 보사부로부터 군사원호청과 노동청이 분리되어나가고, 과조직이 담당관으로 전환되었다가 다시 원상회복되는 등의 변화가 있었으며, 발전국가하에서도 기구 확대를 기준으로 볼 때 사회복지 기능이 지속적으로 확장되었다고 볼 수 있다. 군사원호청이나 노동청 등이 국장급 조직으로부터 차관급의 외청으로 분리된 것 자체도 기구 및 기능의 확대로 볼 수 있으며, 이 기간에 보사부 본부조직에도 2급 기획조정관, 4급 법무관, 복지연금국, 해외이주국 등을 신설하는 등 담당기구가 확대되었다(보건복지부, 2001). 그리고 사회복지 담당인력의 측면에서도 군사원호청, 노동청 등이 분리되면서 이들 부처의 인력이 확충되었음은 물론 보사부 자체로서도 이러한 조직들이 분리되어나갔음에도 불구하고 1960~70년대 기간 중에 인력이 지속적으로 증가했다. 즉, 보사부 인력이 1961년에는 총 118명에 불과했으나 1970년 349명, 1979년 439명으로 확대되어 1961년과 1979년을 비교해보면 4배 가까이 인력이 증가했다(총무처, 1980). 특히 직렬별로는 일반직, 직급별로는 하위직급이 크게 증가했는데, 이는 이 기간에 지속적으로 신규채용을 했음을 의미한다. 그뿐 아니라 직군별로도 기능직은 33명에서 13명으로 줄어든 반면에, 일반직은 116명에서 351명으로, 별정직은 2명에서 33명으

8) 군사원호청은 1962년 4월부로 장관급의 원호처로, 노동청은 1981년 4월부로 장관급의 노동부로 승격되었다(보건복지부, 2001).

9) 보사부 조직은 1970년 2월 기준으로 1실 5국 12과 20담당관으로 구성되었다(보건복지부, 2001).

로 크게 증가함으로써 복지공무원의 전문성도 크게 향상되었다. 그리고 1977년부터 의료보험제도가 시행되면서 준공무원 신분인 공단이나 의료보험조합의 인력도 크게 증가했다.

따라서 사회복지 담당기구나 인력 측면에서는 1960~70년대에 지속적으로 기구의 확대와 분화, 인력의 증가 및 전문화 현상이 나타났다. 물론 이는 당시 발전국가하에서 정부기능이 전반적으로 커지면서 나타난 현상이라고 볼 수도 있지만, 기구나 인력 측면에서는 발전국가하에서 사회정책이 위축되었다고 보기 어려운 증거가 되는 것이다.

2) 두 번째 주장(주장2)에 대한 토의

발전주의 복지체제론의 주장2는 발전국가하에서 사회정책이 일부 발달하더라도 이는 경제정책의 수단으로서 기능을 수행하는 데 불과하다는 것이다. 이는 경제발전을 최우선적으로 생각하는 발전국가하에서 사회정책은 전반적으로 저발전되지만, 일부 진전이 되더라도 발전국가의 주된 정책인 경제정책을 위한 수단으로서 발전하는 것이며, 경제발전을 저해하지 않는 범위와 방향으로 작동해야 한다는 것이다. 따라서 사회정책은 본질적인 사회복지 목적보다는 경제발전에 종속되는 수단적 의미를 가지는 것이다(남지민, 2009).

그러나 이러한 주장2는 그 내용이 모호한 측면이 있으며, 그 결과 입증이 쉽지 않다. 따라서 주장2와 관련해서는 사회정책이 경제정책의 '수단'으로서의 기능을 한다고 할 경우의 의미를 명확하게 하는 것이 중요하다. 발전주의 복지체제론은 이에 대한 구체적 개념규정, 조작적 정의, 변수개발 등을 제대로 하지 못하고 추상적이고 모호한 상태로 남겨두고 있다. 이 글에서는 "수단으로서 기능을 한다"는 것의 의미를, 발전국가가 추구하는 목적가치와 연계하여 다음과 같이 다차원적으로 개념화할 수 있다고 보고 있다. 첫째, 사회정책이 발전국가에 필요한 자본축적을 저해하지 않아야 한다. 이는 기본적으로 발전국가에서는 설비투자나 기반구축 등 생산 분야에 자본이 우선적으로 투입되어야 하며, 사회정책은 이를 저해하지 않는 범위 내에서, 나아가서는 이를 자극할 수 있는 방향으로 운영되어야 한다는 것이다. 둘째, 사회정책이 기업의 경쟁력을 저해하지 않아야 한다. 더 나아가서는 기업의 경쟁력을 높이는 데 기여할 수 있어야 한다. 발전국가에서의 경제발전은 기업의 경쟁력 제고와 생산성 향상을 통해서 달성된다고 보기 때문이다. 이를 위해서 사회정책은 노동자의 임금인상 욕구를 억제하고, 노동의 질을 향상시키며, 산업재해 사고에 대처해주는 등의 기능을 수행할 수 있어야 한다. 셋째, 사회정책은 노동자의 관리 측면에서도 경제발전에 기여해야 한다. 사회정책을 통해서 기업 및 국가에 대한 노동자의 불만을 완화해주고 노동생산성을 향상시켜주는 것이 필요하다. 우선 사회적 지출, 근로자주택, 곡가안정 등의 사회정책적 처방을 통해서 노동자의 욕구 및 불만을 사전에 무마해줄 수 있다. 다음으로 노동생산성을 향상시키기 위해서는 직업훈련, 재해예방 등의 사회정책적 조치가 필요하다. 넷째, 사회정책은 생산적 복지에 연계되어야 한다. 이는 흔히 근로연계복지workfare라고도 하는 것으로서, 사회정책은 근로와 연계가 되어야 경제발전을 저해하지 않을 수 있다(Peck, 2001). 예로서, 공공부조의 경우 근로능력이 있는 사람에 대해서는 자활사업, 사회적 기업 등의 생산활동 참여를 조건으로 제공될 수 있다.

이러한 이론적 토대 위에서, 이 글에서는 정책대상자의 포괄범위, 사회복지사에서 차지하는 위상 등을 볼 때 당시의 대표적 사회정책 사례인 「생활보호법」, 「의료보험법」, 「산재보험법」, 「국민복지연금법」을 중심으로 1960~70년대의 사회정책이 어떻게 경제정책을 위한 수단적 기능을 수행했는지를 점검해 보고자 한다. 구체적으로, 1963년 입법이 되어 1969년 11월에 가서야 시행령이 제정된 「생활보호법」을 보면, 당시의 우리나라 경제수준하에서 사실상 대다수의 국민들이 절대빈곤 상태에 있었지만 정부는 생활보호제도를 통한 무상복지는 최소화하고자 했다. 즉, 수급대상자의 연령이 지금과 같은 65세였는데, 이는 당시의 평균수명이 1960년 52.4세, 1970년 63.2세, 1979년 65.8세에 불과했던 것을 생각하면(통계청, 1998), 그 대상이 매우 협소했음을 알 수 있다. 그리고 수급자 중에서도 순수한 의미의 생활보호자(생활무능력자)는 1970년 기준으로 30

만 6천 명으로서 전체 생활보호대상자 242만 2천 명의 12.6%에 불과했으며(이경은, 1989), 대부분이 공공근로사업에 참여하는 것을 조건으로 하는 영세민이었다. 이 점에서 당시의 생활보호제도에서 제공한 보호는 지속가능한 일자리는 아니었지만, 초보적인 수준에서는 근로연계복지라고 볼 수 있다. 그리고 「생활보호법」과는 별도로 1968년 7월 「자활지도에 관한 임시조치법」을 제정하여 근로능력이 있는 사람들은 자활보호대상으로 선정함으로써 근로를 조건으로 부조를 행했다(김유성, 1997). 이처럼 생활보호제도는 적용대상의 최소화, 시행시기의 최대한 연기, 초보적인 근로연계를 특징으로 하는데, 이는 당시에 절대빈곤계층이 많았음에도 불구하고 이들을 국가재정으로 구제할 만한 경제적 능력이 되지 않았던 데 근본 원인이 있었을 것이다. 그러나 여기에 더해서 산업화과정에서 가급적 많은 사람들을 노동인력으로 동원해야 할 필요성, 생활을 국가에 무상 의탁하는 것을 최소화해야 한다는 국민기풍의 확립 필요성, 경제개발 우선에 따른 사회정책 분야의 최소 재정지출 필요성 등도 복합적으로 작용했다. 따라서 당시의 생활보호제도는 최소지출, 최저개입, 근로연계라는 특성을 갖는, 경제발전을 저해하지 않는 범위 내에서 운영되었다고 볼 수 있다. 이 점에서 생활보호제도는 경제정책을 위한 수단적 기능으로부터 크게 벗어나지 않았다고 보인다.

「의료보험법」은 1963년 12월 제정되었지만, 사회보장심의회 등 실무기관의 본래 의도와는 달리 국가재건최고회의의 최종 심의과정에서 강제가입이 임의가입으로 변경되었다(오을임, 1987). 이처럼 입법과정에서 제도의 골격 자체가 바뀐 것을 보면, 당시 군정세력들이 의료보험 실시를 진지하게 고민했다고 보기는 어렵다. 이에 따라서 1976년까지는 임의보험기간으로서 몇몇 시범사업만 시행되었을 뿐이었다. 이처럼 임의보험으로의 결정이 내려진 것은 당시 산업화를 추진하는 과정에서 보다 긴요하다고 생각한 산재보험을 우선하면서 의료보험과 산재보험을 모두 시행하기에는 국가나 기업 모두에게 부담이 컸기 때문이다(최천송, 1991). 이 점에서는 의료보험을 임의보험화한 것은 경제발전을 우선시한 발전주의 논리가 작용한 것으로 해석할 수 있다.

이후 「의료보험법」은 1976년 12월의 제2차 개정을 통해서 강제가입 방식으로 전환되었으며, 1977년부터 상시 500인 이상의 근로자를 고용하는 사업장을 대상으로 시행되었다. 즉, 대기업 종사자를 대상으로 실시한 것이다. 이를 주장 2와 연계시켜 해석해보면 다음과 같다. 당시의 발전주의 경제체제는 대기업 주도의 수출경제에 의존하고 있었으며, 따라서 대기업이 경제발전에 보다 직접적으로 기여를 한다고 보았다. 이에 따라 경제발전을 위해서는 대기업의 수출경쟁력 확보가 필요했으며, 대기업 종사자들의 의료비 부담을 경감시켜주는 것은 이러한 목표에 부합하는 것이었다. 물론 기업이 의료보험료의 일부를 부담해야 한다는 측면에서는 발전주의 논리와 상충할 수 있지만, 이는 노동자의 임금인상요구 억제라는 측면과 상쇄할 수 있는 것이었다. 이 점에서 의료보험을 대기업 종사자부터 실시한 것은 사회정책이 경제정책의 수단으로서 기능을 한다고 주장하는 발전주의 복지체제론의 논리에 부합하는 것이다. 다른 측면에서 보면, 의료보험을 실시하되 국가의 재정부담 위험이 적은 계층부터 실시한 것도 발전주의 논리와 부합하는 것이다. 즉, 의료보험에 대한 국가의 부담이 적으면 제한된 예산을 경제발전 분야에 투입할 수 있는 여력이 커지는 것이다. 아무래도 대기업이 중소기업보다는 부도위험이 적으며, 따라서 의료보험운영에 대한 국가부담 개연성도 적기 때문이다. 그리고 의료보험의 관리방식을 개별 조합의 독립채산제에 기반하는 조합주의 방식을 채택한 것도 국가의 재정부담 가능성을 줄이기 위한 것이었다(문옥륜 외, 1991).[10)]

그런데 다른 한편으로 당시에 의료보험을 시행하게 된 데는 정치적 동기도 많이 개입되었다. 즉, 1973년 이래 남북대화가 시작되고 남북한 간의 체제비교

10) 우리나라의 의료보험제도는 출발 당시부터 "이 법에 의한 의료보험의 보험자는 의료보험조합으로 한다"(1963년 의료보험법 제12조)라고 규정함으로써 조합주의 방식을 채택했다. 그러나 이후 1980년대 들어서 조합주의 방식의 문제점이 노정됨에 따라서 통합일원화 논의가 촉발되었으며, 1990년대 이후 「국민의료보험법」, 「국민건강보험법」의 제정을 통해서 단계적으로 통합일원화 방식으로 전환되었다.

가 가능하게 되면서, 무상의료를 시행하는 사회주의체제에 비해서 의료복지 면에서 남한이 열악했던 것이다(김순양, 2014). 따라서 권위주의체제하에서 국민들의 체제순응을 유도하기 위해서는 국민들의 의료비를 경감하는 것이 필요했는데, 이를 위해서 의료보험을 단계적으로 시행하기로 하되 이를 발전국가의 경제논리를 저해하지 않는 방식으로, 즉 대기업 종사자, 공무원, 사립학교 교직원 등에게 우선적으로 적용하게 된 것이다. 다시 말해서 안정적 계층인 특수직역과 산업화에 보다 직접적으로 관련이 된다고 본 대기업 종사자부터 우선적으로 시행한 것이다. 이 점에서 1977년의 의료보험제도 시행은 정치적 동기와 발전주의 논리가 결합된 것이다. 즉, 남북대치하의 남북대화라는 정치적 딜레마를 타개해야 하는 정치적 논리와 국가의 재정 부담을 최소화하면서 산업화 추진의 핵심적 계층부터 적용한다는 경제적 발전주의 논리가 동시에 작용한 것이다.

산재보험은 노동자들의 산업재해를 보상하기 위한 것으로서, 이는 속성상 경제발전과 밀접한 관련이 있다. 1963년의 「산재보험법」 입법과정을 보면, 당시 사회복지입법을 실무적으로 뒷받침하던 사회보장심의회는 실업보험과 산재보험 중에서 어느 것을 우선할 것인가에 대한 논란이 있었다. 논란과정에서 전문위원들은 향후 산업화과정에서 고용창출이 늘어나면 실업인구는 줄어들 것으로 기대되는 반면에 산업재해는 오히려 빈발할 것으로 우려했다. 그리고 실직은 소득상실만 초래하지만, 산업재해는 소득상실은 물론 치료비용까지 수반하게 되는 것이었다(최천송, 1991). 따라서 실업보험보다는 산재보험이 더욱 긴급하다고 판단했다. 그리고 산재보험을 통하여 재해근로자를 적기에 치료함으로써 이들을 신속하게 근로현장으로 복귀시키는 것은 경제발전을 위해서도 절실한 것이었다. 기업의 측면에서도 당시의 「근로기준법」에 의한 개별책임보상의 경우는 대형재해가 발생할 경우에 자칫 기업이 도산할 우려가 있었는데, 이는 경제발전에 부정적인 영향을 초래하는 것이었다. 따라서 산재보험을 통해서 노동자와 기업 모두를 보호하는 것은 발전국가가 지향하는 경제발전을 위한 직접적인 수단이 되는 것이었다(우명숙, 2007). 그리고 산재보험은 처음에는 500

인 이상의 대기업에만 적용했으나 1960~70년대의 기간 중에 계속 적용범위를 확대함으로써 비교적 성공적으로 정착되었는데, 이는 산재보험의 대상이 경제발전의 주체인 산업노동자들이었기 때문일 것이다. 따라서 발전주의 복지체제론에서 사회정책을 경제발전의 수단으로 간주하는 데서 가장 빈번하게 인용하는 것이 산재보험이며, 실제로도 산재보험이 발전국가하에서 경제정책에 대한 수단적 기능을 수행했다는 것은 일리가 있다고 볼 수 있다.

연금보험 중에서 군인과 공무원을 대상으로 한 연금은 1960년부터 시행되었다. 즉, 이는 발전국가가 본격적으로 시작되기 이전부터 시행된 것으로서, 경제발전과 상관관계를 갖는다고 보기는 어렵다. 많은 연구들은 군인연금과 공무원연금의 경우는 정권유지의 중요한 수단인 군인과 공무원을 우대하기 위한 정치적 동기가 크게 작용한 것으로 해석하고 있다(김진욱, 2011). 이 외에도 당시 일반 직장근로자와는 달리 군인과 공무원은 퇴직금제도가 부실했기 때문에 이에 상응하는 소득보장책으로 연금을 시행한 면도 있을 것이다. 그러나 이후 1973년에 제정된 일반 국민을 대상으로 하는 「국민복지연금법」은 경제발전을 위한 수단의 기능을 한 것이라는 주장이 많이 제기된다. 주장의 근거는 국민복지연금이 주무부처인 보사부가 아니라, 경제기획원과 산하의 KDI에 의해서 중화학공업화를 추진하기 위한 내자동원의 수단으로서 구상된 것이라는 데 있다(양재진, 2007). 즉, 박정희 정부는 1973년을 기점으로 기존의 경공업 중심의 산업구조를 중화학공업 중심으로 전환했는데, 중화학공업은 대규모 자본을 필요로 하는 장치산업이었다. 이러한 상황에서 KDI는 국민복지연금의 도입을 내자동원을 위한 좋은 수단으로 생각하고 이를 대통령에게 건의했다. 따라서 국민복지연금의 의제화는 사회복지부처가 아닌 경제부처와 대통령이 한 것이다. 이후 본격적인 정책결정단계에서 보사부도 별도의 안을 만들어 개입하지만, 「국민복지연금법」의 내용은 경제부처의 의견이 많이 반영된 것이었다. 당시 경제부처의 안은 보사부안에 비해서 재정건전화에 중점을 두는 것으로서, 경제부처는 속성상 정부부담을 최소화하는 데 관심이 컸기 때문이다(김순양, 2014). 이렇게 보면, 국민복지연금은 의제화에서부터 정책결정에 이르기까지 경제부처가 경제적 동기에 의거하여 주도한 것이며, 이 점에서 경제정책의 수단으로 기능을 했다고 볼 수 있다. 그리고 시행과정에서도 국민복지연금은 당시의 열악한 경제상황을 이유로 시행이 무기한 연기되었는데, 여기에서도 발전주의 논리가 많이 작용했다. 즉, 세계경제 악화라는 환경하에서 내심 연금보험의 도입에 부정적이던 기업들이 기업경영 악화를 이유로 시행의 연기를 정부에 건의하자 이를 정부가 수용하는 방식으로 시행을 연기한 것이다(김상균, 2010).

지금까지 1960~70년대 중에 제정된 중요한 사회복지입법 사례들을 통해서 주장2의 타당성을 점검해보았는데, 전반적으로 발전국가하에서 사회정책이 경제정책을 위한 수단적 역할을 수행한다는 주장2는 어느 정도 설득력이 있다고 보인다. 그러나 주의할 점은 사회정책이 수행하는 수단성의 성격이나 정도 면에서, 그리고 동기나 결과 면에서 개별 사회정책마다 차이가 있다는 점이다. 즉, 어떤 것은 경제정책의 직접적인 수단이 되며 처음부터 경제발전을 위한 수단이 되는 것을 의도한 데 비해서, 어떤 것은 간접적이고 수단성의 정도가 낮으며 동기와는 무관하게 결과적으로 수단의 성격을 갖게 되었다는 것이다. 1960~70년대에 입법이 된 주요 사회정책들 중에서 산재보험이나 국민복지연금의 경우는 경제정책을 위한 수단적 기능이 높고 직접적이었으며, 시행 동기 면에서도 이를 직접적으로 의도했다고 볼 수 있다. 반면에 의료보험, 생활보호제도, 특수직역연금의 경우는 경제정책에 대한 수단적 기능이 비교적 낮고 간접적이었으며, 처음 의도한 동기는 그러하지 않았지만 결과론적으로 수단적 성격을 갖게 되었다고 볼 수 있다.

구체적으로 1976년에 도입된 강제 의료보험의 경우는 남북 간 체제비교라는 정치적 동기가 크게 작용했지만, 경제발전을 위한 수단적 기능도 간접적으로 수행했다. 즉, 의료보험을 대기업부터 시행함으로써 경제발전을 위한 핵심 산업인력을 우선적으로 보호하며, 형평성이나 의료욕구 순위보다는 보험재정의 안정화를 우선적으로 고려함으로써 사회정책에 대한 국가재정의 투입을 최소화할 수 있었다. 따라서 의료보험의 경우도 간접적이지만 결과론적으로 경제정책을 위한 수단적 기능을 수행할 수 있었다. 생활보호제도 역시 엄격한 기준을 적용함으로써 무상보조를 최소화하여 정부지출을 줄이고자 했으며, 그 대신에 생계보조를 공공근로사업과 연계함으로써 초보적이나마 근로연계복지를 도모했다. 이러한 근로연계복지는 공공부조지출의 절감은 물론, 생활보호제도가 경제발전을 위해서 필요한 근면과 자조의 기풍을 저해하지 않게 하는 데 필요한 것이었다. 연금보험 중에서도 공무원, 군인, 사립학교교직원을 대상으로 하는 특수직역연금은 경제발전과의 관계가 직접적이라고 보기는 어렵다. 전술했듯이, 군인 및 공무원연금은 경제발전이 본격적으로 추진되기 이전부터 시행되고 있었으며, 사립학교 교직원 연금도 국공립학교 교직원을 포함하고 있던 공무원연금에 대한 보완적 성격이 강한 것이었다. 다만, 특수직역 연금의 경우도 정부가 연금기금을 저리로 융자하여 이를 경제발전을 위한 사회간접자본에 투자할 수 있었다는 점에서는 간접적이지만 경제정책에 대한 수단적 기능을 수행했다고 볼 수 있다.

3) 세 번째 주장(주장3)에 대한 토의

주장3은 경제발전을 통한 빈곤탈피, 일자리창출, 고용증가, 소득증대, 기업복지 향상 등의 효과가 곧 사회정책의 효과와 같은 것이라는 시장중심적이고 보수적인 사고이다. 즉, 경제발전이 되면 그 효과가 사회정책 분야로 넘쳐나게 spillover 되는 낙루효과가 발생하며, 이로 인해서 궁극적으로는 사회정책도 발달하게 되는 효과를 거두게 된다는 주장이다. 이는 제도나 정책의 동기보다는 결과론적 측면에 중점을 두는 발상이다. 주장3은 어떤 면에서는 당연한 것으로서, 발전국가에만 특기할 만한 사항이 아닐 수 있다. 어느 국가에서든 경제발전을 하게 되면 일자리가 창출되고 실업이 줄어들며 절대빈곤이 감소하고 그 결과 사회정책에 대한 수요도 상당 부분 충족하게 된다(Broadbent et al., 2006; Song, 2003). 따라서 주장3을 발전국가에 고유한 속성으로 이해하기 위해서는 우선 사회정책의 범위를 구체적으로 설정할 필요가 있으며, 다음에는 낙루효과를 점검할 수 있는 적절한 지표를 개발하는 것이 필요하다.

우선 사회정책의 범위와 관련해서는 전통적인 의미의 사회보장정책(공공부조, 사회보험, 사회서비스, 보건의료 중심)으로 한정하느냐, 노동정책, 임금정책, 교육정책 등을 포함하는 넓은 개념으로 이해하느냐에 따라서 주장3의 설득력이 달라질 수 있으며 점검해야 할 지표도 달라질 수 있다. 사회정책을 전자로 한정하게 되면 앞서 주장1의 검증에서 나타났듯이, 1960~70년대의 발전국가하에서는 경제발전의 낙루효과가 크게 나타나지 않았다고 볼 수 있는데, 이는 당시의 발전국가가 경제발전과 사회발전의 균형을 추구한 것이 아니라 전자에 우선순위를 두었기 때문이다(조이제, 2005). 우리나라에서 경제와 사회의 균형발전을 추구한 것은 1980년대 이후 제5공화국 들어서면서부터라고 볼 수 있다. 이 점에서는 전통적 의미의 사회정책에 대한 경제발전의 낙루효과는 같은 기간에 나타나기보다는 시차를 두고 나타날 수 있는 것으로 이해하는 편이 옳을 것이다. 반면에 사회정책의 범위를 노동정책과 임금정책까지를 포함하는 것으로 이해하면 사회정책에 대한 경제발전의 낙루효과가 동 기간에 당연히 나타날 것으로 생각되며, 이는 발전국가에 국한된 현상이 아니라 본질적인 경제현상이라고 볼 수 있다. 1960~70년대의 한국의 경우도 당연히 이러한 의미의 낙루효과는 나타났을 것이다.

다음에는 사회정책을 노동정책이나 임금정책을 포함하는 넓은 의미로 이해할 경우에도 이를 검증하는 데서 절대적 지표를 중심으로 보느냐, 상대적 지표를 중심으로 보느냐에 따라서 그 결과는 달라질 수 있다. 절대적 지표로는 고용 및 임금정책과 관련해서는 고용수준 내지 실업률, 소득수준(가처분소득), 임금수준, 절대빈곤율, 노동자의 구매력, 기업복지 수준 등을, 교육정책과 관련해서는 문맹률, 진학률 등을 볼 수 있다. 반면에 상대적 지표로는 분배수준과 관련한 다양한 지표들이 활용될 수 있을 것이다. 이 글에서는 이러한 절대적 지표와 상대적 지표를 모두 검토하여 주장3의 타당성을 점검하고자 한다.

1960~70년대에 괄목할 만한 경제발전이 있었다는 것을 기본으로 해서, 우선 절대적 지표의 측면에서 실업률 내지는 고용률 면에서는 경제발전의 낙루효과가 분명하게 있었다고 볼 수 있다. 실업률 동향을 보면, 5개년 경제개발계획이

시작되는 시점인 1963년의 경제활동인구의 실업률은 8.1%였으며, 1966년까지 7% 이상을 유지했다. 이후 1967년에 6.1%, 1968년 5.0%를 기록한 이래, 본격적인 경제발전의 효과가 나타나기 시작했던 1969년부터 1979년까지 실업률은 지속적으로 4.0%를 하회했다(통계청, 『경제활동인구연보』, 각 연도). 따라서 당시의 경제발전으로 나타난 높은 고용률을 고려하면 "고용이 가장 좋은 사회복지이다"라는 보수적 의미에서의 사회정책의 효과는 어느 정도 달성했다고 볼 수 있다. 다음으로 소득수준의 측면을 보면, 국민소득 측면에서 1인당 국민총생산이 1961년의 82달러에서 1979년에는 1647달러로 약 20배 가까이 증가했으며, 국민가처분소득NDI도 1961년의 3092억 원에서 1979년에는 28조 9646억 원으로 약 94배 증가했다(한국은행, 『국민계정』, 각 연도). 도시근로자가구의 월평균소득은 1963년의 5990원에서 1979년에는 19만 4749원으로 33배 가까이 증가했으며(통계청, 『도시가계연보』, 각 연도), 호당 평균 연간 농가소득은 1963년의 9만 3000원에서 1979년에는 222만 7000원으로 24배 증가했는데(농림부, 『농림통계연보』, 각 연도), 이는 도시근로자 소득증가율에는 못 치는 것이지만 역시 괄목할 만한 성장이라고 볼 수 있다. 임금수준은 상용종업원 월평균임금을 기준으로 1970년 1만 7800원에서 1975년에는 4만 6000원, 1979년에는 14만 2700원으로 10년 사이에 약 8배가 증가하여 국민 개개인의 절대빈곤은 많이 개선되었다고 볼 수 있다(노동부, 『매월노동통계조사보고서』, 각 연도). 다음으로 국민들의 구매력을 보면, 상기했듯이 1960~70년대 중에 국민가처분소득이 90배 이상 증가했으며, 도시노동자의 월평균 가처분소득도 1963년의 5730원에서 1979년에는 18만 6866원으로 33배 가까이 증가했다. 특히 이 기간 중에 가계지출 중에서 소비지출이 차지하는 비중이 90~96% 정도를 차지하고 있어 개별 가구의 구매력이 크게 증가했음을 알 수 있다. 가계수지 흑자율도 1963년에는 −5.9%였으나 1979년에는 +22.9%로 크게 개선되었다(통계청, 「도시가계연보」, 각 연도). 이외에도 연간 직업훈련 인원수는 1967년에 7642명에 불과하던 것이 1979년에는 12만 9442명으로 17배가 증가했다(노동부, 『노동통계연감』, 각 연도). 그리고 넓은 의미의 사회정책에 포함될 수 있는 교육정책 측면에서도 고교졸업생의 고등

교육진학률(전문대학, 대학)은 1963년의 30.0%에서 1979년의 25.9%로 오히려 감소했지만,[11] 초등학교 졸업생의 중학교 진학률은 1963년의 49.5%에서 1979년에는 93.4%로, 중학교 졸업생들의 고등학교 진학률은 1963년의 64.4%에서 1979년의 81.0%로 크게 증가했다(교육부, 『교육통계연보』, 각 연도).

그러나 분배정도나 형평성의 문제와 관련이 되는 상대적 지표들을 조사해보면, 사회정책에 대한 경제발전의 낙루효과에 대해서 반론을 제기할 수 있다. 우선 임금인상이나 소득증대가 개개인의 빈곤해소와 구매력 증대에 어느 정도 기여했는지는 절대액만을 기준으로 판단하는 데는 한계가 있으며 실질가치로 환산할 필요가 있는데, 이를 위해서는 물가상승률을 동시에 대비해 보아야 한다. 당시의 연간 소비자물가상승률은 1966년의 12.0%, 1970년 16.9%, 1975년 24.7%, 1979년 18.5% 등 1973년을 제외하고는 지속적으로 10%를 상회했다. 이에 따라서 화폐가치도 1965년도의 1만 원의 가치가 1970년 5556원, 1975년 2747원, 1979년 1592원으로 크게 하락했다(한국은행, 『물가총람』, 각 연도). 이처럼 물가상승 속도가 빠른 상황에서는 노동자들의 임금인상 속도가 빠르다고 해도 실질적인 생활수준 향상으로 이어지기가 어려우며, 이에 따라서 경제발전에 기인한 소득증대나 임금인상의 사회정책적 효과도 줄어들 수밖에 없다.

다음으로 소득분배의 측면을 보면, 소득불평등 정도를 측정하는 가장 중요한 지표인 지니계수가 1965년 0.344, 1970년 0.332, 1976년 0.390, 1978년 0.392 등을 기록하여(Choo, 1992), 지니계수가 0.4 이상이면 소득분배 상태가 매우 불평등하다고 간주하는 기준과 비교해도 당시 소득불평등 정도가 심했다고 볼 수 있으며, 2013년의 우리나라 지니계수 0.302에 비해서도 소득분배 상태가 좋지

11) 고등학교 졸업생들의 고등교육진학률이 감소한 것은 대학에 진학하는 학생수가 줄었다는 것은 아니며, 전반적인 학력수준의 증가로 고졸학력이 거의 보편화되면서 이들 중에서 대학에 진학하는 비율은 여전히 25~30% 전후였다는 의미이다. 전문대학 및 대학생 수를 보면, 1963년에는 12만 4193명이던 것이 1979년에는 48만 277명으로 3.9배 가까이 증가했다. 우리나라에서 고등학교 졸업자들의 고등교육진학률이 50%를 넘어서기 시작하는 것은 1995년 이후부터이다(교육부, 『교육통계연보』, 1996).

않았다. 그리고 1960년대에 비해서 1970년대에 들면서 전반적으로 분배 상태는 더욱 악화되고 있었다. 그러나 이러한 판단은 현재의 기준으로 보았을 때 당시의 소득재분배가 좋지 않았다는 것이고, 당시로서는 주요 선진국들도 지니계수가 0.35를 초과하고 있었으며(미국 1978년 0.36, 영국 1977년 0.37, 이탈리아 1977년 0.36, 캐나다 1976년 0.40), 개발도상국가들은 전반적으로 소득불평등 정도가 매우 심했다[예를 들면, 브라질 1972년 0.62, 필리핀 1975년 0.45(UN, 각 연도)]. 물론 지니계수라는 것이 세부 구성부문별로도 편차가 크고 통계의 신뢰성에 대해서도 논란이 있지만, 전반적으로 1960~70년대 중에 지니계수를 활용한 소득재분배 상태는 좋지 않았다. 따라서 경제발전의 낙루효과도 의심이 가는 것이지만, 다른 한편으로 생각하면 당시로서는 이것이 발전국가하에서만 특수한 현상이 아니라 개발연대가 가지고 있던 공통적인 특성이라고 볼 수 있다. 1970년대까지는 세계적으로도 아직 분배문제에 대한 관심이 부족했다고 볼 수 있는 것이다.

그러나 이러한 국가 전체적인 소득불평등 문제는 차치하더라도 국가 내의 각 부문별 소득불평등은 더욱 심각한 것이었으며, 이 점에서 발전국가의 사회정책에 대한 낙루효과는 재점검이 필요하다고 판단된다. 우선 지니계수를 도농간에 비교해보면, 도시지역이 농촌지역보다 소득불평등 정도가 훨씬 심했다. 가령, 농업부문의 지니계수는 1965년 0.285, 1970년 0.295, 1978년 0.327이었는 데 비해서, 비농업부문은 같은 연도에 지니계수가 각각 0.417, 0.346, 0.412로서 농업부문에 비해서는 물론 국가 전체 평균과 비교해서도 소득불평등 정도가 심했다(Choo, 1992). 물론 이는 당시 농촌지역의 소득수준이 하향 평준화되어 있었다는 측면도 있지만, 공업화와 더불어 도시지역의 소득증대 속도가 농촌지역에 비해서 훨씬 빠르고, 이 과정에서 빈부격차도 심화되고 있음을 의미하는 것이다. 다음으로 1960~70년대에 도시근로자들의 임금수준이 명목가치 면에서는 물론 실질가치 면에서도 많이 상승한 것은 사실이지만, 이를 노동생산성 증가율 및 주요 선진국의 임금수준과 대비해보면 다른 결론에 이를 수 있다. 즉, 손호철(2004)에 따르면, 실질임금상승률이 1960~70년 기간 중에는 연평

표 8-3 임금수준의 국제비교(1975년 기준)

구분	시간당 임금지수(a)	노동생산성지수(b)	a/b
한국	100	100	1.0
싱가포르	406	233	1.74
일본	914	422	2.08
미국	1,342	614	2.18
독일(당시 서독)	1,027	512	2.01

자료: World Bank(1983)에서 발췌.

표 8-4 1960~70년대 제조업 분야의 노동분배율 비교 (단위: %)

구분	1962년	1970년	1973년
한국	26.1	25.0	23.0
일본	37.1	32.0	35.0
미국	52.6	47.3	44.1
독일(당시 서독)	38.0	40.9	44.1
영국	53.0	52.6	49.0
캐나다	52.0	53.1	-

자료: 박찬일(1980).

균 2.4%, 1970~83년 기간 중에는 6.6%에 불과한 데 비해서, 노동생산성증가율은 같은 기간 동안에 각각 12.0%와 10.5%가 상승했다. 전반적으로 1960년대에 비해서 1970년대에는 실질임금상승률과 노동생산성증가율의 격차가 많이 줄어들었지만, 여전히 임금인상속도가 노동생산성증가 속도에 크게 못 미쳤다. 그리고 당시의 임금수준을 국제적으로 비교해보면, 노동자 임금의 절대액은 꾸준히 상승했지만 노동생산성 지수와 대비하여 상대적으로 구해보아도 매우 열악한 상태였음을 알 수 있다(**표 8-3** 참조).

노동시간 면에서도 1975년 기준으로 제조업분야의 한국 노동자들의 주당 평균근로시간은 50.5시간으로서, 이는 당시 선진국 노동자들에 비해서 10시간 이상 길었을 뿐만 아니라(미국 40.1시간, 영국 43.5시간, 프랑스 41.7시간, 독일 40.4시간, 일본 38.8시간), 당시 멕시코 노동자들의 45.6시간에 비해서도 5시간 더 많은 것이었다(ILO, 1982). 그리고 제조업 분야에서의 노동분배율을 비교해보면, 당

표 8-5 1970년대 교육정도별 임금수준 비교 (단위: 천 원, %)

연도	중졸 이하(대졸 대비)	고졸(대졸 대비)	전문대졸(대졸 대비)	대졸 이상
1971	18 (38.3)	27 (57.4)	-	47
1972	19 (37.3)	28 (54.9)	-	51
1973	21 (34.4)	33 (54.1)	-	61
1974	29 (35.8)	41 (50.6)	58 (71.6)	81
1975	32 (30.1)	50 (47.2)	69 (65.1)	106
1976	43 (29.8)	64 (44.4)	94 (65.2)	144
1977	52 (29.7)	78 (44.6)	115 (65.7)	175
1978	70 (30.8)	102 (44.9)	152 (66.9)	227
1979	98 (32.6)	134 (45.6)	197 (67.0)	294

자료: 노동부, 『임금구조기본통계조사보고서』(각 연도).

시의 한국의 노동자들은 선진국 노동자들에 비해서 매우 적은 몫을 가져감을 알 수 있다(**표 8-4** 참조).

그뿐 아니라 노동자들 간에도 교육정도별, 성별 임금격차가 매우 심하여 1970년대에 대졸노동자 대비 중졸노동자의 임금수준은 30% 전후, 고졸노동자의 임금수준은 절반수준에도 미치지 못했으며, 이러한 임금격차는 1970년대에 더욱 심화되었다(**표 8-5** 참조). 성별 임금격차는 1970년대 중에 여성의 임금수준이 남성 노동자의 45% 전후에 불과했다. 예를 들면, 여성 노동자의 남성 노동자 대비 임금수준은 1971년 45.0%, 1975년 43.6%, 1979년 44.4%로서 큰 변동이 없이 45% 전후로서 그 격차가 매우 컸다(노동부, 『임금구조기본통계조사보고서』, 해당연도).

이렇게 보면 발전국가하에서 사회정책에 대한 경제발전의 낙루효과는 실업률, 소득수준, 임금수준 등과 같은 절대적 지표에서는 어느 정도 있었다고 볼 수 있지만, 소득재분배 및 사회적 형평성의 측면과 연관되는 상대적 지표들과 관련해서는 효과가 크지 않았음을 알 수 있다. 오히려 이러한 상대적 지표들은 경제발전이 진행될수록 더욱 악화되었다. 따라서 경제적 자유주의자들이나 발전주의 복지체제론의 주장처럼, 경제발전의 낙루효과에 맹목적으로 기대는 낙관주의적이고 시장중심적인 사고만으로는 소득재분배 문제를 해결하기가 어려우며 별도의 사회정책적 처방이 필요함을 알 수 있다.

4) 네 번째 주장(주장4)에 대한 토의

주장4는 발전국가하에서 사회정책은 보편주의에 입각하여 모든 국민을 대상으로 하기보다는 특정계층에 제한되는 경향이 있다는 것이다. 즉, 사회정책이 발전하더라도 선별주의에 입각하여 제한적으로 발전한다는 것이다. 이는 기본적으로 한정된 재원을 경제발전에 우선적으로 투자해야 하는 상황에서 국민 전체를 대상으로 사회정책을 시행하기는 어렵다고 보기 때문이다. 그리고 보편적 복지는 증세를 기반으로 하는 것이기 때문에 산업화의 주축인 기업의 투자여력을 감소시킬 뿐만 아니라 국민들의 저축능력도 감소시키게 되어 국내의 자본축적을 저해할 수 있다고 주장한다(Pierson, 2006). 아울러 복지 선진국들의 복지병福祉病에서 보듯이, 보편적 복지는 국민들의 근로의욕을 저하시킬 수 있다고 주장한다. 따라서 이러한 점들에서 보편적 복지는 발전국가와 친화성이 적다는 것이다.

그러나 이러한 주장4를 검증하기 위해서는 우선 선별주의에 입각한 특정계층 범위를 규정할 필요가 있다. 대체로 사회복지에서 말하는 특정계층은 빈곤층, 장애인이나 노인 등 육체적 취약자, 사회부적응자 등의 사회적 취약계층을 의미하는 것이다. 그러나 발전국가에서 의미하는 특정계층에는 이러한 한정적 계층도 포함이 되겠지만, 오히려 그보다는 특수직역이나 산업노동자 등 발전국가를 지탱하는 데 중추세력이 되는 계층에 대해 선택적으로 사회정책을 적용한다는 의미가 강하다. 이 글에서는 주장4의 선별주의 개념과 관련하여, 두 가지 의미를 모두 점검해보고 이에 입각하여 논의를 해보고자 한다.

우선 사회적 취약계층에 대한 사회정책의 여부를 측정하는 데는 대표적으로 경제적 빈곤계층을 대상으로 하는 생활보호제도(현재의 국민기초생활보장제도)의 적용범위와 급여수준을 살펴볼 수 있다. 「생활보호법」은 1961년 11월에 제정되었지만, 이의 시행을 뒷받침할 수 있는 시행령이 제정된 것은 1969년 11월 이었다. 이는 현재의 시각에서는 이해하기 어려운 것이지만, 당시는 「아동복리법」, 「재해구호법」 등 그러한 사례가 적지 않았다. 그만큼 의회와 행정부 간의 역할체계가 제대로 갖추어지지 못했으며, 의회의 권위가 없었기 때문일 것이다. 따라서 1960년대는 행정입법 조치가 미흡한 상태에서 생활보호제도가 운영이 되었는데, 당시 생활보호대상자의 자격요건은 부양의무자가 없거나 부양의무자가 있어도 부양능력이 없는 65세 이상의 노쇠자, 18세 미만의 아동, 폐질 또는 심신장애로 인해 근로능력이 없는 자 등으로서(1963년 생활보호법 제3조), 현재의 기초생활보장대상자와 큰 차이가 없다. 그러나 당시의 평균수명이 1960년 52.4세, 1970년 63.2세, 1979년 65.8세였던 것을 감안하면(통계청, 1998), 노인의 기준을 현재와 같이 65세로 설정한 것은 생활보호제도의 대상이 매우 제한적이었음을 의미한다. 그럼에도 1965년 기준으로 생활보호대상자가 392만 명으로 전체 국민의 13.6%를 차지한 것은 현재의 기초생활보장수급자와는 달리 영세민의 범주에 속하는 사람들이 많았기 때문이다. 즉, 당시 생활보호대상자 391만 8천 명 중에서 영세민이 356만 3천 명으로서 91%를 차지했다. 이들은 장기적으로 생활보호를 받는 수급자라고 보기는 어려웠다. 이후 1970년대 들어서 「생활보호법」 시행령이 제정되고 본격적으로 생활보호제도가 정착되면서 생활보호대상자는 1970년 242만 2천 명(전체 국민의 7.5%), 1975년 128만 1천 명(3.6%), 1979년 197만 2천 명(4.8%) 등으로 그 수가 크게 변화했다. 물론 1970년대에도 대부분이 영세민의 범주에 속하는 수급자들로서, 생활무능력자의 범주에 속하는 수급자는 많지 않았다(**표 8-6** 참조). 그리고 1977년부터는 「의료보호법」이 「생활보호법」으로부터 분리되어 시행되기 시작했는데, 의료보호대상자는 1977년 209만 5천 명(전체 국민의 5.7%), 1979년 213만 4천 명(5.7%) 수준이었다. 따라서 사회적 취약계층 중에서도 그나마 경제적 빈곤계층을 대상으로 하는 생활보호와 의료보호는 어느 정도 시행이 되었지만, 순수한 의미의 생활보호대상자는 많지 않았으며 대부분이 영세민을 대상으로 임시방편의 생활보호를 소규모로 행하는 정도에 불과했다. 특히 생활보호대상자의 숫자와는

표 8-6 1960~70년대 생활보호대상자 추이 (단위: 천 명, %)

연도	계(전체 국민 대비)	생활무능력자	영세민
1965	3,918 (13.6)	355	3,563
1970	2,422 (7.5)	306	2,116
1972	2,169 (6.5)	420	1,749
1975	1,281 (3.6)	377	904
1977	2,080 (5.7)	353	1,727
1979	1,972 (4.8)	349	1,623

자료: 보건사회부(1981); 이경은(1989)에서 발췌 인용.

다른 차원에서, 1960년대에는 생활보호비용의 절반 이상을 외국 원조에 의존하고 있었으며,[12] 1970년대에도 사회복지지출이 국가예산의 5% 전후에 불과하던 상황에서 생활보호의 수준은 매우 미흡했다.

노인계층에 대한 복지는 1960~70년대는 아직 종합적이고 체계적이지 못했다. 즉, 1981년 「노인복지법」이 제정되기 전까지는 노인복지에 대한 종합대책이 거의 없었으며, 극빈층 노인에 한해서 약간의 생활부조를 실시하는 정도였다. 당시는 노인복지는 경로효친사상을 바탕으로 가정 내에서 이루어져야 한다는 사고가 강했으며, 1970년대까지는 노인복지는 물론 사회서비스 전반에 대해서 관심이 저조했다. 이에 따라서 「아동복리법」도 법은 1961년 12월에 제정되었으나 시행령은 1969년 3월에 가서야 제정되었으며, 시행령 제정 이후에도 아동복지 관련 사업이나 프로그램의 시행은 미미했다. 아동복지 역시 본격화되기 시작한 것은 1981년 4월 기존의 「아동복리법」을 전문 개정하여 「아동복지법」으로 전환하고, 이에 입각하여 시군구에 아동복지지도원을 설치하는 등의 조치를 취하면서부터이다. 편모가정이나 장애인 등에 대한 보호도 1980년대 들어 「모자복지법」(1989년 4월), 「심신장애자복지법」(1981년 6월)이 제정된 이후부터

12) 전체 생활비용 중에서 외국 원조가 차지하는 비중을 보면 1962년 51.9%, 1964년 50.0%, 1966년 63.0%, 1968년 37.3%였다(심재진, 2011).

본격화되었다. 따라서 1960~70년대에는 사회적 취약계층 중에서도 경제적 극빈층을 대상으로 하는 생활보호나 의료보호를 제외하고는 노인, 장애인, 아동, 편모가정 등의 취약계층에 대한 복지는 제대로 관심을 끌지 못했다. 일부 시행이 되더라도 체계적이지 못했으며 경제적인 응급상황에 국한하여 제한적으로 시행되었다. 이러한 사실은 당시 전체 사회복지지출 중에서 사회서비스 지출이 차지하는 비중이 1965년 2.0%, 1970년 1.8%, 1975년 2.3%, 1980년 2.1%에 불과했던 데서도 입증된다(심상용, 2010).

다음으로 특수직역이나 산업노동자 등 발전국가의 중추적 인력들에 대한 사회정책 현황을 분석해보면, 넓은 의미의 사회정책인 직업훈련 등을 제외하고는 이들에 대한 정책은 대부분 사회보험에 치중되었다. 1960~70년대 중에 이들을 대상으로 하는 사회보험을 보면, 특수직역에 대해서는 군인연금, 공무원연금, 사립학교교직원연금, 공무원 및 사립학교교직원의료보험을 들 수 있으며, 산업노동자에 대해서는 1960~70년대에 의료보험이 대기업 노동자에게만 강제 적용되었고, 산재보험은 처음에는 대기업을 중심으로 시행되었으나 단계적으로 확대되어 1970년대 들어서는 중소기업도 상당 부분 포함되었다. 이들을 대상으로 하는 국민복지연금도 1973년에 입법은 되었지만 시행은 되지 못했다. 여기서 보면, 1960~70년대에는 경제적 불안정성이 보다 높고 따라서 사회보험의 수요가 더 큰 농어민, 도시자영업자, 중소기업 노동자들보다는 비교적 직업안정성과 소득수준이 높은 특수직역과 대기업 노동자를 대상으로 사회보험이 먼저 적용되었음을 알 수 있다. 예를 들면, 특수직역과 대기업 노동자에 대해서는 1970년대부터 강제 의료보험이 시행되었지만, 농어민에 대해서는 1988년 1월부터, 도시자영업자에 대해서는 1989년 7월부터 강제 의료보험이 적용되었다. 연금보험도 1973년에 제정된 「국민복지연금법」에서는 당연적용사업장의 범위를 상시고용 30인 이상의 사업장으로 했으며(1974년 국민복지연금법시행령 제6조), 1986년 12월에 제정된 「국민연금법」도 1988년 1월부터 대기업, 중소기업, 농어민 등의 순으로 적용이 되다가 1999년 4월에 와서야 도시자영업자도 적용대상에 포함되었다. 산재보험도 1964년 7월부터 상시근로자 500인 이상의 대

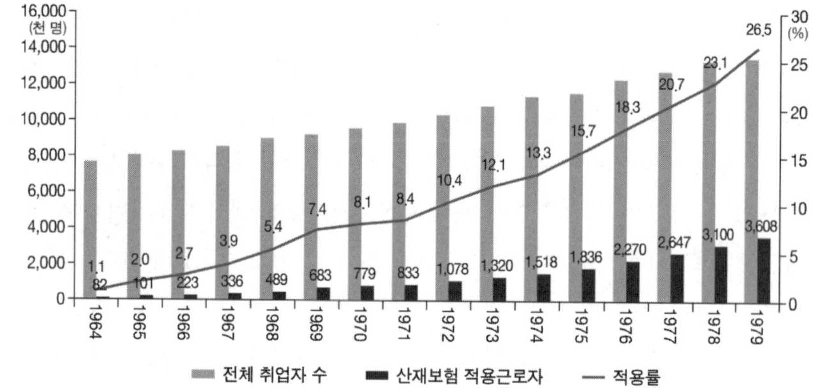

그림 8-2 1960~70년대 산재보험 적용 추이
자료: 노동부(2006).

기업부터 적용하여 점진적으로 중소기업으로 확대되었다.[13)]

구체적으로 의료보험과 산재보험의 적용대상을 보면, 우선 의료보험의 경우 1977년 7월부터 500인 이상 종업원을 고용하는 대기업을 대상으로 강제적용을 하기 이전까지는 전체 인구 대비 의료보험 적용인구가 0.2%에 불과했다. 이후 강제적용이 되면서 1977년에는 8.8%로 증가했으며, 1979년 7월부터 공무원 및 사립학교교직원 의료보험이 시행되면서 적용인구가 20.7%로 증가했다. 따라서 의료보험의 적용범위는 1970년대까지는 특수직역과 대기업 종사자를 중심으로 전체 국민의 1/5에 해당하는 사람들만이 해당했다. 산재보험의 경우도 전체 취업자 수 대비 적용근로자 비율을 보면, **그림 8-2**에서 보듯이 시행 첫해인 1964년 1.1%에서 시작하여 1970년 8.1%, 1975년 15.7%, 1979년 26.5%로 지속

13) 산재보험의 적용대상은 1964년 광업 및 제조업 분야의 종업원 500인 이상 기업부터 적용하여, 1965년 200인 이상(전기가스업, 운수보관업 추가), 1966년 150인 이상, 1967년 100인 이상, 1968년 50인 이상, 1969년 건설업 등 6개 업종 추가, 1972년 30인 이상, 1973년 16인 이상, 1976년 광업, 제조업 중 화학 등 5개 업종에 한해 5인 이상을 대상으로 지속적으로 대상범위를 확대했다(심상용, 2010).

적으로 증가했다. 그러나 산재보험은 1960~70년대 중에 비교적 빠른 속도로 적용대상 범위가 확대되어 이미 1970년대에 중소기업 종사자까지 포함하기에 이르렀다. 이는 경제발전을 위해서는 재해근로자에 대한 신속한 보상이 필요했던 데다, 산재보험은 기업체 종사자를 대상으로 하는 것이어서 정부의 재정부담 우려가 비교적 적었기 때문일 것이다. 특히 산재보험은 의료보험과는 달리 개별 노동자가 보험료 납부의무를 지는 것이 아니라 사업주가 전체 보험료를 부담한다. 따라서 사업주가 부도가 나는 경우가 아니면 보험료 연체의 우려가 적었으며, 그 결과 정부의 재정적 부담이 적었다.

특수직역 연금보험의 적용대상 비율은 1960~70년대 중에 대체로 전체 인구의 2% 전후였다. 즉, 1965년 1.4%이던 것이 1970년 1.7%, 1975년 1.8%, 1979년 2.1% 수준이었다(이경은, 1989). 일반 국민을 대상으로 하는 연금보험은 「국민복지연금법」의 시행이 무기한 연기됨으로써 1988년부터 「국민연금법」이 시행되기 이전까지는 실적이 없었다.

이상에서 특정계층의 개념을 사회적 취약계층과 특수직역 및 산업노동자에 대한 것으로 구분하여 주장4의 적실성을 점검해보았다. 전반적으로 사회적 취약계층에 대한 사회정책은 생활보호제도를 중심으로 시행이 되어 적용대상이 전체 국민의 5~6% 정도를 차지했으나, 실제 내용 면에서는 수급자의 대부분이 영세민으로서 응급적인 구호사업 중심으로 시행이 되었다. 따라서 적용대상자 수라는 양적인 지표에서 더 나아가서 내용적인 측면에서 보면 경제적 빈곤계층에 대한 복지가 매우 취약했다고 볼 수 있다. 노인, 장애인, 모자가정 등 다른 취약계층에 대한 복지는 생활보호제도 외에는 맹아교육을 위한 「특수교육진흥법」(1977년) 정도를 제외하고는 별도의 제도화가 이루어지지 못했다. 결국 특정계층을 사회적 취약계층의 측면에서 볼 경우에는 1960~70년대의 발전국가 하에서 이들에 대한 사회정책이 매우 부실했다고 볼 수 있다. 따라서 주장4는 재검토해볼 필요가 있다. 이는 기본적으로 당시의 발전국가가 사회정책에 대한 관심도 적었지만, 무엇보다도 경제적 능력이 취약한 상태에서 경제발전과 국방 분야에 우선적으로 자원을 투입해야 하는 상황에서 사회정책에 재원을 투입할 수 있는 여력이 부족했기 때문일 것이다.

다음으로 특수직역이나 산업노동자에 대한 사회정책은 1960~70년대 중에 산재보험, 연금보험, 의료보험 등의 사회보험을 중심으로 일반 국민들보다 우선적으로 시행되었다. 이 점에서는 특정계층을 이들로 보았을 때는 주장4에 설득력이 있다고 볼 수 있다. 그러나 이처럼 발전국가 시기에 특수직역이나 산업노동자에게 우선 적용한 선별주의 복지였다고 하더라도, 이는 경제발전과 관련한 동기만 작용한 것이 아니라 정치적 요인, 국가 재정부담의 최소화 등의 동기도 크게 작용했다고 볼 수 있다. 우선 특수직역의 경우는 발전국가, 특히 1970년대 이후의 권위주의적 발전국가를 유지하는 데 이들의 충성심을 확보하는 것이 필요했으며, 이들을 우대하는 방안의 하나가 사회보험일 수 있었다(김진욱, 2011). 즉, 정치적 동기가 컸던 것이다. 산업노동자의 경우는 사회보험에 대한 욕구의 크기와는 반대로 대기업 종사자부터 단계적으로 실시했는데, 이는 당시 대기업 중심의 경제체제하에서 이들이 경제발전을 추진하는 데 핵심적인 역할을 수행한 데도 원인이 있겠지만, 그보다는 보험재정의 안정을 도모함으로써 정부의 재정부담 가능성을 줄이기 위한 동기가 크게 작용했다. 중소기업은 아무래도 부도 위험이 상대적으로 높기 때문이다.

5) 다섯 번째 주장(주장5)에 대한 토의

발전주의 복지체제론은 발전국가하의 사회정책은 사회보험을 중심으로 우선적으로 발전한다고 주장한다. 이는 기본적으로 산재보험 등의 사회보험이 경제발전을 달성하는 데 긴요한 것이기도 하지만, 재정지출의 측면에서 세금을 통해서 유지되는 공공부조나 사회서비스와는 달리 사회보험은 재원의 대부분을 수급자 및 고용주가 납부하는 보험료를 통해서 충당하기 때문이다. 따라서 사회보험은 국가재정에 대한 부담이 상대적으로 적으며, 이는 경제발전에 재원을 우선적으로 투자해야 하는 발전국가의 필요성과 부합하는 것이다.

이러한 주장5를 우선 제도화 및 적용대상 측면에서 살펴보면, 1960~70년대에 4대 사회보험 중에서 산재보험은 1963년 11월 제정하고 1964년 7월부터 시행되었다. 강제적용 대상범위는 "「근로기준법」의 적용을 받는 사업 및 사업장에 대하여 이를 적용한다"고 하면서도 "위험률·사업의 규모 등을 참작하여 각령으로 정하는 사업은 예외로 한다"고 규정하여(1963년 산재보험법 제4조), 처음에는 상시 500인 이상의 근로자를 고용하는 광업 및 제조업 사업장에만 적용했다(1964년 산재보험법시행령 제2조). 이후 「산재보험법」은 1960~70년대 중에 5차례의 법 개정을 통해 적용범위를 단계적으로 확대함으로써 통상적으로는 근로기준법의 적용을 받는 업체, 즉 16인 이상 사업장, 일부 업종에 대해서는 5인 이상 사업장에까지 강제적용 대상을 확대했다. 그러나 이러한 외형상의 확대에도 불구하고, 실제로는 산재보험의 적용을 받는 노동자는 1979년 기준으로 전체 노동자의 26.5%에 불과하여(노동부, 2006), 여전히 많은 노동자들이 산재보험으로부터 제외되어 있었다.

의료보험의 경우는 1963년 12월에 법제화를 완료했으나, 임의가입 제도를 채택함으로써 1960년대에는 겨우 3개의 시범사업만 실시되었을 뿐 제대로 정착이 되지 못했다(김순양, 1994). 이후 1970년 8월 「의료보험법」 제1차 개정이 단행되어 전 국민을 대상으로 의료보험을 실시하되 강제가입과 임의가입을 병행하여 우선 시행가능한 계층인 근로자, 군인, 공무원을 강제가입 대상으로 했다(제74회 국회 본회의 제7차 회의록, 1970.7.16). 그러나 동 법은 시행령의 미비와 현실성 결여로 시행이 되지 못했으며 실패한 정책으로 기록된다. 1976년에 들어 의료보험 도입 논의가 다시 촉발되어 1976년 12월 「의료보험법」 제2차 개정이 단행되었으며, 1977년 7월부터 상시근로자 500인 이상을 고용하는 사업장을 대상으로 강제 의료보험을 실시하게 되었다(1977년 의료보험법시행령 제4조). 이후 1979년 4월의 시행령 개정으로 300인 이상 사업장으로 확대되었다. 따라서 「의료보험법」이 입법화된 것은 1963년이었지만 본격적으로 의료보험이 시행된 것은 1977년부터이며, 1970년대까지는 상시고용 규모 300인 이상의 기업에, 즉 당시로서는 대기업에만 적용되었다. 1977년 12월에는 공무원 및 사립학교교직원을 대상으로 하는 의료보험제도가 도입되어 1978년 7월부터 시행되었다. 따라서 의료보험은 1970년대까지는 특수직역 및 일부 대기업에만 적용이 되었고, 적용대상 인구를 보면 1976년까지는 전체 인구 대비 0.2% 전후에 불과했으며 1977년 8.8%, 1979년 20.7% 수준이었다(보건사회부, 1981). 따라서 1970년까지는 약 20% 정도의 의료보험수급자, 소수의 의료보호대상자를 제외하고는 절대 다수의 국민들이 의료보장의 사각지대에 놓여 있었다.

연금제도와 관련해서는 우선 공무원연금은 이승만 정부 때인 1960년 1월에 법제화되어 즉시 시행되었다. 당시는 군인연금도 「공무원연금법」에 포함되어 있었다. 이후 5·16 군사정부하인 1963년 1월에는 군인연금이 공무원연금으로부터 분리되어 입법화되었으며, 이 역시 즉시 시행이 되었다. 1973년 12월에는 「사립학교교원연금법」이 제정되어 1974년 1월부터 시행되었다. 일반 국민을 대상으로 하는 연금보험은 1973년 12월 「국민복지연금법」이 제정되고 1974년 1월 시행령까지 제정되었으나, 경제 불황을 이유로 시행이 무기한 연기된 바 있다. 당시 「국민복지연금법」의 당연적용대상은 30인 이상의 상시근로자를 사용하는 사업장이었다. 따라서 1970년대까지는 연금보험은 특수직종 종사자들에게만 적용이 되었으며, 일반 국민(기업체 근로자 및 지역거주자)들은 연금보험으로부터 배제되어 있었다. 이에 따라 1979년 기준으로 연금보험의 적용대상은 전체 인구 대비 2.1%라는 극소수에 불과했다(이경은, 1989).

이렇게 보면 법제화 및 적용대상 면에서 1960~70년대에는 4대 사회보험 중에서 산재보험은 상당 부분 정착되었지만, 여전히 절대 다수의 노동자들이 적용에서 제외되어 있었다. 의료보험은 공무원, 교직원, 일부 대기업종사자를 대상으로 시행되었으며 대부분의 국민들은 제외되었다. 중소기업과 지역주민을 포함한 의료보험은 1980년대 후반에 완성되었다. 연금보험은 1970년대까지는 특수직역만을 대상으로 했다. 기업체종사자를 대상으로 하는 연금보험은 1980년대 후반부터, 지역주민을 대상으로 하는 연금보험은 1990년대 후반부터 시행되었다. 고용보험은 1990년대 중반 이후 도입되었다. 따라서 1960~70년대의 발전국가하에서 사회정책의 다른 분야에 비해서 사회보험의 법제화는 상대적으로 많이 진행되었다고 평가할 수 있으며, 이러한 법제화의 측면에서 사회보

표 8-7 1960~70년대 사회보장비의 구성 및 비율

(단위: 억 원, %)

연도	사회보험	공공부조		사회서비스	합계	일반회계 대비(%)	GNP 대비(%)
		생활보호	원호				
1965	41.0 (16.8)	96.0	101.5	4.3	243.9	6.0	0.6
1970	190.3 (41.1)	99.8	165.1	7.6	462.8	4.4	0.7
1972	161.5 (23.4)	169.3	163.9	95.8	690.5	4.6	0.8
1975	198.0 (33.2)	252.8	133.4	12.4	596.6	3.8	0.6
1977	324.4 (43.1)	188.1	226.4	14.3	753.1	3.6	0.6
1979	307.7 (34.2)	326.8	248.5	16.7	899.6	3.4	0.5

주: 사회서비스는 아동복지와 여성복지로 구성.
자료: 이경은(1989: 117).

험이 우선적으로 발전한다고 하는 주장은 일리가 있다고 판단할 수도 있다. 그러나 보다 실제적으로 적용대상 인구의 측면에서 보면 여전히 매우 제한적이었을 뿐만 아니라, 그것도 사회보험 수요의 긴급성과는 반대로 상대적으로 안정적인 계층인 특수직역종사자, 대기업종사자부터 우선적으로 적용한 역진적인 방식이었다.

다음으로 발전국가에서의 사회보험의 발전 현황을 지출 측면에서 살펴보면, 1960~70년대에 사회보험에 대한 지출은 1965년의 41억 원에서 1970년에는 190.3억 원으로 크게 증가했지만, 1971년부터 1976년 사이에는 거의 정체되었다(**표 8-7** 참조). 이후 1977년부터 비교적 큰 폭으로 증가한 것은 당시 강제 의료보험의 도입으로 일부 사무비를 보조한 것과 관련이 있는 것으로 보인다.[14] 그러나 지출의 규모 면에서는 여전히 사회보험 지출이 크지 않았는데, 이는 당시 지역주민을 대상으로 하는 사회보험이 없던 상태에서 사회보험 운영의 대부분을 본인 및 사업주가 부담하는 보험료 수입에 의존했기 때문이다. 다음으로 사회보험 지출이 전체 사회보장비에서 차지하는 비중은 1960년대에는 사회보험

14) 1976년 의료보험법 제48조는 "국고는 매 연도 예산의 범위 안에서 대통령령이 정하는 바에 의하여 조합 및 조합연합회에 대하여 의료보험사업의 운영에 필요한 비용의 일부를 부담할 수 있다"라고 규정했다.

의 적용대상이 매우 제한되었기 때문에 그 비율이 낮다. 이후 1970년대 들어서 비율이 상승했지만 편차가 심하다. 이는 기본적으로 당시 공공부조 중에서 생활보호 관련 지출이 영세민대책에 따라서 편차가 컸기 때문으로 보인다. 대체로 공공부조 중에서 원호보상을 제외하면 사회보험 지출이 차지하는 비중은 약 40~50% 이상은 되었을 것이다. 특히 사회복지서비스 지출과 비교해보면 사회보험의 지출이 크게 많음을 알 수 있다. 따라서 지출 측면에서 보면, 절대액수 면에서는 사회보장비 전체 비중이 일반회계 대비 3~4% 수준, GNP 대비 0.5~0% 수준에 불과한 것에서 알 수 있듯이, 사회보험 지출은 매우 적은 것이었지만 사회보장비 중에서 사회보험이 차지하는 비중은 적지 않았다고 볼 수 있다. 이 점에서는 주장5가 완전히 틀렸다고 보기는 어려울 것 같다.

4. 종합적 논의

발전국가하에서 사회정책은 전반적으로 저발전되거나 지체된다는 발전주의 복지체제론의 주장1은 사회복지지출의 절대규모나 상대적 비중 어느 것을 보든 간에 그 타당성이 상당한 정도로 입증된다. 1960~70년대 중에 사회복지지출은 규모나 상대적 비중 모두에서 미미한 수준이었다. 그러나 한걸음 더 나아가서 이처럼 사회복지지출이 영세했던 원인이 반드시 경제발전에 국가재원을 우선적으로 투입했기 때문이었는지에 대해서는 다른 견해가 있을 수 있다. 대규모의 국방비 및 교육비 지출 등 다른 요인들도 복합적으로 작용했다고 볼 수 있기 때문이다. 특히 국방비 지출은 사회복지지출을 제약하는 중요한 요인이었다. 이 점에서 주장1과 관련하여 발전국가와 사회정책의 관계를 논의하는 데서는 동아시아 발전국가들을 획일적으로 다루기보다는 개별 국가들이 처한 환경적, 지정학적 특성도 고려할 필요가 있다. 그리고 발전국가하에서 사회복지지출이 저조했던 것은 경제발전을 위한 우선투자, 사회정책에 대한 의지부족에도 원인이 있지만 보다 근본적으로는 당시의 경제적, 재정력 능력이 절대적으로 취약했기 때문이다. 아울러 사회복지에 대한 외부압력이나 요구가 부족했던 것과 당시의 발전국가가 다양한 사회통제 기제를 가지고 있었던 것도 복합적으로 작용했다고 볼 수 있다. 따라서 발전국가하에서 사회정책이 저발전 내지는 지체된다고 하더라도, 그 원인에 대해서는 경제적 관점에서만 해석할 것은 아니며 정치적, 사회적, 지정학적 요인 등을 복합적으로 고려하는 통합적 접근이 필요하다.

그리고 사회정책의 발달 여부를 사회복지지출이라는 지표만으로 판단할 것인가도 논란이 될 수 있다. 1960~70년대에 사회복지지출의 절대규모와 비중은 적었지만 사회복지의 제도화는 크게 진전되었으며 사회복지 담당조직이나 인력도 상당한 정도로 분화 및 확대되었다. 따라서 발전국가하에서 사회정책이 저발전 내지는 지체된다는 주장은 우리가 사회정책의 발달 여부를 무엇으로 판단할 것인가에 따라서 달리 이해될 수 있다.

발전국가하에서 사회정책은 경제정책을 위한 수단적 기능을 수행한다고 보는 주장2를 점검하기 위해서는 무엇보다도 '수단'의 의미를 명확하게 하는 것이 중요하다. 지금까지 발전주의 복지체제론은 수단의 의미를 매우 추상적으로 이해했다. 이 글에서는 그 의미를 "사회정책이 발전국가에 필요한 자본축적을 저해하지 않아야 한다. 사회정책이 기업의 경쟁력을 저해하지 않음은 물론 나아가서는 기업의 경쟁력을 높이는 데 기여해야 한다. 사회정책은 노동자의 관리 측면에서도 경제발전에 기여해야 한다. 사회정책은 생산적 복지에 연계되어야 한다"는 네 가지로 개념화했다. 그리고 이러한 개념화에 입각하여 1960~70년대 중에 제정된 중요한 사회복지입법들인 「생활보호법」, 「의료보험법」, 「산재보험법」, 「국민복지연금법」의 네 가지 입법사례들을 통해서 주장2를 점검했다. 전반적으로 발전국가하에서 사회정책이 경제정책을 위한 수단적 역할을 수행한다는 주장2는 어느 정도 설득력이 있지만, 주의할 점은 사회정책이 수행하는 수단의 성격이나 정도 면에서 그리고 동기나 결과 면에서 개별 사회정책마다 차이가 있다는 점이다. 즉, 어떤 것은 경제정책의 직접적인 수단이 되고 의도성이 강했던 데 비해서, 어떤 것은 수단성의 정도가 낮고 동기는 그렇지 않았지만 결과적으로 수단의 성격을 갖게 되었다는 것이다.

그럼에도 주장2는 기본적으로 입증하기가 어려운 다소 모호한 것이다. 주장2에 따르면 사회정책은 경제정책이나 산업정책에 종속되는 것으로 이해되지만, 이미 많은 학자들이 경제정책과 사회정책은 종속관계라기보다는 동전의 양면과 같은 관계로 보고 있다. 넓은 의미의 사회정책의 범주에 속하는 노동정책, 특히 실업정책, 직업훈련, 임금정책 등은 경제정책과 밀접한 연관이 있지만 그 자체로서 경제발전에 중요한 역할을 수행하는 것이다. 그리고 사회복지지출도 유효수요 창출 등과 같이 경제적 기능이 크다. 또한 사회정책이 경제정책을 위한 수단적 기능을 수행한다고 하더라도 이것이 발전국가에 특유한 현상이 아닐 수 있다. 오코너J. O'Connor는 선진자본주의 국가에서도 사회정책이 경제발전을 통해서 달성되는 자본축적기능을 정당화하는 수단으로서 사용되고 있음을 지적하고 있다(O'Connor, 2009). 즉, 오코너는 자본주의국가가 수행하는 두 가지 기능은 자본축적기능과 정당화기능이며, 이 중에서 사회정책에 해당하는 사회적 지출은 정당화기능을 수행한다고 주장한다. 정당화기능은 자본주의국가의 주된 기능인 자본축적기능을 수행하는 과정에서 파생되는 부작용을 보완하기 위한 수단적 기능을 한다.

주장3은 사회정책에 대한 경제발전의 낙루효과를 주장하는 것이다. 이와 관련하여 본문에서 검토해 보았듯이 주장3의 타당성은 사회정책의 범위를 어디까지로 보느냐와 사회정책 발달의 지표를 무엇으로 보느냐에 따라서 상이하게 평가할 수 있다. 우선 사회정책을 전통적 의미의 사회보장정책으로 국한하여 본다면 발전국가의 낙루효과는 거의 없거나 제한적으로 나타난다고 볼 수 있다. 반면에, 사회정책의 범위를 고용정책, 임금정책, 교육정책 등을 포함하는 넓은 의미로 보면 1960~70년대 중에 경제발전의 낙루효과가 어느 정도 있었다고 볼 수 있다. 그러나 이 경우에도 이러한 낙루효과는 발전국가에만 국한된 것이라기보다는, 시장기능을 우선하는 서구국가에서도 경제발전이 되면 보편적으로 나타나는 현상이 아닌가 생각된다.

다음으로 사회정책의 발달을 측정하는 지표 면에서 보면 임금수준, 소득수준 등의 절대적 기준 측면에서는 1960~70년대 중에 경제발전의 낙루효과가 있는 것으로 나타나지만, 소득재분배, 실질임금수준, 노동분배율, 지역별 및 성별 임금격차 등의 상대적 지표의 측면에서 보면 경제발전의 낙루효과가 거의 없음을 알 수 있다. 따라서 경제발전의 낙루효과를 어떠한 지표를 가지고 측정하느냐가 중요하며, 설사 낙루효과가 일부 있다고 하더라도 이것이 분배와 형평성을 으뜸의 가치로 삼아야 하는 사회정책의 독자성을 부인하는 데 이용되어서는 곤란할 것이다.

주장4는 발전국가하에서의 사회정책은 특정계층에 제한되는 경향이 있다는 주장이다. 이를 점검하기 위해서는 특정계층의 범주를 설정하는 것이 중요하다. 본래 특정계층은 빈곤계층, 육체적 취약계층, 부적응계층 등의 사회적 취약계층을 주로 의미하지만, 발전주의 복지체제론에서는 이를 발전국가를 지탱하는 데 중추적 역할을 수행하는 특수직역이나 산업노동자 등을 의미하는 경향이 보다 강하다. 이 글에서는 특정계층의 개념을 두 범주를 모두 포함하는 것으로 보고 분석을 행했다. 전반적으로 사회적 취약계층에 대한 사회정책은 생활보호제도를 중심으로 시행이 되었으며, 적용대상 면에서는 대부분 영세민을 대상으로 하여 응급적인 구호사업을 중심으로 시행되었다. 따라서 적용대상자의 수라는 양적인 지표에서는 진일보했다. 그러나 보다 중요한 내용적 측면에서 보면 빈곤계층에 대한 사회정책은 매우 취약했다. 노인, 장애인, 모자가정 등 다른 취약계층에 대한 사회정책은 거의 시행되지 못했다. 따라서 사회적 취약계층을 대상으로 할 경우에 1960~70년대에는 이들에 대한 사회정책이 매우 부실했다고 평가할 수 있다. 그러므로 주장4는 재검토할 필요가 있다. 이는 기본적으로 당시의 발전국가가 사회정책에 대한 관심도 크지 않았지만, 무엇보다도 경제적 능력이 취약한 상태에서 사회정책에 재원을 투입할 수 있는 여력이 부족했기 때문일 것이다.

다음으로 특수직역이나 산업노동자에 대한 사회정책은 1960~70년대 중에 사회보험을 중심으로 일반 국민들보다 우선적으로 시행되었다. 이 점에서 특정계층을 이들로 보았을 때는 주장4는 타당성이 있어 보인다. 그러나 이처럼 발전국가 시기에 특수직역이나 산업노동자에게 우선 적용한 선별적 복지가 존재했다 하더라도, 여기에는 경제발전과 관련한 동기만 작용했다고 보기는 어려우며 정치적 동기, 국가의 재정부담 회피 동기 등도 크게 작용했다. 그리고 이들에게 우선적으로 사회정책을 적용한 것이 발전국가의 고유한 특성으로 볼 수 있느냐 하는 것도 논란이 될 수 있다. 1880년대 독일의 비스마르크 시기에도 산업노동자들을 대상으로 하는 사회보험이 우선적으로 발달했지만, 이는 경제발전이 동기라기보다는 노동자에 대한 사회통제의 측면이 강했다(Kangas and Palme, 2005). 우리의 경우도 노동자들 중에서도 복지욕구가 더 큰 중소기업부터 적용한 것이 아니라 대기업부터 적용한 것을 사회통제 관점에서 해석해볼 수 있다. 즉, 대기업이 노조가 발달되어 있어 잠재적 위협이 더 크며, 따라서 이를 사전에 차단해야 할 필요성도 컸던 것이다. 물론 동일한 사실을 다른 각도에서 해석할 수도 있다. 당시로서는 대기업이 경제발전에 보다 직접적인 역할을 수행했다고 본다면, 대기업부터 사회보험을 적용한 것은 발전국가 논리가 작용했다고 볼 수도 있다. 다른 한편으로는 대기업일수록 부도위험이 적기 때문에 사회보험을 시행하는 데서 국가의 재정부담 위험이 적었으며 관리상의 편의성도 컸기 때문에 이들부터 우선적으로 적용했을 수도 있다.

발전국가에서 사회정책이 부분적으로 발달하더라도 사회보험이 우선적으로 발달하는 경향이 있다는 주장5는 사회보험의 제도화 수준, 적용대상 범위, 지출수준 등 다양한 측면에서 고찰해볼 수 있다. 실증분석의 결과, 우선 제도화의 측면에서는 1960~70년대의 발전국가하에서 사회보험과 관련한 법제화가 다른 사회정책 영역에 비해서 상대적으로 많이 진행이 되었다고 평가할 수 있다. 4대 사회보험 중에서 고용보험을 제외하고는 법제화가 완료되었다.[15] 따라서 법제화의 측면에서 보면 주장5가 일리가 있다고 판단할 수 있다. 그러나 보다 실질적인 지표인 적용대상의 측면에서 보면 1970년대까지는 여전히 사회보험의

15) 연금보험의 경우도 1973년에 제정된 「국민복지연금법」이 비록 시행은 유보되었지만 제도 자체는 유효하게 존속했으며, 그 내용이 1986년 「국민연금법」 제정 시에 상당 부분이 반영되었다.

적용대상이 매우 제한되었을 뿐만 아니라, 그것도 사회보험에 대한 욕구의 우선순위와는 무관하게 특수직역종사자, 대기업근로자 등 경제적으로나 직업적으로 보다 안정적인 계층부터 우선 실시되었다. 즉, 역진적인 적용 방식이었다. 그리고 적용대상 인구도 전체 국민 대비 소수에 불과했다. 따라서 이 시기에 사회보험이 공공부조나 사회서비스 영역에 비해서 상대적으로 발달한 것은 사실이라고 하더라도, 현실적 능력의 범위 내에서 단계적, 점진적으로 발달했으며 경제발전이라는 국가목표에 무리가 가지 않는 범위 내에서만 허용되었다고 볼 수 있다. 다음으로 사회보험 분야의 지출 측면에서 보면, 절대액수 면에서는 지출규모가 매우 적은 수준이었지만 전체 사회복지지출 중에서 사회보험 관련 지출이 차지하는 비중은 상대적으로 컸다고 볼 수 있다. 이 점에서도 주장5는 일부 설득력이 있다.

이처럼 주장5와 관련해서는 대체로 그 타당성을 인정할 수 있지만, 분석지표를 어떤 것을 사용하느냐에 따라서 그 정도는 다를 수 있다. 그리고 해석의 측면에서도 이를 반드시 발전국가의 필요성 때문만이라고 볼 수 있느냐는 데 대해 의문을 제기할 수 있다. 가령, 서구의 사회복지사를 보더라도 비스마르크 시대의 사회보험 입법에서 보듯이 사회보험이 사회서비스 영역보다 먼저 발달했다. 적용대상도 산업노동자부터 우선 적용하여 일반 국민으로 단계적으로 확대되었다(Pierson, 2006). 그리고 우리나라에서 1960~70년대 사회보험이 발달하게 되는 데는 발전국가의 경제적 발전논리가 작용한 면도 컸지만, 사회세력의 미발달, 사회적 시민권 개념의 부재, 권위주의 체제를 유지해야 하는 정치적 동기 등도 크게 작용했다고 볼 수 있다. 아울러 당시와 같은 경제수준하에서는 사회서비스와 같은 대인서비스 영역보다는 소득보장과 의료보장이 더욱 절실했으며, 이는 사회보험으로 충족될 수 있는 것이었다. 또한 1960~70년대는 사회보험과 더불어 공공부조도 꾸준히 발달했다. 이는 발전국가의 경제적 필요성과 무관하게 경제적 빈곤층을 우선적으로 구제하는 것이 국가의 기본적 책무로 인식되었기 때문일 것이다.[16]

5. 결론

지금까지 발전주의 복지체제론에서 주장하는 발전국가와 사회정책 간의 관계를 다양한 실증자료들에 입각하여 점검해보았다. 그 결과, 일부 주장은 그 타당성이 인정될 수 있었으며 일부 주장은 그러하지 못했다. 그러나 여기서 중요한 것은 어떠한 지표를 토대로 그 주장들의 타당성을 해석해보느냐에 따라서 결과가 달라질 수 있다는 점이다. 이 글에서 언급한 발전주의 복지체제론의 주장들은 기본적으로 서구의 학자들이 발전국가론에 기반을 두는 경제적 발전주의 시각에서 동아시아에서의 발전국가와 사회정책 간의 관계를 해석한 것이다. 그러나 이러한 주장들을 점검해본 결과, 우리가 발전국가와 사회정책 간의 관계를 논의하는 데서 지나치게 일원론적 사고를 갖는 것은 위험하며, 다양한 변수와 지표들을 입체적으로 점검할 필요가 있음을 알 수 있다.

그리고 동아시아의 발전국가, 특히 동아시아의 '네 마리 용'이라는 후발공업국가들은 짧은 기간 내에 경제발전을 달성했으며 그 과정에서 국가의 시장개입이 결정적 역할을 했다는 공통점이 있지만, 각 국가의 정치적, 사회적, 지정학적 환경은 상이했다. 물론 이것이 각국의 정책에도 큰 영향을 미쳤다. 발전국가와 사회정책 간의 관계에서도 각 국가마다 상이한 속성을 보일 수 있으며, 경제적 발전주의뿐만 아니라 정치적 경쟁성, 사회적 압력, 국민들의 복지의식 수준, 사회집단의 발달 정도, 지정학적 특성 등이 복합적으로 영향을 미칠 수 있었다. 따라서 발전국가하에서의 사회정책의 속성을 경제적 발전주의라는 단일의 사고에 입각하여 해석하는 것은 재고가 필요하다.

더 나아가서 발전국가와 사회정책 간의 관계를 이해하고 해석하는 데는 보

16) 이러한 관념하에서 조선시대에도 구빈행정이 우선적으로 발달했으며, 서구에서도 1601년의 「엘리자베스 구빈법」 제정 등에서 보듯이 공공부조가 다른 분야보다 일찍 발달했다. 물론 이를 사회통제 관점에서 해석할 수도 있지만, 그에 못지않게 빈민을 구제하는 것을 국가나 군주의 책임으로 보는 일종의 책기론prince's obligation theory이 발로된 것이라고 볼 수 있다(Kim S., 2013).

다 유연한 사고가 필요하다. 발전국가하의 특정한 사회정책이 일정한 형태를 띤다고 해서 이를 경제적 발전주의 관점에서만 해석할 수 있느냐를 반문해보아야 하는 것이다. 이는 사회정책의 동기를 지나치게 목적론적으로 해석하는 우를 피하기 위해서도 필요하다. 사회정책의 어떤 형태는 발전국가에 고유한 것이 아니라 서구의 사회정책 발달과정에서도 보편적으로 발견될 수 있는 것이다. 그리고 사회정책의 발달을 이해하는 데는 동기 내지는 의도와 결과를 구분하는 것도 필요하다. 즉, 사회정책들 중에서 A정책과 B정책이 같은 결과를 가져왔다고 해서, 그 동기나 변인도 같은 것이라고 해석해서는 안 된다는 것이다. 같은 결과에 대해서도 동기나 의도가 다양할 수 있기 때문에 보다 유연하게 해석할 필요가 있다. 그리고 같은 범주의 사회정책이라고 하더라도 세부영역별로 동기는 다를 수 있다. 예를 들면, 사회보험 내에서도 의료보험과 연금보험의 발달 동기는 다를 수 있다. 나아가 발전국가하의 사회정책이 경제발전의 수단으로 기능을 했다고 하더라도, 그것이 처음부터 의도한 것이었는지 결과론적으로 그렇게 된 것인지는 다른 것이다.

결국 발전국가와 사회정책 간의 관계에 관한 발전주의 복지체제론의 주장을 일부 타당한 것으로 받아들이더라도 어떤 변수, 지표, 자료에 입각하여 분석하느냐에 따라서 그 해석은 다를 수 있다. 그리고 발전국가와 사회정책 간의 관계를 규정하는 변인들도 경제적 요인들만 있는 것이 아니라 정치적, 사회적, 지정학적 요인 등 다양하며, 이것들이 복합적으로 영향을 미칠 수 있음을 인식할 필요가 있다. 따라서 우리는 발전국가와 사회정책 간의 관계를 이해하고 해석하는 데서 지나치게 일원론적, 목적론적, 결과론적 해석을 하는 데서 벗어나서 보다 유연하고 통합적인 사고를 갖는 것이 필요하다고 보인다.

참고문헌

감정기. 1994. 「한국노총 정치참여의 특성과 그 영향요인에 관한 연구」. 서울대학교 박사학위논문.

경제교육연구회. 2009.「동아시아의 경제, 20세기에서 21세기로」. 서울: 시그마프레스.
교육부. 각 연도.『교육통계연보』.
김상균. 2010.「낙타와 국민연금: 역설로 풀어본 국민연금의 진실」. 서울: 학지사.
김순양. 1994.「사회정책과정에서의 이익대표체계의 변화에 관한 연구」. 서울대학교 박사학위논문.
_____. 2014.「고도경제성장기의 사회정책 형성체계 및 형성과정 분석: 1970년대 연금보험과 의료보험의 제도화과정 비교」. ≪한국정책학회보≫, 23(3): 199~239.
김영화 외. 2007.『한국사회복지의 정치경제학』. 서울: 양서원.
김유성. 1997.『한국사회보장법론』. 서울: 법문사.
김진욱. 2011.『한국의 복지혼합』. 서울: 집문당.
남지민. 2009.「한국복지체제의 발전주의적 성격에 관한 연구」. ≪대한정치학회보≫, 16(3): 273~297.
노동부. 1981.『산재보험 15년사』. 서울: 노동부.
_____. 2006.『노동행정사』. 서울: 노동부.
_____. 각 연도.『매월노동통계조사보고서』.
_____. 각 연도.『노동통계연감』.
_____. 각 연도.『임금구조기본통계조사보고서』.
농림부. 각 연도.『농림통계연보』.
문옥륜 외. 1991.『한국의료보험론』. 신광출판사.
박광국 외. 2000.「복지예산과 국방예산의 상쇄관계 연구」. ≪한국행정학보≫, 34(3): 333~351.
박병현 외. 2007.「한국사회복지정책의 변화과정 분석: 사회진보의 결과인가 사회통제의 결과인가?」. ≪사회복지정책≫, 29: 169~194.
박찬일. 1980.「소득분배의 현황」. 임종철·배무기 편.『한국의 노동경제』. 서울: 문학과 지성사.
보건사회부. 1981.『1981 보건사회백서』.
보건복지부. 2001.『2001 보건복지백서』. 서울: 보건복지부.
손호철. 2004.「한국의 산업화가 노동과 복지체제에 미친 영향」. ≪사회과학연구≫, 12(2): 162~183, 서강대학교.
송근원. 1998.「복지예산과 국방예산의 관계」. ≪한국행정학보≫, 32(1): 11~26.
신복기 외. 2012.『사회복지행정론』. 서울: 공동체.
심상용. 2010.「한국 발전주의 복지체제 형성 연구: 억압적 발전주의 생산레짐과 비공식 보장의 복지체제」. ≪사회복지정책≫, 37(4): 1~25.
심재진. 2011.「사회복지사업법 제정사 연구」. ≪사회보장연구≫, 27(2): 279~307.
심지연. 2004.『한국정당정치사』. 서울: 백산서당.
양승윤 외. 2004.『싱가포르』. 서울: 한국외국어대학교 출판부.
양재진. 2008.「한국 복지정책 60년: 발전주의 복지체제의 형성과 전환의 필요성」. ≪한국행정학보≫, 42(2): 327~349.

_____. 2007. 「유신체제하 복지연금제도의 형성과 시행유보에 관한 재고찰」. ≪한국거버넌스학회보≫, 14(1): 87~108.

오을임. 1987. 「한국의 사회복지정책 형성과정에 관한 연구」. 건국대학교 박사학위논문.

우명숙. 2007. 「한국의 복지제도 발전에서 산재보험 도입의 의의: 복지제도 형성과 발전주의적 국가개입」. ≪한국사회학≫, 41(3): 154~185.

이경은. 1989. 「정치체제와 복지정책의 산출」. ≪한국행정학보≫, 23(1): 91~121.

조이제. 2005. 「한국의 근대화」. 조이제 편. 『한국근대화, 기적의 과정』. 서울: 월간조선사.

총무처. 1980. 『정부조직변천사』. 서울: 총무처.

최동규. 1992. 『성장시대의 정부: 한강의 기적 이끈 관료조직의 역할』. 서울: 한국경제신문사.

최천송. 1991. 『한국사회보장연구사』. 서울: 한국사회보장문제연구소.

최한수. 2004. 『한국정치의 이해』. 서울: 건국대학교 출판부.

통계청. 1995. 『통계로 본 한국의 발자취』. 서울: 통계청.

_____. 1998. 『대한민국 50년의 경제사회상 변화』. 서울: 통계청.

_____. 각 연도. 『경제활동인구연보』.

_____. 각 연도. 『도시가계연보』.

한국무역협회. 각 연도. 『무역통계』.

한국은행. 각 연도. 『국민계정』.

_____. 각 연도. 『물가총람』.

Beeson, M. 2004. "The Rise and Fall(?) of the Developmental State: The Vicissitudes and Implications of East Asian Interventionism." in L. Low(ed.). *Developmental States: Relevancy, Redundancy or Reconfiguration?* New York: Nova Science Publishers.

Broadbent J. et al. 2006. Developmental State and Environmental Limits. East Asia Institute working paper series VI.

Choo, Hak-chung. 1992. Income Distribution and Social Equity in Korea, a paper presented at KDI/CIRE Joint Seminars, Seoul(April).

Esping-Andersen, G. 1990. *The Three Worlds of Welfare Capitalism*. Cambridge, England: Polity Press.

Holliday, I. 2005. "East Asian Social Policy in the Wake of the Financial Crisis: Farewell to Productivism?" *Policy & Politics*, 331(1), pp. 145~162.

Hort, S. and S. Kuhnle. 2000. "The Coming of East and South-East Asian Welfare States." *Journal of European Social Policy*, 10, pp. 162~184.

ILO. 1982. *Yearbook of Labour Statistics*.

Johnson, C. 1982. *MITI and Japanese Miracle: The Growth of Industrial Policy 1925~1975*. Stanford, CA: Stanford University Press.

_____. 1999. "The Development State: Odyssey of a Concept." in M. Woo-Cumings(ed.). *The Developmental State*. Ithaca, NY: Cornell University Press.

Jones, C. 1993. "The Pacific Challenge: Confucian Welfare State." in C. Jones(ed.). *New Perspective on the Welfare State in Europe*. London: Routledge.

Kangas, O. and J. Palme. 2005. *Social Policy and Economic Development in the Nordic Countries*. Basingstoke, England: Palgrave.

Kim, Soon-yang. 2008. "The East Asian Developmental State and Its Economic and Social Policies: The Case of Korea." *International Review of Public Administration*, 12(2), pp. 69~87.

_____. 2013. "Uncovering the Confucian Foundation of Public Sector Welfare in Joseon." *Korea Journal*, 53(1), pp. 31~64.

Kim, Yeon-myung. 2008. "Beyond East Asian Welfare Productivism in South Korea." *Policy & Politics*, 36(1), pp. 109~125.

Korpi, W. 2006. "The Power Resources Model." in C. Pierson and G. Castles(ed.). *The Welfare State Reader*. Cambridge, England: Polity Press.

Kwon, Huck-ju. 2005. "An Overview of the Study: The Developmental Welfare State Policy Reforms in East Asia." in H. Kwon(ed.). *Transforming the Developmental Welfare State in East Asia*. Basingstoke, England: Palgrave.

Kwon, Huck-ju et al. 2009. "Introduction: Social Policy and Economic Development in Late Industrializers." *International Journal of Social Welfare*, 18, pp. 1~11.

Lee, Yoh-Jiunn and Yeun-wen Ku. 2007. "East Asian Welfare Regimes: Testing the Hypothesis of the Developmental Welfare State." *Social Policy and Administration*, 41(2), pp. 197~212.

Midgley, J. and Kwong-leung Tang. 2001. "Introduction: Social Policy, Economic Growth and Developmental State." *International Journal of Social Welfare*, 10(4), pp. 244~252.

O'Connor, J. 2009. *The Fiscal Crisis of the State*. New Brunswick, NJ: Martin's Press.

Peck, J. 2001. *Workfare States*. New York: The Guild Press.

Pierson, C. 2006. *Beyond the Welfare State: The New Political Economy of Welfare*. Cambridge, England: Polity Press.

Song, Ho Keun. 2003. "The Birth of a Welfare State in Korea: The Unfinished Symphony of Democratization and Globalization." *Journal of East Asian Studies*, 3(3), pp. 405~432.

Tang, Kwong-leung. 2000. *Social Welfare Development in East Asia*. Basingstoke, England: Palgrave.

UN. 각 연도. *A Survey of National Sources of Income Distribution Statistics*.

World Bank. 1983. *World Statistics*.

Yao, Xinzhong. 2010. *An Introduction to Confucianism*. Cambridge, England: Cambridge University Press.

제9장

발전국가의 복지정책*

한국 복지국가의 초기 경로 형성

우명숙

1. 서론

이 글은 최초의 노동자 사회보험인 산재보험의 도입 과정을 역사적으로 이해함으로써 한국에서 복지정책에 대한 발전주의적 국가개입의 성격, 그리고 이것이 이후 복지정책의 발전을 규정하게 된 방식을 보다 명확하게 드러내고자 한다. 한국의 복지국가 발전에 관심을 가진 연구자들에게 사회보험제도의 출발은 한국 복지국가의 전체 성격을 이해하는 실마리를 제공한다고 볼 수 있다. 왜냐하면 한국의 사회복지 패러다임이 선성장·후분배의 기본 원칙 아래, 국가의 재정중립과 압축성장이라는 국가의 목표에 조응하는 사회보험제도의 우선적 발전에 근거하고 있다는 데에는 한국 복지국가 연구자들의 의견이 대체로 일치하기 때문이다(김상균, 2006: 100~101).

이 글은 이러한 한국 사회복지 패러다임의 출발점이 되는 1960년대 초·중엽

* 이 글은 우명숙, 「한국의 복지제도 발전에서 산재보험 도입의 의의: 복지제도 형성과 발전주의적 국가개입」, ≪한국사회학≫, 제41집 3호(2007)를 이 책 전체 주제에 맞춰 일부 수정한 것이다.

산재보험제도 도입의 의의를 재검토할 필요가 있다는 문제의식에서 출발한다. 기존 복지국가이론의 틀에서 보자면 당시에는 주어진 사회경제적 조건, 산업화 단계나 밑으로부터의 요구 또는 과거 제도의 유산, 정치체제 등 노동자 사회보험 도입을 위한 조건이 어느 하나도 성숙되어 있지 못했다. 이 때문에 1960년대 초·중엽 산재보험 도입은 민정이양을 앞둔 군사정부의 선거용 전략, 또는 좀 더 확대된 의미로 군사정부가 정치적 정통성을 보완하기 위한 전략이라는 관점에서 이해될 수밖에 없었다. 그러나 이 글은 이러한 '정당성 이론'으로 수렴되는 기존 연구들의 한계를 지적하고자 한다. 비록 이 시점에서 주요한 노동자 사회보험제도들 중에 산재보험만이 도입되는 것으로 마무리되었지만, 산재보험의 도입은 한국에서 복지정책에 대한 국가개입의 성격을 보여주는 주요 사례로서, 이러한 국가개입을 가능하게 했던 환경적, 제도적 변화를 논의하는 것이 필요하다.

서구 사회에서도 산재보험의 도입은 그 사회에서는 최초의 노동자 사회보험의 선택이었다는 점에서 중요성을 갖고 있다(림링거, 2005; Skocpol, 1992). 물론 산재보험이라는 하나의 제도 도입을 가지고 발전국가 복지정책의 전반적인 성격을 설명할 수는 없으며, 그것은 이 글의 목적이 아니다. 그러나 그러한 도입이 전반적인 사회복지 패러다임의 새로운 방향에 관한 논의와 동반되었고 그러한 논의의 과정에서 결정되었다면, 그러한 초기 결정은 사회복지 패러다임의 중요한 전환점(또는 새로운 출발점)으로 해석할 수 있다는 점에서 산재보험 도입과 초기 사회정책 방향의 결정에 대한 논의는 여전히 중요성을 가지고 있다. 무엇보다 산재보험 도입에 대한 논의는 한국의 민주화 이전 복지정책 발전에서 나타난 두 가지 모순되는 점들을 해명하는 데 도움이 될 것이다. 한국의 민주화 이전 복지정책은 한편으로는 그 발전이 상당히 정체되어 있었으며, 다른 한편으로 이 시기 (시행된 또는 논의되었던) 복지정책들은 대부분 복지에 대한 국가의 적극적인 개입을 필요로 하는 사회보험의 방식을 취하고 있었다. 저발전과 사회보험의 우선적 발전은 또한 이후 한국 복지 패러다임의 성격을 규정하는 중요한 특징들이어서 그러한 패러다임의 출발점으로서 산재보험의 도입에 대한 논의는 분명 복지 패러다임의 기본 성격을 규명하는 데 매우 중요한 단서를 제공할 것이다.

이 글은 최근까지의 한국 복지정책 발전과 관련된 일반 문헌자료들과 1960년대의 산재보험 제정과 직접적으로 관련된 일차 문헌자료들(정부 문서와 회의록, 정부 보고서 자료 등), 그리고 매우 제한된 수이지만 이 시기 산재보험 제정에 직접적으로 관여했던 현재 생존해 있는 인사들의 인터뷰 자료들에 근거하고 있다. 이 글은 필자가 1960년대 이래 산재보험의 기초자료를 수집하는 연구 작업 때문에 가능했다.[1] 새롭게 수집된 증언과 기초자료를 최대한 활용하여, 이 글은 기존의 정책결정과정 연구에 근거하되 기존 연구에서 충분히 다뤄지지 않았

1) 지금으로부터 40여 년 전 1960년대 초·중엽 보건사회부 사회보장심의위원회 전문위원이자 산재보험 제정 담당자인 심강섭의 인터뷰(2006.2.14), 그리고 당시 마찬가지로 보건사회부 사회보장심의위원회의 전문위원이었던 조만제의 인터뷰(2006.8.14)가 이 글의 주요 인터뷰 자료이다. 심강섭 인터뷰는 심강섭 본인이 기록한 산재보험 제정사에 대해서 필자가 가졌던 몇 가지 의문들을 해소하는 데 기여한 바가 컸고, 조만제 인터뷰는 당시 시대적 분위기, 사회보장심의위원회 결성과 활동에 관한 기존 문헌기록의 사실 확인과 추가적인 정보를 얻는 데 도움이 되었다. 산재보험의 제정사에 대한 주요한 기록물들로는, 우선 심강섭 본인이 작성한 제정사[산재보험 발간사들—『산재보험15년사』(1981), 『산재보험33년사』(1997), 『산재보험40년사』(2004)—에 기록된 제정사, 노동청 발간 정부기관지인 ≪노동≫(1979)에 수록된 제정사)]가 있다. 사회보장심의위원회의 전문위원으로 사회보장심의위원회 활동을 기록한 최천송의 글(1977, 1991), 사회보장심의위원회 활동과 최고회의 시기의 사회보험 도입 결정과정을 상세히 연구한 손준규의 글(1981, 1983)은 주요한 참고문헌이며 이 분야에서 많이 알려진 주요 기록자료들이다. 산재보험 도입에 관한 논의 자료로서 검토한 주요 일차자료들은 주로 심강섭 당시 전문위원이 사회보장심의위원회 전문위원으로, 이후 노동청 산재보험 담당 공무원으로서 소장했고 지금까지 보관해왔던 자료들로서 산재보험 자료수입 연구의 기초자료로 기증한 자료들이다. 이 자료들은 보건복지부나 노동부 등 정부기관이나 국회도서관 등에서 소장하지 않고 있어서 일반 연구자들에게 공개되지는 않았다. 주요 자료들로서는 ① 「사회보장에 관한 법률(안)」과 「산업재해보상보험법(안)」의 통과가 결정되었던 국가재건최고회의(최고회의) 회의록인 『107차 최고회의 상임위원회 회의록』(1963.10.8), ② 「국가재건최고회의 의장 63년 시정방침 발췌: 사회복지정책」(1963.1.5), ③ 최고회의 의장 박정희의 지시각서 「문사文社 제683호: 사회보장제도 확립」(1962.7.28.), ④ 최고회의 지시각서에 대한 내각수반의 「내각비內閣秘 제573호: 사회보장제도 확립」(1962.7.30), ⑤ 사회보장심의위원회의 산재보험 보고서 자료인 『산업재해보상보험사업에 관한 연구』(1963.7) 등이 있다.

던 논의에 초점을 맞추고자 한다.

최초의 노동자 사회보험인 산재보험 도입 과정에서 자본가와 노동자의 이해 대립과 같은 사회계급의 이해 대립은 뚜렷하게 나타나지 않았다. 따라서 누가, 어떤 집단이 산재보험 도입을 찬성하고 반대했는가보다는, 매우 제한적인 정책 네트워크 내에서 산재보험이라는 사회보험을 선택하는 과정에서 한국에서는 최초의 노동자 사회보험이라는 제도를 어떤 관점으로 추진하고 수용하게 되었는가에 천착해볼 필요가 있다. 결국 이 글은 그러한 제도 추진과 수용을 촉진시키는 데 어떤 환경적, 제도적 변화들이 강한 연관성을 가지고 있었는지를 새롭게 평가해보려는 작업이 될 것이다. 산재보험 도입의 주요한 환경적, 제도적 변화는 특히 '경제사회학적' 관점에서, 즉 복지정책은 국가의 시장개입의 한 형태이자 역설적으로 시장경제 작동의 불가결한 요소로서 도입되는 측면이 있다는 경제사회학적 관점에서 논의할 것이다. 이는 지금까지 정당성 이론으로 수렴되는 기존 연구들이 공통적으로 복지정책 도입의 정치적 논리를 강조함으로써 복지정책을 시장경제 작동에 반反하는 것으로 규정하려는 경향을 수정하려는 작업이다.

이 글은 다음의 순서로 이어진다. 첫째, 지금까지 한국 복지국가 발전에 관한 전반적인 논의를 간략하게 정리한 후, 1960년대 초·중엽 복지정책에 대한 정당성 이론이 가지는 한계를 극복하는 데 있어서 국가의 시장개입에 대한 경제사회학적 관점이 필요하다는 점을 지적할 것이다. 둘째, 발전국가의 시장경제 개입이 사회정책의 방향 설정에 큰 영향을 미쳤음을 논의한다. 셋째, 구체적으로 왜 산업재해 보상정책으로서 사회보험이라는 제도가 선택되었는지를, 즉 가능한 대안들 중에서 사회보험이라는 특정 제도가 선택되고 다른 대안들은 채택되지 못했는지를 설명해보고자 한다. 넷째, 이 시기 노사관계제도의 변화와 산재보험 도입 결정과의 연관성을 논의한다. 다섯째, 결론에서는 앞선 논의를 요약하고 이 글의 산재보험 도입 분석이 가지는 한계와 향후 과제를 지적해 두고자 한다.

2. 한국 복지정책 발전에 관한 기존 논의들과 이 글의 시각

1) 한국 복지정책 발전에 관한 기존 논의들: 1960년대 복지정책에 대한 해석

1960년대부터 최근 시기에 이르기까지 전반적인 한국 복지국가의 특징은 '복지국가의 저발전'으로 설명되었다. 여기서 논쟁의 축은 어떤 결정적인 변수로 이러한 저발전을 설명할 것인가였다. 우선 문화론적인 입장은 대체적으로 한국에서 복지국가가 저발전되었던 것은 정책결정자들뿐만 아니라 시민사회 집단이나 개인들에게 유교문화의 규범이 큰 영향을 미쳤기 때문이라고 본다. 국가의 책임보다는 가족과 공동체의 책임을 강조하는 유교적 가치관은 한국의 근대화·산업화 시기에도 계속 살아남아 가족·혈연·촌락 공동체를 중심으로 집단주의적 가치관을 강화시켰고, 이러한 집단주의적 가치관의 강화로 인해 폐쇄적 집단주의를 넘어서는 보편적인 공공복지제도가 발전하기 어려웠다(홍경준, 1997, 1998). 문화론적 설명은 문화결정론이라는 비판을 받아왔음에도 불구하고 특히 서구와의 비교연구에서는 설득력 있는 관점으로 널리 받아들여진 것도 사실이다(Jones, 1990, 1993).

반면 국가중심적 전통을 공유하는 연구들은 문화적 요인보다 정치경제학적 요인들, 특히 한국의 '권위주의적·발전주의적' 국가의 역할에 주목해왔으며, 문화론적 설명에 비해서 보다 구체적으로 복지정책의 발전과 변화의 원인을 해명하는 데 기여를 해왔다. 이 전통의 연구들은 억압적 정치체제와 매우 폐쇄적인 정책결정구조를 형성·발전시킨 지배 엘리트들이 '압축성장'을 통한 경제발전을 국가의 최대 목표로 설정함과 동시에 복지정책을 이러한 압축성장에 걸림돌이 되는 것으로 판단했다는 사실을 잘 지적해주었다. 이에 따르면 사회프로그램들은 특정 시기에 지배엘리트들의 정치적 정당성의 필요성이나 경제성장에 필요한 자금 마련 등의 도구적 필요성에 의해서만 논의·도입된 것이다(이혜경, 1993; Goodman and Peng, 1996; Kwon, 1999). 결국 지배 엘리트들이 시민적 권리의 확대를 위해서가 아니라 국가 목표를 달성하기 위해서 복지정책을 도구적으로 활용했기 때문에 복지국가 성장에는 큰 한계가 있었다고 볼 수 있다.

다른 한편 계급론적 관점도 한국 복지국가의 저발전을 설명하는 데 중요한 기여를 해왔다(김태성·성경륭, 2000; 최균, 1992). 계급론적 관점은 한편으로는 국가중심적 관점이 주목하는 권위주의적 발전국가의 특성을 한국 복지국가의 저발전을 설명하는 데 있어 적극적으로 수용하면서, 다른 한편으로 국가의 복지정책에 전반적으로 나타나는 반反노동자적 성격을 보다 강조한다. 즉, 이 관점은 권위주의 시기의 복지정책들은 사회적 보호 제도로서의 역할을 기본적으로 하지 못했다고 판단하며, 그러한 복지정책들이 특히 어떻게 자본주의적 산업발전에 노동자들을 억압적으로 동원하기 위해서만 주로 활용되었는가를 보여주고자 했다.

이렇게 다양한 관점에 서 있는 한국 복지국가 저발전에 대한 기존 논의들은 한국의 권위주의 시기 전반, 또는 1980년대 말 민주화 이후 시기까지를 총괄적으로 설명하고 있지만 1960년대 초·중엽의 복지정책에 특별하게 주목하고 있지는 않다. 권위주의 시기 내내, 이후 민주화 이후 시기에도 거의 마찬가지로 한국에서 복지국가는 저발전된 상태였고, 그런 이유로 1960년대는 별반 중요하게 논의할 시기가 아니었던 것이다. 다만 한국 복지국가 저발전에 대한 논의들은 1960년대 초·중엽의 복지정책을 정치적 정당성의 논리로 설명하는 공통점을 보인다(강명세, 2006b; 권문일, 1989; 김태성·성경륭, 2000; 정무권, 1996; Kwon, 1999; Lee, 1993; Shin, 2003).

대부분의 기존 연구들은 비슷하게 당시의 사회경제적 변수와 정치적 상황을 바라보았고, 이 시기가 산업화 단계가 낮은 상태에서 산재보험이나 기타 의료보험 등의 사회보험이 도입될 만한 시점이 아님에도 불구하고 복지 관련 법률이 제정되고 산재보험 도입이 결정되었던 것은 정통성 확보를 위한 군사정부의 정치적 판단 때문이었고 1963년 최초의 노동자 사회보험으로서의 산재보험이 도입된 것은 그 제도의 시행 자체가 기업이나 정부에 별로 부담을 주지 않았기 때문에 가능했던 것으로 평가하고 있다.[2] 결국 요약해보면, 한국 복지국가의 역사적 발전을 연구한 경우, 그리고 1960년대 초·중엽의 복지정책에 초점을 둔

연구 모두에서, 강조점의 차이는 있지만, 이 시기 복지정책을 보는 관점은 대부분 정치적 정당성의 가설을 공유하고 있다. 그렇다면 무엇이 새로운 평가가 될 수 있을 것인가?

2) 기존 한국 복지정책 논의의 평가와 이 글의 관점: 공통점과 차이점

복지국가이론의 계급론적 설명(Esping-Andersen, 1990; Huber and Stephens, 2001; Stephens, 1979)과 국가중심론적 설명(Immergut, 1992; Skocpol, 1992, 1996; Skocpol and Amenta, 1986)은 다른 지적 전통에 서 있지만 공통적으로 근대화론이나 산업화론의 기능주의적 설명을 벗어나 국가별 복지성장의 차이와 국가별 경로의 다양성을 설명할 수 있다는 점에서 큰 이론적 기여를 해왔다. 물론 복지국가의 태동과 성장이 노동자계급의 힘의 함수관계인지, 아니면 국가구조, 의사결정구조, 정당구조 등의 정치구조의 함수관계인지는 여전히 논쟁적이지만, 상호 배타적으로 볼 필요가 없다는 것이 사회정책 연구 분야의 지식 축적의 결과라고 볼 수 있을 것이다(Amenta, 2003). 한국 복지정책의 발전도 양 이론의 전통 속에서 설명하려는 작업이 그간 꾸준히 이루어져 왔으며, 양자의 시각은 상호배타적이라기보다는 상호보완적인 시각으로서 한국 복지정책의 발전과 저발전을 지적해왔다. 그런데 흥미로운 점은 계급이론에 근거하고 있든 아니면 국가중심이론에 근거하고 있든 대부분 한국의 초기 복지정책 발전에 대해서는 공

2) 이렇게 대부분의 연구가 이 시기의 사회경제적 변수, 제도적 유산, 또는 정권의 정치적 전략 등에 초점을 맞추고 있다면, 손준규의 논문(1981, 1983)은 사회정책의 의사결정과정에 참여한 행위자들의 역할을 밝혀내는 데 결정적인 공헌을 했다는 점에서 독특하다. 손준규는 정당성의 정치와 같은 정치 상황적 요인보다는 정책형성에 관여했던 행위자들, 즉 특히 당시 보건사회부 산하의 연구조직인 사회보장심의위원회의 전문위원들의 노력과 헌신성에 주목한다. 손준규의 논문은 주어진 사회적 조건에서 가능했던 개인들의 노력에 집중하여 그 시기 의사결정구조의 구체적인 모습을 상세히 기록해놓고 있기 때문에, 이 시기 정책결정과정에 대한 가장 상세하며 독보적인 연구 업적으로 평가되고 있다.

통적으로 정당성 이론에 동의하고 있다는 점이다. 초기 발전의 성격만으로 한국의 복지정책 발전의 전체 성격을 규명하는 데에는 문제가 없지 않지만, 적어도 민주화 이전 시기까지는 정당성 정치가 한국의 복지정책 발전을 설명할 수 있다는 관점을 대부분의 연구자들이 취하고 있다.

한국 복지정책의 발전은 분명 서구 민주주의 국가들의 정책결정과정에 비해서 훨씬 닫힌 구조 속에서 이루어진 국가중심적인 발전이었다. 정치엘리트들은 주로 경제성장의 성공을 통해 정당성을 획득하려 했을 뿐이지 재분배 정책에 대해 별반 관심을 기울일 필요가 없었다. 따라서 계급론적 관점에서 지적하듯이, 이는 시민사회를 배제한 발전주의적 경제성장모델이 복지정책에 미치는 부정적 영향을 선명하게 보여주는 것이었다(Deyo, 1989; Önis, 1991). 따라서 복지정책 논의와 도입은 국면적으로 정치적 위기 모면에 전략적으로 활용된 측면이 컸다. 그러나 한국의 정치 엘리트들이 복지정책을 국면적인 정치적 위기를 모면하기 위해 이용하려 했음에도 불구하고 기본적으로 복지정책은 장기적으로 정당성을 획득하는 방법인 경제성장이라는 목적에 부합해야 했기 때문에 매우 제한적으로만 발전했다(Goodman and Peng, 1996; Kwon, 1999). 요약해보면, 시민사회, 좁게는 노동자계급의 성장을 억제하는 국가통치 방식에 근거하는 국가중심적 사회정책 개발이 복지정책을 매우 형식적인 수준에 머무르게 만들었다는 것은 필자를 포함한 한국 복지정책 연구자들이 큰 이견 없이 합의할 수 있는 부분이다.

여기서 더 생각해볼 문제는 복지정책과 시장경제와의 관계이다. 복지정책을 정당성 논리 속에서 놓고 사고할 경우 복지정책은 늘 시장경제 논리와 대립하는 관계에 놓여 있다. 그것이 신마르크스이론Neo-Marxism의 주장처럼 자본주의 사회의 구조적 모순인 정당성과 축적의 대립이든(Pierson, 1998: 53~59), 또는 자유주의 경제학의 주장처럼 자유로운 시장경제와 국가개입 간의 대립이든(Pierson, 1998: 38~45), 복지정책은 시장경제와 대립적인 지위를 가진다. 즉, 신마르크스이론의 주장대로 복지국가는 자본주의 국가의 정당성을 위해 필요하지만 자본축적과 근본적으로 대립하게 되거나, 자유주의 경제학의 지적대로 복지제도가 민주주의 사회에서 이익집단의 파워게임 등의 정치적 논리로 도입되지만 자유로운 시장활동을 방해하여 시장경제 작동과 대립하게 되는 것이다(Block, 1994: 691; Block and Evans, 2005: 512~513).

시장과 경제, 그리고 복지국가에 대한 최근의 경제사회학적 접근은 이러한 정당성과 복지정책의 대립 관계를 재고할 수 있는 관점을 제공한다. 최근의 논의들은 시장과 경제의 이분법적 대비를 넘어서는 관점을 취할 필요성을 이론적, 경험적 분석을 통해 강조하고 있다. 경제사회학의 기본 관점은 일반적으로 비교역사적 제도 연구에서 널리 활용되고 있다. 가령 생산체제와 복지체제 제도들 간의 조응성에 주목하는 최근의 '자본주의 다양성varieties of capitalism' 학파의 시도들(Hall and Soskice, 2001), 에스핑 안데르센의 복지국가 유형론 연구에 제시된 노동시장과 복지국가의 연계성 연구(Espings-Andersen, 1990) 등은 특히 자본주의 시장경제 작동과 연계하여 복지국가 제도에 주목하고 있으며, 동시에 그러한 연계를 관련된 행위자들의 복잡한 역사적 상호작용의 발전 경로를 통해서 분석하고 있다(Block and Evans, 2005: 507; Esping-Andersen, 1994).

즉 최근 경제사회학적 접근은, 시장의 원리를 무한히 확장하는 것을 제한하는 여러 다양한 국가의 규제와 개입이 역으로 시장경제가 (특정 사회의 특정한 역사적 조건 속에서 규정되는) '사회관계social relations' 속에서 작동할 수 있도록 한다는, 즉 시장경제 작동의 전제가 된다는 기본 관점을 강조하고 있다(Block, 1994; Block and Evans, 2005). 따라서 경제사회학적 논의들은 시장과 국가의 관계를 대립적인 것으로 가정할 것이 아니라, 양자는 늘 상호 결합되어 나타나며 그 결합되는 특정한 방식에 따라 다양하게 자본주의 시장경제가 작동한다는 것을 강조하고 있다. 사실 폴라니Karl Polanyi 이후의 경제사회학적, 그리고 관련 연구들(제도주의적 경제학 연구들, 비교역사학적 연구들 등)은 국가와 시장을 분리된 실체로 보고자 하는 가정에 도전했으며 시장경제의 성립과 작동은 국가행위를 전제로 하고 있음을 증명해 보이고자 했다(Block, 1994: 696~699; Block and Evans, 2005: 505~507).

복지정책은 노동비용 상승 등으로 시장경제 작동에 반하는 것처럼 보이지만,

경제사회학적 관점에서는 복지정책을 통해 시장경제 논리의 무한한 확장을 제한하는 것이 거꾸로 시장경제가 특정 사회관계에서 작동할 수 있도록 하는 방법이 되는 것이다. 즉, 바로 이 점 때문에 복지정책을 시장경제 작동에 불가결한 것으로, 다시 말하면 시장경제 작동의 핵심요소key input로 볼 수 있게 된다(Block and Evans, 2005; 513; Esping-Andersen, 1994: 717). 그렇다면 복지정책을 시장경제에 반해서, 정치적 필요에 의해서 '강요'되는 것, 또는 정치적으로 결정되지만 어느 정도 간접적으로나마 경제성장에 도움이 되는 정책으로 보는 것은 복지정책의 도입과 발전을 이해하는 데 많은 한계를 가진다. 시장경제 작동의 핵심요소로서 복지정책을 바라보는 관점은 낮은 단계의 산업화 단계에서도, 또한 시민사회가 성숙하지 못한 단계에서도 복지정책이 시장경제의 핵심요소로 작동하는 방식을 구체화할 수 있다(Block and Evans, 2005: 513~514, 520~521).

정리하자면 이 글에서 기존 정당성 이론과 다르게 주목하고자 하는 바는 다음과 같다. 한국 복지정책 연구에서 정당성 정치에 주목하는 연구들은 복지정책 도입을 정당성 정치에서 찾았고, 복지정책이 '경제성장을 방해하지 않는 한에서' 도입되는 것으로 설명했다. 그러나 복지정책과 시장경제의 관계를 이렇게 소극적인 측면에서 논의하기보다, 이 글은 좀 더 적극적으로, 시장경제 작동에 반하는 것으로 보이는 복지정책이 역설적으로 시장경제 작동에 필요한 요소로서 결정되는 측면에 주목하고자 한다. 이 글에서 1960년대 박정희 군사정부의 초기 복지정책들을 '발전국가론developmental state theory'에 근거해 평가해보는 이유는 그 논의가 국가의 시장경제 개입의 동아시아적 패턴을 경제사회학적 관점으로 잘 제시해주고 있기 때문이다. 이러한 관점을 취함으로써 1960년대 복지정책에서 나타난 국가역할이 어떤 새로운 환경적, 제도적 맥락에서 가능했는지를 도출해낼 수 있을 것이다.

3. 발전국가의 시장개입과 복지정책: 복지정책에서의 국가지도성

1960년대 초·중엽 경제정책에서의 국가역할에 대한 국내 논의들은 그 시기 복지정책을 좀 더 다른 각도로 이해하는 데 시사점을 제공하고 있다(이병천, 1999; 이병천 엮음, 2003). 이러한 논의들은 지금까지의 발전국가론의 유용성을 수용하면서도 그러한 시각의 한계와 오해를 지적함으로써 기존의 발전국가론을 재검토하는 작업들과 이어져 있다(윤상우, 2005; Woo-Cummings, 1999).

'발전국가' 개념의 창시자인 존슨Chalmers Johnson이 발전국가 이론의 핵심을 요약하고 재강조한 자신의 한 연구(Johnshon, 1999)에서 잘 설명했듯이, 동아시아 경제발전에서 국가의 핵심적인 역할은 국가와 시장경제와의 독특한 관계 설정에 있다. 발전국가의 특징은 단순히 국가개입의 문제가 아니라 국가가 '산업정책industrial policy'이라는 정책 도구를 활용하여 시장경제 작동에 개입했다는 데서 찾을 수 있다는 것이다. 즉, 발전국가는 산업정책을 통해 시장 행위자들에게 적절한 유인책을 제공했을 뿐만 아니라 궁극적으로 그 유인책이 국가 이해 —개별 자본의 이해가 아니라— 에 부합하는 방식으로 작동하도록 적극적인 지원과 규제정책을 병행할 수 있었다. 그렇다면 산업정책은 시장의 대안이었던 것이 아니라, 시장 메커니즘에 따라 움직이는 생산자, 소비자, 투자자 등의 행위에 영향을 미칠 수 있는 인센티브 구조를 '의도적으로 변경'시키는 국가 전략이었다. 즉, 산업정책은 '반反시장적인' 것이 아니고, 국가가 시장방임주의적 자유시장경제를 적극적으로 규제하고 지도하는 것을 말한다고 볼 수 있다(Johnshon, 1999: 48). 이러한 국가개입은 반시장주의가 아니라 민족주의적 국가주의에 근거한 시장경제 형성을 지향하는, 그야말로 '발전주의적 시장경제 노선'을 제시하고 있었다고 볼 수 있다.

이러한 설명은 한국에서 발전국가의 형성 과정이 국가와 시장경제의 결합방식을 새롭게 전환시켰다는 점을 말해주는 것이다. 발전국가 체제는 장기간에 걸쳐 서서히 형성되었지만(윤상우, 2005), 발전주의적 국가지도의 노선은 1960년대 초·중엽 군사정부의 정책 속에 비교적 분명하게 제시되어 있었던 것으로 보인다(이병천, 1999; 이병천 엮음, 2003). 이는 이 시기 사회복지정책의 논의 배경을 이해하는 데서도 매우 중요한 시사점을 제공한다.

1964년 이후 소위 '박정희 체제'가 완성되기 이전인 군사정부 시기(1961~1963)에 국가재건최고회의(이후 최고회의) 중심의 군사정부의 정책결정에 시장(민간)에 대한 국가의 지도적 성격이 매우 선명하게 나타났었다는 사실은 이 시기의 중요성을 다시 한 번 환기시킨다. 이 시기 군사정부의 제일 중요한 정책인 제1차 경제개발계획의 원계획에는 본래 훨씬 강력한 국가개입의 내용, 즉 국가의 자금동원 계획과 수입대체 산업(제철·석유화학 공업 등) 중심의 자립경제 구축이 보다 선명하게 제시되어 있었다. 물론 이 원계획은 곧바로 미국의 개입으로 수정되었다. 이후 박정희 군사정부는 훨씬 시장적응적인, 즉 비교우위에 근거한(저임금 노동력에 근거한) 수출지향적인 경제개발계획을 추진하게 되었다. 그러나 이 시기 국가지도성에 주목하는 연구들은 한국의 경제발전이 수출지향적인 시장적응적 산업정책을 통해 우선적으로 출발했지만, 원계획 속에서 제시되었던, 경제발전에서 국가의 지도적인 성격은 시장적응적인 산업정책에도 상당히 유지되었고 궁극적으로 1970년대 중화학공업화 전략에 재등장하게 되었다고 보고 있다(이병천, 1999, 2003; 이상철, 2003; 조영철, 2003).

발전국가가 시장경제에 개입하는 특징이 나타났던 1960년대 초·중엽이라는 시기는 바로 사회보장제도 관련 법령 정비 시기와 일치하고 있다. 5·16 쿠데타(이하 5·16) 직후는 아니었지만, 그다음 해 1962년 최고회의는 4·19 혁명(이하 4·19) 이후 사회개혁의 일환으로 추진되었다가 흐지부지되었던 보건사회부(이하 보사부) 산하 사회보장심의위원회(이하 사보심) 설립을 허락했고, 당시 박정희 최고회의 의장이 직접 사회보장제도 확립에 관한 '지시각서'(최고회의 문사文社 제683호, 1962.7.28)를 내각에 전달하는 등 경제영역 외 기타 사회영역에까지 군사정부의 지도적 역할이 확대되었다(손준규, 1981; 최천송, 1991). 무엇보다 박정희 최고회의 의장의 지시각서에서 천명한 사회보장제도의 내용과 사회보장제도 추진 방법 및 시기 논의 등은 초기 사회정책 결정의 근거가 되었다는 점에서 중요하다. '사회정책 공약의 남발'이라는 지적이 당시 군사정부 사회복지정책의 특징을 제대로 평가한 것이라고 볼 수 있지만, 동시에 군사정부가 사회복지정책의 방향을 지도하고자 했던 부분이 복지정책의 논의와 선택에 어떻게 영향을 미쳤는지에 좀 더 주목해볼 필요가 있을 것이다.

국가지도 노선은 사회복지정책에서 크게 두 가지 방향으로 나타났다. 하나는 사회보험제도를 중심으로 한 사회보장제도를 '국가가 발전시키겠다'는 것이고, 다른 하나는 그 내용과 시기는 경제성장의 범위 내에서 '국가가 결정하겠다'는 것이었다. 그러한 내용을 구상만 하고 있는 것으로 그치기보다는 그러한 구상을 추상적인 수준에서라도 법률적으로 규정하여 발표하는 것이 필요하다는 것이 당시 사회보장제도 추진자들의 기본적인 시각이었고, 그것이 당시 제정된 「사회보장에 관한 법률」의 핵심내용이었다(사회보장에 관한 법률, 1963.11.5; 국가재건최고회의, 1963.10.8). 즉, 사회복지정책에서 국가지도의 필요성을 인정하되, 동시에 국가의 정책결정은 대중적 요구와 정치적 압력과는 별도로 이루어진다는 것이었다.

4. 사회복지정책의 국가지도와 산재보험의 도입 논의

1) 낮은 단계의 산업화, 제도적 유산의 부재, 그리고 산재보험 도입 논의

기존 연구들이 산재보험 도입과 1960년대 초·중엽 사회정책 논의의 사회경제적 배경으로 공통적으로 지적하는 것은, 서구의 사회보장제도 발전과 비교해 볼 때 당시 한국은 산재보험을 포함한 사회보장제도의 도입을 촉진시킬 만한 사회경제적 조건이 무르익지 못했다는 점이다(박정호, 1996; 손준규, 1981; 정무권, 1996; 하상락, 1989). 우선 이 시기 한국은 농업인구가 전체 노동인구의 60% 이상을 차지하고 있었고, 산업 노동인구는 10%가 채 못 되는 상황이었다(강명세, 2006b: 302~303; World Bank, 1984). 이것이 의미하는 것은 산업화 단계가 낮아 산업노동자계급의 형성이 아직 본격적으로 이루어지지 않았다는 것이다. 특히 지주계급은 몰락했으나 자본가계급의 자생적 성장은 여전히 미약했고, 노동자층의 비중이 낮아 대다수 한국인은 영세농민이었던 시기였다. 한편 노동조합운동이나 노동운동의 정치적·조직적 힘은 매우 미약한 상태였으며, 더욱이 1950년대 한국전쟁을 거치면서 남한 사회에서 좌파적 성향의 노동운동은 매우 취약해졌다(강명세, 2006b: 299~306; 김태성·성경륭, 2000: 371~374).

한편 일제 식민지 시기를 거치면서 한국의 전통적 가부장적 가치에 근거한 근대적 복지제도는 발전할 기회를 갖지 못했고, 북한 공산주의 정권과의 대립 속에서 남한의 지배엘리트들은 공산주의에 반하는 의미로서의 자유민주주의와 시장경제를 옹호해왔기 때문에 사회복지제도는 이념적으로 '불순한 것'으로 간주되는 상황이었다(정무권, 1996; 하상락, 1989; 조만제 인터뷰, 2006.8.14). 사회복지제도에 대한 논의나 연구는 거의 불모지 상태에 가까웠다고 할 수 있을 것이다. 따라서 1962년부터 1963년 시기 동안 한국의 복지 관련 법 제정과 산재보험 도입 등의 사회복지정책 변화는 서구사회의 맥락과는 매우 상이한 사회경제적 조건 속에서 이루어졌다고 할 수 있다.

근대적인 사회보험을 통한 사회보장제도의 확립에 대해서 5·16 이후 군사정부는 명확한 태도를 취하고 있지 못했으며, 또한 사회복지정책의 구체적인 비전을 제시할 만한 전문적 능력을 갖추고 있지 못했다. 이는 산재보험제도 도입의 경우에도 마찬가지였다. 그러나 단순히 선거 전략으로서 「산재보험법」이 급조되어 공포·시행되었던 것은 아니며, 한국에서 노동자를 위한 사회보험제도를 이 시점에서 굳이 논의하고 더 나아가 일부를 도입해야 하는가, 그러한 형식의 제도를 도입했을 때 그것이 잘 작동할 수 있을 것인가 등의 제도 선택을 둘러싼 논쟁이 실질적으로 있었다는 사실은 확실하다. 산재보험 도입을 둘러싼 일련의 논의에 참여한 최고회의 군사정부 지도자들, 관련 정부 부처인 보사부 관료들과 보사부 산하 사보심 전문위원들은 민간보험이나 「근로기준법」상의 고용주책임 등의 제도들과 비교해서 국가주도형 산재보험이 더 적합하다고 볼 구체적인 근거를 발견하려고 했다. 산재보험 도입에 대해서 군사정부는 최종 결정을 내릴 때까지 민간보험방식, 「근로기준법」상의 재해보상, 그리고 사회보험 방식의 산재보험 중 어느 것이 타당한 것인가에 대해 미리 결정된 안을 갖고 있지 않았다(노동부, 2004: 23~24; 사보심, 1963; 손준규, 1983: 101~108; 심강섭 인터뷰, 2006.2.14; 국가재건최고회의, 1963.10.8).

알려진 대로 산재보험제도의 입법과 도입 과정은 매우 폐쇄적이었으며, ① 최고회의, ② 최고회의의 분과위원회인 문교사회위원회, ③ 보사부, ④ 보사부 산하의 사보심, ⑤ 기타 관련 정부부처 사이에서만 의견 조정이 이루어졌다. 당시 상공부가 주최한 좌담회(국가재건최고회의, 1963.10.8: 88~89), 또는 대한상공회의소가 주최한 집회에서 정부의 공개설명회(노동부, 2004: 26)를 통해서 사용자단체와 노동조합에게 산재보험 도입의 필요성을 알리면서 이들을 설득하는 정도로, 시민사회단체의 의견을 반영하는 노력은 매우 한정되었다. 1962년 보사부 산하에 사보심이 설립되고 1962년 박정희 의장의 지시각서가 내각에 하달된 이후 보사부와 사보심은 특히 산재보험법안 마련을 빠르게 추진하게 되었고, 사보심에서 마련한 산재보험법안은 일련의 심의과정[사회보장제도심의위원회 심의 ⇒ 보사부 장관 결재 ⇒ 정부 관계부처(상공부, 체신부, 경제기획원 등) 협의와 법제처 심의 ⇒ 차관회의와 각의 심의 ⇒ 문교사회위원회 심의 ⇒ 법제사법위원회 심의 ⇒ 최고회의 상임위원회 심의]을 거쳐 최종적으로 1963년 10월 8일 최고회의 상임위원회에서 통과되었다.

관련 인물들의 역할을 보자면, 박정희 최고회의 의장은 사회보장제도 연구, 즉 사회보험제도 사업 추진을 지시각서를 통해 내부적으로 지시했는데, 기록자료들과 인터뷰 확인에 따르면(손준규, 1981, 1983; 심강섭 인터뷰, 2006.2.14), 이 지시각서 자체는 최고회의 의장의 한 가지 약조의 '징표'로서 최종 결정에서 중요한 역할을 했음이 분명하다. 그러나 정책결정과정에서 박정희 최고회의 의장이 구체적인 영향력을 행사하지는 않았다. 한편 당시 최고회의의 문교사회위원회 위원인 홍종철 위원은 특히 '사회보험' 제도에 관심을 가지고 산재보험 추진을 적극적으로 지지했으며, 개인 인물 역할의 면에서만 본다면 홍종철 위원이 없었더라면 산재보험제도 도입에 관련된 절차들이 빠르게 추진되고 결국 최고회의 상임위원회에서 통과되기가 어려웠다고 할 수 있다. 증언에 따르면 그는 유독 사회보험제도에 관심을 가졌고, 거의 독보적으로, 산재보험 하나만이라도 사회보험제도로 도입하는 것이 매우 중요하다는 점을 최고회의 위원들과 정부 부처 장관들에게 강조하고 이들을 설득하는 데 앞장섰다고 한다(심강섭 인터뷰, 2006.2.14; 조만제 인터뷰, 2006.8.14). 한편 사보심의 심강섭 전문위원을 중심으로 한 사보심 전문위원들은 위로부터의 지시에 의한 것이기도 했지만, 정책 설계와 심의 과정에서 사회보험방식으로서의 산재보험의 필요성을 적극적으로 주장했다. 반면 당시 정희섭 보사부 장관은 산재보험제도 도입을 지원하면서도 추진 과정에서 산재보험 민영화 방안을 직접적으로 지시하기도 했고(노동부, 2004: 23~24), 마지막으로 최고회의 상임위원회에 참여한 최고회의 위원들은 상정된 안건인 「산재보험법」을 그대로 통과시킨 것이 아니라 「근로기준법」상의 고용주 책임과 민영화 방안에 비해서 산재보험이 더 나은 이유에 많은 의문점을 제기했으며, 기업부담 가중과 정부예산 확대의 어려움을 들어 산재보험 시행에 대해서 매우 회의적인 태도를 견지했다(국가재건최고회의, 1963.10.8).

이 글에서 주목하는 부분은 산재보험을 추진하라는 최고회의 의장의 지시와 함께 산재보험 도입 추진이 실질적으로 빠르게 진행되었음에도 불구하고 당시 산재보험에 관한 상당한 무관심과 적극적 반대가 있었고, 동시에 이러한 냉담한 무관심과 반대에도 불구하고 결국 산재보험제도가 이 시점에서 결정되었다는 점이다. 그런데 결국 회의적이거나 무관심했던 정부부처 장관들이나 최고회의 위원들, 그리고 고용주와 노동조합은 민간보험방식이나 「근로기준법」상의 고용주 책임보다는 산재보험제도가 노동자 재해보상을 위한 보다 안정적인 제도이면서도 실적주의를 통해 고용주가 실질적으로 직접적인 산재보상에 대한 부담 이상의 비용을 지불하지 않아도 된다는 추진자들의 설득을 수용했다. 이는 산재보험이 임기응변으로 도입된 것은 아니라는 점을 보여주는 것과 동시에 5·16 이후의 군사정부가 이전 정부와 달리 보다 국가개입이 강화되는 제도 유형을 수용할 수 있었던 새로운 환경적, 제도적 상황에 놓여 있었음을 말해준다. 그렇다면 사회정책에서 국가역할의 전환을 가져오게 만든 환경적, 제도적 변화를 좀 더 살펴볼 필요가 있다.

2) 사회보험제도 논의의 촉진 요인들

이 시기 사회복지정책의 기본 방향이 1962년 박정희 최고회의 의장이 내각 수반에 하달한 사회보장제도 확립에 관한 지시각서의 영향을 크게 받았다는 것은 널리 알려진 사실이다. 1962년 7월 28일 박정희 최고회의 의장은 내각수반에 "이미 「생활보호법」을 공포하여 요구호자에 대한 부조를 실시하고 있지만, 국민, 기업주, 정부가 함께 참여하여 연대적으로 국민생활을 보장하는 항구적인 사회보장제도가 경제개발과 병행하여 추진되어야 할 것이며, 사회보장제도의 중요한 부분인 사회보험 중 그 실시가 비교적 용이한 보험을 선택하여 착수하고 이 시범사업을 통하여 우리나라에 적합한 제도를 연구 발전시켜 종합적인 사회보장제도를 확립토록 지도할 것"(국가재건최고회의, 문사 제683호, 1962.7.28)을 촉구했다. 이에 내각 수반은 1962년 7월 30일에 "최고회의로부터 지시된 바와 같이 국민소득을 증진시키고, 실업, 질병, 노령 등 생활위협으로부터 국민을 보호하기 위하여 우리나라에 적합하고 용이한 보험을 채택 착수하고 본 시범사업을 통하여 우리나라에 적합한 제도를 연구발전"(내각수반 비서실, 내각비內閣秘 제573호, 1962.7.30)시킬 것을 내각에 지시했다.

이러한 사회보장제도에 대한 논의는 무엇보다 정통성 확보의 일환으로, 4·19 이후의 '사회개혁' 요구에 군사정부가 어떻게 대응하려 했는가를 보여주는 것이다. 일제강점기부터 미군정기, 1950년대의 이승만 정부 시기 내내 기본적으로 사회복지정책은 구호사업에 집중되어 있었고, 사회보험제도에 대한 논의는 전혀 이루어지지 않았다. 일제 통치 시기에도 식민 본국에 있었던 사회보험제도가 식민지 한국의 사회복지정책으로 부분적으로라도 '이식'된 적이 없었고, 미군정 시기에도 기본적으로 구호사업만이 있었을 뿐 미국식 사회보장제도의 '이식'이 논의되지 못했다(하상락, 1989). 물론 한국의 당시 사회경제적 상황과 산업화 단계 등을 고려컨대 사회보험은 제도화하기 어려웠을 뿐만 아니라 사회보험을 운영할 국가의 행정능력도 매우 취약했다고 할 수 있다. 그런데 4·19 이후 사회복지정책에 새로운 변화의 움직임이 있었다. 4·19 이후 과도정부를 거

표 9-1 민주당의 사회분야 정강·정책 및 선거공약 내용

정강·정책	• 농어민, 노동자 기타 노동대중의 권익옹호로 사회정의 실현 • 폭력 엄중 단속
7·29 선거공약 (1960년)	• 사회복지제도 확립 • 실업자의 일터 마련(공공건설, 중소기업, 수출품 생산 등) • 노동운동의 건전한 발전(단결권, 단체협약권, 파업권 등 보장)
개혁정책	• 노동운동의 자주적 발전 보장 • 점진적으로 실업보험, 건강보험 기타 각종 사회보장제도 창설 • 근로자 우대 후생정책 확대 등의 복지정책 수행 • 빈부격차 완화로 중산계급 성장

자료: 송종래(2004: 454).

표 9-2 자유당의 사회분야 정강·정책 및 선거공약 내용

선언과 강령	• 협동사회 건설 • 남녀평등 실천
정책	• 노동법의 기본제정 • 노동자의 기본생활 보장 • 노동자의 이익균점법* 제정 실시 • 전적 취업의 보장과 사회보장제 실시
선거공약	• 사회보장제도 확립 • 복지사회 건설

* 1948년 제헌헌법은 '이익균점권'을 보장하고 있는데, 이익균점권은 "기업체 운영에 있어서 노동자합작을 전제로 하여 기업체의 순이윤을 노동자에게 균등히 배당"하는 것을 의미한다. 그러나 이승만 정부 시기, 제헌헌법에 보장된 이익균점권을 토대로 「이익균점법」을 입법화하려는 시도는 좌절되어, 헌법상의 이익균점권 보장은 결과적으로 유명무실하게 되었다(송종래, 2004: 143~151).
자료: 중앙선거관리위원회(1973); 송종래(2004: 454)에서 재인용.

쳐 장면 정부 시기에는 오랫동안 이승만 '독재' 체제에서 억눌렸던 여러 사회정치적 요구들이 분출되었고, 이러한 시대 분위기가 사회개혁에 관한 논의들을 촉발시켰던 것이다(최천송, 1977: 182~183, 1991: 13~16).

표 9-1과 **표 9-2**는 4·19 이후 과도정부가 수립된 뒤 1960년 7·29 총선 기간 동안 장면 정부의 정치적 기반인 민주당이 내세운 사회분야 정강정책과 이승만 정부의 정치적 기반인 자유당이 표방했던 사회정책을 보여준다. 민주당의 사회분야 정강정책을 보면 자유당에 비해서 사회정책이 좀 더 구체화되어 제시(실업보험, 건강보험 등의 사회보험 제시)되어 있는 편이다.[3] 또한 장면 정부의 출범 직후 학자, 기업가, 노동자, 문화인, 언론인, 교육자, 종교인, 지방대표 등 모든 분야를 망라하는 인사들이 소집되어 대규모 학술회의(전국종합경제회의)가 개최

되었고, 이를 계기로 하여 보사부 내 사보심의 설립이 정부에 건의되었던 것이 이후 1960년대 사회보장제도 연구의 중요한 발판을 마련한 것은 사실이다(최천송, 1977: 182~183). 물론 이렇게 4·19 이후 사회정책 변화의 조짐이 분명 있었지만, 쿠데타로 중단된 측면이 있다고 하더라도 이것이 구체적인 정책 도입으로 이어지는 데에는 연구 인력 확보나 정부의 구체적인 관심 부족 등 많은 한계가 있었다(손준규, 1983: 62~70).

1961년, 5·16 직후 군사정부는 '혁명공약'의 한 조항으로 "시급한 민생고의 해결"을 발표하면서 국민들의 '복지'문제에 관심을 보였으나, 사회복지정책에 대한 박정희 당시 최고회의 의장의 관심이 좀 더 구체화된 시기는 1962년 이후였다. 군사정부는 쿠데타 초기부터 민정 이양을 약속했으나 1962년 3월 22일 윤보선 대통령이 자진 사퇴하고 박정희 최고회의 의장이 대통령 직무 대행을 맡게 되었는데, 이는 군사정부의 주축들이 군대로 조만간 복귀하지 않을 것이라는 사실을 확인해주는 일이었다. 1962년, 4·19 이후의 사회적 변화를 반영하여 군사정부는 4·19 이후 보사부 내 설립이 건의되었던 사보심 설립을 허가하고(1962년 3월 20일 각령 제469호로 위원회 설치를 위한 사회보장제도심의위원회규정 제정), 이후 박정희 최고회의 의장은 사회보장제도의 확립에 관한 지시각서(1962.7.28)를 내각에 전달했다. 박정희의 지시각서가 없었더라면 산재보험법안이 최고회의 회의에서 통과되기 어려웠다고 말할 만큼 박정희의 지시는 중요한 역할을 한 것으로 보인다(손준규, 1981; 심강섭 인터뷰, 2006.2.14; 조만제 인터뷰, 2006.8.14; 국가재건최고회의, 1963.10.8).

군사정부는 자신의 '개혁성'을 보여주려는 정치적 이유로 바로 4·19 이후 사회개혁에 대한 사회적 요구를 어느 정도 수용해야 할 필요성을 인정하면서, 동

3) 그러나 민주당이 제시한 사회보장제도는 공약으로 제시되었을 뿐 구체적인 안을 가지고 있었던 것은 아니라고 심강섭 씨는 회고했다. 5·16 쿠데타 이전 당시 보사부 공무원인 심강섭 씨는 민주당 당사에 직접 찾아가 실업보험에 대한 어떤 구체적인 계획이 있는지를 물어봤다고 한다. 그러나 민주당에서는 신문에 공고된 그 내용 이상은 준비되어 있지 않다고 답변했다고 술회했다.

시에 수용의 범위와 방향을 분명하게 제시하고자 했다. 군사정부의 지시 아래 창설된 보사부 사보심에 참여한 전문위원들뿐만 아니라 일부 최고위원과 보사부 장·차관 등의 고위직 관료들이 사회보장제도 연구에 상당한 '자부심'과 '사명감'을 가지고 있었던 사실은 당시 사회개혁에 대한 기대감이 어느 정도 '실질적'이었다는 것을 말해준다.[4] 이들이 자부심과 사명감을 가질 수 있었던 것은 사회보장제도 확립을 추진하라는 군사정부의 지침을, 이승만 정부 시기 팽배했던 공무원 사회의 무사안일주의를 넘어서는 사회개혁의 중요한 기회로 보았기 때문이었다. 결국은 이러한 일련의 변화는 이승만 정부와 장면 정부에 이르기까지 제대로 실천되지 못했던, 사회복지정책에서의 새로운 변화, 즉 복지정책 발전을 위해 '국가가 뭔가 해야 한다'는 것이 허용되는 사회개혁을 위한 열린 공간이 생겼다는 점을 말해준다.[5] 물론 그 공간은 매우 폐쇄적이며 제한적인 공

4) 사보심 전문위원들이 혁명공약의 실천자로서 가진 자부심은 이들이 쿠데타 세력에 동조했기 때문이라고 보기는 어렵다. 이들의 자부심은 이승만 정부 시기와 4·19 이후 잠깐 동안 반反이승만 진영의 집권기에도 사회개혁에 결정적인 진전이 없었던 것에 반해 군사정부가 혁명공약을 전면에 내세우면서 사회보장에 있어서도 획기적인 (제한적이나마) 개혁의 분위기를 만들어주는 것을 잘 활용하여 어떻게라도 사회개혁에 직접 참여할 수 있게 되었다는 판단 때문일 것이다. 인터뷰 대상자의 한 사람인 조만제 씨의 경우 전혀 군사정부에 동조할 수 있는 인사가 아니었으며 5·16 쿠데타의 희생자였던 분이다. 조만제 씨는 4·19 이후 장면의 민주당을 도우려 했고, (일제 식민지 시기 민족주의 운동의 하나인 삼균주의의 창시자 조소앙 선생의 조카라는 이유 등으로) '친북·좌파적'이라는 이승만 정부의 낙인으로 계속 감시를 받다오다 결국 5·16 쿠데타 이후 군사재판에 회부되기도 했다. 그러나 조만제 씨는 우여곡절 끝에 군사정부가 혁명공약의 실천의 하나로 내세우는, 사회보장제도 확립이라는 '사회개혁' 사업에 사보심 전문위원으로 참여할 수 있었던 것에 대한 자부심을 부인하지 않았으며, 그 일을 추진했던 분들이 대단한 사명감과 자부심을 가지고 있었던 것으로 회고했다. 반대로 당시 일반 공무원들은 이러한 사회보장제도 사업을 추진하는 사보심 활동에 대체적으로 냉소적이고 부정적이었던 것으로 보인다(손준규, 1981; 심강섭 인터뷰, 2006.2.14; 조만제 인터뷰, 2006.8.14; 최천송, 1977, 1991).

5) 이러한 군사정부의 '의지'를 선부른 혁명 의지로 볼 수도 있을 것이다(강명세, 2006a: 15~16). 물론 군사정부가 일련의 개혁 조치가 필요하다는 의지를 밝힌 것이지 뚜렷한 사업계획을 가지고 있었던 것은 아니다. 신문지면이나 대중연설을 통해 밝힌 복지제도 사업에 대한 당시 박정희 최고의장의 의지가 정통성을 확보하기 위해서라고 한다면, 우리는 다만 군사정부가 이러한 의지를 밝혔고, 그리고 그 의지를 실천하려는 작업을 지시했다는 '그 정도'로만 군사정부의 의지를 인정해줄 수 있을 것이다.

간이었으며 그 공간의 지속성이 보장되지 않는 일시적인 특수한 상황에 의해 가능했던 것이다. 사보심의 역할은 1963년 박정희의 대통령 선거 승리 이후 크게 축소되었다(손준규, 1983; 최천송, 1991). 그러나 사회개혁에 대한 사회적 요구들이 표출되어 구체화될 수 있는 계기가 사보심의 주요 활동 시기에 마련되었던 것은 사실이다.

이 시기 사회보험에 대한 박정희 최고회의 의장의 관심은, 적극적이며 전면적으로 사회보험을 시행하려고 했기 때문이 아니고 분명히 사회보험의 시범 사업을 통해 향후 사회보장제도의 방향을 규정하려는 데 있었다. 어떤 형태의 시범사업을 할 것인가, 그 시범사업이 조국근대화의 정책 방향과 일치할 것인가, 그렇다면 국가역할의 범위는 무엇인가 등에 대한 결정이 필요했다. 제1차 경제개발계획의 추진에 맞춰 과거 미군정 시기와 이승만 정부 시기의 소극적인 실업해소사업(직업소개소 운영 사업 등)이나 사회구호사업의 한계를 넘어서는 사회복지정책이 필요해졌다. 산재보험의 도입은 이러한 사회복지정책에서의 국가역할의 변화를 구체화하는 하나의 시도라고 볼 수 있다. 군사정부가 산재보험 도입에 대해서 사뭇 큰 의의를 부여했던 이유도, 공식적으로는 산재보험 도입을 향후 사회보장제도의 출발점으로 보려 했기 때문이다. 당시 최고회의는 「사회보장에 관한 법률」에 근거한 산업재해보상보험사업의 시행에 대해서 "노동자의 업무상 위험사고를 보험대상으로 하는 산재보험제도가 제정·실시케 되었다는 것은 노동보험의 효시라는 점에서 그 의의가 자못 큰 것이라 아니할 수 없으며 이것이 하나의 거점이 되어 우리 사회에도 멀지 않아 '나면서부터 무덤에 묻힐 때까지' 그 최저생활이 국가적으로 보장될 수 있는 복지사회가 이루어질 것"이라는 제정 의의를 밝히고 있었다(민부기, 1963: 73). 물론 여기서 '복지사회'의 언급이 당연히 최고회의의 수사적인 언급이라는 데에는 이의를 달 필요는 없을 것이다.

산재보험 도입 그 자체는 획기적인 노동자 복지제도의 발전이라고 보기 어렵다. 조국근대화 전략을 내세워 국가가 적극적으로 산업화를 추진하고자 했던 데 비해서 사회보험제도 발전에서 국가의 역할은 '적극적'인 것이 아니었다. 특히 이 시기에 「공무원연금법」(1961)과 「군인연금법」(1963)이 곧바로 실행되었던 것과는 대조적으로(국가재건최고회의, 1963.1.5), 산재보험과 동시에 논의되었던 의료보험이 강제성이 없는 보험제도로서만 출발하게 되었다는 점은, 정당성 이론의 지적대로, 군사정부가 일시적으로 사회복지정책에 관심을 가졌던 것일 뿐이라고 볼 수 있다. 그러나 기존 논의에서 간과되었던 부분은, 군사정부가 어떤 '정치적 의도'로 사회정책 개발에 관심을 가지게 되었든 당시 사회개혁의 요구를 반영하기 위한 것이었든, 사회복지정책에 대한 군사정부의 '지도'가 사회복지정책 변화에 중요했다는 사실이다. 하지만 지도가 있었다는 것이 군사정부가 사회정책 개발에 노력을 많이 기울였다는 것은 전혀 아니며, 지도가 어떻게 이루어졌는가를 보는 것은 그 시기 국가지도성의 한계를 그대로 보여주는 것이다. 사회정책에서의 국가지도성이 '국가가 뭔가 해야 한다'를 실현하는 방법으로서 사회보험제도에 대한 '관심'으로 표명되었다면, 이러한 관심이 구체적으로 산재보험제도 도입으로 이어졌던 것은 다른 제도적 변화, 특히 노사관계제도의 변화와 밀접한 연관성을 가진다는 사실을 이어서 논의하고자 한다.

5. 노사관계의 국가개입 강화와 산재보험: 노사관계와 산재보험제도의 연계성

산재보험의 도입은 전적으로 위로부터 결정된 것이었고, 당시 노동자단체나 경제단체 등 시민사회 행위자들이 산재보험의 도입을 요구했다는 결정적인 증거는 없다. 즉, 산재보험의 도입 결정 과정에 사용자단체나 노동자단체는 직접적으로 참여하지는 않았으며, 정부는 다만 이들에게 사업 계획을 알리고 설득하려는 노력만 했을 뿐이었다. 정부의 사업계획이 알려질 때까지 사용자단체나 노동자단체 모두 산재보험이라는 보험제도에 대해 어떤 요구를 한 적도 없었고, 오히려 산재보험 도입에 대해서 대체적으로 부정적이었다(노동부, 2004: 26~27; 심강섭 인터뷰, 2006.2.14).

물론 작업장에서의 노동자 재해 문제는 산업노동자의 비중이 매우 낮았던 일본 식민지 시기부터 지속적으로 문제가 되어왔다. 일제강점기는 물론이거니와 대한민국 정부 수립 이후에도 작업장, 특히 광산노동자의 재해 문제는 지속되었고 대형사고도 많았지만 이를 해결하기 위한 정책에 온전한 관심이 쏟아지지는 못했다(노동부, 1981: 240~249). 그럼에도 불구하고 1960년대, 5·16 이전까지도 보사부 내에서는 산업재해보다는 실업문제에 대한 논의와 연구가 이루어지고 있었다(노동부, 2004: 18~20; 심강섭 인터뷰, 2006.2.14).[6] 4·19 이후에도 산재보상에 대한 논의는 별반 이루어지지 못했고, 실업문제 해결에 대한 국민들의 요구에 응하여 정치정당들은 4·19 이후 총선에서 선거공약으로 실업보험 도입을 제시하기도 했다(**표 9-1** 참고). "당시 보건사회부(노동국)의 청사가 있는 을지로 사거리는 매일 실업문제의 해결을 연호하는 시위 군중들로 가득 메워져 있었으며", 이러한 사회적 분위기에 부응하여 4·19 뒤 총선에서 민주당과 사회대중당 등의 정당들은 특히 실업자 대책을 중심으로 한 근로자 권익 향상과 사회보장제도의 창설을 주장했다(노동부, 2004: 15).

그렇다면 왜 기업뿐만 아니라 노동자단체는 산재보험이라는 산재보상제도에 별 관심을 보이지 않았을까? 기업뿐만 아니라 노동자단체 어느 집단도 산재보험에 관심을 가지지 않았던 주요 이유 중의 하나는 당시 단체협상에 의한 산재보상과 「근로기준법」상의 고용주책임주의 등의 다른 산재보상 제도들이 있

6) 이인재의 석사학위논문(1987)에 따르면, 1960년과 1961년에 보사부 노동국에서는 『실업보험관계 노동실태조사보고서』(1960, 보사부 노동국 조사지도과), 『일본의 실업보험법 및 특별회계법』(1961, 보사부 노동국 조사지도과), 『실업보험제도의 현실적 적용문제에 대한 연구』(1961, 보사부 노동국) 등 산재보험보다는 실업보험에 관한 연구보고서를 작성하고 있었다. 해방 이후 1960년대에 이르기까지 실업대책의 대상자는 '요구호대상자'의 하나로서 인식되었기 때문에 실업대책 사업은 본격적인 산업노동자의 실직 문제를 위한 실업보험 사업이 아닌 영세민이나 빈곤층 대상의 자활사업(공공사업, 직업알선 등) 등에 집중되어 있었다(노동청, 1973: 196~197). 1960년대 초 당시 실업보험에 대한 연구가 구체적으로 어느 정도나 진척되었는지에 대해서는 현재로서는 알기 어렵지만 이때 보고서 작성 외에 더 진전된 것은 없었고, 그 이후로 1990년대 고용보험 논의가 가능해질 때까지 실업보험제도는 정부 관심 밖에 있었다.

었기 때문이었다. 일제 식민지 통치 기간에는 광업근로자를 대상으로 한 「조선광업령」(1915)을 이후에 개정하여 만든 「조선광부부조규칙」(1938)이 일제하 일반근로자 대상의 유일한 부조제도였다. 이처럼 일본 식민지의 역사는 산재보험제도 발전에 직접적인 영향을 줄 수 있는 제도 마련에는 거의 아무런 역할을 하지 못했다. 일본 본국에서는 산재보상에 대한 책임보험이 제정되어 시행되었으나 이것이 식민지 통치를 위한 사회정책에는 전혀 영향을 미치지 못했다(노동부, 2004: 5~6). 산재보상제도의 새로운 전환점은 미군정 시기에 있었다.[7] 1946년(7월 23일) 미군정청 군정법령 「노동문제에 관한 공공정책 공포 및 노동부 설치」가 공포되었는데, 이 법령은 노동재해에 관한 보상 문제를 포함하고 있었다. 법령 제97호는 "고용주와 노동조합 간에 합의된 노임, 노동시간 및 기타 고용조건을 명기한 평화적 협정을 장려할 것"라는 조항을 포함하고 있었다(노동부, 2004: 9). 그러나 경성전기주식회사 대 대한노총총연맹경전노동조합(1947년 8월 15일 체결, 유효기간 6개월)의 단체협상이 재해보상조항을 포함하는 등 단체협상을 통한 재해보상이 어느 정도 성과를 보였지만, 미군정 시기 노동조합운동은 기본적으로 기업별 노동조합운동이었기 때문에 미조직 사업장, 특히 중소·영세기업체 노동자의 재해보상 문제는 전혀 해결될 수 없었다(노동부, 2004: 10).

한편 1953년 「근로기준법」의 제정과 이에 근거해 재해보상의 개별사용자 책임주의를 법제화한 것은 제도적으로는 노동자 재해를 보다 더 잘 보상해줄 수 있는 방법이었다. 이는 노동자 재해에 대한 고용주책임주의를 강화한 것이기 때문이었다. 그러나 「근로기준법」은 한국전쟁이 미처 끝나기 전인 1953년 4월에 제정되어 공포되었고, 고용주의 「근로기준법」 준수를 감독할 근로감독관에 대한 시행령도 만들지 못했다는 사실은 「근로기준법」상의 고용주책임주의가 실질적으로 작동하기는 어려웠다는 것을 말해준다. 따라서 대부분의 사용주들은 「근로기준법」상의 재해보상을 잘 알고 있지도 못한 상황이었으며, 한국전

7) 미군정 시기 노동정책에 관해서는 박영기·김정한, 『한국노동운동사 3: 미군정기의 노동관계와 노동운동』(지식마당, 2004) 참고.

쟁 이후에는 대부분의 공장이 가동되지 않거나 고용주가 임금도 제대로 지불하지 못하는 형편이었기 때문에 「근로기준법」상의 노동자 재해 보상에 대해서 노동자, 노동조합, 사용자 모두 제대로 인지하고 있지 못했다(노동부, 2004: 13; 송종래, 2004: 205~206; 심강섭 인터뷰, 2006.2.14). 물론 대규모 사업장에서는 「근로기준법」상의 고용주책임주의는 노조가 산재보상을 포함한 단체협상을 체결하는 데 있어 중요한 근거가 될 수는 있었지만, 대규모 사업장을 제외한 전 사업장 노동자들의 재해 문제를 해결하기에는 한계가 분명했다.

이러한 기존의 제도들 대신에 왜 산재보험의 도입이 결정되었는가? 군사정부는 고도성장을 위한 산업화 전략을 조국근대화 구상의 중심에 두고 있었고, 1961년 전면적으로 「근로기준법」(제정 1952년)을 개정(1962.12.4)하여 노동력 동원과 산업노동력 관리를 위한 노동행정을 정비했다. 그렇다면 왜 산재보상의 방법으로 단체협상이나 「근로기준법」상의 고용주책임 강화가 적합하지 않았는가? 분명 이 두 제도는 미군정 시기에 공포된 노동법령과 이승만 정부 시기에 제정된 노동법(「근로기준법」이나 「노동조합법」 등)의 기본 정신인 노사자치주의, 즉 미국식 자유주의적 노사관계에 근거해 있었다(박영기·김정한, 2004; 송종래, 2004). 이승만 정부 시기에 제정된 노동법은 사회적 투쟁 속에서 이루어진 것이 아니라 상부 노동조합(대한노총)의 참여는 어느 정도 허용했어도 전적으로 위로부터 결정된 것이었고, 내용적으로는 손색이 없을 만했으나 현실적 적용이 어려웠다. 기본적으로 기존 한국의 노동법은 노사자치주의에 근거하는 미국식 노사관계가 크게 반영된, 제2차 세계대전 이후 일본의 노동법을 수용한 것이었다. 군사정부는 이러한 미국의 영향이 많이 반영되어 있는 관련 노동법에 근거한 노사관계를, 국가지도가 적극적으로 반영되는 '한국식' 노사관계로 전면적으로 재편하는 노력을 기울였다. 자생적인 기업의 성장은 여전히 뒤처져 있었고, 기업의 노동자 관리 능력도 거의 부재했다(이원보, 2004: 66~84). 상부 노동조합이 노동법 제정에 관여를 해왔지만, 노동조합은 적극적인 주체가 아니라 하나의 '허약한' 압력단체로서의 역할만을 수행할 수 있을 뿐이었다(송종래, 2004). 산업화의 본격적인 진전을 내다보고 있는 1960년대 초·중엽 군사정부는 1953

년 노동법 제정에 명시되어 있었던 노사자치주의적 노사관계를 부정적으로 보았고, 국가개입을 강화하여 노동운동의 자생적 성장을 억제하는 노동 관련 법 개정을 전면적으로 추진했다. 따라서 노동조합이나 기업이 자율적으로 산재보상의 문제를 해결할 수 있는 여건이 개선되기 어려웠다. 또한 군사정부는 노사자치주의를 억제하고 국가지도를 내세우는 만큼 민간의 자율적 해결능력, 민간 책임만을 강조하는 것으로 그칠 수는 없었다.

물론 가령 당시 군사정부가 실업보험에도 관심을 가졌지만 굳이 이를 추진하지 않고 「근로기준법」상의 퇴직금제도를 활용한다는 결론을 내린 것처럼 산업재해보상제도도 「근로기준법」상의 고용주 책임으로 남겨 둘 수도 있었다(민부기, 1963: 76). 당시 정부부처 장·차관들이나 최고회의 위원들은 대충자금(미국 원조물자 판매대금의 비축금)의 축소 등으로 인한 정부예산의 압박 상황 때문에 산재보험 사업을 바로 시행하는 데 우호적이지 못했다(노동부, 2004: 37; 심강섭, 1979; 국가재건최고회의, 1963.10.8). 결국 사회보장제도 연구를 시작하면서 그중 가능한 시범적 사업을 추진하고자 한 것이 사회보장제도 추진자들의 목적이었다면, 예산상의 이유로 어느 사업도 시작하기가 어렵다는 것이 민정이양 바로 직전까지의 분위기였다(국가재건최고회의, 1963.10.8). 그러나 산업재해는 "훨씬 더 큰 육체적, 정신적 고통을 수반"하는 재해이며, 재해 발생이 직접적으로 작업장 노동과 관련되어 있어 고용주 책임이 보다 분명하고 이에 대해서 고용주가 직접적인 조치를 취해야 하는 문제라는 점(심강섭 인터뷰, 2006.2.14), 그리고 산재보험은 실업보험 등 다른 사회보험제도에서 우려되는 근로저하의 문제가 크지 않다는 점, 재해노동자에 대한 보상은 일종의 '방빈책防貧策'으로서 「생활보호법」에 의한 정부부담을 줄일 수 있다(민부기, 1963: 79)는 점 등은 산재보험을 바로 수용하는 것이 필요하다는 결정을 내리는 데 긍정적으로 작용할 수 있었다.

당시 정부의 산업화 전략, 기업능력과 노동운동의 현실, 정부의 노동행정 능력과 의지 등을 고려해볼 때, 산재보상에 대한 단체협상이나 「근로기준법」상의 재해보상은 매우 취약한 제도였고, 산업재해에 대한 보상을 확실하게 '보증'

해줄 수 있는 다른 제도를 마련하는 것이 필요했다(국가재건최고회의, 1963.10.8; 민부기, 1963; 심강섭 인터뷰, 2006.2.14). 실업자 과잉상태라 노동자들이 절대적으로 불리한 조건이었고, 미가동 공장과 임금체불 문제가 매우 큰 사회적 문제로 대두되는 상황에서 산재보상에 대한 사용자책임을 개별적으로 물게 하는 것이 어느 정도까지 가능할 것인가도 매우 고민스러운 부분이었다. 이러한 한국적 상황에서 산재보험법안이 꼭 필요하다는 주장이 설득력을 가질 수 있었던 것이다. 「산재보험법」을 통과시킨 이유에 대한 군사정부의 공식적 입장에서 이러한 나름의 고민이 잘 나타난다. 군사정부는 「산재보험법」 통과 후 최고회의 기관지인 ≪최고회의보≫에서 "공법상으로 재해보상의 책임을 사용자에게 부과하고 또한 행정상의 감독으로 그 이행을 강제한다 하더라도 사용자가 노동자에게 재해보상을 불이행하는 이유가 '사용자의 부당한 태도'일 때에는 엄격한 처벌로서 그 시정이 가능하나 그 이유가 '사용자의 재력부족'일 경우에는 그 실시는 사실상 불가능한 것이다"(민부기, 1963: 76), 또한 "가능하다 하더라도 노동재해가 일시에 대량으로 발생한 경우에는 사용자의 다액의 출비가 불가능하게 되어 때로는 사업운영의 존립문제에까지 위험성을 초래하게 될 경우가 상상되는 것이다"(민부기, 1963: 76)라고 지적하고 있다. 이어서 "여기에서 이와 같은 제 모순을 지양하고 원만하고도 합리적인 방법으로 그 이행의 만전을 기하여 노동력을 건전하게 보존하고 또한 사용자에게 있어서도 그 위험성을 합법적으로 피하게 하고자 모색한 것이 오늘날 선진제국에서 실시되고 있는 노동자재해보상보험제도인 것이다. 그러므로 우리나라에 있어서도 이와 같은 제도를 모방해야 할 단계에 있는 것이다"(민부기, 1963: 76)라는 공식적 입장을 밝히고 있다.

한편 정부, 즉 보사부 사보심 전문위원들이 마련한 산재보험 사업계획에 대해서 노동조합이나 기업인들이 긍정적이지는 않았다. 노조 간부들은 정부가 산재보험을 운영해서 산재보상을 제대로 해줄 것인가에 대해서 의문을 제기했고, 당시 노동조합이 대규모 사업장 노동자들을 중심으로 하고 있었던 만큼 단체협상에 의한 산재보상을 선호하는 발언을 하기도 했다. 고용주들도 단체협상에 의한 보상 책임이나 「근로기준법」상의 법적 책임을 이미 지고 있었기 때문에 정부 관리의 보험 사업을 탐탁하게 여기지 않았다. 고용주들은 산재보험 또한 자신들이 재정적인 책임을 지는 것이라면 재해 노동자들에게 고용주가 직접 책임지는 기존의 방식이 고용주들의 온정주의적 조치의 하나로 노사관계 개선에 훨씬 유리할 것이라 보고 있었다. 이후 노조는 산재보험을 영세사업장까지 점차 확대할 것이라는 정부의 입장을 확인한 후, 그리고 고용주들은 산재보험이 「근로기준법」상의 책임을 면제받는 제도이며 동시에 사업주의 위험부담을 분산시키는 책임보험 방식이라는 것을 확인한 후, 양자 모두 크게 반대하지는 않게 되었다. 따라서 당시 노사는 기본적으로 산재보험에 대해서 잘 알고 있지 못했으나 매우 실용주의적인 관점에서 제도 도입을 받아들였던 것이다(노동부, 2004: 26~27; 심강섭 인터뷰, 2006.2.14).

결국 산재보험이라는 한국 최초의 노동자사회보험제도 도입 결정은 당시 노사관계제도에 국가개입을 강화했던 제도적 변화와 연관되어 있었다. 노사자치주의를 부정하면서 강력한 국가지도를 내세운 군사정부는 국가의 지도적 역할을 강조하는 사회정책 방향을 설정했고, 또한 국가개입이 보다 강조되는 노사관계제도를 정비하고자 했기 때문에 그러한 정책 방향에 가장 적합한 형태로서 노동자보험제도, 그중에서도 우선적으로 산재보험제도를 수용할 수 있었다.

6. 결론

이 글은 복지국가의 저발전 속에서 사회보험제도의 우선적 발전이라는 특징을 가진 한국 사회복지 패러다임의 출발점으로서 산재보험 도입에 주목하고, 최초의 노동자 사회보험으로서의 산재보험제도 도입 결정을 국가의 시장개입에 대한 경제사회학적 관점에서 고찰해보았다. 산재보험제도 도입에 관심을 가지게 된 것은 무엇보다 산재보험 도입이 최초의 노동자 사회보험제도의 도입으로서 한국 복지국가 발전의 특성을 규명하는 데 중요한 단서를 제공할 수 있는 하나의 주요한 사례임에도 불구하고 기존 연구에서 매우 소홀하게 다루어졌기 때문이다. 양대 복지국가이론이라 할 수 있는 계급론적 관점과 국가중심적 관점에서 이루어진 기존 연구들은 공통적으로 정당성 가설로 복지정책을 설명하고 있어서 낮은 발전 단계에서 도입되는 특정 복지제도의 의의를 충분히 밝혀내기 어려웠다. 이 글은 기존의 정당성 이론과는 달리 복지정책을 시장경제에 반하는 것이 아니라 이를 시장경제 작동의 필수요소로 보는 경제사회학적 관점에 근거하며, 이러한 관점에서 산재보험제도의 최종 결정과 이러한 결정에 유의미한 영향을 미쳤던 환경적, 제도적 변화에 주목해보고자 했다. 이는 정치적 정당성이라는 설명에 비해 보다 풍부하게 복지정책의 도입 및 결정의 논리와 의의를 이해하고 이에 근거해서 한국 복지국가 발전의 이론적 논의를 진전시킬 수 있는 계기를 마련하리라고 기대한다.

1960년대 초·중엽의 산재보험 도입 논의와 그 결정은 무엇보다 그 시기 군사정부가 이전 시기 정부와는 달리 사회 전반에 걸쳐 '지도적' 역할을 수행하려 했던 국가역할의 변화와 긴밀하게 연결되어 있었다. 1960년대 초·중엽 군사정부는 발전주의적 시장경제를 육성하는 조국근대화 프로젝트를 추진하는 데 있어서 국가지도성을 발휘하고자 했다. 이러한 국가지도성은 경제 영역을 넘어 사회 일반 정책에 적용되었고, '사회개혁'의 일환인 사회보장제도 정비에서도 드러났다. 사회보장제도에서의 국가지도성은 바로 사회보험 도입의 필요성 인정이라는 방향 설정과 그것의 시범사업으로서의 산재보험 도입 결정으로 나타났다.

다음으로 제도 간의 연계성의 관점에서 보자면, 산재보험제도 도입은 「근로기준법」상의 고용주책임주의와 단체협상에 따른 재해보상의 방식, 민간재해보험, 그리고 사회보험제도로서의 산재보험 중에서 그 근거의 타당성에 따라 제도 선택이 유동적인 상황에서 결정되었다는 점에서, 이 시기 새롭게 정비되었던 다른 정책들과의 조응성이 산재보험제도 결정에 주요한 변수였음을 알 수 있다. 산재보험 도입은 무엇보다 국가주도 고도 경제성장을 조국근대화의 과제로 제시한 군사정부가 이러한 정부 계획에 부합할 노사관계를 개혁하고 이를 위한 노동행정 체계를 정비하려는 시도와 관련되어 있었다. 군사정부는 미국의 영향이 많이 반영된 이승만 정부의 노동 관련법이 형식적으로 보장하는 노사의 자율적 관계를 인정하려 하지 않았고, 그렇기 때문에 기본적으로 한국에서는 단체협상이나 기업의 법적 책임에 근거하는 산재보상은 그 효과를 기대하기가 어려웠다. 민간보험 방식 또한 재해보상을 확실하게 보증하기 어려웠고 그렇게 될 사회적 여건도 갖추어져 있지 않았으며, 민간자율성을 강화하는 제도 개선도 없었다. 이에 비해 국가강제형 산재보험은 정부의 노동행정상의 비용이나 인력을 크게 늘리지 않고도 효과적으로 노동자 재해를 보상해줄 수 있는 제도임이 명백했다.

산재보험 도입에만 국한된 분석이 민주화 이전 시기 한국의 복지정책의 성격을 충분히 설명할 수는 없으며 이 글의 목적은 아니다. 그러나 정당성 정치의 논리가 민주화 이전 한국 복지정책을 설명하는 중요한 해석틀이 되어왔다는 점에서, 국가의 시장개입의 전환을 가져온 발전국가의 국가지도성과 노사관계의 국가개입 강화가 산재보험의 최종 결정에 영향을 미쳤다고 평가하는 이 글의 결론은 단순화된 기존 설명의 한계를 지적하는 데 기여를 할 수 있을 것이다.

이 글에서 최초의 노동자보험제도가 도입된 시기에 대해 관심을 가진 것은 그 시기 복지정책의 결정과정과 인과적 영향력을 분석하는 것 이상을 탐구하기 위한 것이었다. 그동안 복지국가 비교연구들은 일본과 한국 등 동아시아 국가의 경제발전 모델이 독특한 것만큼이나 이들 국가의 복지체제도 매우 독특하다는 지적을 해왔다(Aspalter, 2002; Holliday and Wilding, 2003). "정책이 정치를 결정한다policies transform politics"는 '역사제도주의적' 관점의 명제가 말하듯이(Skocpol, 1992: 58), 앞선 시기의 정책은 정책 속에 반영되어 있는 이해관계를 둘러싼 정치를 형성하고, 이러한 정책에 배태된 정치는 이후 정책 변화를 '경로의존적'으로 제한한다. 한국의 근대화 과정에 발전국가의 영향이 지대했으며, 또한 복지정책에 대한 발전국가의 개입도 뚜렷했다. 궁극적으로 역사적 경로분석을 통해 그 연결고리가 설득력 있게 그려져야 하겠지만, 이 글은 발전국가 체제의 출발을 알리는 박정희 정권이 초기 노동자 사회보험제도 형성에 개입함으로써 한국 복지국가 발전의 초기 경로를 만들어냈고, 이는 하나의 구속력으로서 이후 시기에 중대한 영향을 미치게 되었다는 점을 한국 복지국가 연구에 대한 함의로 제시하고자 한다.

참고문헌

강명세. 2006a. 「한국 복지국가의 기원: 의료보험제도의 기원과 변화」. ≪사회과학연구≫, 14(1): 6~33.

_____. 2006b. 「비스마르크와 박정희의 사회정책」. 『세계화와 탈산업화 시대의 노동과 복지의 정치』. 한울아카데미, 279~310쪽.

국가재건최고회의. 1962.7.28. "문사(文社) 제683호: 사회보장제도 확립"(1962.7.28). 보건사회부. 『사회보험(산재보험, 의료보험) 실시계획』(1963년 7월). 4쪽.

_____. 1963.1.5. "국가재건최고회의 의장 63년 시정 방침 발췌: 사회복지정책"(1963.1.5). 보건사회부. 『사회보험(산재보험, 의료보험) 실시계획』(1963년 7월), 6쪽.

_____. 1963.10.8. "제107차 최고회의 상임위원회 회의록"(1963.10.8). 국가재건최고회의.

권문일. 1989. 「1960년대의 사회보험」. 하상락 편. 『한국사회복지사론』. 박영사, 467~513쪽.

김상균. 2006. 「한국형 사회복지의 실험과 패러다임의 전환」. 송기도·최영기·김상균·심영희·한상진. 『사회통합과 균형성장』. 나남출판, 75~116쪽.

김태성·성경륭. 2000. 「한국의 국가와 국가복지의 현실」. 『복지국가론』. 나남출판, 371~413쪽.

노동부. 1981. 『산재보험 15년사』. 노동부.

_____. 1997. 『산재보험 33년사』. 노동부.

_____. 2004. 『산재보험 40년사』. 노동부.

노동청. 1973. 『노동행정 10년사』. 노동청.

내각수반 비서실. 1962.7.30. "내각비(內閣秘) 제573호: 사회보장제도 확립"(1962.7.30). 보건사회부. 『사회보험(산재보험, 의료보험) 실시계획』(1963년 7월), 5쪽.

림링거, 가스통 V.(Gaston V. Rimlinger). 2005(초판 1쇄 1991/재판 12쇄 2005). 비판과대안을위한사회복지학회 옮김. 『사회복지의 사상과 역사』. 한울아카데미.

민부기. 1963. 「산재보험제도의 창설」. ≪최고회의보≫, 26(11월호), 73~79쪽.

박영기·김정한. 2004. 『한국노동운동사 3: 미군정기의 노동관계와 노동운동/1945~1948』. 고려대 노동문제연구소. 지식마당.

박정호. 1996. 「한국 의료보험 정책과정에서의 정부 역할」. 서울대학교 박사학위논문.

보건사회부. 1963(7월). 『사회보험(산재보험, 의료보험) 실시계획』. 보건사회부.

사회보장제도심의위원회(사보심). 1963(7월). 『산업재해보상보험사업에 관한 연구』. 보건사회부 사회보장제도심의위원회.

사회보장에 관한 법률. 법률 제1437호. 1963.11.5. 법제처사이트(http://www.moleg.go.kr/)

심강섭. 1979. 「산재보험제도 실시 15주년 회고: 그 전야(全夜)에 있었던 일들, 특집 산재보험사업 15년에 본다」. ≪노동≫, 13(3), 26~30쪽.
심강섭 인터뷰. 2006. 2. 14.
손준규. 1981. 「한국의 복지정책 결정과정에 대한 연구」. 서울대학교 박사학위논문.
_____. 1983. 『사회보장·사회개발론』. 집문당.
송종래(대표집필). 2004. 『한국노동운동사 4: 정부수립기의 노동운동/1948~1961』. 고려대 노동문제연구소. 지식마당.
윤상우. 2005. 「동아시아 발전국가론의 재검토」. 『동아시아 발전의 사회학』. 나남출판, 45~68쪽.
이병천 엮음. 2003. 『개발독재와 박정희 시대』. 창비.
이병천. 1999. 「박정희정권과 발전국가 모형의 형성: 1960년대 초중엽의 정책 전환을 중심으로」. ≪경제발전연구≫, 5(2), 141~187쪽.
_____. 2003. 「개발독재의 정치경제학과 한국의 경험」. 이병천 엮음. 『개발독재와 박정희 시대』. 창비, 17~65쪽.
이상철. 2003. 「박정희 시대의 산업정책」. 이병천 엮음. 『개발독재와 박정희 시대』. 창비, 98~132쪽.
이원보. 2004. 『한국노동운동사 5: 경제개발기의 노동운동/1961~1987』. 고려대노동문제연구소. 지식마당.
이인재. 1987. 「한국산업재해보상보험제도 변천과정에 있어서 관련집단들의 영향력에 관한 연구」. 서울대 사회복지학과 석사학위논문.
이혜경. 1993. 「한국의 소득보장제도: 압축성장의 限界와 脫도구화의 과제」. ≪연세사회복지연구≫, 제1권, 63~92쪽.
정무권. 1996. 「한국사회복지제도의 초기형성에 관한 연구」. ≪한국사회정책≫ 3: 309~352.
조만제 인터뷰. 2006.8.14.
조영철. 2003. 「재벌체제와 발전지배연합」. 이병천 엮음. 『개발독재와 박정희 시대』. 창비. 133~160쪽.
최균. 1992. 「한국 기업복지의 사회경제적 성격」. 서울대학교 박사학위논문.
최천송. 1977. 『한국사회보장론』. 산경문화사.
_____. 1991. 『한국사회보장연구사』. 한국사회보장문제연구소.
하상락 편. 1989. 『한국사회복지사론』. 박영사.
홍경준. 1997. 「한국의 공공복지는 왜 낙후되어 있나?: 제도의 제약과 행위자의 선택을 찾아서」. 『한국사회복지학』, 33: 396~420.
_____. 1998. 「한국과 서구의 국가복지 발전에 대한 비교사적 검토 : 전통과 탈현대의 사이에서」. 『한국사회복지학』, 35: 427~451.

Amenta, Edwin. 2003. "What We Know About the Development of Social Policy: Comparative

Historical Research in Comparative and Historical Perspective." in James Mahoney and Dietrich Rueschemeyer(eds.). *Comparative Historical Analysis in the Social Sciences*. Cambridge, New York, Melbourne, Madrid, Cape Town, Singapore, Sao Paulo: Cambridge University Press, pp. 91~130.

Aspalter, Christan(ed.). 2002. *Discovering the Welfare State in East Asia*. Westport, Connecticut; London: Praeger.

Block, Fred. 1994. "The Roles of the State in the Economy." in Neil J. Smelser and Richard Swedberg(eds.). *The Handbook of Economic Sociology*. Princeton and Oxford: Princeton University Press/New York: Russell Sage Foundation, pp. 691~710.

Block, Fred and Peter Evans. 2005. "The State and the Economy." in Neil Smelser and Richard Swedberg(eds.). *The Handbook of Economic Sociology* (Second Edition). Princeton and Oxford: Princeton University Press/New York: Russell Sage Foundation, pp. 505~526.

Deyo, Frederic C. 1989. *Beneath the Miracle: Labor Subordination in the New Asian Industrialism*. Berkeley; Los Angeles; London: University of California Press.

Esping-Andersen, G. 1990. *The Three Worlds of Welfare Capitalism*. Princeton, New Jersey: Princeton University Press.

_____. 1994. "Welfare States and the Economy." in Neil J. Smelser and Richard Swedberg(eds.). *The Handbook of Economic Sociology*. Princeton and Oxford: Princeton University Press/New York: Russell Sage Foundation, pp. 711~732.

Hall, A. Peter and David Soskice(eds.). 2001. *Varieties of Capitalism: The Institutional Foundations of Comparative Advantage*. New York: Oxford University Press.

Holliday, Ian and Paul Wilding(eds.). 2003. *Welfare Capitalism in East Asia: Social Policy in the Tiger Economies*. Basingstoke: Palgrave Macmillan.

Huber, Evelyne and John D. Stephens. 2001. *Development and Crisis of the Welfare State: Parties and Policies in Global Markets*. Chicago and London: The University of Chicago Press.

Goodman, Roger and Ito Peng. 1996. "The East Asian Welfare States: Peripatetic Learning, Adaptive Change, and Nation-Building." in G. Esping-Andersen(ed.). *Welfare States in Transition: National Adaptation in Global Economies*. London; Thousand Oaks; New Delhi: Sage Publications, pp. 192~224.

Immergut, Ellen. 1992. *Health Politics: Interests and Institutions in Western Europe*. Cambridge; New York; Melbourne: Cambridge University Press.

Johnson, Chalmers. 1999. "The Developmental State: Odyssey of a Concept." in Meredith Woo-Cummings(ed.). *The Developmental State*. Ithaca and London: Cornell University Press, pp. 32~60.

Jones, Catherine. 1990. "Hong Kong, Singapore, South Korea and Taiwan: oikonomic welfare states." *Government and Opposition*, 25, Autumn, pp. 446~462.

_____. 1993. "The Pacific Challenge: Confucian Welfare States." in Catherine Jones(ed.). *New Perspectives on the Welfare State in Europe*. London and New York: Routledge, pp. 198~217.

Kwon, Huck-ju. 1999. *The Welfare State in Korea: The Politics of Legitimation*. New York: St. Antony's College.

Lee, Jong-Chan. 1993. "The Politics of National Health Insurance in South Korea, 1961~1989." Unpublished Ph. D. Dissertation, Johns Hopkins University.

Önis, Ziya. 1991. "The Logic of the Developmental State." *Comparative Politics*, 24(1), pp. 109~126.

Pierson, Christopher. 1998. *Beyond the Welfare State: The New Political Economy of Welfare* (second edition). Pennsylvania: The Pennsylvania State University Press.

Shin, Dongy-Myeon. 2003. *Social and Economic Policies in Korea: Ideas, networks and linkages*. London: Routledge Curzon.

Skocpol, Theda. 1992. *Protecting Soldiers and Mothers*. Cambridge, Mass; London: The Belknap Press of Harvard University Press.

_____. 1996. *Social Policy in the United States: Future Possibilities in Historical Perspectives*. Princeton, New Jersey: Princeton University Press.

Skocpol, Theda and Edwin Amenta. 1986. "States and Social Policies." *Annual Review of Sociology*, 12, pp. 131~157.

Stephens, John D. 1979. *The Transition from Capitalism to Socialism*. London: Macmillan.

Woo-Cummings, Meredith(ed.). 1999. *The Developmental State*. Ithaca and London: Cornell University Press.

World Bank. 1984. *World Tables(Third Edition)*. Baltimore and London: Johns Hopkins University Press.

제10장

발전주의 복지국가의 전환*

역사적 경로의존성과 제도적 역동성

김윤태

1. 서론

한국 복지국가의 역사는 짧다. 1960년대 초반 박정희 정부가 사회보험을 도입한 후 30년 이상 복지제도는 제한적 사회보험에 머물렀다. 소수 특수 이익집단과 대기업 노동자는 사회보험의 혜택을 받았지만, 대부분의 국민은 복지제도에서 배제되었다. 복지제도는 철저하게 경제성장을 위한 시녀에 불과했고, 보수적 국가의 통제를 받아 충분하게 발전하지 못했다. 이러한 복지국가의 성격은 '발전주의 복지국가developmental welfare state'로 불리기도 한다(Kwon, 2007). 발전주의 복지국가는 국가가 경제성장을 위해 효율적으로 시장에 개입하는 발전국가 이론의 관점을 통해 복지국가의 특징을 설명한다. 발전주의 복지국가는 생산주의 관점에서 사회정책을 경제정책을 보조하는 수단으로 간주한다. 경제발전을 우선시하는 국가는 복지제도를 보편적 시민권의 관점이 아니라 선별적

* 이 글은 「역사적 경로의존성을 넘어: 발전주의 복지국가의 쇠퇴와 제도적 역동성」, ≪담론201≫, 57호(2015)를 보완한 것이다.

규칙을 통해 운영했으며, 사회의 취약집단은 체계적으로 복지체제에서 배제되었다.

그러나 발전주의 복지국가는 시간이 지나도 변하지 않는 고정불변의 존재가 아니다. 특히 민주주의는 복지국가의 발전과 깊은 관련이 있다. 1987년 민주화 이후 복지제도가 확대되었으며, 1998년 외환위기 이후 민주정부가 집권하면서 본격적으로 복지국가의 발전이 이루어졌다. 국가는 복지를 경제성장의 보조적 수단이 아니라 국민의 기본적 권리로 규정했으며, 제한적 사회보험에서 벗어나 보편주의의 원칙을 적용한 국민보험을 확대했다. 국가가 최소한의 사회안전망의 제공을 넘어서 모든 국민을 대상으로 복지제도를 제공하려는 시도는 중요한 이론적 문제를 제기한다. 발전주의의 경로의존성path dependence이 복지국가의 전환적 형태를 규정할 것이라고 단정하기에는 새로운 요소가 증가하고 있다. 이러한 한국의 변화는 경제위기와 세계화의 시기에 복지국가가 약화된다는 이론적 주장과 다르다(Kwon and Holiday, 2007). 단순화시키면, 서구 복지국가는 '자본주의의 황금기'와 함께 발전한 반면, 한국 복지국가는 경제위기의 조건에도 불구하고 탄생했다. 이러한 특수한 역사적 결합은 복지국가의 제도적 배치에 배태한 독특한 성격에 영향을 주었다. 발전국가의 경로의존성과 새로운 사회구조적 조건의 만남이 한국 복지국가에 어떤 영향을 미쳤는지에 관한 다양한 학문적, 정치적 논쟁이 벌어졌다.

지난 10여 년 동안 한국 복지국가의 성격을 둘러싼 이론적 논쟁은 주로 복지국가의 유형에 초점이 맞춰졌다(김연명, 2002; 정무권, 2009). 이 논쟁은 복지국가의 전망을 둘러싼 실천적 논쟁과도 연결되기 때문에 중요한 의미를 가진다. 복지국가의 성격에 대한 경험적 분석은 궁극적으로 '어떤 복지국가를 만들어야 하는가'라는 규범적 차원과 연결되어 있기 때문이다. 21세기 한국 복지국가 논쟁은 1980년대 '사회구성체' 논쟁에 비하면 훨씬 경험주의적 기반을 가진 논의를 제공했다. 그러나 유형론에 의존하는 논쟁은 세밀한 사실을 잘 묘사했지만 역사적 과정에 대한 큰 그림을 보여주지 못했다. 유형론은 특정 시기의 복지제도에 관한 스냅 사진snap shot을 제공하기에는 유용하지만, 복지국가의 역동적 변화를 충분히 설명하지 못했다. 이 글은 칸트의 단선적, 인과론적 사고보다는 헤겔의 변증법적 사고를 통해 사회의 다양한 세력들의 지속적인 상호작용 효과에 관심을 가져야 한다고 본다. 중요한 문제는 1998년 이후 한국 복지국가가 경로의존성을 유지하는 대신 왜 '경로전환'을 선택했는지 주목해야 한다는 점이다.

이 글은 한국 복지국가의 전망을 모색하는 연구 전략을 위해 몇 가지 이론과 방법론에 관한 문제를 제기하면서 다음 질문을 검토한다. 권위주의에서 민주주의로 이행하는 시기에 등장한 한국 복지국가는 과거의 발전국가의 유산과 어떻게 다른가? 한국 복지국가는 서구 복지국가와 다른 새로운 방향으로 변화하고 있는가? 이 글은 한국 복지국가가 부유한 민주주의 국가에서 등장한 복지제도와 유사한 공통점을 가지는 동시에 특수한 경로의존성과 사회정치적 역학관계를 반영하고 있다고 본다. 신자유주의적 세계화와 경제위기의 조건에서 적극적으로 국가복지를 확대한 '김대중 정부의 수수께끼'는 어떻게 가능했는지 설명해야 한다. 김대중 정부가 채택한 '생산적 복지'를 단순히 신자유주의의 부산물로 간주하는 것은 지나치게 기능적인 설명이다. 오히려 경제 자유화와 노동 유연화를 도입한 대가로 사회보호 체계가 도입되는 국가 내부와 국가-시민사회의 관계의 숨겨진 논리를 분석해야 한다. 이런 점에서 복지국가 논쟁은 유형과 제도에 관한 정태적 분석이 아니라 복지제도의 역동적 변화에 대한 분석으로 초점을 옮겨야 한다. 먼저 이 글은 복지국가 발전에 관한 이론적 평가와 함께 시작할 것이다.

2. 구조적 제약과 전략적 선택: 복지국가 발전의 재검토

1852년 카를 마르크스Karl Marx는 "인간은 자신의 역사를 창조한다"라고 적었다. 그는 다음의 말을 덧붙였다. "인간은 꼭 그들이 좋아하는 대로 역사를 창조하는 것은 아니다. 인간은 스스로 선택한 환경에서 창조하는 것이 아니라, 과거와 직접 마주치고, 과거로부터 주어지고, 전수된 환경에서 역사를 창조한다"(Marx, 1978: 595). 그는 인간이라는 행위자에 영향을 미치는 구조적 필연성에 대해 강조했다. 그가 자발성을 좋아했다고 말할 수는 없다. 하지만 그의 주장은 국가, 계급, 이데올로기, 정치의 역할이 사소하고 무시해도 좋을 요소라고 치부하는 것이 아니라 오히려 두 개의 요소를 구별하는 방법을 제시한 것이다. 결정론에서 이탈하여 인간의 역사를 이해하려는 노력은 역사의 구조적 조건에 대한 이해를 필요로 한다.

복지국가의 발전에 관한 전통적 이론 중 산업주의industrialism와 마르크스주의Marxism는 다른 관점을 가지고 있지만, 공통적으로 자본주의의 구조적 조건을 강조한다. 산업주의 이론은 경제성장과 함께 자본주의의 유지를 위해 복지가 확대될 것으로 예상한다(Wilensky and Lebeaux, 1965). 자본주의 산업화는 복지국가가 발전할 수 있는 중요한 경제적 토대를 제공하기 때문에 자본주의 발전이 복지국가의 필수 요소라고 전제한다. 반면에 마르크스주의 이론은 자본주의의 모순을 극복하기 위해 국가가 복지를 확대했다고 본다(O'Connor, 1973). 이론적 관점의 차이에도 불구하고 둘 다 자본주의와 복지국가가 양립하는 상호의존적 특성을 주목한다. 이러한 견해는 단순하게 말하면 '자본주의 없는 복지국가 없고, 복지국가 없는 자본주의는 없다'고 표현할 수 있다. 두 관점은 자본주의의 구조적 제약을 강조하며 복지국가와 혼합경제의 등장을 설명한다.

1980년대 이후 복지국가에 대한 구조적 접근과 달리 행위자를 강조한 접근이 이론적 논쟁을 제기했다. 행위자에 초점을 맞춘 설명으로 계급을 중시하는 사회학적 접근인 '권력자원 이론'이 주목을 받았다(Korpi, 1983). 권력자원 이론은 고용과 노동시장에서 동일한 위치를 가지는 인구집단으로서 계급을 중요한 개념으로 사용한다. 권력자원 이론의 주요 주창자인 발터 코르피Walter Korpi는 복지국가란 "권력자원과 위험의 노출에서 차이를 가지는 계급의 분배 갈등과 계급정치class politics의 산물"이라고 주장했다(Korpi, 2006: 168). 결과적으로 노동운동의 강도와 노동자 정당의 집권 경험, 각료의 지분이 복지국가의 발전 수준을 결정한다고 본다. 이러한 관점은 '계급 대표 없이 복지국가는 없다'는 입장을 표현한다. 권력자원 이론의 지지자인 에스핑 안데르센도 계급정치가 복지국가

의 성격에 중요한 영향을 미친다고 보았다.[1]

에스핑 안데르센은 사회 내 계급연합의 역학 관계에 따라 자유주의, 보수적 코포라티즘, 사회민주주의 등 상이한 세 가지 유형의 복지국가 체제가 출현했다고 주장한다. 이러한 유형론의 장점은 다양한 제도적 영역의 논리를 설명하기 위해 한 요소를 다른 요소로 환원시키지 않고, 그 속에서 유사성과 상호연결성을 찾는 개념적 도구를 제공하는 것이다. 그는 복지국가를 동질화하는 본질주의의 관념을 거부하고 상이한 제도적 배치가 고유한 논리를 가지고 있다고 본다. 현재도 그의 비교연구는 널리 활용되고 있지만 비판을 받기도 한다.

첫째, 복지국가를 계량적 지표로 표준화한다면 한 유형에 속하는 다양한 국가들의 질적 차이를 간과하는 오류가 발생할 수 있다. 일부 학자들은 '지중해 모델' 또는 '남유럽 모델'을 별도로 분류해야 한다고 지적한다(Ferrera, 1996). 둘째, 세 가지 유형론은 계량적 방법의 이론적 간결성parsimony과 모형화modelling의 효율성을 강조하는 장점을 상쇄할 만큼 이론적 한계를 가지고 있다. 유형론은 현실 세계의 다양한 내용 가운데 특정한 변수를 선택하여 분석의 대상으로 정하는 한계를 가진다. 대표적으로 에스핑 안데르센의 연구는 남성 부양 모형을 중심으로 복지 체제를 분류했기 때문에 돌봄 노동의 역할과 젠더의 관점을 충분하게 고려하지 못했다는 비판을 받는다. 셋째, 유형론의 가장 심각한 문제는 단선적, 인과론적 관점을 유지하고 있다는 점이다. 이러한 문제는 사회적 세계의 내용과 이를 이해하기 위한 형식의 분리에서 비롯된다. 형식에 대한 강조는 사회의 변동보다 정태적 특성을 강조하는 특성을 갖는다. 비록 그의 비교연구는 경제적 차원에 매몰되지 않고 행위자들의 정치적 차원에 관심을 가졌지만, 칸트가 제시한 단선적, 인과론적 사고를 그대로 유지하고 있다.

복지국가의 등장을 설명하는 중요한 영향력을 가진 권력자원 이론은 새로운

1) 에스핑-안데르센은 "복지국가의 반발의 위험은 지출이 아니라 복지국가의 계급적 성격에 달려 있다. …… 세 가지 복지국가의 체제 유형에서 발견되는 계급연합은 [복지국가의] 과거의 진화뿐 아니라 미래의 전망도 설명한다"라고 주장했다(Esping-Andersen, 1990: 33).

도전에 직면했다. 첫째, 피어슨이 제기한 복지국가의 '새로운 정치New Politics' 이론은 복지국가에 대한 연구가 계급정치의 차원을 뛰어넘어야 한다고 주장한다(Pierson, 2001). 새로운 정치 이론에 따르면, 영국과 미국에서 일부 복지 프로그램의 축소가 있었지만, 복지제도의 축소에 반대하는 복지 수혜자 집단 때문에 복지국가의 근본적인 토대를 바꾸지는 못했다. 실제로 1980년대 영국과 미국에서 특정한 복지정책의 수혜 집단이 강력한 이해관계자가 되어 복지제도를 수호하는 역할을 수행했다(Pierson, 1994). 권력자원 이론이 강조하는 노동조합과 계급정당은 복지국가를 형성하는 초기 단계에서는 중요한 역할을 수행하지만, 복지국가가 성숙한 단계에서는 오히려 복지혜택을 받는 다양한 이익집단과 사회조직이 자신의 복지 지위에 따라 대응하는 중요성이 커지고 있다. 한마디로 새로운 정치 이론은 '복지 지위가 복지국가를 결정한다'고 본다.

둘째, 홀과 소스키스의 '자본주의의 다양성Varieties of Capitalism' 이론은 복지국가를 형성하는 행위자로서의 노동자 대신 사용자의 차원에 주목한다(Hall and Soskice, 2001). 이러한 관점은 자본주의 경제의 나라별 특성에 따라 다양한 규제, 정책, 전략을 선택하는 제도적 차이가 나타나고, 한 국가의 다양한 제도적 조건들이 상호 연관성을 가지며 '제도적 보완성'을 통해 서로 영향을 준다고 주장한다. 자본주의 다양성 이론은 복지국가의 주요 정책은 계급투쟁의 결과가 아니라 노사협력을 통해 이루어졌다고 강조한다(Swenson, 2002). 이러한 관점은 '계급타협이 더 많은 복지국가를 만든다'는 관점을 제시한다. 자본주의 다양성 이론에서 분류한 자유시장경제Liberal Market Economies와 조정시장경제Coordinated Market Economies라는 두 개의 상이한 경제 모형을 비교하면 상이한 논리를 가진 생산체제production regimes와 복지제체는 선택적 친화성을 가진다. 자본주의 다양성 이론에 따르면, 조정시장경제에서 고용주는 기업과 산업에 특수하게 적용되는 기술이 필요하기 때문에 기술 투자와 훈련을 위한 위험 부담을 줄이는 국가복지에 긍정적 태도를 보인다.[2)]

한국의 사례는 위와 같은 다양한 복지국가 논쟁에 중요한 이론적 의미를 제공한다. 한국 사회는 권력자원 이론이 주목하는 강력한 계급정당과 노동조합이 존재하지 않기 때문에 실질적인 재분배 정치가 충분하게 발생하지 않았다. 권력자원 이론을 거꾸로 적용하면, 노동계급의 권력자원이 충분하지 못하여 보수적인 국가와 대기업이 주도하는 제한적 복지국가가 유지되었다고 설명할 수도 있다. 권력자원 이론은 한국에서 복지국가가 발전하기가 얼마나 어려운 문제인가를 역설적으로 보여준다(고세훈, 2013: 22~23). 하지만 이런 관점은 왜 외환위기 이후 계급정당과 노동조합이 약한 한국 사회에서 복지국가의 제도적 변화가 발생했는지 효과적으로 설명하기 어렵다. 반면에 '자본주의 다양성' 이론은 사용자 측면의 관점으로 1980년대 후반 한국 대기업이 왜 실질임금과 기업복지를 지지하는 전략을 선택했는지 설명할 수 있다. 하지만 이 관점도 1990년대 후반 보편적 사회보험과 복지제도가 급속하게 확대되는 이유를 설명하기에는 어려움을 갖고 있다. '새로운 정치' 관점도 한국 복지정치의 역동성을 제대로 설명하지는 못하고 있다. 한국에서 복지제도의 수혜를 받은 인구집단과 계층이 적극적인 친복지세력이 되었다는 증거를 찾아보기는 힘들다.

1980년대 이후 신자유주의적 세계화가 진행되면서 상당수 학자들은 경제위기와 세계화가 복지국가를 약화시킬 것이라고 예상했다(Mishra, 1981). 그러나 한국의 경우 경제위기와 세계화의 시기에 복지제도가 도입되고 복지예산이 증가하는 역설이 발생했다(Shin, 2000). 한국의 역사적 경험을 보면, 국가는 복지제도의 형성 과정에서 중요한 역할을 수행했다. 특히 김대중 정부 시기에 복지국가의 발전을 주도한 세력은 사실상 대기업이나 노동조합이 아니라 국가였다. 청와대와 대통령이 사실상 복지국가 건설의 가장 강력한 행위자였던 것이다. 대통령의 정치적 결정은 과거의 발전국가의 경로의존성을 탈피하여 복지국가의 전환을 이룩한 중요한 계기가 되었다. 그러나 이러한 관점 역시 왜 외환위기 이후 한국 국가가 제도적 전환을 추진했는지 제대로 설명하기는 어렵다.

2) 코르피는 자본주의 다양성 이론의 생산레짐 이론이 지닌 유용성은 인정하지만, 복지 발전에서 사용자의 역할은 '주도자initiator'가 아니라 '동의자consenter'에 불과하다고 반박했다(Korpi, 2006). 그는 조정시장경제의 등장도 계급갈등에 직면한 계급 간 타협과 교환의 산물이라고 주장했다.

1990년대부터 스카치폴Theda Skocpol 등 여러 학자들은 복지제도의 형성 과정에서 국가, 특히 관료제의 역할에 주목했다(Skocpol, 1992).[3] 이러한 국가주의적 관점은 복지국가의 형성 과정에서 정부와 중앙집권적 관료제의 역할에 주목한다. 그러나 한국 복지국가의 형성을 단순하게 정부가 주도한 것으로 보는 것은 지나치게 단순한 해석이다. 한국에서 1987년 민주화 이후 폭발하는 시민사회의 요구에 따라 복지정책이 '정치화'되었으며, 종종 이익집단의 거리 시위가 정국을 흔들고, 대통령의 국정 지지율과 정당의 득표율은 복지정책에 의해 커다란 영향을 받았다. 비록 강력한 노동조합과 계급정당이 존재하지 않았지만, 다양한 사회집단의 복지에 대한 요구는 정당정치와 선거정치에 큰 영향을 주었다. 복지정책의 정치화는 정당과 기업에 대한 상당한 압력으로 작용했으며, 정부와 사회의 관계 속에서 등장한 '정책 레짐policy regime'은 복지정책의 변화에 영향을 미쳤다. 이러한 의미에서 발전주의 복지국가의 전환은 항상 수많은 사회정치세력들 사이의 상호작용의 영향을 받았다. 복지국가의 역사적 과정을 이해하기 위해서는 자율적, 독립적 행위자로서의 국가의 역할보다 국가와 사회의 관계에 더 주목해야 한다. 이러한 분석은 다양한 요소의 결합이 특정한 결과를 가져왔는지 설명하는 결합적 인과관계conjunctural causation의 이해를 요구한다.

3. 아직도 발전주의 복지국가의 시대인가?

한국 복지국가의 시작은 매우 늦었다. 그러나 변화의 속도는 매우 빨랐다. 시간의 틀로 보면 늦은 시작과 빠른 변화는 기능적 설명에 따라 '압축적 현대화'

3) 이러한 제도적, 국가 중심적 이론은 막스 베버Max Weber와 알렉시 드 토크빌Alexis de Tocqueville의 영향을 받았으며 비교역사연구에서 큰 영향을 가지고 있다. 스카치폴은 미국 사회정책의 발전과정을 역사적으로 분석하면서 중앙집권적 정치제도, 강력한 관료제, 재정 능력이 강한 국가가 분산적 제도와 취약한 능력을 가진 국가보다 사회정책이 더 발전한다고 주장했다(Skocpol, 1992).

의 한 형태로 분석할 수 있다. 그러나 이러한 역사적 과정은 민주적 이행과 마찬가지로 다양한 행위자들이 관여하는 복잡한 상호작용의 결과이다. 이는 복지국가가 발전하는 역사적 경험에서도 잘 나타난다. 복지국가의 형성 과정은 크게 세 개의 시기적 단계로 구분할 수 있다. 1963년 최초의 사회보험을 비롯한 복지제도 '도입'의 시기에 이어 1987년 정치적 민주화 이후 복지제도 '확대'의 시기를 거쳐, 1998년 김대중 정부 시대 이후 현재까지 복지제도의 '공고화consolidation'가 이루어졌다. 박정희, 노태우, 김대중 정부의 출현은 각각 복지제도의 질적 변화의 중요한 계기가 되었다. 이는 정권 교체 이상을 의미한다. 이 계기는 국가의 성격뿐 아니라 국가와 사회의 관계의 변화를 반영한다. 위와 같은 분기점을 통한 시기 구분은 경험적 연구의 의제를 설정하기에 유용할 뿐 아니라 중요한 연구 질문과 이론을 위한 분석틀을 제공한다.

첫째, 1960년대 이후 박정희 정부가 최초로 산재보험 등 사회보험을 '도입'한 시기는 매우 모순적인 특징을 가졌다. 이 시기에 최초로 「사회복지관계법」이 제정되고 사회복지사업이 확대되었지만, 사실상 실행된 것은 매우 소수이다. 국가의 발전 목표로 '선성장 후분배' 정책을 강조하여 정부의 복지지출은 매우 제약되었다. 이 시기에 등장한 '발전주의 복지국가'는 경제발전을 최고의 국가 목표로 설정한 반면에, 시민사회에서 보편적 시민권과 복지를 위한 요구는 거의 제기되지 않았다. 국가의 역할은 매우 제한적이고, 당연히 적용되어야 할 인구집단이 사회보험에 포함되지 않는 경우도 많았다. 복지제도의 적용 범위는 주로 공무원, 군인, 교원, 대기업 노동자에 초점을 맞추었고, 이는 국가의 발전 목표에 따른 국가와 사회의 전략적 동맹의 제도적 결과로 볼 수 있다. 이에 비해 국가와 대기업의 '발전연합'에서 소외된 대다수 노동자와 민중부문은 복지제도의 혜택에서 제외되었으며, 이는 국가의 '배제적' 발전 전략과 상응한다. 복지제도의 도입이 정치적 필요로 단편적으로 이루어져 사회보험제도의 일원적인 통합이 이루어지지 않았으며 재정적 비효율성이 심각했다. 이러한 한국 복지국가의 특수성은 국가와 시민사회의 역사적으로 구조화된 상호관계와 긴밀하게 연결된 것으로 평가할 수 있다.

둘째, 1987년 민주적 '이행'이 시작된 이후 시민사회가 강화되고 민중부문의 복지에 대한 욕구가 분출되면서 복지제도와 예산이 본격적으로 '확대'되는 시기가 시작되었다.[4] 이 시기에 국가의 복지정책은 민감한 정치적 문제가 되었으며, 대표적으로 1989년 도시지역 의료보험의 실시로 국민의료보험을 향한 복지 확대가 이루어지기 시작했다. 노태우 정부의 시기에 복지제도가 확대되는 과정은 변화하는 국가와 시민사회의 관계를 반영한다. 그 후 발전주의 복지국가의 제도적 전환이 이루어졌으며 '탈발전주의 복지국가post-developmental welfare state'의 등장이 시작되었다. 그러나 이 시기에 확대된 복지제도는 강력한 제도적 토대를 구축하지 못했으며, 정부의 정책 선택에 따라 불안정하게 변화될 수 있었다. 1990년대 중반 이후 김영삼 정부는 자본시장의 개방과 노동시장의 유연화를 강조하는 '세계화' 전략을 선택하는 한편, 국가복지를 확대하는 대신 민간의 자발적 역할을 촉구하는 '복지다원주의welfare pluralism'를 추진했다. 아울러 경제성장에 도움이 되는 사회정책이라는 관점에서 '생산적 복지'의 개념을 도입했다. 이렇게 국가와 민간 부문의 협력을 강조하는 논리는 역설적으로 국가의 책임을 회피하는 '반복지' 이데올로기가 되었다. 이는 정치적 민주화 자체가 복지국가의 공고화를 이루는 것은 아니라는 사실을 보여준다. 결국 이 시기의 복지국가는 특수한 구조적 맥락에 있는 민주주의의 성격에 따라 영향을 받았으며, 특히 국내 정치에서 국가와 대기업의 유착 관계에서 만들어진 전략적 선택이 중요한 영향을 미쳤다.

셋째, 한국 복지국가의 '공고화'가 이루어진 시기는 1997년 외환위기 직후 집권한 김대중 정부의 시대이다. 복지제도의 공고화는 단순한 복지 확대를 넘어서 보편주의 복지제도의 토대가 전반적, 체계적, 불가역적으로 확립된 시기를 가리킨다. 김대중 정부의 복지정책은 출발 당시부터 분명한 계획을 가진 것은

4) 복지재정의 지출이 지속적으로 증가하면서 1990년대 중반 한국의 국내총생산 대비 정부의 복지지출 비율이 3~5% 수준을 차지했다. 20세기 초반 독일, 영국, 프랑스 등 서유럽 국가가 사회보험 등 주요 복지제도를 도입하고 복지지출을 확대한 경험과 유사하다고 볼 수 있다.

아니었다. 김대중은 야당 후보 당시 권위주의 정부의 발전주의를 비판하고 중소기업 육성과 노동자를 위한 사회보호를 강조했다. 하지만 외환위기의 상황에서 집권한 김대중 정부는 경제 자유화와 노동 유연화를 추진하는 외국 자본의 요구를 수용하면서 신자유주의적 경제정책으로 선회했다. 자유화 전략을 선택한 김대중 정부가 '민주주의와 시장경제'를 강조한 점은 놀라운 일이 아니다. 그러나 일찍이 김영삼 정부가 직면했던 신자유주의적 세계화의 구조적 제약 속에서도 김대중 정부는 발전주의 복지국가와 다른 전략과 대안 담론을 제시했다. 정부가 주도한 새로운 사회보호 체계의 도입과 복지예산의 확대는 노동자의 반발을 불러일으킨 노동시장 유연화와 기업의 구조조정에 대한 '정치적 교환political exchange'으로 볼 수 있다. 여기에서 우리가 주목해야 할 점은 김대중 정부의 복지정책이 서구의 베버리지식과 비스마르크식의 유형을 그대로 답습한 것은 아니라는 점이다. 김대중 정부가 추진했던 '생산적 복지'는 미국 클린턴 정부가 추진했던 근로연계복지workfare와 영국 블레어 정부가 추진했던 정책(welfare to work)의 영향을 많이 받았다.[5] 이처럼 김대중 정부의 생산적 복지는 보편주의, 선별주의, 근로연계복지의 독특한 결합의 결과로 볼 수 있다.

사회정책은 항상 시장을 유지하는 동시에 시장을 제한하는 역할을 수행한다는 점에서 모호한 성격을 가지고 있다. 경제와 사회, 효율성과 형평성, 일과 생활, 최근에는 일과 가정이라는 대립적 요소의 균형의 추구가 사회정책의 주요 목표가 되고 있다. 이런 점에서 김대중 정부의 생산적 복지는 매우 복합적이고 모순적인 특성을 가지고 있으며, 전통적 발전주의 복지국가의 유형으로 환원하기는 어려운 점이 많다. 박정희 시대의 발전주의 복지국가의 유산이 현재의 복

5) 김대중-노무현 정부의 복지개혁은 클린턴과 블레어가 추진했던 '제3의 길' 정치와 관련이 있다. 제3의 길은 국가, 시장, 시민사회의 협력을 주장하는 동시에 개인의 권리와 책임을 동시에 강조했다(Giddens, 1998). 특히 복지에 대한 의존을 줄이고 개인의 자활을 지원하는 복지제도를 추구했다. 미국과 영국과 비슷하게 한국의 국민기초생활보장제도와 고용보험에서도 자활과 근로조건의 원칙이 도입되었다.

지제도의 성격을 규정하고 있다는 주장은 지나친 논리의 비약이다. 일반적으로 발전주의 복지국가는 국가보다 시장과 가족을 통한 복지 공급을 중시한다. 국가는 복지 공급에 참여하더라도 가능하면 빈곤층을 대상으로 최소한의 역할만 수행해야 한다. 그러나 김대중 정부가 확대한 국민건강보험, 국민연금, 고용보험 등 '4대 사회보험' 제도가 국민 전체를 가입 대상으로 설정했다는 사실은 보편주의의 원칙에 가깝다고 볼 수 있다. 반면에 사회보험의 사각지대가 존재하고 있어 보편적 사회보험의 기능을 제대로 수행하지 못하는 한계도 가지고 있다. 국민연금도 군인, 공무원 등 특수직을 제외하고 급여 수준이 지나치게 낮은 점도 심각하다. 사회보험 공단을 실질적으로 국가가 운영하며 심지어 기금의 전용을 결정한다. 아직도 정부의 조세능력이 낮은 반면에 여전히 가족복지의 비중이 크고 복지의 시장화와 가족화의 수준이 매우 높다(남찬섭, 2008).

그러면 왜 한국에서 형식적인 제도적 배치는 보편주의 원칙을 수용한 반면, 정부의 복지 지출의 수준은 낮고 비수급자의 비율이 높은 것일까? 이에 대해 일부 학자들은 '발전주의 체제'의 경로의존성을 강조한다(정무권, 2009). 박정희 정부가 추진한 발전국가가 사회정책을 경제성장의 수단으로 강조했듯이, 김대중 정부의 생산적 복지도 단지 경제성장의 보조적 역할을 수행한다고 평가한다. 그러나 발전국가론의 연장선에서 한국의 복지국가를 설명한다면 왜 과거의 정부들과 달리 그 시기에 김대중 정부가 복지제도를 확대하고 복지재정을 대폭 증가했는지 충분히 설명하기 어렵다. 또한 왜 한국의 건강보험이 미국의 민영보험 또는 독일의 건강보험과 다른 제도적 특징을 가졌는지 효과적으로 이해할 수 없다. 발전주의 복지국가 이론의 정태적 분석은 복지국가의 역동적 변화를 제대로 설명할 수 없으며, 복지국가의 미래에 대해서도 구조적 비관주의에 빠질 수 있다. 만약 한국의 복지국가를 '제한적 복지국가' 또는 '후발 복지국가'라고 본다면, 시간이 지나도 복지국가의 실질적 발전을 이루기 어렵다고 예측할 수 있다. 이렇게 경로의존성을 지나치게 강조한다면, 현재뿐 아니라 미래에도 박정희 시대의 발전주의 복지국가의 특성이 그대로 유지될 것으로 보아야 한다.

많은 학자들은 김대중 정부가 도입한 복지제도가 과거 정부의 복지제도와 다른 특성을 가지고 있다고 인정한다(김연명, 2002). 이론적 관점에 따라 한국 복지국가는 자유주의, 보수주의, 혼합형, 동아시아 복지국가 등 다양한 유형으로 분류되었다. 김대중-노무현 정부의 시기를 거친 후 보수적인 이명박-박근혜 정부의 시기에도 복지예산은 지속적으로 확대되었다(김원섭·남윤철, 2011; 김교성·김성욱, 2012). 이명박-박근혜 정부의 복지제도와 복지정책은 박정희 시대 발전주의 복지국가의 전통적 스타일로 귀환하기보다 김대중-노무현 정부의 '탈발전주의 복지국가'의 유형을 유지했다. 이는 역사적 경로 의존이 아니라 새로운 경로 전환이 발생한 사실을 보여준다. 역설적으로 탈발전주의 복지국가의 등장은 또 다른 경로 의존을 형성한다. 그러나 한국의 탈발전주의 복지국가는 단선적, 진화적 경로를 따라 서구의 경험을 그대로 추종하는 것은 아니다.

한국의 복지제도는 유럽형 사회보험 제도를 기본적인 토대로 하면서도 자유주의, 사회민주주의, 그리고 남유럽 복지체제의 특성도 일부 포함하고 있다. 또한 한국의 복지체제는 그 문화에 깊게 뿌리박고 있으며, 가족의 책임을 강조하는 전통적 유교 문화와 특성도 상당히 잔존하고 있다. 서구 복지정책의 모방, 학습, 이전, 변형을 통해 복잡한 형태의 '혼합'이 발생했다. 한국의 복지국가는 에스핑 안데르센의 유형론에서 나타나는 자유주의와 보수주의의 특성을 그대로 보여주기도 한다. 이러한 한국 복지국가의 전환적 성격은 단순한 유형론의 적용을 어렵게 만든다. 결국 특정한 유형으로 분류하기 위해서 다른 특성을 무시하거나 제외하는 '프로크루스테스의 침대'의 오류를 범할 수 있다. 오히려 중요한 이론적 과제는 복지국가를 규정하는 요인들 사이의 상호관계의 성격과 역동적 변화의 논리를 설명하는 것이다. 이렇게 다양한 특성을 가진 한국 복지국가는 상당한 기간 지속될 것으로 보이지만, 다른 나라와 다른 독특한 유형으로 발전할지는 아직 미지수이다. 여기에서 중요한 이론적 논쟁은 정태적 유형론에 머무르는 것이 아니라 역동적 변화의 성격을 설명하고 사회정치적 역학관계가 복지체제의 전환에 어떻게 영향을 미치는지 분석해야 한다.

4. 경로의존성과 복지제도의 역동성

경로의존성이라는 용어는 경제학뿐 아니라 사회과학에서도 유행어가 되었지만, 엄밀한 개념이 분명하게 제시되지 않는 경우가 많다. 피어슨Paul Pierson은 경로의존성을 정치체계에 영향을 미치는 자기강화적self-reinforcing 또는 긍정적 피드백positive feedback의 역동성으로 설명한다(Pierson, 2000). 일단 특정한 경로가 설정되면 그 과정을 역전하기는 매우 어렵다. 그 경로가 비효율적인 것으로 드러나도 적절한 정치적 대안은 불가역적으로 사라진다. 결국 경로의존성의 관점은 처음 시작이 엄청나게 중요하다고 강조한다. 경로의존성 모형은 어떤 사회적 현상이 지속되는 기능적 이유를 설명하기에는 매우 유용하다. 어떤 사건과 과정이 시간이 지나도 재생산되는 역동성을 설명하는 '역사적 인과성historical causation'을 보여주기 때문이다(Stinchcombe, 1968: 103~118). 그러나 과거와 현재의 사건과 과정 사이의 유사성이 곧 경로의존성을 확인하는 것으로 보기 어려운 상황이 발생할 수 있다. 시간이 지나면서 과거와 현재의 차이점이 만드는 변화는 경로의존성의 쇠퇴 또는 점진적인 제도적 변화의 가능성도 가지고 있다(Streeck and Thelen, 2005; Mahoney and Theleen, 2010).

모든 제도가 그렇듯이 한국 복지제도의 성격도 변화하지 않고 고정된 것이 아니다. 우리는 복지체제를 구조가 아니라 과정으로 보아야 한다고 강조한다. 복지체제는 기능적인 동시에 역동적이다. 우선 복지체제는 다른 (경제 및 정치) 제도의 변화에 기능적이라는 점에서 기능적인 과정이다. 한편 모든 제도에는 지속성이 있다. 그러나 사회가 변화하면서 역동적인 과정 또는 작용이 발생한다. 에스핑 안데르센도 1940년대 영국을 자유주의 복지국가가 아니라 스웨덴과 같은 사회민주적 복지국가로 보아야 한다고 지적하면서 제도적 변화를 인정했다(Esping-Andersen, 1999: 87). 1950년대 이후부터 1970년대 중반까지는 영국의 복지제도는 스웨덴과 같은 보편주의적 특성을 많이 갖고 있었지만, 1980년대 대처Margaret Thatcher의 보수당 정부가 등장하면서 미국과 같은 자유주의적 성격으로 변화했다. 19세기 후반 독일, 1920년대 북유럽 국가, 1930년대 미국,

1940년대 대부분의 유럽 대륙 국가, 1980년대 영국과 네덜란드에서는 중요한 복지제도의 도입, 개혁, 전환이 이루어졌다. 정도의 차이는 있지만, 역사적으로 세계 각국의 복지국가의 성격은 지속적으로 변화했다.

한국의 복지체제는 박정희 시대에서 김대중 시대로 이행하면서 일정한 변화가 발생했다. 김대중 정부가 도입한 복지체제는 많은 제도적 한계를 갖고 있지만, 전통적인 발전주의 복지국가에 비하면 커다란 차이를 가지고 있다. 새롭게 출현하는 복지체제를 과거의 발전국가의 유산으로 단순하게 평가한다면 일면적 분석에 그칠 것이다. 한국 복지국가의 성격을 이해하기 위해서는 '지속성'과 '변동성'을 동시에 고려해야 한다. 발전주의 복지국가에서 탈발전주의 복지국가를 향한 이행에 관한 연구는 시장경제, 자본주의, 민주주의, 시민권에 대한 체계적 분석을 요구한다. 이는 한정된 자원과 인생기회를 할당하는 사회체계의 역동적 변화를 보여준다.

이 글은 한국 복지국가의 변화에서 복지지출의 양적 변화보다 정치적, 경제적 거버넌스governance의 제도적 패턴institutional pattern의 변화에 더 많은 관심을 가져야 한다고 본다. 그러나 한국 복지국가의 성격을 규정하는 이론적 연구는 서구의 경험보다 훨씬 복잡하고 도전적인 작업이다. 오늘날 우리의 지적 노력은 산업화와 민주화의 내생적 경로뿐 아니라 지구적 상호의존성, 국내 정치와 경제적 관계, 사회인구적 변화의 영향을 받는 다양한 유형의 제도적 경향을 살펴보아야 한다. 한국의 복지국가는 과연 어느 정도로 역사적 경로의존성을 유지하는가? 또는 부유한 민주주의 국가의 제도적 유형을 향해 진화할 것인가? 만약 그렇다면, 어느 특정한 제도적 유형을 지향할 것인가? 이 과정에서 복지체제의 지속성 또는 새로운 다양성의 자원resource은 무엇인가? 우리는 어떻게 복지체제의 다양성이 변화하는지, 그리고 새로 출현하는 제도적 패턴의 인과적 과정이 무엇인지 이해해야 한다.

먼저, 이 글은 한국 복지국가의 지속성에 영향을 미치는 경로의존성의 주요 요소를 다음과 같이 지적한다. 첫째, 오랫동안 경제성장을 주도한 발전주의 체제의 역사적 유산이 경로의존성에 영향을 미쳤다. 1960년대 이래 권위주의적,

보수적 성격을 가진 국가가 주도한 복지제도는 보편적 복지 대신 잔여적, 선택적 복지를 강조했다. 둘째, 한국의 경제구조에서 재벌 중심의 대기업과 다수의 중소기업들의 위계적, 종속적 관계가 발전하면서 대기업 노동자에 편중된 기업복지가 발전했다. 산별노조보다 기업별 노조가 단체협상을 주도하면서 계급적 연대성이 약하다. 결과적으로 대기업 노조는 임금인상과 후생복지 등 기업복지에 주력하는 한편, 노동계급 전체의 이익을 대변하는 보편적 복지정책을 적극적으로 추진하지 않았다(양재진, 2005). 노조의 임금인상 요구를 수용할 수 있는 대기업과 지불능력이 없는 중소기업의 임금격차가 더욱 커졌다. 셋째, 대통령제와 소선거구제에 기반한 다수제 민주주의도 노동계급을 대표하는 정당과 재분배 정치 발전의 장애물이 되었다. 승자독식 정치는 지역주의 정치를 유지하는 반면 재분배 정치는 약화시켰다. 노동운동의 정치적 역량이 미약한 조건에서 계급이익을 대변하는 정당이 취약하며, 강력한 친복지 정치세력의 형성도 이루어지지 못했다.[6] 이러한 역사적, 제도적 유산은 한국 복지국가의 성격을 규정하는 중요한 요인으로 볼 수 있다.

다른 한편, 한국의 복지국가는 1987년 민주적 이행 이후 중요한 변화를 경험하면서 새로운 특징을 갖게 되었다. 한국 복지국가의 새로운 변동성을 보여주는 중요한 요소는 다음과 같다. 첫째, 1987년 민주적 이행 이후 한국 사회에서 '복지 정치'의 역동성이 작동하고 권위주의적 '발전연합developmental coalition'에 맞서 시민사회가 주도하는 '분배연합distributional coalition'이 등장하면서 복지정책의 결정과정이 더욱 정치화되었다. 민주화 이후 첫 민선정부인 노태우 정부는 노

6) 미국, 영국, 한국과 같은 다수제 민주주의는 최고 득표자가 당선자가 되며 양당제를 형성한다. 집권당이 권력을 독점하는 반면 사회적 약자를 대표하는 정당이 영향력을 행사하기 어렵다(Iversen and Soskice, 2006). 결과적으로 노동자와 빈곤층을 무시하는 '배제의 정치'가 이루어진다. 반면에 유럽 국가들은 중대선거구에서 비례대표를 선출하는 합의제 민주주의consensus democracy를 운영한다. 정치적 결정에서 거대 정당뿐 아니라 소수 정당도 참여한다. 선거에서도 지역 개발보다 복지와 세금이 쟁점이 되며 재분배 정치가 강화된다. 결과적으로 합의 민주주의에서는 약자를 배려하고 사회통합을 추구하는 '포용의 정치'가 이루어진다.

동조합의 강력한 요구에 직면했으며 노동계급의 포섭이 중요한 정치적 과제였다. 연금, 산재보험, 직업안정법 등 노동계급의 이해가 달린 입법 조치는 노동계급을 체제로 흡수하려는 목적에서 도입되었다. 민주화 이후 복지제도의 확대는 단순히 보수적 국가의 시혜가 아니라 다양한 사회세력들의 이해 갈등 정치의 영향을 받기 시작했다. 대표적으로 건강보험 제도가 지속적으로 진화하면서 '사회정책의 정치화'의 중요한 사례가 되었다(최성수, 2006). 민주화는 복지정치를 촉발했다.

둘째, 1998년 김대중 정부가 등장한 이후 건강보험 통합 등 보편주의적 특성을 가진 복지제도가 확대되면서 한국 복지국가는 새로운 전기를 맞이하게 되었다. 복지국가의 발전과정의 '중대 시점critical juncture' 또는 결정적 분기점을 이해하기 위해서는 복지제도의 형성과정에 영향을 미친 국제정치경제의 조건과 사회정치적 역학관계에 주목할 필요가 있다. 외환위기의 시기에 국제통화기금이 요구하는 기업 구조조정과 노동 유연화에 따른 급증하는 실업률 및 불평등에 직면한 김대중 정부는 사회안전망의 확대를 추진해야만 했다. 이 시기에 국민연금, 건강보험, 기초생활 보장 등 복지정책의 결정과정에서 국가의 주도성은 상대적으로 약화되었다. 복지정책 결정에서 시민사회조직의 역할이 확대된 데 비해, 재경부와 예산처 등 경제부처의 역할이 축소되었다. 대표적으로 1999년 「국민기초생활보장법」의 제정은 시민사회의 증가하는 역할의 중요성을 보여준다. 이 시기에 복지정책의 형성과정에서 국가와 시민사회 사이의 '정책 네트워크policy network' 또는 사회적 연결망social network의 중요성이 부각되었다(양재진, 2008). 건강보험과 국민연금이 도입된 후 사회의 이해관계자 집단이 다수 출현하면서 다수의 정치적 행위자가 정책결정에 참여했다. 노동조합과 시민사회조직과 정권 내부집단의 연결망이 강화된 데 비해 상대적으로 전경련과 경총 등 기업의 연결망은 주변화되었다(송호근·홍경준, 2006: 216~242). 전반적으로 복지정책 결정 과정에서 국가의 일방주의는 사라지고 국가와 사회의 '조정과 협력'의 관계가 중요한 특성으로 부각되었다.

셋째, 보편적 시민권의 개념에 입각한 복지정책의 실행은 국민의 복지인식과 복지태도에 커다란 영향을 미치기 시작했다(김윤태·서재욱, 2014). 복지태도는 단순한 정치적 동원의 결과이거나 변덕스러운 공공여론의 반영이 아니라 사회 구성원이 사회정의와 평등주의 가치에 관해 보여주는 일관성 있는 관점과 지향을 표현한다. 복지태도의 변화는 2010년 지방선거에서 무상급식과 복지가 선거 쟁점으로 부각되면서 새로운 전환점을 보였다(김윤태·이훈희·유승호, 2013). 2011년 10월 경향신문과 한국리서치의 여론조사에서 응답자의 86%가 '복지 확대'를 원했다(≪경향신문≫, 2011년 10월 14일 자). 특히 저소득층과 중산층의 복지 확대와 증세에 대한 지지가 높아졌다. 2012년 총선과 대선에서 양대 정당의 대선 후보가 복지 예산과 프로그램의 확대를 공약으로 내세우면서 복지국가에 대한 정치적 관심이 확대되었다. 비록 전통적인 반공주의와 지역주의 정치가 정치적 기회 구조를 제약하지만, 다양한 계층의 유권자들이 선거에서 복지 이슈에 민감하게 반응했다. 경제성장을 강조하는 전통적 발전주의 패러다임의 규정성이 약화되면서 탈발전주의를 지향하는 전환적transformative 형태의 복지국가가 국가 의제로 부각되었다. 앞으로 복지에 관한 대중의 정치적 지지는 한국 복지국가의 미래에 중요한 영향을 미칠 것으로 보인다.

위와 같은 한국 복지국가의 지속과 변화의 '이중적 과정'은 중요한 의미를 가진다. 첫째, 우리가 지나치게 경로의존성 이론에 의존한다면 미래에 대한 예측을 과신할 수 있다. 마치 철도를 달리는 열차가 다음에 도착할 정거장을 미리 알 수 있듯이 제도적 유산이 일정한 패턴을 가진다고 본다. 경로의존성 모형은 중요한 계기에서 우연성을 지나치게 강조하는 반면, 다른 경우에는 지나치게 결정론에 빠지기도 한다(Thelen, 1999: 385). 다른 한편, 경로의존성 논쟁은 과거의 영향력을 지나치게 강조하기도 하지만, 미래의 가능성에 대한 개방적 관점을 제시하기도 한다. 결국 경로의존적 과정의 중요한 특징은 특정한 사회적 환경에서 나타나는 '상대적 개방성'이다. 현재의 지배적인 제도적 패턴과 이질적 요소는 항상 역사적 우연과 이질적 요소의 결합과 만난다. 복지국가의 발전 과정은 단순하게 하나의 경향만 가지는 것은 아니다. 동시에 일단 특정한 새로운 경로가 만들어지면, 스스로 강화시키는 과정이 공고화와 제도화를 만든다. '특정한 계기'는 정치적, 이데올로기적 발전의 경로를 더욱 강화한다. 위에서 제시한 한국의 사례에서 볼 수 있듯이, 복지정치, 정책 네트워크, 복지태도의 변화는 전통적인 발전주의 복지국가의 쇠퇴를 결정하는 주요 요인으로 작용한다. 이러한 복잡한 사회변동의 인과과정은 하나의 이론에서는 명확하게 나타나지 않을 수 있지만 정치적 자원, 사회 네트워크, 전략적 선택 등 중범위 이론middle range theory에서 잘 나타날 수 있다.

둘째, 한국 복지국가의 지속성과 변동성의 이중적 과정은 민주적 이행 이후 사회정치세력과 제도적 배치의 상호작용으로 인한 역동적 성격을 표현한다. 복지국가가 사회의 일정한 계급연합에 의해 영향을 받거나 결정된다면 계급 간 역학관계가 변화하면서 복지국가의 변화가 발생한다. 결국 복지국가의 모든 변화는 사회적 관계에서 초래되며, 복지국가의 전환에 대한 분석은 궁극적으로 국가와 사회 사이의 역동적 관계에 초점을 맞춰야 한다. 실제로 박정희 정부의 발전주의 복지국가는 민주화 이후 노태우 정부를 거치면서 점차 '탈발전주의 복지국가'로 이행했으며, 정치적 지형과 권력관계는 제도적 변화에 커다란 영향을 미쳤다(김윤태, 2012). 이는 단순한 정권의 변화가 아니라 사회세력 사이의 역학관계의 변화를 수반한다. 특히 박정희 정부 시기에 나타났던 국가와 사회의 관계와 김대중-노무현 정부(민주정부) 시기의 양자 사이에 나타난 상호관계의 성격은 상당히 다르다. 국가와 사회의 관계는 형식과 내용의 차원에서 변화가 발생했다.

민주화 이후, 국가와 사회 사이의 복지 정치와 재분배 정치의 등장이라는 내용의 변화뿐 아니라 상호작용의 규칙성, 빈도, 고정성을 나타내는 형식의 변화도 발생했다. 박정희 정부 시기의 국가와 사회의 관계는 지배-종속 관계의 성격이 강했던 데 비해, 김대중-노무현 정부의 시기에는 상호 조정과 협력의 관계를 강조했다. 국가와 사회 사이의 상호연결망이 발전할수록 지시와 명령 대신 (종종 갈등적 관계가 발생했지만) 지속적인 자문과 타협의 과정을 중시했다. 국민연금 개혁에 관한 연구에서 볼 수 있듯이, 제도적 변화는 행위자 사이의 상호작용을 통해 만들어지는 역동적 권력관계의 영향에 의해 좌우된다. 반면에 이 시기의 복지정책은 지역주의 정치, 재벌 지배적 경제, 노동조합의 정치적 취약성이라는 구조, 제도, 행위자 차원의 요소로 인해 심각한 제약을 받았다(김영순, 2011). 한국 복지국가의 전환 과정을 제약과 기회의 변증법 또는 구조와 선택의 다차원적 상호작용의 결과로 이해해야 적절한 분석이 가능하다.

복지 정치의 등장은 다양한 사회적 행위자들의 복지담론의 구조와도 밀접한 관련을 가진다(신광영, 2012). 민주주의의 공고화consolidation가 이루어지던 시기에 김대중-노무현 정부가 경제주의, 성장주의의 이념적 지배가 강한 한국 사회에서 복지정책을 국가 의제로 제시했다는 점은 중요한 의미를 가진다. 그러나 '생산적 복지'와 '동반성장'은 과거 박정희 시대의 발전주의 복지국가와 김영삼 시대의 신자유주의 복지국가와 비교하면 체계적인 이데올로기를 제시하지는 못했다(김연명, 2009). 새로운 복지담론과 제도적 패턴은 발전주의 복지국가와 신자유주의 복지국가를 비판하며 새로운 대안을 제시하려고 했지만, 사실상 두 관점의 혼합과 절충에 그친 인상을 준다. 김대중-노무현 정부의 복지를 강조하는 정치적 수사에 비해 제한적 복지정책과 낮은 수준의 사회지출로 인해 결국 사회경제적 불평등은 더욱 악화되었다(김윤태, 2010). 그러나 새로운 복지담론은 복지국가의 한국적 적용 가능성에 관한 새로운 모색을 추구했다는 점에서 미래의 가능성을 보여준다. 김대중 정부의 생산적 복지, 노무현 정부의 동반성장과 사회투자국가, 그리고 이명박 정부의 '능동적 복지'에 이르기까지 모두 성장과 복지의 선순환을 강조한다는 점에서 일맥상통하는 특징을 가지고 있다.

새로운 복지담론은 과거의 생산주의와 분배주의의 타협처럼 보일 수도 있다. 하지만 정권이 선택하는 정치적 수사가 반드시 동일한 정책 내용을 제시하는 것은 아니다. 김영삼 정부 이후 최근 이명박 정부에 이르기까지 정부의 복지예산은 지속적으로 증가했지만, 김대중 정부의 시기에 가장 중요한 복지제도의 공고화가 발생했다. 2012년 대선에서 박근혜 후보는 '복지국가'를 강조하고 기초연금 도입, 건강보험 확대, 교육비 축소를 공약으로 내세우면서 복지정책을 정치적으로 이용했다. 그러나 대선 이후 박근혜 정부가 복지공약을 포기하거나 취소하면서 복지정책을 둘러싼 정치적 논쟁이 다시 격화되었다. 이러한 복지공약의 포기는 정치적 신뢰의 문제를 넘어서 복지국가의 전망에 대한 사회적 합의의 부재를 보여주는 것이다. 서구 복지국가에서 '합의 정치consensus politics'가 출현한 것처럼 한국에서도 복지국가에 대한 정치적 합의가 존재한다는 주장은 성급한 예측으로 볼 수 있다. 이런 점에서 한국 복지국가의 미래는 미리 결정되지 않은 질문이다.

5. 결론: 발전주의 복지국가를 넘어서

1944년 칼 폴라니Karl Polanyi는 『거대한 전환The Great Transformation』에서 사회를 구성하는 두 가지 원리가 있다고 지적했다. 하나는 시장의 자유와 자유무역을 통해 이루어지는 경제 자유주의의 원리이고, 다른 하나는 인간, 자연, 조직을 시장의 해악에서 보호하는 사회 보호의 원리이다(Polanyi, 1944). 현대 복지국가는 두 가지 원리를 동시에 추구하는 사회경제적 시스템을 유지하려고 노력했다. 복지국가의 발전은 경제의 논리와 사회의 논리의 복잡한 상호관계에 의해 다양한 형태의 제도적 변화를 만든다. 1998년 이후 한국에서 복지국가가 본격적으로 탄생하면서 과거의 발전주의의 제도적 유산과 다른 경로가 등장했다. 왜 이러한 제도적 역동성이 등장했는지 제대로 이해하기 위해서는 단순한 복지지출 수준과 복지제도의 특징의 비교가 아니라 복지정책 결정 과정과 광범한 사회정치적 차원의 관심이 필요하다.

한국뿐 아니라 세계 각국의 경험을 볼 때 대부분 국가에서 복지체제의 역동적 변화는 하나의 원리에 의해 이루어지는 것이 아니다. 이런 점에서 복지국가의 역사를 규정하는 '다양성'은 그대로 지속할 것이다. 그러나 다양성은 단순하게 현상유지를 의미하지는 않는다. 어떠한 복지국가도 기술의 변화, 국제화, 국내의 사회경제적 변화에 직면하여 과거의 안정성을 그대로 유지할 수는 없다. 복지국가의 등장과 발전은 다양한 나라의 역사적 경로의존성과 사회정치적 세력의 역동적 관계에 따라 상이한 경로를 거치면서 이루어진다. 복지국가의 전환에서 구조적 제약과 행위자의 권력자원은 긴밀하게 연결되어 있다. 복지국가의 발전을 위해서는 먼저 사람들이 복지를 확대하기를 원해야 하고 기존의 제도를 바꾸는 데 의미를 느껴야 한다. 행위자 차원에서 보면 국가, 기업, 노동조합, 정당 등 사회정치세력의 실천이 중요하다. 특히 복지체제의 변화를 이해하기 위해서는 정당의 사회적 토대, 선거제도의 제약성, 의회의 입법 과정과 절차의 역동성, 이익집단의 정치적 영향력, 노사관계와 사회적 대화의 차원 등 다양한 정치적 역동성에 대한 체계적 이해가 필요하다. 이는 복지국가를 강화하는 사회정치세력의 전략적 선택이 어떻게 구조적 조건과 결합하는지 효과적으로 설명할 수 있을 것이다. 이러한 사회학적 접근법의 강조는 구조와 행위자, 사회학과 정치학, 거시 차원과 미시 차원의 중요성을 동시에 고려한다. 결국 '사회가 어떻게 복지국가에 반영되는가'라는 질문에 대한 답은 바로 '사회적 관계의 상호작용'에 존재한다고 볼 수 있다.

이 글은 한국 복지국가의 정치적 역동성을 이해하는 연구 전략으로 역사적, 제도적 차원과 행위자의 전략적 선택 차원 사이에 있는 상호적 관계의 논리를 이해해야 한다고 본다. 역사적, 제도적 차원은 경제구조의 성격, 대기업과 중소기업의 관계, 노사관계, 노조의 임금 협상 체제의 제도적 조건과 밀접한 관련이 있다(양재진 외, 2008). 반면에 행위자의 전략적 선택은 노동조합과 정당의 이데올로기, 강령, 선거 공약, 정책과 프로그램 등 다양한 차원으로 분류할 수 있다(신광영, 2012). 구조적 조건과 전략적 선택은 분리된 것이 아니라 두 개의 다리로 움직이는 몸처럼 서로 긴밀하게 연결되어 있다. 김대중-노무현 정부가 복지국가 발전을 위해 중요한 역할을 수행했던 반면에, 경제 자유화를 통해 국가의 자율적 역량을 제한하고 복지국가 발전을 저해할 수 있는 제도적 장애물을 만들었다는 사실은 중요한 의미를 가진다. 결국 구조적 조건의 변화는 전략적 선택의 기회를 제한한다.

다른 한편, 전략적 선택은 구조적 조건의 변화를 추진할 수 있다. 노동조합이 산별노조를 강화하고 단체교섭을 통한 조직력과 정치적 영향력을 강화한다면 복지정책의 정치화와 친복지세력 정치동맹의 형성 가능성이 높아질 수 있다.

강력한 시민사회가 사회경제적 민주화를 요구한다면 복지국가에 대한 사회적 합의의 기반이 강화될 수 있다. 정당, 노동조합, 시민사회조직의 전략적 선택은 선거제도, 입법과정, 거버넌스의 제도적, 구조적 개혁을 추진할 수 있다. 1998년 민주정부가 등장한 이후 한국 사회에 확산된 생산적 복지, 사회투자, 능동적 복지, 맞춤형 복지의 담론은 많은 한계에도 불구하고 다양한 정치세력들이 복지국가에 대한 합의를 만드는 데 기여했다. 대부분의 정당, 노동조합, 시민단체들이 복지 확대를 지지하고 복지예산을 확대하는 가운데 복지국가에 대한 긍정적 태도와 정치적 지지도 증가했다. 이러한 변화는 단순한 경제성장의 결과가 아니라 정치적 기회political opportunity 구조를 재구성하는 행위자들의 실천과 밀접하게 연결되어 있다는 사실을 보여준다. 이처럼 구조와 전략은 상호적 관계를 형성한다.

지난 20년 동안 한국 복지국가의 발전 과정은 아직 민주주의의 한계를 보여주고 있다. 특히 생산적 복지, 사회투자, 능동적 복지, 맞춤형 복지가 취약계층만 지원하는 선별주의 원칙에 따라 운영된다면 사회정책의 효과는 매우 제한적인 결과를 만들 가능성이 크다. 또한 사회정책이 민주주의의 원리보다 시장의 논리에 종속되어 개인의 노동시장을 향한 진입만 강조하고 노동시장에서 배제된 인구집단을 위한 소득지원이 축소된다면 사회적 연대와 통합은 불완전한 상태에 머무를 것이다. 장기적으로 복지국가를 강화하려는 목표는 모든 시민에게 동등한 지위를 부여하는 보편적 시민권의 원칙과 긴밀하게 연결될 때 효과가 더욱 커질 것이다. 다수의 시민이 공기업 사유화, 감세, 긴축, 복지 축소를 추구하는 '작은 정부' 이데올로기가 아니라 누진소득세, 보편적인 사회보험, 공교육, 개인의 역량을 강화하는 적극적 복지를 지지해야만 복지국가가 장기적으로 유지될 수 있다. 결국 지속가능한 복지국가는 더 보편적이고 효과적이고 효율적인 제도적 변화를 만드는 다양한 사회적 행위자들의 전략적 선택에 달려 있다.

참고문헌

고세훈. 2013.「복지와 노동(권력): '권력자원접근'의 이론적 위상과 한국적 함의」. ≪동서연구≫, 제25권 제1호, 5~31쪽.

김교성·김성욱. 2012.「복지의 양적 확대와 체계적 축소: 이명박 정부의 복지정책에 대한 평가」. ≪사회복지정책≫, 제39권 제3호, 117~150쪽.

김연명 편. 2002.『한국 복지국가 성격논쟁 I』. 인간과 복지.

김연명. 2009.『사회투자와 한국 사회정책의 미래: 사회투자 담론이 한국사회의 복지발전과 사회발전에 유용한 전략인가?』. 나눔의 집.

김영순. 2011.「한국의 복지정치는 변화하고 있는가?: 1, 2차 국민연금 개혁을 통해 본 한국의 복지정책」. ≪한국정치학회보≫, 제45집 제1호, 141~163쪽.

김윤태. 2010.「복지담론과 사회투자의 다양성」. ≪사회와 이론≫, 16집, 241~270쪽.

_____. 2012.『한국의 재벌과 발전국가: 고도성장, 독재, 지배계급의 형성』. 한울.

김윤태·서재욱. 2014.「한국의 복지제도와 복지태도: 경제활동인구의 복지태도에 관한 분석」. ≪동향과 전망≫, 90호, 331~376쪽.

김윤태·이훈희·유승호. 2013.「한국의 복지태도의 정치적 역동성: 탈계급성과 정치적 기회의 재검」. ≪한국학연구≫, 45집, 183~212쪽.

김원섭·남윤철. 2011.「이명박 정부 사회정책의 발전: 한국 복지국가 확대의 끝」. ≪아세아연구≫, 제54권 제1호, 119~152쪽.

남찬섭. 2008.「한국 복지정치의 딜레마: 낮은 조세능력과 자가복지로 인한 한계에 중점을 두어」. ≪사회복지연구≫, 제38호, 33~59쪽.

송호근·홍경준. 2006.『복지국가의 태동: 민주화, 세계화, 그리고 한국의 복지정치』. 나남.

신광영. 2012.「현대 한국의 복지정치와 복지담론」. ≪경제와 사회≫, 통권 제95호, 35~66쪽.

양재진. 2005.「한국의 대기업중심 기업별 노동운동과 한국 복지국가의 성격」. ≪한국정치학회보≫, 제39집 3호, 395~412쪽.

_____. 2008.「한국 복지정책 60년: 발전주의 복지체제의 형성과 전환의 필요성」. ≪한국행정학보≫, 제42권 제2호, 327~349쪽.

양재진 외. 2008.『한국의 복지정책 결정과정』. 나남.

정무권. 2007.「한국 발전주의 생산레짐과 복지체제의 형성」. ≪한국사회정책≫, 제14집, 257~307쪽.

정무권 편. 2009.『한국 복지국가 성격 논쟁 II』. 인간과 복지.

최성수. 2006.「민주화와 제도적 유산 그리고 복지정치: 의료보험 개혁운동, 1980~2003」. ≪사회연구≫, 통권 제12호, 39~76쪽.

Esping-Andersen, G. 1990. *The Three Worlds of Welfare Capitalism*. Princeton University Press, New Jersey.

_____. 1999. *Social Foundations of Postindustrial Economies*. Oxford University Press, New York.

Ferrera, M. 1996. "The 'southern model' of welfare in social Europe." *Journal of European Social Policy*, 6(1), pp. 17~37.

Giddens, Anthony. 1998. *The Third Way: The Renewal of Social Democracy*. Polity Press.

Hall, Peter A. and David W. Soskice(ed.). 2001. *Varieties of Capitalism: Institutional Foundation of Comparative Advantage*. Cornell University Press.

Iversen, Torben and David Soskice. 2006. "Electoral Institutions, Parties and the Politics of Class: Why Some Democracies Distribute More than Others." *American Political Science Review*, 100(2), pp. 168~181.

Korpi, Walter. 1983. *The Democratic Class Struggle*. Routledge, Kegan and Paul.

_____. 2006. "Power Resources and Employer-Centered Approachs in Explanations of Welfare States and Varieties of Capitalism: Protagonists, Consenters and Antagonists." *World Politics*, 58(2), pp. 167~206.

Kwon, H. J. 2007. *Transforming the Developmental Welfare State in East Asia*. London: UNRISD/Palgrave.

Kwon, Soonman and Ian Holliday. 2007. "The Korean welfare state: A paradox of expansion in an era of globalization and economic crisis?" *International Journal of Social Welfare*, 16(3), pp. 242~248.

Mahoney, James and Kathleen Theleen. 2010. "A theory of Gradual Institutional Change." in James Mahoney and Kathleen Theleen(eds.). *Explaining Institutional Change: Ambiguity, Agency and Power*. Cambridge University Press.

Marx, Karl. 1978. "The Eighteenth Brumaire of Louis Bonaparte." in Robert C. Tucker(ed.). *The Marx-Engels Reader*. Norton.

Mishra, Ramesh. 1981. *The Welfare State in Capitalist Society: Policies of Retrenchment and Maintenance in Europe, North America and Australia*. Harvester Wheatsheaf.

O'Connor, James. 1973. *The Fiscal Crisis of the State*. New York: St. Martin's Press.

Polanyi, Karl. [1944]1957. *The Great Transformation: The Political and Economic Origins of Our Time*. Beacon Press.

Pierson, Paul. 1994. *Dismantling the Welfare State? Reagan, Thatcher, and the Politics of Retrenchment*. Cambridge University Press.

_____. 2000. "Path Dependence, Increasing Returns, and Political Science." *American Political Science Review*, 94(2), pp. 251~267.

_____. 2001. "Post-Industrial Pressures on the Mature Welfare State." in Paul Pierson(ed.). *The New Politics of the Welfare State*. Oxford University Press.

Skocpol, Theda. 1992. *Protecting Soldiers and Mothers*. Harvard University Press.

Shin, Dong-Myeon. 2000. "Financial Crisis and Social Security: the Paradox of the Republic of Korea." *International Social Security Review*, 53, pp. 83~107.

Swenson, Peter. 2002. *Capitalists and Markets: The Making of Labour Markets and Welfare States in the United States and Sweden*. Oxford University Press.

Stinchcombe, Arthur. 1968. *Constructing Social Theories*. Harcourt, Brace.

Streeck, Wolfgang and Kathleen Thelen. 2005. *Beyond Continuity: Institutional Change in Advanced Political Economies*. Oxford University Press.

Thelen, Kathleen. 1999. "Historical Institutionalism and Comparative Politics." *Annual Review of Political Science*, 2, pp. 369~404.

Wilensky, Harold L. and C. N. Lebeaux. 1965. *Industrial Society and Social Welfare*. Russel Sage Foundation.

제11장

발전국가와 국가중심적 거버넌스*

이주하

1. 서론

비록 동아시아 발전국가들은 권위주의적 체제와 결합되었다는 치명적인 약점을 안고 있으나, 다수의 후발산업국 및 개발도상국과 달리 성공적으로 국가주도의 개입주의 경제발전을 이룩했다. 하지만 모든 국가주도의 개발이 성공한 것이 아니며, 국가주도 산업화를 시도한 많은 개발도상국들은 실패를 경험했다. 또한 모든 권위주의 체제가 발전지향적인 것도 아니며, 국가가 발전지향적이기 위해 권위주의 체제가 필요한 것 역시 아니다(Fritz and Rocha Menocal, 2007). 결국 동아시아 발전국가의 성과는 정부가 사회와 어떻게 상호작용하는가, 그리고 국가-사회의 관계를 규정하는 제도가 어떤 방식으로 설정되었는지에 대한 논의와 관련이 있으며, 이는 곧 거버넌스 개념과 직결되어 있는 것이다(Kjær, 2004).

* 이 글은 「국가중심적 거버넌스에 대한 시론적 연구: 산출 지향적 정당성과 복지국가의 거버넌스」, ≪국정관리연구≫, 8권 1호(2013)를 수정한 것이다.

사실 거버넌스라는 담론의 출발점과 강조점은 여러 학문분야의 연구전통에 따라 다르기 때문에 단일 개념의 거버넌스를 제시하기란 쉽지 않다. 일찍이 대표적인 거버넌스 이론가인 로즈R. A. W. Rhodes는 최소국가minimal state, 기업지배구조corporate governance, 신공공관리new public management, 바람직한 거버넌스good governance, 사회적 사이버네틱 체제socio-cybernetic system, 자기조직화 네트워크self-organizing networks라는 6가지 용법의 거버넌스 개념을 제시했다(Rhodes, 1997). 다양한 사회적 조정기제를 포괄하는 광의의 거버넌스 개념에는 신공공관리론과 시장의 역할을 강조하는 신자유주의적 거버넌스와 더불어 전통적인 관료제적 거버넌스가 모두 포함되는 반면, 협의의 거버넌스라 할 수 있는 신거버넌스는 신자유주의나 신공공관리론과는 엄격하게 구분된다(이명석, 2002). 일반적으로 거버넌스 담론은 위계hierarchy, 시장market, 네트워크network라는 세 가지 서로 다른 통치구조를 바탕으로 국가중심 거버넌스, 시장중심 거버넌스, 시민사회중심 거버넌스로 분류되고는 한다(김석준 외, 2000; 박재창, 2010; 장지호·홍정화, 2010).

2008년 글로벌 경제위기와 신자유주의의 쇠퇴 속에서 국가중심적 거버넌스가 재조명을 받고 있다. 물론 이것이 과거의 관료제적 국가로의 단순한 회귀를 의미하지는 않으며, 동아시아 발전국가가 지닌 문제점을 외면하는 것도 아니다. 다시 말해 1980년대 이후 신자유주의적 세계화하에서 각광을 받아온 시장친화적 거버넌스와 일정 부분 거리를 두면서 국가의 사회체제 조정능력에 다시금 관심을 기울일 필요가 있는 것이다(Peters, 2000; Jessop, 2000; Kjær, 2004; Jordan, 2008; Bell and Hindmoor, 2009; Lynn, 2010).

이 글은 이와 같은 국가중심적 거버넌스에 대해 고찰해보고자 하며, 이를 위해 거버넌스를 투입 측면과 산출 측면이라는 두 가지 차원으로 구분해서 살펴볼 것이다. 여기서 거버넌스의 투입 측면이란 권력의 접근성the access to power, 즉 정부의 정책결정과정에 공정하게 참여하는 민주성에 대해, 산출 측면은 권력의 행사the exercise of power, 즉 공공성을 달성할 수 있는 효과적인 정책에 대해 설명하고 있는데, 이 중 후자는 최근에 들어 주목받고 있는 '정부의 질quality of government' 담론과도 밀접한 연관이 있다(Scharpf, 1997, 1999; Rothstein and Teorell, 2008).

이 글은 국가중심적 거버넌스 관점에서, 한국과 북유럽·남유럽 복지국가들에서 산출 측면의 거버넌스가 어떻게 작동했는지 체계적으로 분석하고자 한다.

2. 왜 국가중심적 거버넌스에 주목해야 하는가?

1) 거버넌스 유형화와 국가중심 거버넌스의 재조명

서론에서 지적한 것처럼 다양한 형태를 띠고 있는 거버넌스 담론은 유형화 논의를 통해 보다 잘 이해될 수 있는데, 대표적인 유형화로 뉴먼(Newman, 2001, 2007)과 피에르 및 피터스(Pierre and Peters, 2005)의 논의를 살펴볼 필요가 있다. 뉴먼J. Newman은 집권화와 분권화 정도를 한 축으로 하고, 혁신/변화와 지속성/질서를 다른 한 축으로 하여 거버넌스를 네 가지 유형으로 구분했는데, ① 계층적 거버넌스, ② 관리주의 거버넌스, ③ 네트워크 거버넌스, ④ 자치 거버넌스self-governance가 그것이다.[1] 피에르J. Pierre와 피터스B. G. Peters는 국가의 국정관리 능력이란 사회에 대해 구속력 있는 결정을 강제할 수 있는 국가의 권위와 사회의 다양한 정보들을 활용하는 역량으로부터 파생된다고 보았다(Pierre and Peters, 2005). 거버넌스의 유형은 이러한 국가의 권위와 정보활용능력을 바탕으로 국정운영에서 국가의 개입정도와 영향력에 따라 ① 국가주의Étatiste 모형, ②

1) 첫째, 집권화와 지속성/질서를 강조하는 계층적 거버넌스는 전통적인 통치방식에 가까우며, 관료제의 역할과 법률에 기반한 권한행사를 중요시함으로써 높은 책임성을 구현하는 데 유리하다. 둘째, 집권화와 혁신/변화를 강조하는 관리주의 거버넌스의 경우 정부는 경쟁, 유인체계, 계약과 같은 관리주의적 수단을 통해 권력을 행사하고, 단기적인 성과의 극대화를 강조하며, 권한은 하위기관으로 위임된다. 셋째, 분권화되고 혁신/변화를 강조하는 네트워크 거버넌스의 경우 국가의 조정능력은 약하고 권력은 분산되어 있으며, 장기적인 정책성과를 가져오기 위해 신뢰, 협력, 파트너십을 중시한다. 마지막으로 분권화되고 지속성/질서를 강조하는 자치 거버넌스는 오예식 책임성, 높은 자율성, 자기 통제에 기반을 두고 있으며, 권력을 개인이나 공동체에 부여함으로써 그들 스스로 문제를 해결하고 복지well-being에 스스로 책임을 지도록 지원한다(Newman, 2001, 2007).

자유민주주의Liberal-democratic 모형, ③ 국가중심State-centric 모형, ④ 네덜란드 학파의 거버넌스Dutch governance school 모형, ⑤ 정부 없는 거버넌스Governance without government 모형으로 나누어진다.[2)] 이러한 유형화론은 네트워크 거버넌스 혹은 정부 없는 거버넌스 모형에 대한 지나친 강조를 경계하는데, 피에르와 피터스는 합의제 정책결정에 기반한 조합주의와 유사하다고 할 수 있는 국가중심 모형을 가장 효과적인 거버넌스 유형으로 간주하고 있다(이주하, 2011).

이와 비슷한 맥락에서 정부의 실패와 신자유주의의 등장 이후 국가의 한계점에 초점을 맞춘 초기 거버넌스 논의와는 달리, 국가의 국정관리 능력에 보다 주목해야 한다고 주장하는 거버넌스 담론이 재조명을 받고 있다. 즉, 정부 없는 거버넌스 모형과 같이 국가의 쇠퇴를 주장하고 국가로부터 자율적인 네트워크를 강조하는 거버넌스 논의에 대해 일정 부분 비판적인 입장을 견지하며, 사회체제 조정과정에서 국가의 주도적인 역할을 강조한 일련의 연구들이 있어왔다(Peters, 2000; Jessop, 2000; Kjær, 2004; Jordan, 2008; Bell and Hindmoor, 2009; Lynn, 2010). 이들 연구에 따르면, 비록 세계화와 분권화 아래 국가의 능력이 과거보다 제한되었고 오늘날 정부 혼자만의 힘으로는 정책을 효과적으로 집행하기에 한계가 있는 것은 사실이나 국가는 목표 설정, 우선순위 결정, 정책들 간

2) 첫째, 국가주의 모형에서 국가는 국정운영에서 가장 중요한 행위자로서 사회로부터의 영향에서 자유로우며, 강력한 관료제를 기반으로 사회적 행위자societal actors에 대한 통제력을 지니고 있다. 둘째, 자유민주주의 모형에서 국가는 여전히 지배적인 행위자로서, 경쟁하는 사회적 행위자들을 거버넌스에 참여시킬지 여부를 결정할 수 있으나, 관료제의 역할은 국가주의 모형처럼 크지 않으며 의회제도에 보다 의존하는 경향이 있다. 셋째, 국가중심 모형에서 국가의 역할은 여전히 중요하지만 기업과 노조 같은 강력한 사회적 행위자들과 제도화된 관계를 맺고 있으며, 강력한 관료제가 거버넌스를 지탱하고 있으나 제도적으로 조직화된 사회적 행위자들 역시 중요한 역할을 담당하고 있다. 넷째, 네덜란드 학파의 거버넌스 모형에서 국가는 국정운영을 위해 사회적 네트워크에 의존하며 관료제의 영향력은 크지 않은데, 거버넌스에 참여하는 다양한 행위자들 사이의 합의에 의해 의사결정이 이루어지기 때문에 국가는 다수의 행위자들 중 하나일 뿐이라 할 수 있다. 다섯째, '정부 없는 거버넌스' 모형에서는 국가보다 사회적 행위자들이 강력한 영향력을 행사하며 정통성을 가지고 있는데, 국가는 다른 행위자들이 정책을 결정하고 집행하는 무대를 제공할 뿐이며 관료제의 역할은 매우 제한적이다(Pierre and Peters, 2005).

조정과 같은 핵심적인 역할을 여전히 수행한다. 따라서 거버넌스란 정부 없이 일어나는 현상이 아니며, 거버넌스 이론에서 국가의 역할이 단순히 쇠퇴한다고 가정하는 것은 오류라 할 수 있다. 또한 갈등하는 이익들 간에 협력과 타협이 쉽지 않거나 권력의 불평등이 심각한 상황 속에서 특정한 사회적 행위자가 정책결정을 독점하는 경우에 네트워크는 제대로 작동하기 힘들며, '민주적' 국가는 상충되는 갈등을 수용하고 조정하는 데 있어서 네트워크보다 장점을 지니고 있는 것이다.

여기서 국가중심적 거버넌스는 통제, 명령, 규제 중심의 전통적인 계층제적 통치로 국한시켜 이해되어서는 안 되며, 과거의 수직적 통치방식에 비해서 수평적인 네트워크와 파트너십을 보다 강조하는 가운데 국가의 능동적이고 주도적인 역할에 대해 초점을 둔다. 다시 말해 국가중심적 거버넌스는 신뢰와 협력에 기초한 네트워크를 통한 조정을 간과하지 않으며, 국가–시장–시민사회 사이의 참여와 파트너십에 기반한 국정관리를 중요시하는 (신)거버넌스의 의미를 등한시하는 것도 아니다(이주하, 2011). 따라서 이 글에서 국가중심적 거버넌스를 통해 강조하고자 하는 것은 전통적인 정부의 하향식 통제능력이 아니라 정부와 사회의 상호작용과 파트너십 속에서 나타나는 국가의 사회체제 조정능력인 것이다.

2) 발전국가론과 바람직한 거버넌스

국정운영에서 국가의 조정능력의 중요성에 대한 이해를 높이기 위해 대표적인 국가중심론state-centered theory 중 하나인 발전국가 연구와 최근 들어 크게 주목받고 있는 '바람직한 거버넌스good governance'[3] 논의를 살펴볼 필요가 있다. 주지하듯이 국가중심론의 영향력 아래 일련의 학자들은 동아시아 경제발전을 자유

3) '좋은 거버넌스', '굿 거버넌스' 등으로도 번역되는데, 이 글에서는 '바람직한 거버넌스'로 통일했다.

시장 원칙의 확증으로서 간주하는 신고전파 경제학자들의 주장에 반대하며, 발전국가라는 개념을 통해 성공적인 산업화를 이룩한 동아시아 국가의 역할과 특성을 분석했다(Johnson, 1982; Amsden, 1989; Evans, 1995; Woo-Cumings, 1999).[4] 이들 연구에 따르면, 동아시아 발전국가의 성공은 정책목표를 정하는 데 있어서 사회의 압력으로부터 격리되어 있는 국가의 자율성state autonomy, 합리적 관료제의 정책능력과 이를 뒷받침하는 정치적 리더십이 더해진 국가능력state capacity, 그리고 사회집단과 발전지향적 협력관계를 이끌어내는 국가와 사회 간의 연계된 혹은 배태된 자율성embedded autonomy에 기인한다.

동아시아 발전국가는 서구의 케인스주의보다 국가의 개입이 한층 더 성과지향적이고 목표지향적인 특성을 지니고 있다(Fritz and Rocha Menocal, 2007). 거버넌스 측면에서 볼 때 국가와 시민사회 사이의 배태적 자율성이 중요하며, 특히 배태성과 자율성이 조화를 이룰 때만이 어떤 국가가 발전지향적이라고 할 수 있다(Evans, 1995). 그리고 경제발전을 촉진하기 위한 거버넌스의 작동에서 국가의 효과적인 사회체제 조정능력이 핵심적이라 할 수 있다.

프리츠V. Fritz와 로차 메노칼A. Rocha Menocal이 지적하였듯이(Fritz and Rocha Menocal, 2007), 공유된 비전의 확립과 그 결과에 초점을 두고 있는 발전국가론은 국가의 능력 및 성과와 관련된 이슈들을 강조하는 경향이 있는 반면, 바람직한 거버넌스 논의는 국가가 제대로 유지되기 위해 필요한 최소한의 기준으로서 일련의 규범과 원칙들을 제시해준다. 물론 거버넌스라는 개념이 가진 다면성만큼 거버넌스를 구성하는 혹은 측정하는 핵심 요소 역시 다양하다. 세계은행은 바람직한 거버넌스를 측정하기 위한 6개의 지표로 언론의 자유와 정치적 책임

4) 막스 베버와 칼 폴라니의 지적 전통에 바탕을 둔 국가중심론은 구조기능주의, 신마르크스주의, 다원주의 등과 같은 사회중심론society-centered theory의 문제점을 지적하며 국가를 사회로부터 자율적인 주요한 독립적 변수로서 파악한다. 즉, 국가는 때로는 사회 전체의 이익으로부터 독립적인 스스로의 이해관계와 자율적인 힘을 가지고 있으며, 국가제도의 특성이 사회집단의 형성과 능력 및 이해관계의 표출에 큰 영향을 미친다(Evans, Rueschemeyer and Skocpol, 1985). 이러한 국가중심론의 핵심 주장들은 신제도주의, 특히 역사적 제도주의historical institutionalism로 계승되었다.

성, 정치적 안정성과 폭력의 부재, 정부의 효과성, 규제의 질, 법치주의, 부패의 통제를 선정했다(Kaufmann, Kraay and Mastruzzi, 2004). 이러한 지표를 바탕으로 세계은행은 1996년부터 세계 거버넌스 지표World Governance Indicator: WGI라는 이름하에 각국의 거버넌스 수준을 측정해서 발표하고 있다.

세계은행이 상대적으로 거버넌스의 경제적인 측면을 중요시하는 경향이 있다면, UN은 거버넌스의 정치적인 측면에 보다 초점을 두고 있다고 할 수 있다. 여기서 바람직한 거버넌스의 경제적 측면은 부패 퇴치, 시장자율화, 경제·사회 자원 관리에서의 책임성 등 경제활동을 지원하는 법적 제도의 확립을 포함하며, 민주화와 인권보호를 중시하는 정치적 측면의 바람직한 거버넌스는 개발과정에서 빈곤한 사람들의 목소리를 반영하고 그들의 권한 강화를 도모할 수 있는 시스템 구축에 많은 관심을 두고 있다(한국국제협력단, 2008; 김은미·김진경, 2010). UN이 제시한 바람직한 거버넌스는 민주적 거버넌스를 의미하는데, 그 주요 내용으로 시민들의 광범위한 참여, 법치주의에 기반한 의사결정, 정부활동에서의 투명성, 시민들의 요구에 대한 대응성, 시민들의 복지향상에서의 형평성, 공적 자원을 사용함에서의 효과성과 효율성, 공공 및 민간조직들의 책임성 등을 들 수 있다(UNDP, 1997).

한편 메릴리 그린들Merilee Grindle(Grindle, 2004, 2007)에 의해 주창된 '굿 이너프 거버넌스good enough governance'[5] 개념은 발전국가론과 바람직한 거버넌스 사이의 주요 연결고리라 할 수 있다.[6] '굿 이너프 거버넌스' 담론은 경제 및 사회

5) '비교적 좋은 거버넌스' 혹은 '적합한 거버넌스' 등으로 번역될 수 있겠으나 이 글에서는 원래의 의미를 살리기 위해 따로 번역하지 않았다.

6) 정치·경제·사회 전반에 걸쳐서 변화를 일으켜야 하는 바람직한 거버넌스는 많은 시간과 비용이 소요될 뿐 아니라, 원조 공여국이나 세계은행과 IMF가 수원국의 바람직한 거버넌스 구축이라는 명목하에 심각한 자원 부족과 분쟁에 시달리는 개발도상국에게 과도한 규제를 요구하고 정치적 자율성을 침해하는 등의 문제를 유발시킬 수 있다는 비판이 제기되어왔다(김은미·김진경, 2010; 한국국제협력단, 2008). 이러한 상황 속에서 Grindle(2004, 2007)은 공여국인 선진국의 관점에 입각한 바람직한 거버넌스 담론은 수원국인 개발도상국에게는 실현가능성이 떨어진다는 점을 지적하며 '굿 이

표 11-1 발전국가와 바람직한 거버넌스

구분	발전국가	바람직한 거버넌스 Good governance	굿 이너프 거버넌스 Good enough governance
핵심 요소	국가능력과 배태된 자율성을 강조	투명성과 책임성을 강조	정치·경제적 발전을 위한 최소한의 조건을 강조
정치 레짐	많은 성공적인 발전국가가 권위주의 체제였지만, 특정 정치레짐에 대한 규범적인 옹호는 없음	민주주의에 대한 규범적인 옹호 속에서 민주주의적 통치 강화가 주요 관심사	특정 정치레짐에 대한 규범적인 옹호는 없으며, 다양한 정치레짐의 요소들이 각기 다른 이유로 작동할 수 있음을 인지하고 지지함
국가의 정당성	국가의 업적과 성취에서 파생됨	원칙과 절차적 측면에서 다수의 이익이 민주적으로 대표되고, 소수의 권리가 보호됨으로써 확보	다양한 국가들은 국가의 능력과 제도화 정도에 따라 상이한 수준의 정당성을 지니고 있으며, 정당성은 절대적 기준이 아닌 주어진 조건 속에서 고려되어야 함
국가의 역할	경제발전을 적극적으로 추진하며, 특정 사회세력에 의해 영향을 받지 않음	역할에 대한 명확한 합의는 없으나, 시장/사회적 행위자에게 법치주의와 같은 체계를 제공	주요 공공재를 제공하는 데 개입하나 광범위한 이슈나 개혁을 동시에 다루지는 않으며, 개입의 전제조건을 중요시하고, 다양한 목표를 달성하기 위해 개입이 조절됨
주요 과제	비전을 갖춘 헌신적인 리더십을 육성하고, 국가적 목표를 위해 강한 단결력을 가지고 몰두하는 능력 위주의 공무원 조직을 확립	부패 척결, 민주주의 심화, 공공재정체계 개선 등과 같이 발전을 위해 필요한 다양한 목표를 강조	바람직한 목표들은 동시에 달성하기 어렵기 때문에 대립되는 요소들 사이의 균형과 우선순위가 중요하며, 각국이 처한 현실적 상황에 기반한 활동에 초점

자료: Fritz and Rocha Menocal(2006).

발전에 필수적인 거버넌스의 최소한의 조건들에 관심을 두고 있는데, 이는 바람직한 거버넌스 논의에 비해 덜 규범적인 동시에 상황적 특성을 보다 고려하는 실용적인 접근방법이다. 다시 말해 일반론적이고 때로는 이상형의 형태를 띠고 있는 거버넌스의 기준보다는 주어진 현 상황에서 취할 수 있는 다음 단계가 무엇인지에 한층 더 주목하는 것이다. 이를 통해 '굿 이너프 거버넌스'는 한 사회의 발전을 위한 결과물에 주목하는 발전국가론과 공정한 게임의 룰에 주

너프 거버넌스' 개념을 제시했다. 즉, 수원국의 관점에 맞춘 거버넌스를 강조하는 '굿 이너프 거버넌스'는 수원국의 현실적인 상황을 고려하여 현 단계에서 실현가능하고 우선적으로 필요한 경제·사회 발전을 목표로 하며, 이를 통해 수원국의 거버넌스 개혁에 대한 부담을 덜어주는 동시에 수원국의 자율성을 높이고자 한다.

목하는 바람직한 거버넌스 논의 사이에서 가교 역할을 한다(Fritz and Rocha Menocal, 2007: 537~538).

표 11-1은 발전국가론과 바람직한 거버넌스, 그리고 '굿 이너프 거버넌스' 논의의 주요 내용을 정리해서 보여주고 있다. 결국 거버넌스는 경제적·정치적·사회적 발전을 위한 전제조건이자 주요 전략이라 할 수 있는데, 개인과 시장 및 시민사회의 자치역량을 심각하게 해치지 않는 범위에서 바람직한 거버넌스를 구축하기 위한 국가의 역할에 (재)주목하는 것이 중요하며, 이는 각 사회의 상황과 필요에 따라 상이한 형태를 띨 수 있다. 아래에서는 이러한 국가의 역할과 바람직한 거버넌스에 대한 논의를 투입-산출적 측면을 구분해서 보다 체계적으로 살펴보고자 한다.

3. 산출 측면에서의 거버넌스와 정부의 질

지금까지 살펴본 국가중심 거버넌스, 발전국가, 바람직한 거버넌스에 대한 논의는 모두 국가의 사회체제 조정 역할에 대해 주목하고 있는데, 이는 최근 들어 활발히 연구가 진행되고 있는 '정부의 질'과 밀접한 연관이 있다고 볼 수 있다. 로스스타인B. Rothstein과 테오렐J. Teorell이 주장했듯이(Rothstein and Teorell, 2008), 기존의 바람직한 거버넌스 논의의 경우 경험적 측면에서 정부의 질에 대한 많은 분석을 제공했지만, 이론적이고 개념적인 차원에서의 이해는 다소 부족한 편이었다. 더욱이 바람직한 거버넌스 논의는 권력의 접근성과 권력의 행사라는 두 가지 측면을 구분해서 논의하고 있지 않다.

정부의 질 연구(Rothstein and Teorell, 2008; Quality of Government Institute, 2010; Holmberg and Rothstein, 2010; Charron, Dijkstra and Lapuente, 2010)는 어떻게 정치권력을 획득하는가가 아닌 어떻게 권력을 행사하는가에 대한 심도 깊은 분석을 제공하고 있다. 국가와 시민들과의 관계를 파악할 때 투입적 측면과 산출적 측면이라는 두 가지 차원에서 접근할 필요가 있는데, 투입적 측면은 정치적 권력 혹은 공적인 권위에의 접근성에 관한 것으로서 정책이 결정되는 과정에 관한 것이라면, 산출적 측면은 그러한 권력/권위를 행사하는 방식과 연관이 있다. 로스스타인과 테오렐(Rothstein and Teorell, 2008)에 따르면, 투입적 측면은 로버트 달Robert Dahl이 주창한 정치적 평등을 의미하며, 이것이 민주주의의 절차적 측면에서 공평성에 초점을 두고 있다면 정부의 질은 정치제도의 산출 측면에서의 불편부당성impartiality에 의해 설명될 수 있다.

정치적 권력의 행사에서 불편부당성이란 정부가 법과 정책의 실행에서 특정 이해관계나 개인적 선호도에 의해 좌우되지 않고 시민들을 공정하게 대우하는 것을 뜻한다. 이러한 불편부당성은 정책의 내용에 직접적으로 영향을 미치는 규범이라기보다는 절차적 차원에서의 규범이기 때문에 공공정책의 내용은 정부의 질의 개념정의에 포함되지 않는다. 만일 정부의 질이 주요 정책의 내용을 사전적으로 규범적인 측면에서 결정짓는 것이라면, 선거와 정당들 간의 경쟁을 통해 정책을 만들고 민의를 반영하는 민주주의 대의제도의 역할을 무시하게 되는 것이다. 동시에 권력의 접근성에 주목하는 민주주의는 정부의 질을 위한 필요조건이나 충분조건은 아니며, 정부의 질이 공정한 민주주의 원칙에만 주목하게 되면 어떻게 권력이 행사되는가라는 중요한 측면을 놓치게 된다(Rothstein and Teorell, 2008).

투입 차원에서 정치적 평등은 민주주의 제도에 정당성을 부여해주는 것인데, 민주주의가 구체적으로 권력에의 접근성을 조직하는 방식은 대통령제와 의원내각제, 단원제와 양원제, 비례대표제와 다수제선거제 등 다양한 형태를 띠고 있다. 따라서 권력에의 접근성에서 평등의 원칙이 훼손되지 않는 한 민주주의의 투입 측면에서 여러 종류의 정치제도가 있는 것이다. 이와 마찬가지로 민주주의의 산출 측면에서 정당성을 부여하는 원칙인 불편부당성도 다양한 정책과 행정업무에 적용시켜 파악될 수 있다. 일례로 사회복지정책이나 공무원 채용에서 불편부당성은 핵심적인 기준이 되는 것이다. 로스스타인과 테오렐(Rothstein and Teorell, 2008)은 정부의 질을 구성하는 세 가지 요소로 민주주의, 법의 지배, 효율성/효과성으로 제시하면서, 각각에서 불편부당성이 내포하는 의미에 대해

표 11-2 거버넌스와 투입/산출지향적 정당성

거버넌스		산출지향적 정당성	
		비효과적	효과적
투입지향적 정당성	권위주의적	I. 경제성장 [-] 사회복지 [-]	II. 경제성장 [-] 사회복지 [-]
	민주주의적	III. 경제성장 [-] 사회복지 [+]	IV. 경제성장 [+] 사회복지 [+]

주: +는 경제성장과 사회복지에 미치는 영향이 긍정적임을, -는 부정적일 수 있음을 의미한다. 이는 산출/투입지향적 정당성과 경제성장/사회복지 사이의 필연적인 인과관계를 나타내는 것이라기보다는 상호연관성을 보여주는 것이며, 개별 사례에서는 보다 다양한 형태를 띠고 있다고 할 수 있다.
자료: 이주하(2011).

설명하고 있다.

거버넌스에 대한 논의 역시 이와 같은 투입-산출지향적 접근법을 통해 보다 체계적으로 접근할 수 있다. 키에르A. M. Kjær가 언급했듯이, 거버넌스는 정치적 게임의 공식적 및 비공식적 규칙을 설정하고 관리하는 것으로 볼 수 있으며(Kjær, 2004), 그러한 규칙이 안정적이기 위해서는 정당성의 확보가 필수적이다. 여기서 정당성은 투입지향적 측면과 산출지향적 측면으로 나누어 파악할 수 있다(Scharpf, 1997, 1999). 규칙을 정하는 과정과 관련 있는 투입지향적 정당성은 사회 구성원에게 구속력이 있는 의사결정collectively binding decisions에 공정하게 참여하는 민주성을 의미한다. 따라서 정치적 결정은 사회 구성원의 선호와 의지가 제대로 반영되어야 정당성을 획득할 수 있는 것이다. 이에 반해 산출지향적 정당성은 실질적인 성과를 가져오는 규칙의 효과성을 의미하며, 공공선과 분배의 공정성을 달성할 수 있는 효과적인 정책을 통해 정당성이 확보된다. 이러한 투입-산출지향적 차원에서의 거버넌스 논의는 정부의 질에서 주목한 투입-산출 구분법과 유사한데, 무엇보다 산출지향적 정당성을 담보하기 위해서는 정부의 질이 필수적이라 할 수 있다.

표 11-2에서 볼 수 있듯이 투입지향적 정당성은 권위주의적인지 아니면 민주주의적인지에 따라, 산출지향적 정당성은 효과적인지 여부에 따라 네 가지 유형으로 구분할 수 있다(이주하, 2011). 권위주의적 하향식 통치구조를 지닌 거버

넌스에 비해 민주적 거버넌스는 투입지향적 정당성을 확보하기 위해 다양한 사회 구성원의 요구와 선호에 더욱 민감하게 반응하기 때문에 사회복지의 발달을 가져올 가능성이 매우 크다. 하지만 권위주의 정부도 부족한 정치적 정통성을 보완하기 위해 복지정책의 도입에 관심을 가진다는 사실을 간과해서는 안 된다(Kwon, 1999). 규칙의 효과성을 의미하는 산출지향적 정당성 차원에서 보면 정책을 기획·형성하고 집행하는 정부의 조정능력이 효과적일 경우 경제성장을 달성할 가능성이 높아지는 것이다. 예를 들면, 제I유형은 사하라 남부의 아프리카 개발도상국들을, 제II유형은 민주화 이전의 동아시아 국가를, 제III유형은 남미 국가들을, 그리고 제IV유형은 서구 선진 복지자본주의를 대변한다고 가정해볼 수 있다. 특히 동아시아 발전국가의 거버넌스는 민주적 투입절차가 아닌 효과적 산출을 통해 정당성을 확보하는 방식으로 작동했고, 여기서 산업화 과정에서 지속적인 경제성장은 산출지향적 정당성의 요체라 할 수 있다(이주하, 2011).

표 11-2에서 제시한 네 가지 유형은 이상형에 가까우며, 각각의 유형들과 개별 국가 사이의 조응성은 고정된 것이 아니라 시간과 공간에 따라 변화하는 것으로 파악해야 한다. 즉, 어떤 국가가 특정 시점에 한 유형에 속한다 할지라도 시간에 따라 다른 유형으로 이동할 수 있는 것이다. 예를 들어 한국의 경우 해방 직후 I유형에 머물렀으나, 권위주의적 발전국가 시대에 II유형을 거쳐 민주화 이후 IV유형으로 나아가는 중이라고 간주할 수 있으며, III유형으로 빠지지 않기 위해 노력할 필요가 있는 것이다. 다음 절에서는 지금까지 살펴본 산출 차원의 거버넌스, 즉 정부의 질 및 산출지향적 정당성에 대한 논의를 중심으로 한국 발전주의 복지국가의 거버넌스 특징에 대해 고찰한 후, 북유럽과 남유럽의 복지국가의 거버넌스를 비교·분석해보고자 한다.

4. 산출지향적 정당성과 한국 복지국가의 거버넌스

1) 혼합적 거버넌스와 한국 발전주의 복지국가[7)]

민주주의와 경제성장 간의 관계, 특히 후발산업국과 개발도상국이 어떻게 성공적으로 산업화 및 민주화를 달성하는가는 수많은 연구들의 핵심주제이다. 이 중에는 권위주의 체제하의 강한 국가가 경제발전에 효과적이라는 결론에 도달하는 분석들도 있어왔다. 발전국가론에서 볼 수 있듯이 산업화 과정에서 동아시아 국가의 성공적인 역할은 이러한 결론을 뒷받침해주는 사례로 간주되기도 했다. 그러나 서론에서도 지적했듯이, 모든 국가 주도의 경제개발이 성공한 것이 아니며, 국가가 발전지향적이기 위해 권위주의 체제가 필요한 것 역시 아니다.

국가의 권력을 하드파워hard power와 소프트파워soft power의 종합으로 파악한 링겐S. Ringen 등의 연구(Ringen, Kwon, Yi, Kim and Lee, 2011)에 따르면, 한국의 경제발전은 국가권력의 권위주의적인 속성 때문이 아니라 하드파워에 의한 강압적 권력 행사와 소프트파워에 기초한 적절한 거버넌스의 실행 모두를 적절히 사용할 수 있는 국가의 조정능력으로 가능했다. 그동안 하드파워에 대한 많은 연구에 비해, 소프트파워에 주목하면서 동아시아 혹은 한국의 권위주의 정부하에서 어떤 형태의 거버넌스가 작동했는지에 대해 심도 깊게 고찰한 분석은 부족한 편이었다. 발전국가론도 소프트파워에 기반한 거버넌스에 대해서는 충분한 관심을 기울이지 않은 측면이 있으며, 이러한 거버넌스의 작동 메커니즘을 파악하는 데 있어서 경제정책뿐 아니라 사회정책 역시 핵심적으로 다루어질 필요가 있다. 다시 말해 산출지향적 정당성의 확보에 경제정책과 사회정책 모두 중요한 역할을 담당했으며, 이들 정책의 효과적인 집행에서 거버넌스를 통한

7) 한국 복지국가와 혼합적 거버넌스에 대한 보다 자세한 분석은 필자가 공동저자로 참여하고 옥스퍼드 대학교 출판부에서 출간한 Ringen, et al., *The Korean State and Social Policy*(2011)를 참조하라.

권력의 행사가 필수적인 것이다.

권력 그 자체만으로는 결코 국가를 효과적으로 만들 수 없으며, 국정을 효율적이고 효과적으로 관리할 수 있는 국가는 스스로 모든 일을 해결하려고 하는 대신 다양한 사회적 행위자들을 포섭하고 동원하는 능력을 통해 협력을 추구하고자 한다. 한국의 권위주의 정부는 권력을 유지하기 위해 필요하다면 하드파워를 사용하여 정치적 반대세력과 시민사회를 탄압했으나 동시에 소프트파워, 즉 거버넌스 측면에서 권력의 정교한 활용을 통해 기업, 공무원, 전문가, 민간단체 등과 광범위한 협조체제를 구축했다. 즉, 권위주의 체제하의 국가는 시민사회를 강하게 억압하고 통제했을 뿐 아니라 국가-기업 및 국가-민간조직의 '혼합적 거버넌스mixed governance'를 통해 근대화 프로젝트를 성공적으로 추구했다(Ringen et al., 2011; Kim, Kwon, Lee & Yi, 2011).

2) 민주화 이후 산출지향적 정당성의 위기와 혼합적 거버넌스의 역설

1987년 민주화 이후 혼합적 거버넌스는 새로운 도전에 직면하게 되었다. 권위주의 정부하에도 수많은 시민사회단체들은 군사독재체제에 지속적으로 저항했고, 정당성 확보를 위해 사회적 행위자들을 포섭·동원하는 혼합적 거버넌스는 그 정치적 의도와 상관없이 시민사회 내 다양한 조직과 제도들이 발달할 수 있는 토양을 만들었는데, 이는 민주주의로의 전환에서도 긍정적인 요인으로 작용했다(Ringen et al., 2011; Kim et al., 2011). 1987년 이후 비록 중앙집권적이고 강력한 국가에 의해 하향적으로 통치하는 능력은 상대적으로 약해졌으나, 이는 민주주의 체제에서는 불가피하고 자연스러운 것이라 할 수 있다. 성공적인 민주화로 인해 권력에의 접근성에서 정치적 평등이 확보되었으며, 민주주의 체제하의 정부는 투입지향적 정당성을 획득하면서 많은 개혁과제를 추진했다.

하지만 세계화와 탈산업화 시대를 맞아 한국 정부는 산출지향적 정당성을 확보하는 데 어려움을 겪고 있는데, 특히 과거 산출지향적 정당성에서 핵심적인 요소였던 경제성장과 일자리 창출의 경우 더욱 그러하다고 할 수 있다. 즉,

서비스 산업 위주의 탈산업화와 노동시장 유연화를 강조하는 세계화의 영향 아래 창출되는 일자리의 상당수가 저임금과 고용불안의 위험을 내재하고 있는 것이다(이주하, 2011). 더욱이 고용형태별, 기업규모별 및 성별 노동시장 양극화는 매우 심각한데, 일례로 한국의 임시직 비중은 OECD 국가 중 매우 높은 편(21.3%)이며 노동계가 주장하는 이른바 '장기임시근로'를 여기에 포함할 경우 그 비중은 40%에 이르게 된다(이호근, 2013).

그럼에도 불구하고 산출지향적 정당성을 위한 또 다른 핵심적인 요소인 복지정책의 경우 아직 미흡한 실정이다. 1997년 경제위기 이후 꾸준히 국가복지가 확대되어왔지만 한국의 복지지출 수준은 여전히 OECD 국가의 최하위 수준을 벗어나지 못하고 있다. 최근 OECD 통계연보(OECD, 2013b)에 따르면, 2011년 기준 한국의 공공사회복지지출은 GDP 대비 9.2%로, OECD 평균 21.9%의 절반에도 미치지 못하고 있다. 또한 한국의 복지제도는 불평등과 빈곤을 타파함에서 OECD 국가 중에서 가장 비효과적이며, 노동시장의 이중구조에도 불구하고 많은 비정규직 노동자들이 사회보장제도의 사각지대에 놓여 있다(OECD, 2011).

이러한 상황 속에서 산출지향적 정당성을 확보하기 위해 혼합적 거버넌스의 역설paradox에 대해 살펴볼 필요가 있다. 앞서 지적했듯이 권위주의 체제하의 국가는 혼합적 거버넌스를 활용해서 사회경제적 성과를 달성했다. 하지만 역설적으로 오늘날 국가복지를 확충하기 위한 개혁에서 가장 큰 걸림돌은 혼합적 거버넌스를 통해 성장한 기존 민간조직들, 특히 영리조직들이 사회복지 공급시장의 지배자이자 이해관계자로 존재한다는 사실이다. 최근 들어 가장 시급한 과제인 보육, 의료, 주거, 교육 등 공공서비스 영역에서 복지제공자로서 국가의 적극적인 역할 확대가 쉽지 않다는 점은 혼합적 거버넌스가 낳은 역설적 현실을 보여주고 있다(이주하, 2011).

이전 정부보다 상대적으로 진보적인 색채를 띤 김대중 정부와 노무현 정부는 비록 신자유주의 (경제)정책을 수용했지만, 유의미한 국가복지의 발전을 가져왔다(정무권, 2009; 양재진 외, 2008). 그럼에도 불구하고 복지공급구조는 여전

표 11-3 보건의료 및 보육시설의 공공과 민간의 비중

구분	공공부문	민간부문	합계
의료기관(2002)	3,401(7.7%)	40,628(92.3%)	44,029(100%)
보육시설(2004)	1,349(5%)	25,554(95%)	26,903(100%)

자료: 김연명(2008).

히 시장부문이 압도하고 있다. 일례로 **표 11-3**에서 볼 수 있듯이 한국의 공공의료기관 비중은 세계적으로도 매우 낮은 수준인데 92.3%가 영리성을 띠는 민간부문에 속하고 공공부문은 7.7%에 불과하다. 또한 보육시설의 경우 민간부문이 95%로 공공부문 5%에 비해 절대적인 우위를 차지하고 있다. 따라서 이미 사회복지공급구조에서 다수파를 점하고 있는 민간영리부문의 작동을 합리화 및 효율화시키는 전략은 국가복지의 확충만큼이나 중요하다고 할 수 있다(김연명, 2008). 결국 혼합적 거버넌스의 역설을 해결하고 산출지향적 정당성을 회복하기 위해서는 국가가 복지제공자로서의 역할을 확대하는 것뿐 아니라 민간부문을 조정하는 능력이 매우 중요하며, 이를 위해 정부의 질 담론에 대해서도 주목할 필요가 있다. 다음 절에서는 북유럽과 남유럽의 정부의 질의 차이가 산출지향적 정당성에 미치는 영향에 대해 살펴보고자 한다.

5. 산출지향적 정당성과 북유럽·남유럽 복지국가의 거버넌스

최근 들어 남유럽 재정위기는 보편적 복지를 반대하는 사람들의 또 다른 논거로 제시되고 있다. 그러나 이들 국가의 재정위기의 근본적 이유를 단순히 과다한 복지지출 탓으로 돌리기는 어렵다. 만일 복지가 경제위기의 근원이라면 스웨덴, 독일 등이 먼저 재정위기에 빠졌어야 한다. 물론 보편적 복지가 국가부채를 증가시키고 재정건정성을 해친다는 우려가 있지만, 복지지출을 가장 많이 하는 스웨덴 등 북유럽 국가들은 재정이 건전하고 GDP 대비 국가채무 비중도 낮은 편이다. 반면 남유럽의 경우 취약한 제조업 경쟁력으로 만성적 무역적자

를 기록하는 상황에서 국채발행이 증가했고, 유로화 편입은 이러한 상황을 악화시켰다(이승주, 2011; 원종욱·이주하·김태은, 2012). 더욱이 남유럽 국가들은 거버넌스 측면에서 볼 때 북유럽 국가들에 비해 많은 취약점을 안고 있는데, 이에 대한 체계적인 연구는 아직 많지 않은 편이라 할 수 있다.

표 11-2의 Ⅳ유형에 해당되는 북유럽과 남유럽의 복지국가는 거버넌스 측면에서 보다 자세히 살펴보면 서로 차이점을 지니고 있으며, 이는 투입-산출지향적 접근법을 활용하여 비교할 수 있겠다. 권력에의 접근성 혹은 정치적 게임의 규칙을 정하는 과정을 의미하는 투입 측면의 거버넌스는 절차적 민주주의와 밀접한 연관이 있다.[8] 주지하듯이 절차적 민주주의의 최소요건은 1인 1표의 정치적 평등과 그에 기반을 둔 대의제 민주주의라 할 수 있다. 즉, 자유롭고 공정한 선거를 통해 선출된 정치지도자가 권력적 원천인 시민의 '대리인'으로서 국가를 운영하는 것이다. 여기서 국가와 시민사회를 연결시키는 매개체인 정당체제는 대의제 민주주의의 핵심기제이며, 사회의 다양한 갈등과 이익을 정치적으로 표출하고 대표하여 대안을 조직하는 기능을 담당하고 있다(이주하, 2010).

절차적 혹은 대의제 민주주의의 제도적 메커니즘은 레이파르트A. Lijphart가 제시한 다수제 민주주의 모델majoritarian democracy model과 합의제 민주주의 모델consensus democracy model로 나누어 접근해볼 수 있다(Lijphart, 1999). 다수제 모델은 권력이 집중된 단일정당정부, 집행부 우위, 양당제, 일위대표제first-past-the-post, 다원주의적 이익집단을, 이에 반해 합의제 모델은 연립정부하에서의 권력분점, 행정부-입법부 간의 권력균형, 다당제, 비례대표제, 조합주의적 이익집단을 특징으로 하고 있다.[9] 크게 보면 북유럽과 남유럽은 주로 비례대표제와 다당제를

8) 민주주의는 다양한 차원에서 논의될 수 있는데, 절차적 민주주의와 실질적 민주주의로 구분하는 것이 가장 대표적이라 할 수 있다. 물론 이러한 이분법적 구분이 절차적 민주주의와 실질적 민주주의를 배타적이거나 대립적인 개념으로 규정하는 것은 아니며, 이 둘 사이의 관계는 상호보완적이다. 절차적 민주주의가 대의제 민주주의의 원활한 작동을 중시하는 정치적 차원의 민주화와 연관되어 있다면, 실질적 민주주의는 사회경제적 차원의 민주화에 보다 관심을 두고 있는데, 이는 절차적 민주주의를 넘어 민주주의의 내포적 심화를 지향하고 있는 것이다(이주하, 2010).

채택하고 있지만, 대표적인 합의제 민주주의 모델인 북유럽에 비해 남유럽 국가들은 다수제 민주주의 모델의 특징 역시 지니고 있다. 일례로 선거제도의 경우 이탈리아는 합의제 민주주의적 특징이 강한 데 반해 스페인, 포르투갈, 그리스는 다수제 민주주의적 요소를 갖추고 있으며, 이탈리아도 1990년대 이후 다수제적 요소를 더욱 도입했다(Molina and Rhodes, 2008). 하지만 비록 구체적인 작동 메커니즘에서 볼 때 같은 유형으로 간주하기 힘든 부분이 있다 하더라도, 투입 측면 거버넌스의 핵심인 민주주의의 절차적 차원이나 투입지향적 정당성에서 볼 때 북유럽과 남유럽은 큰 차이가 없다고 할 수 있다. 따라서 여기서는 국가중심적 거버넌스의 관점에서 북유럽과 남유럽이 거버넌스의 산출 측면에서 어떠한 차이가 있는지 파악하고자 한다. 특히 산출지향적 정당성으로서 사회경제적 성과와 정치제도의 산출 측면에서의 정부의 질을 중심으로 북유럽과 남유럽을 비교할 것이다.

1) 북유럽과 남유럽 복지체제의 사회경제적 성과

가장 대표적인 복지국가 유형화 모델인 에스핑 안데르센G. Esping-Andersen의 이론은 소득보장제도의 탈상품화de-commodification 정도와 계층화stratification 효과라는 기준으로 서구 복지자본주의를 세 유형으로 나누었다(Esping-Andersen, 1990, 1999). 이 중 북유럽의 스칸디나비아 국가들로 구성된 사민주의 복지체제social

9) 다수제 민주주의는 과반수 혹은 단순다수가 모든 권한을 보유하는 승자독식 시스템인 반면, 합의제 민주주의에서는 다수파와 소수파 간의 권력분점과 같이 다양한 방식으로 정치권력을 분산시킨다. 다수제 민주주의의 경우 웨스트민스터Westminster 모델이라는 명칭으로도 불리는 데서 알 수 있듯이 영국이 전형적인 국가이며, 다수대표제와 거대 양당제를 채택하고 있는 나라들 역시 과거 영연방 국가들이다. 반면 오늘날 많은 선진 자본주의 국가들은 주로 비례대표제와 다당제를 핵심으로 한 합의제 민주주의 모델에 가까운데, 레이파르트는 협력과 소수파의 권리를 중시하는 합의제 모델이 다수파의 정치적 효율성을 지향하는 다수제 모델보다 우월하다고 주장했다(Lijphart, 1999; 이주하, 2010).

democratic welfare regimes는 평등과 연대를 중심으로 한 보편주의적 원칙에 의해 탈상품화 효과가 가장 큰 반면 시장의 복지기능은 최소화했다. 포괄적이고 관대한 급여뿐 아니라 높은 수준의 다양한 사회서비스를 국가가 직접 제공하고 있으며, 여성의 노동시장 참여율이 높고 가족생활의 비용을 사회화했다. 경제와 복지의 선순환 구조가 강한 북유럽 복지체제의 경우 연금과 의료뿐 아니라 적극적 노동시장정책과 같은 사회투자적 복지정책에 대한 지출 역시 높은 비중을 차지하고 있다(Esping-Andersen, 1990, 1999). 또한 보편주의에 의거해 노인, 아동, 여성, 장애인 등을 대상으로 하는 공공사회서비스가 발전했기 때문에 다른 국가들에 비해 공공부문이 가장 크며, 그만큼 조세부담도 매우 높은 편이다. 북유럽 복지국가는 이전지출뿐만 아니라 사회서비스와 같은 비이전지출 분야에서 많은 노력을 기울이는 체제인데, 사회서비스가 주로 지방정부의 책임이기 때문에 지방정부의 지출비중이 상당히 크다(안병영·정무권·한상일, 2007; OECD, 2013b).

이탈리아, 스페인, 포르투갈, 그리스로 대변되는 남유럽 국가들은 지리적 근접성뿐 아니라 서로 유사한 역사적 전통을 공유하고 있다. 가톨릭과 결합된 가족주의를 강조하고 사회보험 중심의 복지제도를 갖춘 남유럽 국가들은 에스핑안데르센의 복지국가 유형론에 따르면 유럽대륙의 보수주의적/조합주의적 복지체제에 해당된다. 하지만 여러 연구자들(Leibfried, 1993; Castles, 1995; Bonoli, 1997; Abrahamson, 1999; Ferrera, 2005)이 이탈리아, 스페인, 포르투갈, 그리스를 에스핑 안데르센의 세 가지 유형과 구별되는 제4의 모델인 라틴형, 남유럽형 혹은 지중해형 복지체제로 분류하고 있다.

남유럽 복지체제는 복지공급에서 서비스보다는 현금급여, 특히 연금이 중요한 부분을 차지하고 있으며, 사회보험을 통한 소득보장은 직업에 따라 차별적으로 적용되는데 이중적 노동시장구조 속에서 정규직 근로자들에게만 관대한 보호가 주어진다(Ferrera, 2005). 다시 말해 이들 국가들은 가족주의와 가톨릭 문화의 영향으로 복지에 대한 일차적 책임을 국가가 아닌 가족에게 전가시켜왔으며, 주로 남성가구주에게 높은 임금과 안정된 직장을 제공함으로써 가족의 생계를 책임지게 했고 복지수혜 역시 정규직 노동자에게 집중되었다. 또한 복지

표 11-4 북유럽과 남유럽 주요국의 사회경제지표

구분		실업률(%)		고용률(%)		지니계수	빈곤율(%)
		2008년	2012년	2008년	2012년		
북유럽	스웨덴	6.2	8	74.3	73.8	0.259	8.35
	노르웨이	2.6	3.2	78	75.8	0.25	7.79
	핀란드	6.4	7.7	71.1	69.4	0.259	8.01
	덴마크	3.4	7.5	77.9	72.6	0.248	6.08
남유럽	이탈리아	6.7	10.7	58.8	56.8	0.337	11.4
	스페인	11.3	25.1	64.4	55.4	0.317	14.04
	포르투갈	7.7	15.9	68.2	61.8	0.353	11.96
	그리스	7.7	24.4	61.9	51.3	0.307	10.75

주: 지니계수와 빈곤율은 2000년대 후반 기준.
자료: OECD Stats(2013a).

가 사회권으로 완전히 정착되지 못한 측면이 있으며, 공공부조제도는 엄격한 자산조사, 수급기간의 제한, 가족의 부양의무, 낮은 급여수준 등 잔여적 성격을 지니고 있다(Leibfried, 1993; Castles, 1995; 신현중, 2010).

결국 노동시장의 분절적 이중화와 사회안전망의 미확보로 인해 남유럽 복지국가의 실업, 소득불평등 및 빈곤은 높은 편인데, 이는 북유럽과 비교했을 때 더욱 그러하다. **표 11-4**에서 나타나듯이 북유럽 국가들의 지니계수는 0.25 정도인 반면 남유럽 국가들은 0.3이 넘으며, 빈곤율 역시 북유럽은 9%를 넘지 않지만 남유럽은 10.75%에서 14.04%를 기록하고 있다. 실업률의 경우 남유럽은 2008년 경제위기 이후 크게 치솟았으나, 북유럽은 상대적으로 소폭 상승에 그치고 있다. 또한 남유럽 국가들은 다른 유럽국가들에 비해 고용률이 낮으며, 비정규직과 지하노동력이 전체 노동시장에서 차지하는 비율이 높은 편이다(Ferrera, 2005). 이는 **표 11-4**에서도 잘 드러나는데, 2008년 기준 북유럽 4개국의 고용률은 모두 70%를 상회하는 반면, 남유럽 4개국의 고용률은 70%를 넘지 못하며 2012년에는 더욱 악화되었다. 이와 같은 북유럽과 남유럽의 사회경제적 지표의 차이는 산출지향적 정당성 확보에서 남유럽 복지국가들이 효과적이지 못함을 잘 보여주고 있다.

2) 북유럽과 남유럽 복지체제의 정부의 질

정부의 질 담론은 양적 측면에서 정부가 어떤 정책을 생산해내는가보다 질적 측면에서 정부가 어떻게 그러한 정책을 효과적으로 전달하는가에 대해 관심을 두고 있다. 대표적인 정부의 질 담론의 주창자인 로스스타인과 테오렐은 정부의 질적 측면을 측정할 수 있는 지표들로 부패, 법치주의, 정부효과성을 제시하는데(Rothstein and Teorell, 2008), 이들 지표들은 서로 상호연관성이 있으며, 정부의 질은 부패가 적고 효율적이며 공정한 정부를 의미한다. 이를 바탕으로 정부의 질 연구소 보고서(Quality of Government Institute, 2010; Charron, Dijkstra and Lapuente, 2010)는 세계은행이 공표하는 세계 거버넌스 지표WGI 중 부패의 통제control of corruption, 법치주의rule of law, 정부의 효과성government effectiveness, 그리고 언론의 자유와 정치적 책임성voice and accountability을 활용하여 EU 소속 유럽 국가들을 비교·분석했다. 그 결과 북유럽 국가들은 가장 높은 수준의 정부의 질을 가지고 있는 그룹에 속한 반면, 스페인과 포르투갈은 중간 정도의 정부의 질 수준을 지닌 국가군에, 이탈리아와 그리스는 가장 낮은 수준의 국가군에 해당되었다.

많은 연구결과들은 높은 수준의 정부의 질이 보다 나은 경제적 성과, 낮은 소득불평등과 빈곤, 높은 교육과 건강 수준 등을 가져온다는 사실을 보여주고 있다(Charron, Dijkstra and Lapuente, 2010). 앞서 언급했듯이 정부의 질은 정치적 권력의 행사에서 불편부당성으로 이해될 수 있는데, **그림 11-1**은 이러한 불편부당성 지수로 나타난 정부의 질과 저소득층의 소득수준으로 살펴본 빈곤 사이의 상관관계를 보여주고 있다. 북유럽의 경우 정부의 질이 높은 만큼 저소득층의 소득수준 역시 높게 나타난 반면, 남유럽의 경우 정부의 질과 저소득층의 소득 모두 낮은 편이었다. 나아가 정부의 질은 선진국뿐 아니라 개발도상국에서 빈곤과 불평등을 줄이는 데 핵심적이다. 때로는 민주주의와 경제성장, 혹은 민주주의와 빈곤감소의 직접적인 인과관계를 밝히는 것이 어려우나, 효율적이고 부패가 적은 정부는 선진국과 개발도상국 모두에서 높은 수준의 경제적 평등을

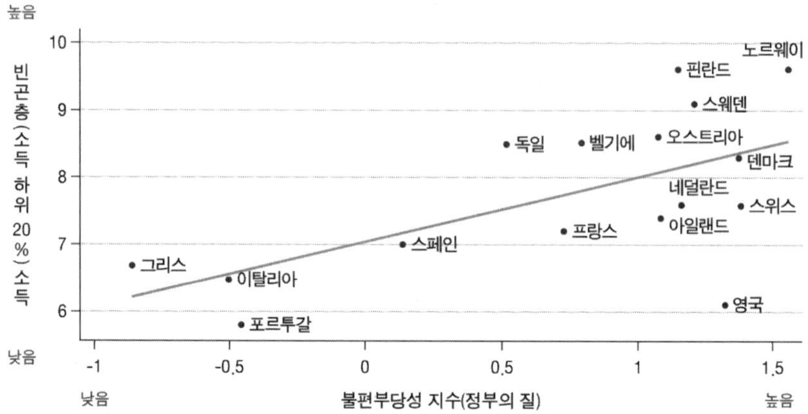

그림 11-1 유럽 국가들의 정부의 질과 빈곤
주: R^2=0.37
자료: Holmberg and Rothstein(2010).

가져오는 것이다(Holmberg and Rothstein, 2010).

정부의 질 연구소 보고서(Quality of Government Institute, 2010)에 따르면, 꾸준히 상위권을 유지하고 있는 북유럽 국가들에 비해 남유럽 국가들의 정부의 질 수준은 지난 10년간 악화되었는데, 포르투갈과 스페인은 각각 22위와 23위에서 35위와 32위로 떨어졌으며 이탈리아와 그리스는 각각 39위와 36위에서 63위와 71위로 눈에 띄게 하락했다.[10] 특히 그리스의 경우 최근 경제위기와 재

10) 이러한 남유럽 복지국가들의 정부의 질 혹은 불편부당성을 논의하는 데서 간과해서 안 되는 것이 바로 후견주의clientalism이다. 이는 다시 위로부터의 후견주의clientalism at the top와 아래로부터의 후견주의clientalism at the bottom로 구분되는데, 전자는 경력직 공무원들을 최고 관료직에 임명할 때 집권 정당의 간섭에 의해 정치적으로 이루어지는 것을, 후자는 선거에서 지지를 획득하기 위해 공약을 내세우고 정권 획득 후 실제로 집행함으로써 정당 스스로 유권자에 대한 후견자의 역할을 하는 것을 의미한다. 위로부터의 후견주의는 다른 유럽국가에서도 나타나기는 하나 남유럽 국가에서 보다 광범위하고 예측불가능할 정도로 두드러지며, 아래로부터의 후견주의는 남유럽 복지정치 특유의 현상에 가깝다고 할 수 있다(Sotiropoulos, 2004; 신현중, 2010). 남유럽 복지체제의 핵심은 가족주의와 이중적 노동시장구조 속에서 정규직에 종사하는 남성가구주에게 고용보장과 복지혜택을 집중하는 것인데, 이것은 정치적 후견주의에 의해 지지되고 있다(원종욱·이주하·김태은, 2012).

정악화 속에서 이러한 정부의 질 하락이 더욱 부각되고 있는데, 부패로 인한 거버넌스의 취약성이 바로 그리스 위기의 주요 원인이라 할 수 있다. 그리스는 1998년 이래로 국제투명성기구Transparency International: TI가 발표한 국가별 부패지수Corruption Perceptions Index: CPI에서도 지속적으로 하락하고 있다.

시민들이 사회복지정책을 기꺼이 지지하기 위해서는 공정하고 신뢰할 수 있으며 부패하지 않은 정부가 필수적이다. 1984년부터 2000년 사이의 18개 OECD 국가를 조사한 결과, 정부의 질과 복지국가의 규모 및 관대성 간에는 통계적으로 유의미한 상관관계가 나타나고 있다. 즉, 20세기에 들어 보편적 복지국가를 발전시킨 국가들은 이전 시기 동안 정부의 질을 꾸준히 향상시켜왔다. 일례로 스웨덴, 덴마크, 영국, 독일은 19세기 동안 부패와 후견주의의 폐해를 최소화하기 위해 제도를 개혁했고, 공무원을 채용하고 정책을 실행하는 데 있어서 실적제에 기반한 불편부당한impartial 시스템을 도입했다. 따라서 이들 국가는 복지정책의 성공적인 도입에 필수적인 정부의 역량과 신뢰성에 대한 시민들의 지지를 안정적으로 확보할 수 있었다(Rothstein, Samanni and Teorell, 2010). 결국 산출지향적 정당성을 위한 경제적 및 사회적 성과를 확보하는 데 있어서 정부의 질은 필수불가결한 요소이며, 북유럽과 남유럽의 복지국가 거버넌스의 차이 역시 상당 부분 정부의 질에 기인한다고 할 수 있다.

6. 결론

이 글은 국가중심적 거버넌스 관점에서 국가의 사회체제 조정능력의 중요성에 대해 (재)주목하고자 했다. 이를 위해 거버넌스 유형화, 국가중심적 거버넌스로 재해석된 발전국가론과 바람직한 거버넌스 논의, 그리고 투입-산출 측면에서의 거버넌스 접근법과 정부의 질 담론 등을 고찰한 후, 한국 발전주의 복지국가와 북유럽·남유럽 복지국가에서 산출 측면에서의 거버넌스가 어떻게 작동하는지를 살펴보았다. 먼저 한국 복지국가의 거버넌스는 정책효과성에 입각한 산출지향적 정당성을 중요시했는데, 특히 권위주의 체제하의 발전국가는 혼합적 거버넌스를 통해 다양한 사회적 행위자를 포섭·동원함으로써 경제발전을 달성했고 복지수요를 충족시켰다. 하지만 민주화 이후 정치적 평등과 참여에 기반한 투입지향적 정당성은 향상된 반면, 노동시장의 양극화와 국가복지의 취약성으로 인해 산출지향적 정당성의 확보에는 많은 어려움을 겪고 있다. 이러한 점을 고려할 때 경제침체기에 직면한 남유럽과 우수한 경제·사회적 지표를 보여주고 있는 북유럽 복지국가의 거버넌스를 비교하는 것은 한국 복지국가 발전전략에 많은 시사점을 줄 수 있다. 무엇보다 북유럽 국가가 산출지향적 정당성으로서 사회경제적 성과에서 보다 뛰어날 수 있는 핵심적인 이유가 바로 높은 수준의 정부의 질에 있다는 점을 명심할 필요가 있겠다.

물론 이와 같은 논의가 투입 측면의 거버넌스의 중요성을 무시하는 것은 아니며, 투입-산출 측면 거버넌스라는 이분법적 접근을 지나치게 강조하는 것도 아니다. 또한 민주화 이전 한국 발전국가의 혼합적 거버넌스를 통한 산출지향적 정당성의 성공적인 확보가 과거 권위주의 정권의 민주주의 탄압과 투입지향적 정당성 부재에 면죄부를 주는 것은 아니며, 이는 개도국에 주는 함의를 고려할 때 역시 마찬가지이다. 나아가 민주주의는 공정성뿐 아니라 효과성에서도 권위주의보다 우수하다는 연구결과들이 있음을 상기할 필요가 있다(Dahl, 1998; UNDP, 2002). 이러한 점들을 고려하면서 어떻게 북유럽 복지국가들은 높은 정부의 질을 유지하는지, 그리고 한국의 발전주의 복지국가가 남유럽 및 북유럽 사례를 통해 어떠한 시사점을 배울 수 있는가에 대한 연구가 향후 더욱 지속적으로 이루어져야 할 것이다.

하지만 이러한 시사점이 가지는 함의에 대한 보다 세심한 이해 역시 필요하다고 할 수 있다. 먼저 유럽이라는 정치-경제-문화적 맥락에서의 논의와 한국의 정치-경제-문화적 경험과의 상이성을 고려한 차별화된 접근이 필수적이다. 비록 지방화가 가속화되고 있고 사회의 역할이 증대되었다고 하나 중앙정부로 대변되는 국가의 역할이 지대한 한국적 상황에서 국가중심적 거버넌스의 논의는 개념에서부터 다소 논란을 일으킬 여지가 존재하고 있다. 특히 중앙이나 지방정부의 비효율성과 역량의 미흡이 지속적으로 정부에 대한 신뢰의 문제로 이어지고 있는 상황에서 무조건 국가중심적 거버넌스를 강조하는 것은 오해의 소지가 있을 수 있다. 그럼에도 불구하고 산출지향적 정당성의 담보를 위한 정부의 질 강화는 이러한 한국적 상황에 비추어볼 때에도 오히려 더욱 중요한 과제라 할 수 있다.

또한 국가중심적 거버넌스의 적용에서 정책 유형별로 신중한 접근이 요구된다. 다시 말해 이 글의 초점인 복지 측면에서는 발전주의 복지국가의 제도적 유산을 고려할 때 국가 역할의 강화가 매우 시급하지만, 경제부문을 포함한 다른 정책영역에서의 논의는 다각적일 수 있다. 또한 신자유주의의 가장 첨예한 영향을 받고 있는 한국의 경우, 현실적으로 시장에 대한 정부의 역할이 매우 제한되어 있는 동시에 발전국가 시대부터 내려온 불필요한 정부규제가 여전히 상존하고 있다. 이러한 점을 감안할 때 국가중심적 거버넌스에 대해 정책 영역별로 세분화되고 세밀한 접근이 필요한 것이다.

마지막으로 국가중심 거버넌스에 대한 강조가 통제, 명령, 규제에 기반한 수직적 계층제 혹은 과거 발전국가로의 회귀를 의미하는 것이 아니라는 점을 다시금 밝히고자 한다. 오늘날 시장과 시민사회와의 협력 없이 정부 혼자만의 힘으로는 국정을 효과적으로 운영하기에 한계가 있는 것이 분명한 사실이나, 사회에 일관된 방향성을 제시해주고 조정하는 능력에서 국가가 다른 민간조직보다 가진 장점이 많다는 점을 간과하지 말아야 한다. 우리나라 발전국가 혹은 발전주의 복지국가의 미래는 정부-시장-시민사회의 올바른 관계설정에 달려 있으며, 이러한 측면에서 국가중심 거버넌스 담론이 가지는 의의는 크다고 할 수 있다. 따라서 국가중심적 거버넌스의 구체적인 형태와, 실제로 그러한 거버넌스에 기초할 때 정책적 산출이 얼마나 효과적인가에 대한 보다 다양한 후속연구가 활성화될 필요가 있겠다.

참고문헌

김석준 외. 2000.『거버넌스의 이해』. 서울: 대영문화사.

김연명. 2008. "사회보험의 시장화, 어떻게 볼 것인가?: 국민연금 및 건강보험을 중심으로." 한국사회복지학회 2008년 춘계학술대회 발표문.

김은미·김진경. 2010.「OECD/DAC 거버넌스 네트워크(GOVNET) 논의동향과 대응을 위한 정책과제」. ≪국제개발협력≫, 3: 10~31.

박재창. 2010.『한국의 거버넌스』. 서울: 아르케.

신현중. (2010).「남유럽국가들의 복지국가로의 발전 양상: 문화적 특성, 국민의 복지인식 및 복지지출규모를 중심으로」. ≪한국사회와 행정연구≫, 20(4): 239~268.

안병영·정무권·한상일. 2007.『한국의 공공부문』. 춘천: 한림대학교 출판부.

양재진 외. 2008.「사회정책의 제3의 길: 한국형 사회투자정책의 모색」. 서울: 백산서당.

원종욱·이주하·김태은. 2012.「OECD 국가의 사회복지지출과 재정건전성 비교연구」. 서울: 한국보건사회연구원.

이명석. 2002.「거버넌스의 개념화: '사회적 조정'으로서의 거버넌스」. ≪한국행정학보≫, 36(4): 321~338.

이승주. 2011.「그리스 재정위기와 유로의 정치경제」. ≪국제정치논총≫, 51(3): 235~256.

이주하. 2010.「민주주의의 다양성과 공공성: 레짐이론을 중심으로」. ≪행정논총≫, 48(2): 145~168.

_____. 2011.「한국의 사회적 위험 관리전략과 거버넌스」. ≪정부학연구≫, 17(2): 3~30.

이호근. 2013.「노동시장양극화와 사회통합방안: 사회통합적 법·제도와 노동시장정책을 중심으로」. 한국정책학회·한국행정연구원 심포지엄 발표문, 3.29.

장지호·홍정화. 2010.「국내 거버넌스 연구의 동향: 국가, 시장, 시민사회의 구분을 중심으로」. ≪한국사회와 행정연구≫, 21(3): 103~133.

정무권 편. 2009.「한국 복지국가 성격논쟁 II」. 서울: 인간과 복지.

한국국제협력단. 2008.「국제개발협력의 이해」. 파주: 한울아카데미.

Abrahamson, P. 1999. "The Welfare Modelling Business." *Social Policy and Administration*, 33(4), pp. 394~415.

Amsden, A. H. 1989. *Asia's Next Giant: South Korea and Late Industrialization*. Oxford: Oxford University Press.

Bell, S. and A. Hindmoor. 2009. *Rethinking Governance: The Centrality of the State in Modern Society*. Cambridge: Cambridge University Press.

Bonoli, G. 1997. "Classifying Welfare States: A Two-Dimensional Approach." *Journal of Social Policy*, 26(3), pp. 351~372.

Castles, F. 1995. "Welfare State Development in Southern Europe." *West European Politics*,

18(2), pp. 291~313.

Charron, N., L. Dijkstra and V. Lapuente. 2010. "Mapping Quality of Government in the European Union: A Study of National and Sub-National Variation." QoG(Quality of Government) Working Paper Series, p. 22. The QoG Institute, University of Gothenburg.

Dahl, R. A. 1998. *On Democracy.* New Haven: Yale University Press.

Esping-Andersen, G. 1990. *The Three Worlds of Welfare Capitalism.* Cambridge: Polity Press.

_____. 1999. *Social Foundations of Postindustrial Economies.* Oxford: Oxford University Press.

Evans, P. B. 1995. *Embedded Autonomy: States and Industrial Transformation.* Princeton: Princeton University Press.

Evans, P. B., D. Rueschemeyer and T. Skocpol(eds.). 1985. *Bringing the State Back In.* Cambridge: Cambridge University Press.

Ferrera, M. 2005. "Welfare States and Social Nets in Southern Europe: An Introduction." In M. Ferrera(ed.). *Welfare State Reform in Southern Europe: Fighting Poverty and Social Exclusion in Italy, Spain, Portugal and Greece.* London: Routledge.

Fritz, V. and A. Rocha Menocal. 2006. *(Re)building Developmental States: From Theory to Practice.* Working Paper No. 274. London: Overseas Development Institute.

_____. 2007. "Developmental States in the New Millennium: Concepts and Challenges for a New Aid Agendas." *Development Policy Review*, 25(5), pp. 531~552.

Grindle, M. S. 2004. "Good Enough Governance: Poverty Reduction and Reform in Developing Countries." *Governance*, 17(4), pp. 525~548.

Grindle, M. S. 2007. "Good Enough Governance Revisited." *Development Policy Review*, 25(5), pp. 553~574.

Holmberg, S., and B. Rothstein. 2010. "Quality of Government is Needed to Reduce Poverty and Economic Inequality." QoG(Quality of Government) Working Paper Series, p. 3. The QoG Institute, University of Gothenburg.

Jessop, B. 2000. "Governance Failure." in G. Stoker(ed.). *The New Politics of British Local Governance.* Basingstoke: Macmillan.

Johnson, C. 1982. *MITI and the Japanese Miracle: The Growth of Industrial Policy, 1925~1975.* Stanford: Stanford University Press.

Jordan, A. 2008. "The Governance of Sustainable Development: Taking Stock and Looking Forwards." *Environment and Planning C*, 26(1), pp. 17~33.

Kaufmann, D., A. Kraay and M. Mastruzzi. 2004. "Governance Matters III: Governance Indicators for 1996, 1998, 2000, and 2002." *World Bank Economic Review*, 18, pp. 253~287.

Kim, T., H.-J. Kwon, J. Lee and I. Yi. 2011. "'Mixed Governance' and Welfare in South Korea." *Journal of Democracy*, 22(3), pp. 120~134.

Kjær, A. M. 2004. *Governance*. Cambridge: Polity; 키에르, 안네 메테. 2007. 이유진 옮김. 『거버넌스』. 서울: 오름.

Kwon, H.-J. 1999. *The Welfare State in Korea: The Politics of Legitimation*. London: Macmillan.

Leibfried, S. 1993. "Toward a European Welfare State?" in C. Jones(ed.). *New Perspectives on the Welfare State in Europe*. London: Routledge.

Lijphart, A. 1999. *Patterns of Democracy*. New Haven: Yale University Press.

Lynn, L. E. Jr. 2010. "Has Governance Eclipsed Government?" in R. F. Durant(ed.). *The Oxford Handbook of American Bureaucracy*. Oxford: Oxford University Press.

Molina, Ó. and M. Rhodes. 2008. "The Political Economy of Adjustment in Mixed Market Economies: A Study of Spain and Italy." in B. Hancké, M. Rhodes and M. Thatcher(eds.). *Beyond Varieties of Capitalism*. Oxford: Oxford University Press.

Newman, J. 2001. *Modernising Governance: New Labour, Policy and Society*. London: Sage.

_____. 2007. "The 'Double Dynamics' of Activation: Institutions, Citizens and the Remaking of Welfare Governance." *International Journal of Sociology and Social Policy*, 27(9/10), pp. 364~375.

OECD. 2011. "The OECD's Social Policy Brochure for Korea." Paper presented at Global Green Growth Submit 2011, June 21, Seoul, Korea.

_____. 2013a. OECD Stat. http://stats.oecd.org/

_____. 2013b. *OECD Factbook 2013: Economic, Environmental and Social Statistics*. OECD Publishing.

Peters, B. G. 2000. "Globalization, Institutions, and Governance." in B. G. Peters and D. J. Savoie(eds.). *Governance in the Twenty-First Century: Revitalizing the Public Service*. Montreal: McGill-Queen's University Press.

Pierre, J. and B. G. Peters. 2005. *Governing Complex Societies: Trajectories and Scenarios*. Basingstoke: Palgrave Macmillan.

Quality of Government Institute. 2010. "Measuring the Quality of Government and Subnational Variation." Report for the European Commission, University of Gothenburg.

Rhodes, R. A. W. 1997. *Understanding Governance*. Buckingham: Open University Press.

Ringen, S., H.-J. Kwon,, I. Yi, T. Kim and J. Lee. 2011. *The Korean State and Social Policy: How South Korea Lifted Itself from Poverty and Dictatorship to Affluence and Democracy*. New York: Oxford University Press.

Rothstein, B., M. Samanni and J. Teorell. 2010. "Quality of Government, Political Power and the Welfare State." QoG(Quality of Government) Working Paper Series, p. 6. The QoG Institute, University of Gothenburg.

Rothstein, B. and J. Teorell. 2008. "What Is Quality of Government? A Theory of Impartial Government Institutions." *Governance*, 21(2), pp. 165~190.

Scharpf, F. W. 1997. *Games Real Actors Play: Actor-Centered Institutionalism in Policy Research*. Boulder: Westview.

_____. 1999. *Governing in Europe: Effective and Democratic?* Oxford: Oxford University Press.

Sotiropoulos, D. A. 2004. "Southern Europe Public Bureaucracies in Comparative Perspective." *West European Politics*, 27(3), pp. 405~422.

UNDP. 1997. *Governance for Sustainable Human Development*. New York: UNDP.

_____. 2002. *Deepening Democracy in a Fragmented World*. New York: Oxford University Press.

Woo-Cumings, M. 1999. *The Developmental State*. Ithaca: Cornell University Press.

:: 찾아보기

ㅇ

ㅈ

한울아카데미 1997

발전국가

과거, 현재, 미래

엮은이 김윤태
지은이 김순양·김윤태·김영선·김인춘·김종태·우명숙·이연호·이주하·정승일·지주형
펴낸이 김종수
펴낸곳 한울엠플러스(주)
편집책임 배유진

초판 1쇄 인쇄 2017년 6월 8일
초판 1쇄 발행 2017년 6월 22일

주소 10881 경기도 파주시 광인사길 153 한울시소빌딩 3층
전화 031-955-0655
팩스 031-955-0656
홈페이지 www.hanulmplus.kr
등록번호 제406-2015-000143호

Printed in Korea
ISBN 978-89-460-5997-9 93300 (양장)
ISBN 978-89-460-6352-5 93300 (학생판)

* 책값은 겉표지에 표시되어 있습니다.
* 이 도서는 강의를 위한 학생판 교재를 따로 준비했습니다.
  강의 교재로 사용하실 때는 본사로 연락해주십시오.